# 北极原住民研究

Researching Arctic Indigenous People

潘　敏◎著

时事出版社

**图书在版编目（CIP）数据**

北极原住民研究/潘敏著. —北京：时事出版社，2012. 12
ISBN 978-7-80232-564-7

Ⅰ. ①北… Ⅱ. ①潘… Ⅲ. ①北极—居民生活—概况 Ⅳ. ①D5

中国版本图书馆 CIP 数据核字（2012）第 257480 号

出版发行：时事出版社
地　　址：北京市海淀区巨山村 375 号
邮　　编：100093
发行热线：（010）82546061　82546062
读者服务部：（010）61157595
传　　真：（010）82546050
电子邮箱：shishichubanshe@ sina. com
网　　址：www. shishishe. com
印　　刷：北京百善印刷厂

---

开本：787×1092　1/16　印张：26. 75　字数：325 千字
2012 年 12 月第 1 版　2012 年 12 月第 1 次印刷
定价：78. 00 元
（如有印装质量问题，请与本社发行部联系调换）

国家海洋局国际合作司(港澳台办公室)资助项目(2008—)
南北极环境综合考察与评估专项资助项目
同济大学文科卓越青年学者计划项目
同济大学“985 工程”课题:“全球变化与中国国家利益研究”

# 序　言

北极研究随着全球变暖而日益升温，逐渐成为了当今学术界的焦点之一。

回顾历史，冷战时期北极就因作为美苏二强军事对峙的前线而受世人关注。而今，北极地区则逐渐转变为世界政治的一个热点区域而广受瞩目。北极热深刻根植于当代世界两大社会背景中：全球气候变暖和资源短缺。前者造成了北极冰川的大量融化，引发海平面上升等一系列环境问题，同时也让更多的北极区域裸露，为北极资源的开发以及北极航道的开辟提供了便利。世界范围的资源短缺则让曾经被人类视为鸡肋的北极资源变得炙手可热起来。北极地区蕴含丰富的油气储量和多种矿藏资源早已成为国际社会的共识。随着气候变暖，北极资源的开发和北极航道的商业化运营都逐步走向现实。

在此背景下，现实的利益驱使有关国家不断加强对北极问题的重视和北极事务的参与力度。环北极八国近来频频加快占有北极的步伐，例如：2007 年的俄罗斯北极插旗事件、2011 年加拿大北极军演、2012 年丹麦的北极大使事件等等不一而足。与此相应的，当今学界对北极研究的热点也主要集中于对北极地缘政治关系的考察，厘清各国在北极地区的共同利益与矛盾斗争。然而，在学界为北极地缘关系格局的复杂性而激发高涨的研究热情时，却甚少有研究者关注过那些生活在北极地区深受气候变化和各大国利益博弈所扰的原住民族。不同于荒无人烟的南极，北极这片广袤的土地虽然冰雪肆虐，却依然是上百万原住民休养生息的家园。在世界大国对北极资源的分配问题指手画脚时，原住民——北极真正的主人——的声音却湮没无闻。对北极这种单方面、粗暴的认知不可避免地会带有偏颇，也会对学界北极研究的客观性形成自反性挑战。

正是带着这种忧虑，我满怀热切地阅读了潘敏博士的《北极原住民研究》一书，主要探讨北极原住民人数最多一支的因纽特民族。它将笔触深入到北极研究的最核心要素——人。对北极原住民在全球气候变化条件下的政治、经济、社会生活变迁的探究构成了该书的中心。对原住民在当代北极治理事务中地位作用的思考则是该书最为独特的研究视野。而中国如何参与北极事务，她认为“中国目前可以采取‘静观其变’的策略，因为过于积极的姿态反而会引起其他国家的警觉，这是由中国快速增长的经济以及作为新兴全球大国的地位给其他国家造成的无形压力导致的”（第八章）。这是比较有见地的建设性建议。

对北极原住民社会政治、经济、文化以及社会问题等全方位的考察，让该书可以作为一本人类学方面的民族志来阅读。关于北极原住民的自治运动，潘敏博士重在分析自治运动的效果分析：“原住民自治实践尽管在形式上取得了重大突破，建立了一系列的自治政府，但是在实际的自治政府运作过程中，问题却依然严峻：政治架构上的水土不服，西方的现代政治制度并不能很好地契合原住民现实需要；经济发展中先天不足，原住民自身素质不合要求，现代化产业根基薄弱；社会生活的分崩离析，传统文化的传承江河日下，西方文明的学习则画虎不成。”（第四章第四节）这不得不让我们反思，以西方现代政治制度为蓝本的原住民自治运动是以牺牲文化的多样性为代价的，且不一定会适合原住民社会，因为一个民族的制度和文化是经过长期的历史积淀而成的，生硬地照搬是会有问题的，第六章探讨的北极原住民社会的人口问题、青少年自杀问题以及女性健康和家庭暴力问题等，或许就是这种生搬硬套的恶果。

对于北极原住民在当代北极事务中独特作用的敏锐捕捉是该书最有价值之处。在原住民与北极治理一章中，潘敏博士给我们梳理了北极原住民的治理原则，这些原则是原住民经过长期在北极地区活动而获得的，对北极地区的治理来说是无价之宝，甚至对人类处理与环境的关系也有借鉴作用。可惜目前的北极治理机构并没有充分认识到这些原则和经验的重要性。将原住民作为未来北极问题解决的最关键钥匙也不失为一种新颖的尝试。当然，这还有待学界的进一步深入考察研究。

无论如何，潘敏博士扎实而全面的研究为我们带来了国内第一本系统研究北极原住民——因纽特民族的著作，为学界展现了北极另一个不同的面貌。希望她能去北极地区呆上一年半载，对这个领域继续做更多的实地研究、专题研究，再扩及到北极原住民中的其他民族如北欧的萨米族等，写出更多更优秀的著作。

**夏立平**

（同济大学政治与国际关系学院院长、教授）

# 目　录

# 第一章

## 导　言

2007年8月2日，俄罗斯北极科考队操纵深海潜水机器人成功潜至4300米深的北冰洋海底，并将一面俄罗斯国旗插在上面，向世人宣称其对北极地区的主权；之后，加拿大、丹麦、美国等相关国家都对北极作出强烈反应。自此，北极地区实实在在地成为国际政治舞台上一个炙手可热的问题，甚至成为普通民众街谈巷议的话题。曾经，北极地区对于我们而言，是一个遥远而抽象的概念，万里冰封人迹罕至，如今，由于气候变暖，逐渐解开冰雪面纱的北极离我们越来越“近”。

北极地区拥有重要的战略价值、资源价值和航运价值。北极地区是俯瞰北半球的制高点，潜在的军事航道，北冰洋是周边各国的“后院”，地缘位置极为重要；北极地区丰富的自然资源对周边国家富有吸引力，现代工业社会对能源的需求如饥似渴，陆地石油、天然气等资源濒于枯竭，能源主要消耗国将目光转向广阔的海域，被誉为“地球最后宝库”的北极地区自然成为各国最后的希望；随着气候变暖，北极地区冰雪消融，航运价值日益凸显，如果北极航道全线贯通的话，将会改变全球运输格局[①]。如今加、俄、美等北极主要大国在北极地区展开博弈，围绕北极主权、资源和航道的争夺愈演愈烈，各国勘探资源、增强军备力量，开展军演，忙得不亦乐乎！

世人目前关注北极，主要是讨论这一地区的能源资源、航道运输以及对全球环境影响较大的冰盖消融等，而对生活在这里数千年之久的原住民似乎了解不多、关心不够，即使有些人试图研究他们，其目的也是在探究原住民的经验能否促进人类社会更好地应对全球气候变暖的问题，鲜有促进原住民本身生活条件改善的研究。尽管有学者提出北极原住民是未来这一地区的顶梁柱，但我们对其历史、文化、社会知之甚少。

北极大部分地区至少在上次冰川期结束后就有人类居住，距今大约有 1 万年，有些地区甚至有人类居住的历史更久。在这段时间里，族群来来去去，其居住方式在不断地变化中，有的突然消失了，他们不仅要对气候作出反映，而且还要受资源的可获得性、与邻里的关系、地形变化、狩猎技术等等的影响。最近几个世纪以来，尤其是 20 世纪，人类的大量涌入，对北极原住民的方方面面产生巨大的影响。今天北极地区居住着 20 多个文化、语言传统迥然有别于人类其他地区的原住民，但人口较多的当属加拿大、阿拉斯加、格陵兰等地的因纽特人及北欧和俄罗斯的萨米人。他们有诸多共同点：与其周围的环境紧密联系且对其非常了解，与国家和区域政府以及这一地区非原住民的关系非常复杂，过着传统与现代相结合的生活方式。

在欧洲殖民者未到达之前，北极原住民世世代代以狩猎为

---

① 李振福在“北极问题：中国与北欧对话”会议上的发言，2012 年 5 月 10 日，北京。

生、以鱼类驯鹿为食、以北极熊为伴、以冰屋为家，过着虽不富裕但却与大自然融为一体的生活。殖民者入侵之后，他们的子民被杀戮、家园被破坏、土地被掠夺，甚至种族存亡都成问题，更令人不能容忍的是他们在西方人的想象中是愚昧、落后、野蛮、贫穷的民族[①]，长期以来得不到主流社会的认可。因此，自从殖民者踏上这片土地开始，北极原住民就展开了不屈不饶的斗争。在这个过程中一个民族所经历的阵痛和创伤是难以想象的。近年和未来一段时间内，随着全球气候变化和能源危机的加剧，更多的人将进入他们的生活区域，他们的生活可能会发生更大的震荡和不安。

因纽特民族是北极原住民中人数最多的一支，总人口大约有16万人，主要生活在格陵兰岛、俄罗斯北极地区、加拿大北极地区。本书主要探讨加拿大北极地区的因纽特人，据统计，2006年加拿大因纽特人大约有5万人，主要分布在努纳武特（Nunavunt），西北准省（Northwest Territories）、育空（Yukon）、努纳维克（Nunavik）、努纳茨伊武特（Nunatsiavut）等地区，从20世纪70年代以来，加拿大因纽特人开始了争取本民族的自治运动历程，经过30年的不懈努力，1999年4月1日努纳武特行政区正式宣告成立，这标志着加拿大因纽特人民

① 萨义德（Edward. W. Said）在他的名著《东方学》绪论中曾写下这么一段话：东方几乎是被欧洲人凭空创造出来的地方，自古以来就代表着罗曼司、已过情调、美丽的风景、难忘的回忆、非凡的经历。现在它正在一天一天地消失；在某种意义上说，它已经消失，它的时代已经结束。……这位欧洲来客最关心的不是东方的现实而是欧洲对东方及其当代命运的表述。（《东方学》，王宇根译，生活·读书·新知三联书店，1999年版）。这句话套用在北极原住民身上当然也适应。西方人对北极原住民的理解更多的是依赖于自己，而不是原住民本身。这种理解经久不衰，当今的北极诸多问题就是在这种“理解”中形成，得不到也不可能得到解决。

族自治运动取得了重大的成果。笔者的兴趣在于以下诸问题：因纽特人如何争取自治权？他们取得了哪些自治权？取得自治后的因纽特社会存在哪些社会问题？在全球气候变暖的大背景下，他们的生活、社会受到哪些影响？其与加拿大联邦政府的关系如何？长期生活在北极地区的他们，对这一地区环境的感知以及与环境的相处有哪些经验？长期以来，北极原住民甚至世界各地的原住民被当作欠发达的民族，实际上他们的文化是非常丰富的，它有独特的控制行为的不成文规则。如今，是到了了解他们文化的时候了。

萨米族是生活在北极地区的又一主要原住民族，在北极原住民中，其人口数量仅次于因纽特民族，排名第二。大约1万年前萨米人到达斯堪地纳维亚半岛海岸，8世纪，他们已经拥有远至瓦兰格峡湾（Varanger）的贸易口岸。最终萨米人定居在挪威、瑞典、芬兰和俄罗斯等国的部分地区。本世纪初，各国对萨米人总数的估计在6—13万人之间浮动。萨米人虽分散于多国，历史上人们根据萨米人的生活方式将其分为驯鹿萨米人、海岸萨米人、非游牧萨米人。萨米人传统宗教——萨满教吸引了众多学者的关注。萨米民族与世界其它地区的原住民一样，其历史就是一部与外来入侵者的斗争史。大约从19世纪始，挪威和瑞典对萨米民族施行同化政策，萨米民族社会发生了重大的变化。在持续不断的斗争中，各国政府开始认识到多元文化的价值，以及各种文化都有自己的生存权，这对今后萨米人的文化复兴运动将是大有裨益的。

本书主要研究北极原住民中人口最多的一支——因纽特民族，以加拿大努纳武特地区的因纽特人为考察中心，涉及到该地区的历史、民族与政府关系、经济、社会问题以及原住民与北极地区的治理；间接论及到萨米人，尤其是在原住民与北极治理一章中。

## 一、研究现状

国内学者关于因纽特民族和萨米族的研究零零星星。近年来随着国际社会对原住民及少数民族权利和文化保护的日益重视以及加拿大联邦政府对原住民政策的变化，学者越来越关注加拿大原住民的境遇，关于加拿大原住民研究成果日益增多①。但总体来说，研究还显不足。其研究内容主要包括五个方面：第一，族群关系指加拿大原住民族与其他民族的关系问题；第二，政策、法律包括加拿大联邦政府的民族政策、原住民的自治问题、政治地位以及原住民与联邦政府的斗争等；第三，教育主要包括原住民各级各类教育的状况及其所存在的问题；第四，加拿大原住民的文化包括原住民的生活方式、风土人情、思维方式以及历史由来等；第五，其他主要包括与原住民相关的一些新闻报道和介绍文章。② 但这些研究大多数将加拿大原住民作为一个整体研究，而且总体上偏重于印第安人，专门探讨因纽特民族和梅蒂斯民族的研究较少，下面将其中涉及到因纽特民族的研究作一综述。

---

① 早期加拿大欧洲移民将加拿大所有原住民都归为印第安人，认为不同部落只有语言上和文化上的细微差异，没有明确分类。加拿大原住民有印第安人和因纽特人，后者以前被称为爱斯基摩人，现在美国仍这么称呼。（[台]李承杰：《加拿大原住民教育之研究》，国立台东大学师范学院教育研究所 2004 年硕士论文，第 35 页）。如今中国学者在研究加拿大原住民时，仍将其作为一个整体来研究。

② 陈·巴特尔、赵苏东：《中国加拿大原住民研究综述——兼论 ACSC 加拿大原住民研究分中心建设构想》，《上饶师范学院学报》，2010 年第 2 期。

我国著名民族学研究的前辈阮西湖教授大概是国内最早研究因纽特民族的学者，其专著《加拿大民族志》[①]一书中的第二章（大约有3万字）系统介绍了因纽特人的来源、分布、语言以及因纽特人的经济和社会问题、文化教育、政治权利等。尽管该书是描述性的，但其中的一些看法仍然具有权威性。例如，关于加拿大因纽特人的来源问题作者介绍了两位学者不同的看法：1767年一位学者的观点为，因纽特人原为亚洲人，因亚洲人口众多，经西伯利亚东北部通过白令海峡进入阿拉斯加，然后继续向东移动，于14世纪到达格陵兰；1887年，另一位学者发表不同看法，认为因纽特人为岛上居民，尔后进入阿拉斯加，他们逐渐随着河流来到海岸，然后通过北极到西伯利亚和格陵兰。再如关于因纽特人出现在加拿大的时间更是众说纷纭，有说大体在1万~1.5万前到加拿大，普遍的看法是4000~5000年到加拿大，比印第安稍晚一点，作者认为后一种观点比较正确。另外，阮西湖等撰写的《加拿大的土著民族》一文中也介绍了因纽特人概况[②]。

林琳的《因纽特人的历史与文化》一文介绍了因纽特民族的人种和迁徙历史、社会组织、生产劳动、生活习俗以及宗教信仰与艺术等[③]；李鹏飞的《现代文明撞击下的加拿大因纽特人》一文认为由于现代文明的撞击，因纽特社会在物质生活和文化心理方面发生了一系列巨大的变化，该文对现代文明，特别是大众传媒对因纽特文化的影响做了一些分析并对因纽特民族文化特性

---

① 阮西湖：《加拿大民族志》，民族出版社，2004年版。

② 阮西湖、刘晓丹：《加拿大的土著民族》，《世界民族》，2006年第1期。

③ 林琳：《因纽特人的历史与文化》，《世界民族》，1997年第2期。

及其出路做了一定的研究[①]；梁茂春的《加拿大土著人口的特点及生存状态》根据加拿大统计局1996年、2001年人口普查资料数据和中外学者的相关研究文献，探讨了当前加拿大土著人口发展的特点及其生存状态。作者认为近十年来，加拿大土著人口承接了上世纪下半叶以来的态势，持续高速增长，并不断从传统的保留地向非保留地、从乡村向城市转移。从整体上看，土著人口在就业、收入、教育水平以及生活质量等方面均远远落后于非土著人口，其民族文化也面临日渐衰退的严峻局面。[②]

陈华的《因纽特人对北极环境的人类学适应》一文从人类学的角度，论述因纽特人通过衣服、房屋和生理反应适应严寒气候；通过掌握丰富的关于冰雪、天气预报、动物迁徙的知识以及良好的身体和心理素质适应冰雪环境；通过举行宗教仪式来减轻人们在极昼和极夜的精神压力；通过灵活的社会组织和扩大社会网络来适应生物生产力低，保障食物来源。[③] 近年来笔者在此一研究领域发表了几篇文章，如《论北极原住民的人口结构与社会问题——以加拿人为例》[④]、《北极原住民自治研究——以加拿大因纽特人为例》[⑤]、《近年来的加拿大北极政策——兼论中国在

① 李鹏飞：《现代文明撞击下的加拿大因纽特人》，《北京理工大学学报（社会科学版）》，2005年第5期。

② 梁茂春：《加拿大土著人口的特点及生存状态》，《世界民族》，2005年第1期。

③ 陈华：《因纽特人对北极环境的人类学适应》，《黑龙江民族丛刊》，2007年第3期。

④ 潘敏等：《论北极原住民的人口结构与社会问题——以加拿大为例》，《世界地理研究》，2009年第3期。

⑤ 潘敏、夏文佳：《北极原住民自治研究—以加拿大因纽特人为例》，《中国海洋大学学报（社会科学版）》，2010年第6期。

努纳武特地区合作的可能性》等[①]，论文中的一些观点在本书中都有涉及，此处不作介绍。

此外，国内一些记者和学者还做实地调查和翻译工作，如记者许鑫的《北极·因纽特人——加拿大努纳武特地区纪行》为读者实实在在展示了当下加拿大因纽特人的生活状况和风俗习惯，是了解因纽特人最好的一手资料[②]；吴金光和翟冰翻译的《加拿大的因纽特人》，大约有3万字，系统全面地向中国读者介绍了因纽特民族的历史与文化、语言和文字、社会组织和日常生活、传统与现代生活方式、狩猎、教育、健康以及因纽特人争取自治运动等等[③]，是中国研究因纽特民族的学者引用较多的译文。

国内关于萨米人的研究，程秋堂在其硕士论文——《北欧萨阿米人及其历史变迁》中有较为精准的概述，他指出，自20世纪80年代起，中国学者对萨米人问题开始有所关注，时至今日，国内有关的学术研究仍较多停留在对国外资料和研究成果的翻译、汇编和引介上，尚无相关专著问世，尤其对萨米人民族历史的研究还很少涉及。资料较为集中的是赵锦元汇编的几部关于民族文化研究的著作[④]，以及郝时远等人赴瑞典考察后所写的《瑞

① 潘敏、夏文佳：《近年来的加拿大北极政策—兼论中国在努纳武特地区合作的可能性》，《国际观察》，2011年第4期。

② 许鑫：《北极·因纽特人——加拿大努那武特地区纪行》，《中国民族》，2009年第8期。

③ 吴金光、翟冰译：《加拿大的因纽特人（上、下）》，《世界民族》，1993年第2、3期。

④ 郝时远、赵锦元：《世界民族与文化》，中央民族大学出版社，1995年版；赵锦元：《鲜为人知的原始民族与文化》，中央民族大学出版社，1999年版；赵锦元主编：《世界风俗大观》，上海文艺出版社，1989年版；［美］Deborah B. Robinson：《北欧的萨米人》，张艺贝译，中国水利水电出版社2004年版。

典萨米人及其驯鹿业考察报告》[①]，以及云南民族大学的汪宁生教授的《以驯鹿为生的沙米人—兼论游牧社会若干问题》[②]，在这些报告和文章中，作者们概述了自维京时代以来，瑞典统治者对萨米人经济发展和政治演变的影响，对萨米人的驯鹿业经济、希达组织、宗教信仰与丧葬习俗也有提及。也有其他学者撰写的论文[③]，大多引用国外学者的观点，选取的角度也大致相似，粗略介绍了萨米人的基本特征、传统文化与社会现状。作者认为这些铺垫性工作为国内进一步深入研究萨米人打下了一定基础，但相对而言仍处于起步阶段。[④]

程秋堂的《北欧萨阿米人及其历史变迁》是近年来国内研究萨米人较为重要的成果。该文详细阐述了北欧萨米人的历史变迁和民族关系等问题。文中指出萨米人经历了一个漫长而又坎坷的发展演变过程。在距今八九千年前，萨米人的祖先就从原居住地抵达北欧，后扩展至芬兰——斯堪的纳维亚的广大内陆地区，他们生活的这片地域后人称之为“萨普米”。几千年来，萨米人深深扎根于这片土地，充分利用当地的自然资源和优势生存与繁衍。最初，他们主要以狩猎、捕鱼为生，并饲养少量的驯鹿作为负重运输的工具和捕杀野鹿的诱饵。为了生存之需，一个或几个萨米家庭组成了一个个“希达”组织，共同劳动、同步迁徙，

---

① 主要有：郝时远、张世和、纳日碧力戈：《瑞典萨米人及其驯鹿业考察报告》，《世界民族》，1996 年第 4 期。

② 汪宁生：《以驯鹿为生的萨米人—兼论游牧社会若干问题》，《社会科学战线》，1996 年第 5 期。

③ 如高原：《斯堪的纳维亚搬到的跨界民族——萨米人》，《世界民族》，1997 年第 2 期；初祥：《俄罗斯萨米人传统物质文化》，《西伯利亚研究》，2008 年第 4 期。

④ 程秋堂：《北欧萨米人及其历史变迁》，华东师范大学人文学院 2009 年硕士论文，第 10—11 页。

构成了最基本的社会单元。如很多北方民族一样，他们信奉万物有灵论，敬畏各种自然现象和自然事物，信仰原始萨满教，并且围绕“熊神”有一整套特殊的狩猎和祭祀仪式。16—17世纪是萨米人民族史上的转型期，分化出几种类型的地域群落。萨米人的社会组织、生活方式、经济结构和思想文化等方面的演变速度大大加快，至19世纪，随着欧洲各国对萨普米经济的开发，开始了现代化的进程。

在民族关系方面，萨米人自古就与今北欧主体民族关系密切。伴随着主体民族在商品经济的渗透、萨米村组织的建立、基督教的扩张和民族多元化政策等积极因素，萨米人与外部世界杂居相处、相互交融，吸收了外族的先进成果，不断改变着自身的特质，也增强了自己的生存能力。尽管如此，我们同样不能忽视基督教对萨米人的文化侵蚀，不能忽视殖民主义和种族主义思想在萨普米的实践，更不能忽视外族对萨普米资源的开发所导致的一系列问题。

总而言之，中国大陆地区关于加拿大因纽特民族和北欧萨米族的研究还刚刚起步，零零星星，论文较少，专著为零，译介著作也极为稀少。尽管如此，万里长征已经开始，相信不久的将来会有更多的学者投入该领域的研究。

台湾地区是研究世界原住民的重兵之地，有关因纽特民族的研究亦有上乘之作，但对萨米族的研究却凤毛麟角。中国台湾地区由于是原住民的聚居地①，因而有一批学者在从事世界各地的原住民研究。有关加拿大因纽特民族的研究主要集中在以下几个方面：

① 现有原住民大约有47万人，占台湾岛内人口的2%多，《中国大陆关于台湾原住民研究的历史与现状》，《中国社会科学院院报》，2006年9月28日。

第一，因纽特民族的教育问题。至于原住民教育问题的研究，一些学者认为，在整个教育研究中处于边缘地位[①]，尽管近几年来有所改善，有相当多的人类学者和教育学者开始研究，但总体格局并没有多大改变；有关加拿大因纽特民族的教育研究，主要代表作有《加拿大原住民教育之研究》[②] 和《加拿大原住民自治体制与教育政策研究》[③] 等，这两篇论文的价值在于使读者了解了因纽特人的基本概况，作者根据2001年统计资料分别描述了因纽特民族的人口数量、职业、就业、年龄比较、会说母语等，但关于因纽特民族的教育情况却不甚明了，作者并没有将加拿大三个原住民族分开讨论。

第二，因纽特民族的自治问题。主要代表作有《加拿大原住民自治体制与教育政策研究》一文的第二章——加拿大原住民的自治模式第二节专门论述了加拿大因纽特人的努纳武特自治政府，从努纳武特自治政府成立的历史背景、运作形态等两个方面展开，认为在自治政府的运作形态上取地方分权去中心化的设计，将政府的10个部门设立在首府之外的10个社区中[④]；蔡志伟的《加拿大原住民族自治权的法制架构与发展》[⑤]，尽管以加拿大的印第安民族为中心，但该文也适应因纽特民族，指出加拿

---

① ［台］颜国梁：《原住民教育政策的发展、理念基础及实践》，《原住民研究季刊》（8期），1997年11月。

② ［台］李承杰：《加拿大原住民教育之研究》，国立台东大学师范学院教育研究所2004年硕士论文。

③ ［台］邹岱妮：《加拿大原住民自治体制与教育政策研究》，国立政治大学民族研究所2005年硕士论文。

④ ［台］邹岱妮：《加拿大原住民自治体制与教育政策研究》，国立政治大学民族研究所2005年硕士论文。

⑤ ［台］蔡志伟：《加拿大原住民族自治权的法制架构与发展》，《台湾国际研究季刊》，2011年第1期。（http：//www. docin. com/p－426261673. html）

大原住民族自治的权利是建构在政府的实践态度与协商原则，据此所发展出依据原住民族主体意愿及发展环境需要，而提供了许多弹性的政治安排与设计。但其规划上有一个最低的底线：在维持国家对外主权的统一下，保障国家内部政治制度安排的多样性；施正锋等主编的《加拿大原住民族的土地权实践》论文集中，也不乏对因纽特民族自治问题的讨论。在《原住民族法与国家权力之划分——以加拿大努纳武特法案为例》一文中，作者给予1993年努纳武特地区的土地要求协定较高的评价，认为该协定是加拿大与原住民族有史以来土地范围最广的赔偿协议，并根据此协定成立了因纽特民族的自治政府努纳武特省①，尽管该省政府“比较像是市政府的性质”②。

与因纽特民族研究相对较为充分比照，台湾学者关于萨米人的研究却凤毛麟角。笔者仅见一篇硕士论文（也许是笔者孤陋寡闻）探讨萨米人的权利运动，题目为《对北欧萨米族之多层次治理：一个特例的探讨》，该文重点探讨北欧三国（挪威、瑞典、芬兰）萨米族的权利运动、政策成果以及相关部门之互动关系等方面，分别从国家、区域以及国际等三个层面探讨萨米族的权利状况。关于原住民权利方面，作者认为在20世纪80年代前，萨米族在各个领域的待遇基本上依赖本国统治者之善意，处于被动状态，至1978年挪威Alta水库权利运动后，各项萨米族议题进入公共领域，北欧三国政府采取较为积极的态度面对原住民问题；后来尽管三国签署了《联合国原住民权利宣言》（Unit-

---

① ［台］陈士章：《原住民族法与国家权力之划分——以加拿大努纳武特法案为例》，载施正锋等编：《加拿大原住民族的土地权实践》，台湾东华大学原住民民族学院2008年版。

② ［台］施正锋：《加拿大原住民族自治体制》，载施正锋等编：《加拿大原住民族的土地权实践》，台湾东华大学原住民民族学院，2008年版，第30页。

ed Nations Declarition on the Right of Indigenous People，2007 年 9 月 13 日联合国大会通过），但仍刻意限定其权利内容或范围，以符合本国的统治现状。[①]

台湾学者关于原住民族的研究比中国大陆地区起步早，因而也较为充分，但主要集中在原住民教育和自治运动两个方面，而且研究也以印第安民族为重，因纽特民族的研究相对而言不足；在研究过程时而与台湾原住民政策相比较，并以加拿大原住民政策为榜样；而关于北欧萨米族的研究成果很少。

海外学者尤其是加拿大本土学者关于因纽特民族的研究最为充分。主要研究集中在三个方面：

第一，因纽特民族的自治问题。集中探讨因纽特民族的自治背景、自治历程，自治权限、自治效果等，有作者比较加拿大和格陵兰因纽特人的自治政府。关于自治背景有国际社会对原住民族的关注、加拿大政府的民族政策发生转变（主要原因是魁北克的分离运动导致加拿大政府加紧与原住民族协商，改变了原来表面上不干涉实质上进行同化的政策）、因纽特社会团体的日益成熟；关于自治权限，确立了因纽特民族在努纳武特地区的 35.2240 万平方公里土地的所有权，并包括水权在内等相关矿产资源权利；在金钱赔偿方面，因纽特族获得 11.4 亿美元，在 20 年内支付完；并耗资 130 亿美元成立培训基金，以确保协助落实因纽特民族自治区内的相关自治事项；同时，因纽特民族亦充分参与土地及相关自然资源的管理。但有学者评论道，努纳武特与联邦政府签订的协议，只是把因纽特民族的土地权利转移给一个新的行政机构，因纽特民族的权益归集体所有，属于一个设计好

① ［台］张世杰：《对北欧萨米族之多层次治理：一个特例的探讨》，国立中正大学政治学研究所 2008 年硕士论文。

的因纽特组织。因纽特人的权益只是被转移到另一个 DIO（designated Inuit organization），换句话说，就是转移到加拿大联邦政府控制的一个自治政府。①

第二，因纽特民族的社会问题，如青少年问题尤其是自杀问题②、

① Jack Hicks and Graham White, *Nunavut: Inuit Self-determination Through a Land Claim and Public Government*, http://www.anu.edu.au/caepr/system/files/Seminars/.../HicksJ_ WhiteG_ 2000.pdf; Cassidy, Frank.. "Aboriginal Governments in Canada: An Emerging Field Study." Canadian Journal of Political Science, 1990, Vol. 23, No. 1, pp. 73 – 99.; Thomas Isaac. *The Concept of the Crown and Aboriginal Self-Government.* Canadian Journal of Native Studies. 1986. p. 231; Hawkes, David C., and Allan M. Moslove.. "*Fiscal Arrangements for Aboriginal Self-Government*," in David C. Hawkes, ed. *Aboriginal Peoples and Government Responsibility: Exploring Federal and Provincial Roles*, 1989, pp. 93 – 137. Ottawa: Carleton University Press; Boisvert, David A.. *Forms of Aboriginal Self-Government.* Background Paper, No. 2. Kingston: Institute of Intergovernmental Relations, Queen's University, 1985; Franks, C. E. S. "*Rights and Self-Government for Canada's Aboriginal Peoples*," in Curtis Cook, and Juan D. Lindau, eds. *Aboriginal Rights and Self-Governmen*, . pp. 102 – 34. Montreal: McGill-Queen's University Press, 2000; Frances Widdowson. *The Political Economy of Nunavut: Internal Colony or Rentier Territory?* http://www.cpsa-acsp.ca/papers – 2005/Widdowson.pdf; *Wall, D.* "*Aboriginal Self-government in Canada-The Cases of Nunavut and the Alberta Métis Settlements.*" *in Visions of the Heart. Second Edition. By D. Long and O. P. Dickason (eds.). Toronto: Harcourt Canada* 2000. pp. 143 – 166.

② 由于此方面研究论著非常之多，只能列举部分：Krauss，Robert F.，*Changing patterns of suicidal behaviour in North Alaska Eskimo.* Transcultural Psychiatric Research Review 9 (1971), pp. 69 – 71; Jack Hicks, Peter Bjerregaard. *The transition from the historical Inuit suicide pattern to the present Inuit suicide pattern*, http://www.inchr.com/Doc/April2006/Hicks-suicide.pdf.; L. J. Kirmayer, M. Malus, L. J. Boothroyd. *Suicide attempts among Inuit youth: a community survey of prevalence and risk Factors.* Acru Psychiutr Scand 1996. –94 (1): 8 – 17; Jack Hicks, *The Social Determinants Of Elevated Rates Of Suicide Among Inuit Youth*, Indigenous Affairs, 2007 (4), p. 35.

女性问题[①]、人口问题等，这些领域在社会调查、现象描述等方面都相当充分，但在原因分析方面，尤其是自杀和女性问题，过于强调因纽特民族的社会转型所导致的，即由传统社会向现代社会转型所带来的震荡造成的，而很少有人分析因纽特社会的传统，比如因纽特社会就有自杀的传统，因资源紧张，因纽特民族的老年人到了一定年龄后，就主动自杀；尽管当今的因纽特民族自杀动机和自杀群体有所不同，但这种自杀的文化现象对今天的因纽特社会仍有影响；而因纽特民族的女性问题更不应该归结于社会转型，因为性别问题不仅仅是个历史问题，也不仅仅是哪个民族问题，这是人类社会司空见惯的现象，性别等级与财富等级一样，应该成为一个分析框架，本文将在这些方面作一探讨。

第三，因纽特民族与北极治理。这是一个新近出现的研究课题，由于人类在解决全球气候变暖问题上的捉襟见肘和黔驴技穷，因而想到生活在北极圈的原住民，生活在天寒地冻的因纽特人，其习惯和技能能否在此方面作出一定的贡献？但这方面的研

---

① Gwen K. Healey, Lynn M. Meadows. *Inuit women's health in Nunavut*, Canada: a review of the literature. International Journal of Circumpolar Health 66: 3. 2007. p211; Roberts A, Gerber L. *Report on Nursing Perspectives on Public Health Programming in Nunavut.* Department of Health and Social Services, Government of Nunavut. 2003. P61; Hesselbrock, VM, Hesselbrock MN, Segal B. *Alcohol dependence among Alaska Natives and their health care utilization.* Alcohol Clin Exp Res 2003. 27 (8): 1353 - 55; Healey SM, Plaza D, Osborne G. *A ten year profile of cancer in Nunavut*: 1992 - 2001. Nunavut Department of Health and Social Services, 2003; Lavallee C, Bourgault C. *The health of Cree, Inuit and southern Quebec women: similarities and differences.* Can J Public Health 2000. 91 (3): 212 - 6; Manon Tremblay and Jackie F. Steele . *Paradise Lost? Gender parity and the Nunavut experience*, in Representing Women in Parliament: A comparative study, eds. M. Sawer, M. Tremblay, and L. Trimble, Routledge, New York, 2006, pp. 221 - 35 (p. 222) . ; *The Arctic: Gender Issues.* http: //www. parl. gc. ca/Content/LOP/ResearchPublications/prb0809 - e. htm.

究还刚刚起步，目前正处于收集原住民知识阶段，有些学者开始探讨因纽特人对气候变暖的感知以及对他们生活的影响[①]。

同样，海外关于萨米族的研究也相对较为充分。程秋堂在其硕士论文中有详细综述，本书中摘其主要观点[②]。作者认为，海外学者关于萨米人的研究主要集中在以下几个方面：

第一，萨米人的历史。主要有两个问题引起争议：萨米人的起源和萨米语的来源与分化。主要代表作有：16 世纪中叶瑞典大主教 O. 马格努斯（Olaus Magnus）写的《北方民族历史》[③]；瑞典人类学家 J. 舍费鲁斯（Joalmes Schefferus）于 1673 年撰写了《拉普兰的历史》[④]。

第二，萨米人的日常生活和民族文化。主要是一些人类学家的田野调查。代表性的著作有：D. 柴鲁（Du Chaillu）和 P. 贝利尼（Paul Bellini）合著的《午夜阳光的土地：瑞典、挪威、

① Krupnik, I. and N. Vakhtin, *Indigenous knowledge in modern culture: Siberian Yupik ecological legacy in transition.* Arctic Anthropology, 199734 (1): 236 - 252; Berkes, F., *Indigenous knowledge and resource management systems in the Canadian subarctic.* In: F. Berkes and C. Folke (eds.), Linking Social and Ecological Systems, pp. 98 - 128. Cambridge University Press, 1998; Wenzel, G., . *Traditional ecological knowledge and Inuit: reflections on TEK research and ethics.* Arctic, 1999, 52 (2): 113 - 124. Terry Fenge and Bernard W. Funston, *Arctic Governance: Traditional Knowledge of Arctic Indigenous Peoples from an International Policy Perspective*, December 2009, http: //www. arcticgovernance. org/

② 程秋堂：《北欧萨阿米人及其历史变迁》，华东师范大学人文学院 2009 年硕士论文，第 3—10 页。

③ Olaus Magnus, *Historyof the Northern People*, Rome, p. 1555.

④ Joannes Scheferus, The History of Lapland, Oxford, p. 1674.

拉普兰和芬兰北部的夏季和冬季之旅》[①]。

第三，萨米人的分布区域和生存环境。学者们从地理学和人类学的不同视角加以分析。代表作有 D. 拉特克利夫（Derek Ratcliffe）的《拉普兰：自然的历史》[②]；D. B. 罗宾逊（Dehorah B. Robinson）的《北欧的萨米人》[③]。前者细致入微地描述了萨米人居住地的自然风貌和生态系统，界定了他们的分布和范围；后者不但介绍了北极地区的气候资源和动植物等自然环境，更阐述了萨米地区遭受外族入侵和在现代化冲击下呈现的种种社会状态。

第四，萨米人的经济。驯鹿养殖业作为萨米人最具代表性的经济，历来是学者们关注的热点。16—17 世纪，驯鹿饲养业经历了一个重大转折，从以前经济生活中的辅助地位上升到了主要产业[④]，主要原因是瑞典王室对萨米人居住区域的扩张，客观上促进了驯鹿业的发展，为了改善新扩张领地的冬季交通状况，查理九世（Charlesix，1604—1611 年在位）鼓励发展驯鹿业[⑤]。

第五，萨满教。萨满教是萨米人的传统宗教信仰，因其特殊性和神秘性，吸引了众多学者的关注。学者们对萨满教的认识大

① Due Chaillu & Paul Bellini, The Land of the Midnight Sun: summer and Witer Journeys Through Sweeden, Norway, Lapland, and Northern FInland. with Descriptions of the Inner Life of the People, Their manners and Customs, the Primitive Antiquities, etc., London: G. Newnes, 1899.

② Derek Ratcliffe, Lapland History, London: T. & A. D. Poyser., 2005.

③ Deorah B. Robinson:《北欧的萨米人》，张艺贝译，北京：中国水利水电出版社，2005 年版。

④ Bruce C. Forbes, Reinder Management in Northermost Europe: Linking Practical and Scientific Knowledge in Social-ecological Systems, Berlin, Spinger, 2006.

⑤ John L. Irwin, The Finns and the Lapps: How Live and Work, Nowton Abbot: David & Charles, 1973, pp. 145 - 148.

体经历了四个阶段：18 世纪初，发现萨满教的北欧学者认为萨满教的行为是魔鬼的行为，萨满则是魔鬼的奴仆；18 世纪末，一些旅行家曾用资产阶级唯理论观点来批判萨满教，认为萨满是一些招摇撞骗者；至 19 世纪，人们对萨满教的批判、排斥态度才逐渐改观，萨满教被视为一种如同佛教、婆罗门教等一类的宗教体系和整个宗教发展的一个阶段；20 世纪后，随着在世界其他地区发现在职能和类型上与萨满教相似的一些宗教现象，更多的学者认为萨满教是一种世界现象，并非局限于某一地区[①]。

第六，民族关系是民族史重要的研究课题之一，萨米人与周边民族的关系则体现在经济、政治和文化各方面，研究成果也比较多，程秋堂在其论文中有较为详细的综述，有兴趣的读者可以阅读其论文。

上文综述了中国大陆和台湾地区以及海外学者有关因纽特民族和萨米族的研究成果，总体而言，中国大陆处于起步阶段，有零星成果；台湾地区在因纽特民族的教育和自治运动方面有上乘之作；海外学者相对而言研究较为充分，涉及到政治、经济和社会的各个方面。这些研究对笔者的研究有较大的启发，在研究框架的设计、资料的收集、文本的分析方面都是不可或缺的文献。

## 二、研究区域

本书重点研究因纽特民族，研究区域为加拿大北极地区因纽特人的聚居地区。习惯上加拿大国民和联邦政府将北纬 60°以北地区称为加拿大北极地区，由育空地区、西北准省、努纳武特省（Nunavut）以及大约在北纬 70°以上的一系列群岛组成。因纽特

① 郑天星：《国外萨满教研究概况》，《世界宗教资料》，1983 年第 3 期。

人主要集中在努纳武特、努纳维克、努纳茨伊武特、伊努维卢伊特（Inuvialuit）四个地区，统称为“因纽特努南伽特（Inuit Nunangat）”（见下图），包括这些地区的陆地、水域和冰川，因纽特人将陆地、水域和边川整合进他们的文化和生活方式。这四个地区总共面积约有 280 万平方公里，占加拿大国土面积近 1/3；有因纽特人 4.053 万人，占加拿大因纽特人总人口的 80% 多；其中，努纳武特省在面积、人口、行政区划等方面都为四个地区之首，因此本文重点研究努纳武特地区。

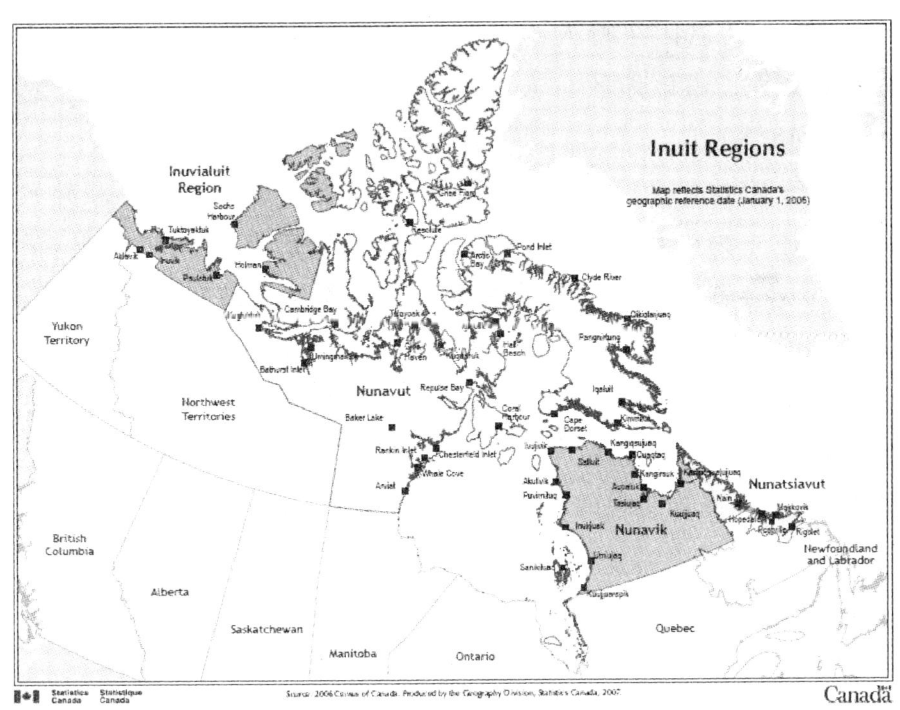


**图 1—1 加拿大因纽特人居住的四个地区**

图片来源：http：//www12.statcan.ca/english/census06/analysis/aboriginal/maps/Inuit/InuitRegionsAboriginal_ Reference_ ec.pdf。

努纳武特省。本书重点研究的区域。该省由原西北准省的东部分割而出，1999 年 4 月 1 日，是加拿大联邦最新成立的省政府。这是一片非常广阔的土地，总面积 180 多万平方公里，占加拿大国土面积的 23%，目前是加拿大国家面积最大的省份，跟欧洲大陆面积差不多。自治以后，因纽特民族集体获得 35.224 万平方公里土地的绝对所有权，此外还拥有其中 3.6257 万平方公里土地的采矿权①。努纳武特分为三个地区，西边的基吉柯塔鲁克（Qikiqtaaluk），沿哈德逊湾西海岸的、北极中心地带的基瓦里奇（Kivalliq）以及西北的基蒂克美奥特（Kitikmeo）。省会为伊卡卢伊特（Iqaluit），位于巴芬岛（Baffin Island）上。该省境内主要居住着因纽特人，据 2006 年统计，努纳武特因纽特人有 24640 人，占该地区总人口的 84%，占整个加拿大因纽特总人口的 48.8%②。

早在 20 世纪 70 年代加拿大因纽特团结组织就开始与联邦政府争取建立因纽特人自治区，并且在 1982 年公投获得支持，1993 年国会签署《努纳武特法案》与《努纳武特领土声明协议法案》确立行政区的建立，于 1999 年正式成立具有原住民自治性质的独立行政区。尽管有学者对努纳武特省政府的行政职能评价不高，认为它充其量与加拿大国家一个市政府的作为差不多③，也有人抱着悲观的看法，但这毕竟是加拿大原住民拥有的

---

① 不过，这是集体拥有，而且族人只能把绝对所有权让渡给联邦、领地、或是地方政府（［台］施正锋：《加拿大 Inuit 原住民族的自治政府》，《台湾原住民论丛》第 10 期，2011 年 12 月。）

② Statistics Canada, *Aboriginal Peoples in Canada in* 2006: *Inuit*, *Métis and First Nations*, 2006 *Census*, Ottawa, 15 January 2008, Cat. No. 97 - 558 - XIE; http: //www12. statcan. ca/census-recensement/2006/as-sa/97 - 558/pdf/97 - 558 - XIE2006001. pdf

③ ［台］施正锋：《加拿大原住民族自治体制》，载施正锋等编：《加拿大原住民族的土地权实践》，台湾东华大学原住民民族学院 2008 年版，第 30 页。

第一个具有省政府性质的行政机构，是“大胆的政治实验”，是加拿大国内“最进步的自治模式”，因纽特人掌控自己的政治命运后，可以给本民族带来复兴，其意义极为重大[①]。努纳武特地区的经济主要是可再生资源、工艺品、以及捕鱼业和旅游业等。各级政府是这一地区最大的雇主，此外还有私营企业和服务行业等。

努纳茨伊武特是因纽特民族居住的另一块土地，面积有11.655万平方公里。2001年，根据加拿大宪法修正案，正式将“纽芬兰”改称为“纽芬兰—拉布拉多”，名称的改变意味着拉布拉多地区具有特殊性。2002年，拉布拉多因纽特人协会向纽芬兰—拉布拉多政府建议，要求给因纽特人一定的自治权。之后经过不断协商，于2005年12月拉布拉多因纽特人协会改组为努纳茨伊武特政府，最初主要负责卫生健康、文化教育、环境治理等事务，后来也负责选举等事宜。努纳茨伊武特的立法机关设在Hopedale，行政机构在内恩（Nain）。努纳茨伊武特有因纽特人2160人[②]，分布在5个因纽特社区。

努纳维克是因纽特民族另一块居住地，位于魁北克省的北部，1912年划入该省。努纳维克地区面积44.3681万平方公里，占魁北克省面积的28.8%，跟中国的四川省面积大体相当；2006年统计显示，该地区因纽特人有9565人，占这一地区总人口的91%。因纽特人居住在沿哈得逊湾和哈得逊海峡东部沿海

---

① ［台］施正锋：《加拿大Inuit原住民族的自治政府》，《台湾原住民论丛》，第10期，2011年12月。

② Statistics Canada, *Aboriginal Peoples in Canada in* 2006: *Inuit*, *Métis and First Nations*, 2006 *Census*, Ottawa, 15 January 2008, Cat. No. 97 - 558 - XIE, (accessed 20 August 2008) http://www12.statcan.ca/census-recensement/2006/as-sa/97 - 558/pdf/97 - 558 - XIE2006001.pdf

地区的14个社区中。努纳维克本是西北准省的一部分，近几十年来，努纳维克的因纽特人一直在与加拿大联邦政府和魁北克省政府谈判，希望成为该省的一个自治区，并于1975年与加拿大联邦政府签订了因纽特民族第一个土地索赔协议，即詹姆斯湾和北魁北克协议（the James Bay and Northern Quebec Agreement）；2006年12月终于达成土地宣言：因纽特民族将拥有自己的选举大会，代表魁省14个偏远的因纽特人社区以及一个负责处理原属省政府管辖的卫生及教育等公共服务设施。新政府于2009年能够开始运作，计划于2011年正式实行自治。但遗憾的是，2011年4月27日公民投票结果是只有34%的人赞同成立努纳维克地区政府，66%的人投了反对票①，这给因纽特民族自治之路投下了阴影。与努纳武特地区一样，传统的狩猎和捕鱼是努纳维克因纽特人重要的食物来源，运输、服务行业、旅游业以及采矿业是当地经济的重要组成部分。

伊努维卢伊特位于西北省的西北准省（加拿大北极圈西部），是因纽特民族1984年与联邦政府签订土地协议而获得的另一居住区。伊努维卢伊特居住区包括麦肯齐三角洲、波弗特海、阿蒙森海湾地区等三个地区，占地约43.5万平方公里，陆地面积大约9.06万平方公里，其中包括1.298万平方公里的地下矿产权。1984年的土地协议还包括联邦政府152亿美元的赔偿，分14年偿清。有4165名因纽特人（2006年统计）说Inuvialuktun语，Inuvik是最大的社区，也是这一地区的行政管理中心。

---

① *Nunavik's Referendum for the Creation of a Regional Government-The NO Vote Wins a Majority: The Final Agreement is Rejected*, http: //www. electionsquebec. qc. ca/english/news-detail. php? id = 3931.

表 1—1：Inuit Nunangat 地区概况

| | 面积（平方公里） | 因纽特人口数（人） | 首府 |
|---|---|---|---|
| 努纳武特 | 1800000 | 24640 | Iqaluit |
| 努纳茨伊武特 | 116550 | 2160 | Nain |
| 努纳维克 | 443685 | 9565 | Kuujjuaq |
| 伊努维卢伊特 | 435000 | 4165 | Inuvik |
| 总计 | 2794685 | 40530 | |

## 三、框架结构

本书以加拿大因纽特人为中心，从加拿大因纽特人与联邦政府的关系、自治运动、经济活动、社会问题、因纽特人与北极治理等五个方面研究因纽特人的生活实态以及全球变暖对其生活的影响，在此基础上，探讨中国如何与北极原住民合作，参与到北极的治理和资源开发与利用中。本书除导言和结语外，正文包括六章，每章主要内容概括如下：

第一章，导言。主要介绍有关加拿大因纽特民族的现状、研究区域、研究框架和研究意义。

第二章，北极地区生态环境与原住民人口分布。通常意义上，北极地区是指北纬 66.33°以北的广大区域，这里生态独特，气候恶劣，直至 20 世纪末，这里仍是人类活动的边缘地带，只有极少的、生命力极强的动植物和人类活动于此。对其他地方的居民来说，这个地方充满着神奇、浪漫和恐惧。最早来到北极地区的是因纽特人，大约在 1.5 万年前；后来其他民族也相继加入，萨米人大约在 9000 年前也来到这里。到目前为止，北极地区大约生活着 20 多个原住民族，主要有因纽特人、萨米人、科米人（Komi）①、雅库特人（Caxanap）②、鄂温人、多尔干人、恩加纳桑人、恩特西人、南特西人等。

第三章，因纽特民族与加拿大联邦政府之关系。由于因纽特人生活居住在人烟稀少的加拿大北极地区，相对于其他地区的原住民来说，他们与外界的接触较少，时间也较晚，因而受到外来者的干扰和破坏也就比较少一些。在20世纪中叶前，无论在政治、经济、文化等方面，因纽特民族都没有发生根本的变化。但在20世纪50年代，加拿大联邦政府实行对因纽特人的“再安置”，将他们从魁北克北部迁往现在的努纳武特地区，并对他们进行同化教育，因纽特民族因此发生了较为严重的文化断裂。但是，“再安置”带来了因纽特民族主义的兴起，民族自治运动因而取得了辉煌的成就，从而改变了50年代以来加拿大欧裔白人与因纽特民族之间的殖民与被殖民的关系。进入21世纪以来，由于全球气候变暖和能源危机，北极地区的资源、交通、军事等意义突显出来，因纽特人因而也受到世人所关注，加拿大联邦政府也重新调整了北极政策，用资源开发来促进原住民社会发展。

第四章，因纽特民族的自治运动。本章在分析因纽特民族自治运动的背景和自治运动的历程的基础上，探讨自治运动的模式以及自治运动的效果。从1999年成立至今，努纳武特自治政府

---

① 科米人，俄罗斯少数民族，又称齐良人，主要分布在中乌拉尔山西部科米自治共和国，部分分布在摩尔曼斯克州的科拉半岛以及乌拉尔山东部的亚马尔—涅涅茨、汉特—曼西民族州。科米人在苏联时期有34.5万，现在居住在科米共和国的有27.96万，其余几万科米人分布在俄罗斯其它地区。

② 雅库特人，俄罗斯少数民族，属于北极原住民，主要分布在雅库特自治共和国，部分散居在克拉斯诺亚尔斯克北部埃文基和泰梅尔民族区，以及马加丹、库页岛、黑龙江流域。20世纪晚期约有38万人，维基百科上说现今大约有47万。大部分雅库特人原本过着半游牧的生活。

已经走过10多年的旅程，这期间有草创初期的憧憬，有发展过程中的曲折，还有时至今日的困惑。原住民自决实践尽管在形式上取得了重大突破，建立了一系列的自治政府，但是在实际的自治政府运作过程中，问题却依然严峻：政治架构上的水土不服，西方的现代政治制度并不能很好地契合原住民现实需要；经济发展中的先天不足，原住民自身素质不合要求，现代化产业根基薄弱；社会生活的分崩离析，传统文化的传承江河日下，西方文明的学习则画虎不成。

第五章，因纽特民族经济形态。本章全面考察加拿大因纽特民族的经济模式的两次重大转变以及由此带来的社会生活文化的变迁。我们在讨论因纽特民族近两三百年的巨大转变，首先要关注的就是经济形态的变化，即由单一的狩猎经济模式转向狩猎、贸易等混合经济模式再到近年来旅游、矿产资源开发的兴起。经济形态的转变带来了居住形式的变化，由此导致了因纽特民族文化上的断裂以及政治的自治运动；近一百多年来，因纽特民族又经历了社会分化、资产流失，联邦政府重新划分行政区域；20世纪末以来他们又卷入到资源开发所导致的困境以及气候变暖所带来的厄运。

第六章，因纽特民族的社会问题。近几十年来，加拿大北极地区的原住民通过与联邦政府的协商、谈判，在政治上取得了较大的权利，甚至转变了加拿大北极地区的管理方式，但是由于近十几年来人口的快速增长以及伴随这种现象而来的是一系列社会问题的产生，如失业、酗酒、自杀、吸毒、家庭暴力、性虐待等，尤其是年轻男性高的自杀率问题，这些问题给原住民社会、经济的发展造成了极大的障碍。我们在关注北极丰富的自然资源、环境问题以及军事安全问题的同时，不应该忽视祖祖辈辈生活在这片土地上的原住民当下所面临的各种社会问题。

第七章，因纽特民族与北极治理。本章讨论的因纽特民族与北极治理，不是关注因纽特人在当下的北极治理机构（如北极理事会）中的作为，而是研究因纽特民族及其他北极原住民的传统治理原则以及这种治理原则在当下的运用，首先界定“治理”以及“原住民治理”，并讨论原住民知识的重要特征即实践性以及原住民文化的高语境特征；接着探讨了因纽特人的治理原则，选择了领导的产生、一致同意的决策原则以及与环境融为一体等三个方面；最后探究这三项治理原则在当下的运用：因纽特人是如何感知近年来气候变化的，他们是怎么使用和管理资源的以及努纳武特自治政府的建构中如何体现因纽特人的治理原则。

第八章，即在结语部分指出，中国若要推行积极的北极政策，参与北极事务，增加对北极的发言权与事实存在，通过与加拿大努纳武特政府的合作不失为一块有效的跳板。

本书的研究意义有三点：第一，从学术的角度而言，本课题研究将填补国内此方面研究的空白。目前国内关于北极原住民的情况，只有媒体比较肤浅的介绍，以满足民众的好奇心，甚至人们对因纽特这一概念都知之不多，绝大多数人只知道爱斯基摩人，不知因纽特人为何方神圣①；学术研究几乎刚刚起步，因此迫切需要学术界进行深入的分析研究，以便更多地了解生活在那块冰天雪地中的民族。

第二，为中国积极参与北极事务提供基础性研究。进入21世纪以来，随着全球自然环境的恶化、能源危机的日益加剧，大国之间的利益关系在极地问题上出现了复杂化的动向。2007年俄罗斯北极“插旗”事件是这种复杂动向的集中体现。无论从

---

① 近三年来笔者在给同济大学社会学系大二本科生上第一节课时，都会做个调查，知道因纽特民族的同学大概只占20%，作为受过一定教育的大学生也只有这个比例，社会上其他群体的人知道的可能更少。

地缘政治的视野还是从能源安全的角度，中国都应该积极参与北极事务。要参与北极事务，就必须与当地居民打交道，因此我们首先要了解北极原住民的情况，他们的风土人情如何？社会组织结构如何？他们如何管理自己的土地和资源？他们与外部世界的关系又如何？等等，这些都是我们需要密切关注的问题。

第三，加拿大是一个多民族大国，长期以来加拿大政府和人民为解决本国的民族问题积累了相当多的经验和教训，尽管在这个漫长的历史长河中，也有些不尽人意的地方，但总体而言，没有大规模的武装冲突，没有给加拿大国家和人民带来没有必要的损失。中国与加拿大一样，也是民族众多的大国，也同样面临着各种各样的民族问题，因此研究加拿大北极原住民的自治问题，有利于我们汲取他们的经验和教训，少走弯路，把我们国家建设成一个更加和谐的多元文化的国家。

# 第二章

# 北极地区生态环境与原住民人口分布

北极一词来源于希腊语的αρκτικός（Arktikos），原意是熊的意思。古希腊人通过长期的星座观察，发现北方天空中的大熊星座（Ursa Major）和小熊星座（Ursa Minor）会定期来临[①]。后来这个词就慢慢演化为英语中的"Arctic region"[②]。北极地区生态独特，气候恶劣，直至20世纪末，这里仍是人类活动的边缘地带，只有极少的、生命力极强的动植物和人类活动于此。对其它地方的居民来说，这个地方充满着神奇、浪漫和恐惧。

---

① 他们是航海者的保护神，海员们只要能看到这两个星座，就不用担心在茫茫大海中会迷失方向。

② "AMAP Assessment 2009：Human Health in the Arctic"，http：//www.amap.no/，2009.7.6，p.1. 后来人们根据这个词造了"Antarctica"，即Arctic的另一面。

# 第一节　北极地区范围及其近年来生态环境的变化

北极地区主要由一个被广大冰原覆盖的大洋和环绕在其周围的一圈无树木的冻土地带所组成。北极陆地部分已为丹麦、加拿大、美国、俄罗斯、挪威、瑞典、芬兰和冰岛等8个国家所有。北极冰盖存在已有100万年之久[①]，起着保护地球温度的作用，近年来，随着全球气候变暖，没有什么问题比北极冰盖消融更令全球的人们担忧的了。

关于北极地区的范围，学者们根据物理、地理、政治和行政管理等特征，有七种不同的划分[②]，这里介绍四种。

通常意义上，北极地区是指北纬66.33°以北的广大区域，以北回归线作为北极地区的南界，包括北冰洋的绝大部分水域、格陵兰岛、冰岛等岛屿以及欧亚大陆、北美大陆的北部地区，以太阳在北半球能够直射到的最远位置来界定北极地区，意义不大，尤其是研究北极地区污染、冰盖融化以及原住民生活等；在自然科学界，科学家为研究方便，在所研究的领域给北极地区划定范围，比如物候学科学家，以7月份平均10℃等温线（海洋以5℃等温线）作为北极地区的边界；植物学家按植物种类的分

---

① "北极冰盖面积近20年减少40%"，《能源信息与研究》2008年第1期，第16页。法国国家科学研究中心2007年9月的数据显示，北极冰盖面积为413万$km^2$，而2005年这一数据为530万$km^2$；过去20年里，北极冰盖面积减少了40%，平均厚度从3m减至1.5m；中心认为，北太平洋暖流是造成北极温度升高的一个重要因素，而北极上空污染物形成的云雾吸收了地球向外层空间的红外线辐射，也加剧了北极地区气温升高。

② http：//www. arcticstat. org/Map. aspx.

布来划定北极范围，把全部泰加林带归入北极地区；还有学者把全年内北极气团占优势的区域称为北极地区，除格陵兰岛南部地区外与等温线划分法基本接近，海区则不包括挪威海和南格陵兰海①。

随着全球气候、环境的变化，人们越来越关注北极地区，根据各自不同的研究领域划分北极的边界，会带来很多麻烦，因此，1991 年成立的“北极监测与评估方案”（Arctic Monitoring and Assessment Programme，简称 AMAP）国际组织②，试图综合各种定义和具体的地形、地貌特征来划分北极边界，以便各学科的交流和监测、管理该地区的环境（如图 2—1）。根据 AMAP 的界定，北极地区的南界在北纬 60°和北极圈之间，在大西洋的东北海面，北极地区的南界大体沿着北纬 62°，包括法罗群岛，在大西洋的西海面，包括格陵兰海和拉布拉多海；在白令海地区，南界基本上沿着阿留申群岛一线；哈德逊湾和白海也包括在北极地区。北极地区陆地的界限，尽管环北极八国各有不同的界定，但 AMAP 监测和评估的范围只包括这些国家的北纬 60°和北极圈之间的地区。③

① *AMAP Assessment* 2009：*Human Health in the Arctic*，http：//www. amap. no/，2009. 7. 6，1 ~ 2.

② “北极监测与评估方案”，为执行《北极环境保护战略》而成立的组织之一。该组织 1997 年和 2002 年的报告采用的是 AMAP 的边界划分。

③ *AMAP Assessment* 2009：*Human Health in the Arctic*，http：//www. amap. no/，2009. 7. 6，p. 2.

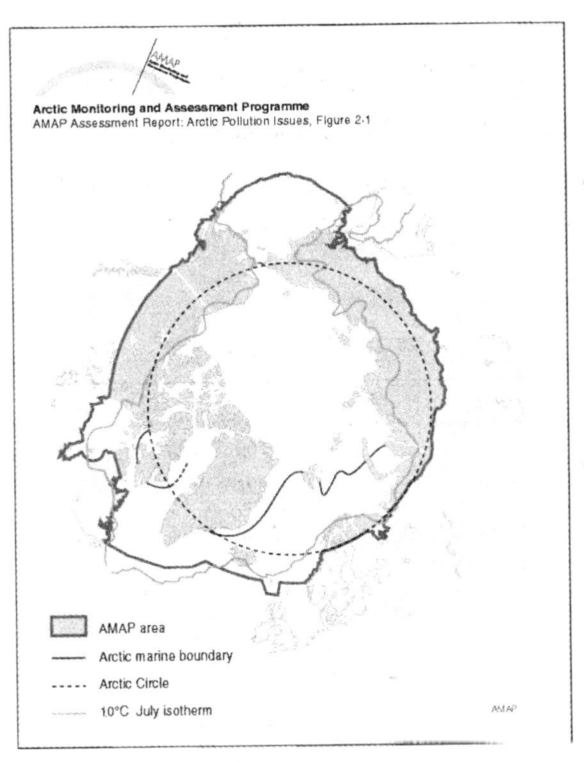


**图 2—1 AMAP 界定的北极范围**

近年来，《北极人类发展报告》（Arctic Human Development Report，简称 AHDR）课题组所划定的北极边界也比较有影响（如表 2—1）。这一划分方案是结合 AMAP 和一些北极国家的习惯而定，包括整个阿拉斯加，加拿大北纬 60°以北地区以及魁北克和拉布拉多的北部地区，整个格陵兰、法罗群岛、冰岛，以及挪威，瑞典、芬兰等最北边的一些县。这一课题组收集了大量的数据、做了大量的调查和研究，笔者在研究中将大量使用这些调查资料，因此本文也使用 AHDR 划定的边界。

北极地区的面积因不同的划分方案差别很大，如以北回归线为界，则北极地区的面积是 2100 万平方公里，其中陆地部分占

800 万平方公里；如果以 7 月份平均 10℃ 等温线（海洋以 5℃ 等温线）作为北极地区的边界，北极地区的总面积就扩大为 2700 万平方公里，其中陆地面积约 1200 万平方公里。如果以植物种类的分布来划定北极，把全部泰加林带归入北极范围，北极地区的面积就将超过 4000 万平方公里，《北极人类发展报告》中北极面积也超过 4000 万平方公里。

**表 2—1　四种划分方案**

| 划分方案 | 面积 |
| --- | --- |
| 以北回归线为界 | 2100 万平方公里，其中陆地部分占 800 万平方公里 |
| 物候学以 7 月份平均 10℃ 等温线（海洋以 5℃ 等温线）作为北极地区的边界 | 2700 万平方公里，其中陆地面积约 1200 万平方公里 |
| 以植物种类的分布来划分 | 超过 4000 万平方公里 |
| 《北极人类发展报告》划定的边界 | 超过 4000 万平方公里 |

无论怎么划分，北极作为一个“地区”，与我们通常讲的东南亚地区、中东地区、南美地区的“地区”有着明显不同，前者大部分是由环北极国家的部分领土构成，而且远离本国政治中心，是这些国家的边缘地带，人口稀少，经济相对落后；后者却不同，都是由一个个完整的主权国家所组成，人口稠密，大多处于政治中心地区。

北极地区自然环境恶劣。常年低温，绝大部分地区 7 月份平均气温都在 10℃ 以下，在最寒冷的月份，平均气温为 -29℃ ~ -34℃之间；土壤长时间冰雪覆盖或冰冻，有深达 450 米的永冻层，年降雪量为 38 厘米 ~ 229 厘米；让人最不能适应的可能是长时间的极昼和极夜。例如，在加拿大的埃尔斯米尔岛（Ellesmere Island），从每年的10月22日到次年的3月1日都是24小时不见太阳的极夜，在夏天则是24小时太阳普照的极昼。在这样的自然条件下，动植物稀少[①]，种植业和养殖业无法进行，现代工业更无法立足，丰富的油气和矿产资源无法开采[②]，人类生存的物质条件极其贫乏，常被认为是世界上最荒凉的地区之一[③]；而且北极地区交通困难，长期以来几乎与外界隔绝[④]。因此这里人烟稀少，历史上大多时间无人问津。

从自然环境角度来看，实际上并不存在一个整体上的北极，相近纬度上的环境条件却大相径庭。挪威北部特罗姆瑟（Tromsø）的一月平均最低气温为 -6.7℃。俄罗斯亚马尔—涅涅茨（Yamal-Nenets）地区首府萨列哈尔德（Salekhard）是俄罗斯极地天然气资源的中心产区，与特罗姆瑟虽然相隔遥远但纬度相近，它的最低气温是 -29.7℃。而位于西伯利亚海岸的季克西（Tiksi）更加寒冷，能达到 -36.7℃。越过白令海峡的内陆深

① 陈华：《因纽特人对北极环境的人类学适应》，《黑龙江民族丛刊》，2007年3期。

② 据美国地质调查局（USGS）等资料（Charpentier and others，2008；USGS World Assessment Team，2000）评估显示：基于地质学的概率理论，通过分析，在不考虑经济因素的条件下，北极圈具有 $122.6\times10^{8}$ 吨原油、$1669\times10^{12}$ 立方米天然气，及 $60\times10^{8}$ 吨天然气的待发现技术可采储量。84%的油气资源存在于海上地区。待发现的资源基本都集中在海岸线和500米水深线之间，估计大多数油气资源都在距海岸370千米界限以内（USGS. *Circum-Arctic Resource Appraisal: Estimates of Undiscovered Oil and Gas North of the Arctic Circle.* USGS Fact Sheet 2008 - 3049，2008：1~3。）

③ 吴金光、翟冰译：《加拿大的因纽特人（上）》，《世界民族》，1993年第2期。

④ 陈华：《因纽特人对北极环境的人类学适应》，《黑龙江民族丛刊》，2007年3期。

处，阿拉斯加费尔班克斯（Fairbanks）气温为－28.1℃。加拿大努纳武特地方首府伊卡卢伊特（Iqaluit）与其相近。同时，丹麦王国格陵兰岛首府努克（Nuuk）相对较为温暖，气温在－10℃左右。七月的气温同样大相径庭：从特罗姆瑟日平均最高气温的8.7℃到费尔班克斯（Fairbanks）的22.4℃。特罗姆瑟一月平均日最低气温与七月平均日最高气温温差不超过20℃，气候相对温和。而萨列哈尔德、季克西和费尔班克斯冬夏温差则要大得多，将近50℃[①]。

气温虽然是决定性的，但它仅仅是环境多样性的一项指标。多样性更明显地体现在降水率、沿岸地区浮冰覆盖率、冻土、森林、苔原面积等等。格陵兰岛的大部分地区覆盖着终年不化的冰川，总量近285万立方千米。北极其余陆地大多却并不是如此。然而，北极地区的一个共同点是它正在变暖。气候的迅速变化影响着整个自然环境，改变着北极的地理、生态系统，并影响着世界其他地区[②]。

近20年来，北极的自然环境正在发生着巨大的变化。过去30年中，北极气温每10年上升0.5℃，现在气温已达到了近4个世纪以来的最高水平。一些区域的温度在过去50年已经上升了2.5℃，如果二氧化碳的排放量继续以目前的速度增加，到

① Charles Emmerson and Glada Lahn, *Arctic Opening: Opportunity and Risk in the High North*. pp. 10 － 11, http: //www. chathamhouse. org/publications/papers/view/182839.

② Charles Emmerson and Glada Lahn, *Arctic Opening: Opportunity and Risk in the High North*. pp. 10 － 11, http: //www. chathamhouse. org/publications/papers/view/182839.

2100 年，北极温度预计将上升 10℃以上[①]。温度上升加速了北极冰盖及北冰洋海冰的融化。美国国家冰雪数据中心（NSDC）卫星监测数据表明，北极海冰覆盖面积正以每 10 年 3% 的速度融化，同时海冰厚度已由 20 世纪 80 年代初的 4.88 米降至现在的 2.75 米。2007 年，北极冰层融化速度加快了 10 倍，北冰洋海冰面积已减至 413 万平方公里，比 1979～2000 年海冰面积平均值低 39%，成为观测史上新的最小值。现在，北极夏季冰盖的大小仅有 50 年前的一半；2008 年 9 月，海冰面积也较前述平均值低 34%，仅高于 2007 年的观测数据；2009 年 9 月，海冰面积同样大幅缩减，也仅高于 2007 年和 2008 年的观测数据。2009 年 9 月发布的《海冰展望》认为，当年 9 月泛北极地区的海冰面积为 420 万～500 万平方千米。这个数值几乎是历史最低值[②]。自 1979 年，开始使用卫星监测北极夏季海冰面积以来，已有相当多的证据表明，北极夏季海冰面积在过去 30 年里呈缩减趋势。许多科学家认为，北冰洋第一个无冰的夏季将会在 5～50 年内出现，这已是一个何时发生的问题，而不是一个是否会发生的问题[③]。

2011 年 9 月，是北极冰川一年中面积最小的月份，冰川覆盖面积降到了 433 万平方公里（167 万平方英里）的低点，这比 1979 年至 2000 年的平均数据少了 238 万平方千米。美国国家冰

---

① Randy Boswell, *Melting Arctic Poses Security Risk: A Report for U.S. Congress*, Canwest News Service, April 7, 2010, http://www.globalsaskatoon.com/world/Melting+Arctic+poses+security+risk+Congress+report/2774860/story.html.

② Norwegian Polar Institute, *Outlook of Ice on Sea*, September 9, 2009, http://npweb.nplar.no/english/subjects/1250776798.55.

③ 夏立平：《北极环境变化对中国国家安全的影响》，《世界经济与政治》，2011 年第 1 期。

雪数据中心的数据表明冰川面积一年比一年减少——2007年尚有417万平方千米。使用一种稍微不同的方法，不莱梅大学的科学家们报道，北极冰川面积实际上在2011年9月8日达到了424万平方公里的最低值——这比不莱梅科学家小组估算的2007年夏季数值少了27000平方公里。根据他们的估计，北极冰盖上一次达到这一最低值是在8000年以前。①

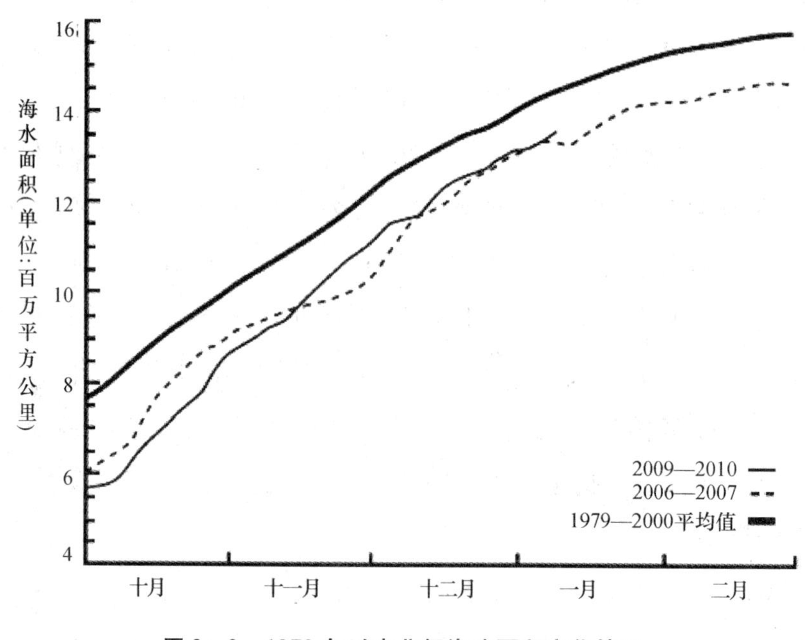


**图2—2　1979年以来北极海冰面积变化情况**

资料来源：http：//mil. sohu. com/20100930/n275375184. shtml。

更为重要的是，北极不仅在变暖，而且其变暖速度远远超越了地球上其他任何地区，它也是全球变暖的预警信号。北极理事

① Charles Emmerson and Glada Lahn，*Arctic Opening*：*Opportunity and Risk in the High North*. P10 - 11，http：//www. chathamhouse. org/publications/papers/view/182839.

会（AC）和国际北极科学委员会（IASC）发布的权威研究报告《北极气候影响评估（ACIA）》指出，北极地区的变暖速度高于世界其他地区近两倍。

北极环境变化不仅威胁着北极地区的生态状况，而且还对全球气候和大气状况产生巨大的影响①。学术界研究得出，近年的全球气候异常也可能与北极地区的环境变化有关。如武炳义、卞林根、张人禾等人的研究得出："除大气环流温度平流的影响外，当北极涛动（AO）为正位相时，极涡加强，中纬度西风带加强并且位置偏北，冷空气被限制在极地，因而中、高纬度欧亚大陆和东亚地区温度偏高，容易出现暖冬（冬季风偏弱）。而AO为负位相时，对应极涡减弱，中纬度西风带随之减弱南移，北极冷空气易向南爆发影响北美、欧洲和亚洲。"② 李培基在《北极海冰与全球气候变化》一文中也指出："北极海冰—海洋—大气间耦合作用，使北极海冰构成了北大西洋和全球气候反馈循环中的重要环节。"③ 基于北极环境与全球环境的联动效应，北极气候变化也必然是全人类生态安全的一大隐患。

北极冰川融化后，全球海平面将上升。在过去的一个世纪里，北极冰盖的融化导致全球海平面上升了10～25厘米。现在冰川融化导致海平面上升的数值正在不断增加。科学家预测，如果极地地区的冰全部融化，可能会导致海平面上升约7米。这将使一些岛国面临灭顶之灾并淹没许多国家的沿海地区。太平洋和

---

① Melissa A. Verhaag, *It is not too late: the need for a comprehensive international treaty to protect the Arctic environment*, Georgetown International Environmental Law Review, 2003（22）。

② 武炳义、卞林根、张人禾：《冬季北极涛动和北极海冰变化对东亚气候变化的影响》，《极地研究》，2004年第3期。

③ 李培基：《北极海冰与全球气候变化》，《冰川冻土》，1996年第1期。

印度洋上的一些岛国居民将首当其冲，寻找新的栖息地将成为他们最重大的问题。世界卫生组织、欧洲环境机构和欧洲委员会在2009年9月发布的一份报告中预测，到2100年，随着海平面的上升，从伦敦到雅典将有400多万欧洲人面临着被海水吞噬的危险，损失将达到2万亿欧元（约合2.9万亿美元）[①]。

更为重要的是，气候变暖所带来北极地区的冰盖融化从而导致北极航道的可能开通，北极地区资源的可获得性大大增加，北极地区的地缘政治和地缘经济将发生重大的变化。北极地区近年来的变化，使环北极国家调整了本国的北极政策，增加了对北极地区的军事和防务投入，后冷战初期以来刚刚形成的以合作为中心的安全局面被打破，代之以航道和资源为中心的军事竞争。2007年，有媒体不惜危言耸听，称这种军事竞争有可能引发第三次世界大战。[②] 这一切的变化，将严重影响世世代代生活在这片土地上的原住民的经济和文化，并且使他们第一次为全人类社会所熟知，不被关注固然不好，但过度关注未必是幸事。

## 第二节　北极地区人口分布与主要原住民概述

北极地区自然生态环境恶劣，不是人类文明的发祥地。但由于地球上的人口越来越多，可供生活和居住的区域日渐稀少，北极这个人类文明的边缘地带，也有一些民族来这里定居生活，并

① 国家海洋信息中心：《气候变化和海平面上升研究动态》，2008年11期，第17页。

② 《俄媒体推测：第三次世界大战可能在北极爆发》，《环球时报》，2008年05月05日。

创造了独特的人类文化。最早来到北极地区的是因纽特人，大约在1.5万年前；后来其它民族也相继加入，大约在9000年前，萨米人也来到这里。到目前为止，北极地区大约生活着20多个原住民族，主要有因纽特人、萨米人、科米人（Komi）①、雅库特人（Caxanap）②、鄂温人、多尔干人、恩加纳桑人、恩特西人、南特西人等。这一节先介绍北极地区人口分布状况，然后简要描述当下北极地区最活跃的、也是人口最多的两支原住民族——因纽特族和萨米族的历史和现状。

北极地区地广人稀，根据《北极人类发展报告》划定的边界，总面积超过4000万平方公里的地方，居民只有区区400多万人③，平均每平方公里只有0.1人。在这400多万人口中，一半多居住在俄罗斯北极地区；除冰岛和挪威外，其它国家如加拿大（0.405%）、美国（0.223%）、瑞典（2.856%）、芬兰（3.618%）、丹麦（1.939%）、俄罗斯（1.372%）等只有很少一部分人口居住在北极地区（如表2—2所示）。

---

① 科米人，俄罗斯少数民族，又称齐良人，主要分布在中乌拉尔山西部科米自治共和国，部分分布在摩尔曼斯克州的科拉半岛以及乌拉尔山东部的亚马尔—涅涅茨、汉特—曼西民族州。科米人在苏联时期有34.5万，现在居住在科米共和国有27.96万人，其余几万科米人分布在俄罗斯其他地区。

② 雅库特人，俄罗斯少数民族，属于北极原住民，主要分布在雅库特自治共和国，部分散居在克拉斯诺亚尔斯克北部埃文基和泰梅尔民族区，以及马加丹、库页岛、黑龙江流域。20世纪晚期约有38万人，维基百科上说现今大约有47万。大部分雅库特人原本过着半游牧的生活。

③ *Arctic Human Development Report*（2003），http://www.svs.is/ahdr/ahdr%20chapters/english%20version/chapters%20pdf.htm；张侠等人研究得出，北极地区人口1044万，这主要是因为对北极地区范围界定不同而导致的差异，比如，笔者根据北极人类发展报告界定的，俄罗斯的北极面积是420多万平方公里，而张侠等人界定的，俄罗斯北极地区的面积是880万平方公里。

**表 2—2　2003 年前后北极地区和国家的人口数①**

| 北极国家/地区 | 北极地区陆地面积（单位：平方公里） | 统计时间 | 北极地区人口数（单位：人） | 该国总人口数（2003 年 7 月） | 北极地区人口数占该国总人口的比例（%） |
|---|---|---|---|---|---|
| 总计 | 12575000 | | 4058000 | 491356120 | 0.825 |
| 阿拉斯加 | 1516000 | 2003.7.1 | 648200 | 290342554 | 0.223 |
| 加拿大北极地区 | 4191000 | 2001.5.15 | 130300 | 32207113 | 0.405 |
| 丹麦格陵兰地区 | 2176000 | 2003.1.1 | 56700 | 5384384 | 1.939 |
| 丹麦法罗群岛 | 1000 | 2002.12.31 | 47700 | | |
| 冰岛（位于北极地区内） | 103000 | 2002.12.31 | 288500 | 288500 | 100 |
| 挪威（位于北极地区内） | 107000 | 2003.1.1 | 462700 | 462700 | 100 |
| 瑞典 | 99000 | 2002.12.31 | 253600 | 8878085 | 2.856 |
| 芬兰 | 93000 | 2002.12.31 | 187800 | 5190785 | 3.618 |
| 俄罗斯 | 4289000 | 2002.10.9 | 1982500 | 144526278 | 1.372 |

资料来源：笔者根据 Arctic Human Development Report（2003）第 27 页以及“2003 年 7 月各国人口排名”（http://tieba.baidu.com/f?kz=44840763）制定，在 2007 年 7 月各国人口排名中，挪威人口为 4546123，冰岛人口为 280798，两国人口在半年内均有所减少，分别减少了 76577 人、7702 人。

尽管目前北极地区人口稀少，但自 20 世纪 40 年代以来，该地区人口一直呈不断增长的趋势。例如阿拉斯加的北极人口由 1940 年的 72500 人增长到 2000 年的 626900 人，60 年增长 8 倍多；再如俄罗斯，1939 年在北极地区居住的人数为 523800 人，2002 年为 1981100 人，60 年增长 3.8 倍。这期间世界总人口数

① 由于很难找到同一时期这些国家的总人口数和北极地区的人口数，因此算出来的比例可能与实际情况有点误差。

由20亿增长到60亿[①]（如表2—3所示）。

**表2—3　1940—2000年北极地区人口动态变化**

（单位：1000人）

| 北极地区 | 1940 | 1950 | 1960 | 1970 | 1980 | 1990 | 2000 |
|---|---|---|---|---|---|---|---|
| 阿拉斯加 | 72.5 | 128.6 | 226.2 | 300.4 | 401.1 | 550 | 626.9 |
| 加拿大 | — | 33 | 51.2 | 81.4 | 100.2 | 115.8 | 120.6 |
| 格陵兰 | 21.4（1945） | 23.6（1951） | 33.1 | 46.3 | 49.8 | 55.6 | 56.1 |
| 冰岛 | 121.5 | 144 | 175.7 | 204.6 | 229.2 | 255.7 | 282.8 |
| 法罗群岛 | 29.2（1945） | — | 34.6 | 38.6 | — | 47.4 | 46.2 |
| 挪威 | — | 221.8 | 237.2 | 243.2 | 243.8 | 239.5 | 239.1 |
| 瑞典 | 216 | 241.5 | 261.8 | 255.9 | 267 | 263.3 | 257.2 |
| 芬兰 | 137 | 167.1 | 205.1 | 197.1 | 194.9 | 200.7 | 191.8 |
| 俄罗斯 | 523.8（1939） | — | 1128（1959） | 1508.7 | 1948.1（1979） | 2598.5（1989） | 1981.1（2002） |

资料来源：*Arctic Human Development Report*（2003），http：//www.svs.is/ahdr/ahdr%20chapters/english%20version/chapters%20pdf.htm，第30页。

北极地区人口稀少，北极原住民人口则更少，少到一些国家根本没有统计数据，除了阿拉斯加、加拿大北极地区以及丹麦格陵兰地区有比较精确的统计数据外，其它国家或地区都是估计值，因此北极原住民的人口总数也只是个近似值，2003年前后大体上是354000人，约占整个北极地区人口的8.85%[②]，各国

① *Arctic Human Development Report*（2003），p.30. http：//www.svs.is/ahdr/ahdr%20chapters/english%20version/chapters%20pdf.htm.

② *Arctic Human Development Report*（2003）.p.29，http：//www.svs.is/ahdr/ahdr%20chapters/english%20version/chapters%20pdf.htm.

原住民人口数见表2—4。

**表2—4 2003年前后北极地区或国家原住民人口数**（单位：人）

| 北极国家/地区 | 统计时间 | 北极地区人口数 | 原住民人口数 | 原住民所占比例% |
|---|---|---|---|---|
| 阿拉斯加 | 2000 | 627000 | 98000 | 15.6 |
| 加拿大北极地区 | 2001 | 130000 | 66000 | 50.8 |
| 丹麦格陵兰地区 | 2003 | 57000 | 50000 | 88.1 |
| 冰岛 | 2003 | 288000 | 无 | |
| 丹麦法罗群岛地区 | 2003 | 48000 | 无 | |
| 挪威 | 2003 | 463000 | 50000（估计） | 5 |
| 瑞典 | 2003 | 254000 | | |
| 芬兰 | 2003 | 188000 | | |
| 俄罗斯 | 2003 | 1982000 | 90000（估计） | 4 |

资料来源：笔者根据 *Arctic Human Development Report* 第29页制定，http：//www.svs.is/ahdr/ahdr%20chapters/english%20version/chapters%20pdf.htm。

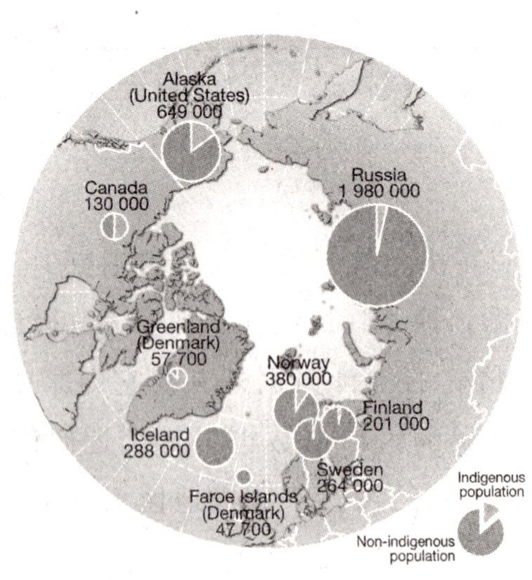


**图2—3 北极地区人口及北极原住民人口数**

资料来源：*Arctic Human Development Report*，http：//www.svs.is/ahdr/ahdr%20chapters/english%20version/chapters%20pdf.htm。

如前文所述，北极原住民总体大约有354000人，其中因纽特人和萨米人占了70%多，是北极地区最主要的两支原住民民族。在人类文明史上，这两支民族不为人们所熟知，但近年来，随着全球气候变暖，它们及其居住地区丰富的自然资源渐渐成为人们的热门话题。

## 一、因纽特民族

因纽特人，旧称爱斯基摩人（Eskimo），印第安语的意思是“吃生肉的人”，因为因纽特民族与印第安民族一直以来心存芥蒂，印第安人对他们的称呼显然含有贬意。因纽特人将自己称为“因纽特（Inuit）”或“因纽皮特（Inupiat）”人，意思是“真正的人”或“土地上的主人”。因纽特人是亚洲蒙古人的后裔，据说大约在1.5万年前，其祖先穿越横跨西伯利亚和阿拉斯加的陆桥来到美洲大陆[①]。在众多的北极原住民中，因纽特人一直以北极地区为家，他们凭借自己的毅力，与恶劣的自然环境作斗争，创造了独特的因纽特文化和历史[②]，“他们代表极地人数千年来克服恶劣环境、在文化上达到的制高点”[③]，这是因纽特民族的伟大，更是人类文明史上的奇迹。

因纽特民族是北极原住民族中分布地域最广的民族，他们生活在俄罗斯的楚克其半岛（Chukchi Peninsula）、美国的阿拉斯

① 吴金光、翟冰译：《加拿大的因纽特人》（上、下），《世界民族》，1993年第2、3期。

② Inuit Tapiriit Kanatami, *Inuit History and Heritage*, p. 1, http://www.itk.ca/system/files/5000YearHeritage.pdf.

③ ［美］贾雷德·戴蒙德著，江莹、叶臻译：《崩溃：社会如何选择成败兴亡》，上海译文出版社，2008年版，第204页。

加、加拿大北部、格陵兰岛东南沿海等广大地区。现在因纽特人总人数大约有19万人。根据语言、环境、文化等因素，我们可以将因纽特人分成密切相关的两支，第一支是尤皮克（Yupik），生活在阿拉斯加西南部沿海、努尼瓦克和圣劳伦斯岛和楚克其半岛东南部的狭小地带，现在大约有38000尤皮克人，其中25000人生活在阿拉斯加，1300人生活在俄罗斯，尽管尤皮克语与因纽特语同源，但是尤皮克人与因纽特人交流不多，彼此并不十分了解，而且在文化方面差异也比较大；第二支是生活在阿拉斯加北部、俄罗斯东部的因纽皮特人（Inupiat）以及加拿大、格陵兰的因纽特人，习惯上我们统称这些人为因纽特人，现在总共大约有152000人，其中2000人生活在俄罗斯，50000人在阿拉斯加，45000人在加拿大，55000人在格陵兰。尽管生活在北极这片辽阔土地上的因纽特人有语言和文化的某些差异，但真正让人惊奇的是他们之间的相似性，当你从格陵兰岛东部海岸向西穿过加拿大和阿拉斯加，再旅行到西伯利亚海岸，你会发现他们有相似的面孔，相似的生活方式，相似的经济形态，似乎找不出他们之间本质性的差别①。

因纽特人生活区域气候恶劣，飞机发明之前，外来者很难到达北极东北和中部地区，这也使他们因祸得福，冰天雪地成了他们天然的屏障，阻挡了因纽特人与欧洲殖民者面对面的交锋，而这场交锋有可能使他们种族灭亡。印第安人就经历了这场血战，最后的结局是大部分人被屠杀，剩下的部分被赶到了几个居留地，长期过着与现代社会隔绝的生活。直到19世纪，加拿大的因纽特人才与欧洲、北美的捕鲸者有了比较密切的互动，但是那

① Inuit Tapiriit Kanatami, *Inuit History and Heritage*, p. 2, http://www.itk.ca/system/files/5000YearHeritage.pdf.

时的外来者大多生活在几个居住地，对因纽特人的影响不大。因此这种接触并没有从根本上改变因纽特人的生活及其社会的经济和文化。

但因纽特人另一个聚居地——格陵兰岛，早在18世纪20年代就成为丹麦的殖民地，先于其它地区的因纽特人与欧洲人接触。因纽特人大约在1200年由加拿大的西北准省来到格陵兰岛，后来岛上其它居民相继消失，因纽特人几乎成了这个地球上最大岛屿的唯一主人。1721年，一位名叫汉斯·埃基德的传教士开始执行丹麦对格陵兰的家长式殖民统治。1814年，丹麦获得格陵兰的主权。二战期间，由于德国占领丹麦，切断了格陵兰岛的因纽特人与丹麦之间的联系，而美国则把格陵兰作为空军基地往欧洲转运作战物资[①]，因此，在社会和经济联系方面，因纽特人更多地接近美国和加拿大。

战后，因纽特人又回到了丹麦人的统治之下[②]。1953年丹麦政府颁布法律，结束格陵兰的殖民地地位，使其成为该国的一个组成部分，至此，因纽特民族才获得了丹麦国家的公民权[③]。1979年，格陵兰建立起内部自治政府，但外交、防务和司法仍由丹麦掌管。之后，因纽特人更加积极主动争取自治权。2008年11月格陵兰举行自治全民公决，获得了四分之三民众的支持。2009年6月21日，格陵兰岛正式获得自治。自治后，格陵兰政府将拥有原本属于丹麦政府的天然气资源管理权、司法和警察权，并有部分的外交事务权，但丹麦王国在格陵兰的防务和外交

---

① http://en.wikipedia.org/wiki/History_of_Greenland.

② http://en.wikipedia.org/wiki/History_of_Greenland.

③ [美] 斯坦利·梅斯勒著，郝时远译：《变迁中的爱斯基摩人陷人困境—实行家园统治的格陵兰人仍依赖丹麦人》，《世界民族》，1985年第6期（译自美国《国际先驱论坛报》，1983年9月7日）。

事务上还拥有最终决定权，格陵兰语将成为官方语言[①]。格陵兰岛因纽特民族的自治运动取得了辉煌的成就。加拿大因纽特人的民族自治运动也同样精彩，本书后面将详细论述。

## 二、萨米族[②]

萨米族（有翻译成萨阿米族，其族人被称为萨阿米人）是生活在北极地区的又一主要原住民族，为目前欧洲最大的原住民族。在北极原住民中，其人口数量仅次于因纽特民族，排名第二。“萨米”是萨米语对本民族的称呼，意为“（我们）人民”。大约1万年前萨米人达到斯堪地纳维亚半岛海岸，那时，这个地区还没有人类的痕迹，萨米人是第一批居民，后来他们沿着食物带向北方迁移[③]。大约公元前2000年，部分萨米人已经深入内

---

① “世界第一大岛格陵兰岛正式自治”，http：//www. sina. com. cn，2009年06月21日14：39。

② 萨米人问题已受到很多民族学家、历史学家、考古学家与语言学家的关注，很多学者深入族群实地考察，对萨米人的文化、历史、生活、语言、经济等方面加以探讨，成果斐然（参考程秋棠：《北欧萨阿米人及其历史变迁》，华中师范大学人文学院硕士研究生论文，2009年）。

③ 关于萨米人的起源有三种观点：一是“东来说”，这是自17世纪至今流传最广的一种推测，即认为萨米人源于亚洲，在公元前不同时期陆续迁至乌拉尔山地区，又从那里进入东欧、北欧，当时到达的地区有芬兰南部沿岸及芬兰一斯堪的纳维亚地区的内陆部分；二是“土著说”，即认为他们是居住在这个地区世代相传的独立民族，很可能是一群冰河时代末期就定居于北冰洋沿岸，以狩猎长毛象、麝香牛和驯鹿为生的猎人的后裔；三是“北上说”，认为萨米人与史前时代的阿尔卑斯人有关，那是一种短方头型人种，他们曾在冰河时代末期沿着融化的冰盖边缘，伴随驯鹿群向北迁徙至挪威海岸。（参考程秋棠：《北欧萨阿米人及其历史变迁》，华中师范大学人文学院2009年硕士研究生论文，第13—14页）

地，到达并定居在芬兰斯堪的纳维亚地区和科拉半岛①。4 世纪时，萨米人开始大规模南迁并沿海岸远航。到 8 世纪，他们已经拥有远至瓦兰格峡湾（Varanger）的贸易口岸②。最终萨米人定居在挪威、瑞典、芬兰和俄罗斯等国的部分地区③。现在萨米人主要分布在北纬 60°～71°、东经 10°～40°之间，大多在北极圈内，他们把这块地区称为"萨普米"（Sapmi），分属挪威、瑞典、芬兰和俄罗斯等四个国家。虽然这些地区分属不同的国家，但在地域上是连成一片的。

关于萨米人的总人口数，历来众说纷纭。萨米信息中心网站上说目前萨米人总人数大约 7 万人左右，其中，瑞典 2 万，挪威 4 万，芬兰 6000，俄罗斯 2000。但这个数据不是很精确，例如瑞典 2 万萨米人就是 20 世纪 70 年代初统计的，一直沿用至今④。目前实际萨米人数量可能远远超出这个数据。出现这种情况的主要原因是由于挪威政府强行推行民族同化政策，许多萨米人已融入到主流社会中，如今他们可以自由选择自己的身份和文化认同，许多萨米人隐去自己的原住民身份，比如在挪威，大约有 45% 的萨米人隐去萨米民族的身份⑤；21 世纪初，各国对萨米人总数的估计在 6—13 万人之间浮动⑥。美国人类学家罗宾逊则将

① 郝时远、张世和、纳日碧力戈：《瑞典萨米人及其驯鹿业考察报告》，《世界民族》，1996 年第 4 期。

② ［古罗马］塔西佗著，马雍译：《阿古利可拉传日尔曼尼亚志》，商务印书馆，1985 年版，第 146 页。

③ *Important Years in Saami History*. http：//www. itv. se/boreale/history. htm.

④ 《挪威王国萨米人的身份认同问题》，《今日民族》，2001 年第 9 期。

⑤ Sami Information Center, *The Sami in figures*, http：//www. eng. samer. se/servlet/GetDoc？ meta_ id = 1536.

⑥ 程秋棠：《北欧萨阿米人及其历史变迁》，华中师范大学硕士研究生论文，2009 年，第 3 页。

美国的萨米人后裔统计在内，得出总数达13万人以上，其中挪威约7万人，瑞典为2.5万，芬兰7000人，俄罗斯为3000人，此外还有约3万萨米人后裔住在北美[①]。

导致当代萨米人的人口数量尚无确切统计的主要原因：首先，长期以来，北欧一些国家不承认萨米人为一独立统一的民族，没有对萨米人进行系统的人口普查；其次，由于历史上主体民族对萨米人的偏见和轻视，有些萨米人往往隐瞒自己的族属身份并设法“转”为主体民族，加之定居萨米人很大程度上与当地异族居民混杂而难以分辨，导致萨米人口总数在表面上日益减少；此外，由于各国对萨米人的定义不一以及技术上的一些困难，也造成萨米人的人口统计很不精确。尽管萨米人至今仍是一个人数有限的民族群体，但从人口统计数据中，依然可见其缓慢上升的趋势[②]。

萨米人虽分散于多国，但他们却将自己视为一个整体民族，拥有共同的历史、文化、语言、风俗习惯和经济生活方式。历史上人们根据萨米人的生活方式将其分为驯鹿萨米人、海岸萨米人、非游牧萨米人。传统上萨米人以渔牧为主，其中最具特色的便是驯鹿的放养，但随着社会的变迁，现在从事这种游牧产业的人已不多，大约只有10%[③]，主要目的可能是为保留一种文化遗

---

① 19世纪60年代，由于挪威铜矿企业纷纷倒闭，很多从事采矿业的萨米人陷入失业贫困的窘境，被迫远赴美国，其中多数定居于马萨诸赛州、密歇根州、威斯康星州、明尼苏达州、达科他以及华盛顿州，也有些萨米人移民到阿拉斯加（参见［美］Deborah B. Robinson：《北欧的萨米人》，张艺贝译，北京：中国水利水电出版社，2005年，第4页，第19页）。

② 程秋棠：《北欧萨阿米人及其历史变迁》，华中师范大学人文学院2009年硕士研究生论文，第2—3页。

③ ［美］Deborah B. Robinson，《北欧的萨米人》，张艺贝译，中国水利水电出版社，2004年版，第24页。

产，或者是为外来者提供旅游观赏。

萨米人传统宗教信仰吸引了众多学者的关注。大体而言，学者们对萨满教的认识经历了四个阶段：18 世纪初，发现萨满教的北欧学者认为萨满教的行为是魔鬼的行为，萨满则是魔鬼的奴仆。18 世纪末，一些旅行家曾批判萨满教，认为萨满是一些招摇撞骗者。至 19 世纪，人们对萨满教的批判、排斥态度才逐渐改观，萨满教被视为一种如同佛教、婆罗门教等一类的宗教体系和整个宗教发展的一个阶段。20 世纪后，随着在世界其它地区发现在职能和类型上与萨满教相似的一些宗教现象，更多的学者认为萨满教是一种世界现象，并非局限于某一地区①。

历史具有惊人的重复性和相似性。萨米民族与世界其它地区的原住民一样，其历史就是一部与外来入侵者的斗争史。大约在 2000 多年以前，萨普米以南的人们开始来到萨米人的居住地。公元 98 年，这些南方人提出与萨米人建交，他们把萨米人称为芬尼人。公元 600 年他们在萨普米定居，占据着最好的土地，将萨米人赶到偏远北部的较为贫瘠的土地上。这些入侵者对萨米人的统治十分残酷。1635 年瑞典士兵对拒绝去萨弗亚尔矿山工作的萨米人横加惩罚。1852 年，挪威和荷兰接壤处的边境关闭，切断了萨米人传统的旅行路线。二战期间，德国士兵通过烧毁萨普米境内的房屋来阻碍俄军的追击。萨米人的权利受到了严重的侵犯。

大约从 19 世纪开始，挪威和瑞典对萨米民族施行同化政策，萨米民族社会发生了重大的变化。一直以来，欧洲殖民者将萨米人看作是文明低下的社会，在侵占萨米人土地过程中的节节胜利，更加助长了欧洲人的这种狂妄的自我认识，他们试图通过教

① 郑天星：《国外萨满教研究概况》，《世界宗教资料》，1983 年第 3 期。

育，“帮助”萨米人赶上欧洲文明而进入现代社会。这场所谓的现代化运动，在挪威被称为萨米人的“挪威化运动”，在瑞典和芬兰也有类似的称呼。这场运动所灌输的主要思想是，萨米语言和文化是有害的和低级的，挪威和瑞典的语言和文化是“进步的”和高级的，所有萨米人都应该放弃这种有害的和低级的文化。在这种思想指导下，萨米人的学校被废除，萨米人的语言被禁止，萨米人的孩子放弃了本民族的语言和文化，进入挪威人和瑞典人的学校学习。这场运动一直持续到20世纪中期，致使几代萨米人丢失了本民族的语言[①]。与此同时，挪威和瑞典政府开始大规模侵占萨米人的土地，萨米人祖先传承下来的土地逐渐丧失。

在执行民族同化政策的近百年中，萨米人曾有反抗，甚至一些萨米精英分子为此而献身，可大多反抗以失败告终。然而，无论北欧三国政府怎样想方设法同化萨米民族，如何绞尽脑汁消灭萨米语言和文化，萨米人的文化和语言以及该民族还是顽强地生存下来了，这是一个民族、一种文化所表现出来的韧性，为二战以后萨米人的文化复兴运动打下基础。

二战后，随着北欧三国政府继续大规模侵入萨米人的居住地区，也随着全世界民族主义运动的兴起，萨米人动员起来，开始了本民族的文化复兴运动。20世纪70年代，挪威政府在萨米人生活中心地带的阿尔塔河上建造水电站，激起了萨米人非常激烈的抗议活动，包括静坐示威，甚至绝食斗争。为了更有效地同政府谈判和较量，北欧三国萨米人开始成立组织，如萨米人文化委员会、萨米人权利委员会（该委员会45%的成员为萨米人）。

① Christian Jakob Burmeister Hicks, *Historical Synopsis of the Sami/United Nations Relationship*, http://www.thearctic.is/PDF/Synopsis%20of%20Sami-UN%20Relations%20PDF.pdf.

1984 年，三国的萨米人联合起来，组织了“北欧萨米委员会”。在持续不断的斗争中，各国政府开始认识到多元文化的价值，以及各种文化都有自己的生存权，这对今后萨米人的文化复兴运动将是大有裨益的①。

## 第三节　加拿大北极地区的形成及其因纽特人概况

### 一、加拿大北极地区的形成

加拿大联邦政府成立之初并没有关注北极及其诸岛的主权问题，直到 19 世纪后期，随着政治问题和国际冲突的加剧，联邦政府才宣称在这一地区的存在。因纽特人居住的广大地区是在不同时期加入联邦政府的：魁北克于 1867 年加入，西北领地是 1870 年加入的，纽芬兰和拉布拉多到 1949 年才加入。北极群岛也是 19 世纪末才被划入西北领地管辖，因为在这之前，这些岛屿无任何威胁而需要法律上的宣称主权。

1867 年加拿大联邦政府成立时，管辖范围只包括魁北克省（原下加拿大）、安大略省（原上加拿大）、新斯科舍省、新不伦瑞克省等东部、中部地区、沿海的爱德华太子岛和纽芬兰以及西部的不列颠哥伦比亚等区域，当时广大的北极地区还是个无人问津的荒凉地带。19 世纪末，加拿大政府积极活动，要求有独立的管理权和外交权。1880 年英国向加拿大转让了北极地区的管理权。尽管英国殖民局的官员声称这样的做法“只不过是为了

① ［美］斯坦·奥著，吴金光译：《挪威萨米人问题工作现状——挪威萨米人权利委员会》，《世界民族》，1988 年第 6 期。

防止美国得到它们，而并不是证明让渡给加拿大有任何价值”，象征性地让加拿大管辖北极领土。然而加拿大政府却认为这些土地得之不易，而且对他们相当重要，必须随时警惕美国和丹麦的觊觎[①]；而且通过这次转让，加拿大获得了北极诸岛屿的主权[②]。1895 年议会决定，将加拿大北部地区划分为四个行政区：育空（Yukon）、昂加瓦（Ungava）、麦肯兹（Mackenzie）和富兰克林（Franklin），加强对北极地区的管理。1897 年，劳里埃（Sir Wilfrid Laurier）政府时期，加拿大开始每年向东部北冰洋地区和哈德逊湾派出考察队，表明加拿大政府对北极地区领土在进行积极有效的占领。

为了巩固北极群岛及群岛间的水域等领土主权，1903 年初，加拿大政府派遣探险队对北极地区进行科考，开始在北冰洋沿岸建立哨所和海关，加强对北极地区的管理和统治。尽管西北领地于 1870 年宣布加入加拿大联邦，但直到 1905 年，联邦政府通过西北准省修正法案，才成立了西北领地政府，范围包括今天的西北省和努纳武特省，行政长官同时负责财政大权，直接由联邦政府议会任命。西北领地政府是加拿大在北极地区唯一代表，其负责治安、邮政、人口普查，偶尔还负责医疗。尽管这时的西北领地建制还算不上是省政府，但其成立确实加强了加拿大在北极地区的领土主权[③]。1907 年，加拿大议员波里耶（P. Poirier）发表长篇演说：“（加拿大）作为一个拥有北极地区领土的国家，我

---

① 胡德坤、邓肖婷：《20 世纪初期北极领土争端及其解决》，《武汉大学学报（人文科学版）》，2011 年第 1 期。

② Morris Zaslow, *The Northwest Territories*, 1905 – 1980, Canadian Historical Association Historical Booklet, No. 38, 1984, pp. 4 – 5.

③ Sarah Bonesteel, Canada's Relationship With Inuit——A History of Policy and Program Development, Public History Inc, 2006, p. 19.

们将拥有、或应该拥有这样的权利：对于所有在最东边国界线和最西边国界线到北极点的延长线之间可能被发现的陆地，应该归于也确实归于其领土与之毗邻的国家。”此即“扇形理论”，它以极地国家对北极地区陆地和岛屿在地理上的接近作为划分领土和宣称主权的依据[①]。1908—1909年间，加拿大探险家伯尼尔（Joseph Bernier）宣布在这期间发现的北美北极地区所有的岛屿均归加拿大所有。1915年前后，加拿大政府便开展了针对北冰洋的探险和考察。1920年，加拿大联邦内政部首次成立北方办事处。1922年加拿大政府建立了北极东部巡逻队，同时由加拿大东部海岸线皇家骑警队建立了多个哨所并定期巡逻。加拿大皇家骑警的巡逻成为加拿大巩固北极主权及控制北极群岛的标志。

1926年英国承认加拿大的“平等地位”，加拿大始获外交独立权，在北极地区的主权问题上开始有自己的话语权。1926年7月19日，加拿大政府颁布枢密令，确定北极群岛受加拿大法律保护，提出“扇形原则”划分北方领土，为加的北极主权政策辩护。1926年加拿大议会对“扇形理论”的认可，是加拿大力图建立新的国际法观念从而完全拥有北极地区土地所有权的一次尝试。但这并未得到国际社会的普遍承认[②]。1931年，加拿大成为英联邦成员国，其议会也获得了同英议会平等的立法权。1946年加拿大驻美国大使皮尔森（Lester B. Pearson）宣布扇形理论证明“不但扇形内的加拿大北方土地，而且包括大陆北方介于东西两条经线之间一直延伸到北极点的岛屿和冰封海域”

① 胡德坤、邓肖婷：《20世纪初期北极领土争端及其解决》，《武汉大学学报》（人文科学版），2011年第1期。

② 胡德坤、邓肖婷：《20世纪初期北极领土争端及其解决》，《武汉大学学报》（人文科学版），2011年第1期。在环北极各国中，加拿大是第一个正式提出对北极主权要求的国家。

都是加拿大的主权管辖范围[①]。今天加拿大的官方地图，如能源矿产资源部绘制的地图上仍将西经141°和西经60°作为东西边界。1949年，纽芬兰和拉布拉多加入联邦政府，皇家骑警队还在因纽特社区建立办事机构。

1939年第二次世界大战全面爆发。随着战局扩大，美国加入同盟国，北极的地位随之变化。在冷战时期，美国和苏联两个超级大国将北极作为争夺世界霸权的军事前哨之一。在北极地区两极对峙格局中，加拿大追随美国，在北极地区配合以美国为首的北约采取军事战略遏制苏联，20世纪40年代末，美国和加拿大建立了远程预警系统（Distant Early Warning）。1949年加拿大加入北约，1958年与美国签订《北美防空协定》，在军事上同西欧和美国保持密切联系，在北极地区建立雷达防御系统。由于加拿大和前苏联隔北冰洋相望，所以加拿大北部的北冰洋地区成为美苏争霸的前沿阵地，美国和苏联都在北冰洋地区部署军事力量来威慑对方。美国通过西欧、北欧、北极对前苏联实现战略大包围，作为北约盟友的加拿大配合了美国在北极地区的军事战略部署。美、加共同组建北美防空司令部，美国在阿拉斯加和加拿大附近的格陵兰岛建立庞大的军事基地群。通过一系列军事部署，将苏联包围在“铜墙铁壁”中，使苏联处于受压制的地缘政治被动态势之中。北极地区构成了西方海洋势力遏制欧亚大陆陆权力量的重要空间。[②]

20世纪50年代，加拿大政府为增强在该地区的领土主权，对因纽特人施行了“再安置”，即将魁北克北部和拉布拉多地区

---

① L. B. Pearson, *Canada Looks "Down North"*, Foreign Affairs, Vol. 24, No. 4, July 1946, pp. 638 - 639.

② 陆俊元：《北极地缘政治与中国应对》，北京，时事出版社，2010年版，第93页。

部分因纽特人迁往北极高纬度地区，主要是今天的努纳武特地区。这一举措对因纽特民族文化而言是灾难性的，但却实实在在加强了加拿大在北极地区的实质性存在。20 世纪 50 年代，驻扎在拜访的皇家骑警队鼓励聘用有知识有技能的因纽特人充当每个支队的特别警员，由皇家骑警队提供薪水，有时还提供住房。特别警员为皇家骑警队员缝制衣服，饲养警犬。因纽特人的参与使皇家骑警队在北极地区取得了较大的成功，他们之间的关系也很融洽。20 世纪 60 年代，随着因纽特人在北方定居下来，有很多人充当了皇家骑警队的正式队员，直到 90 年代，皇家骑警队取消①。

1967 年，西北领地迁到黄刀市（Yellowknife），建立省政府，司法、行政以及医疗、教育、福利等机构都建立起来，行政机构日臻完善。1999 年 4 月 1 日，加拿大将西北省一分为二，成立了努纳武特省，至此，加拿大完成了北极地区的所有的行政机构建设。努纳武特的成立当然是因纽特人长期奋斗的结果，但同时也加强了加拿大联邦政府在北极地区的权威。

1985 年 9 月，加拿大外长约·克拉克（Joe Clark）在加国会发表声明："北极是构成加拿大伟大国土的一部分。加拿大政府的政策是保护这片伟大领土不受损失。"② 1987 年，加拿大政府发表了《防卫白皮书》，公布新的防务计划，包括购买 12 艘核潜艇，在北极地区建立 5 个高性能战斗机空军基地，建立北极警戒系统等。

当今加拿大国民和联邦政府习惯上将北纬 60°以北地区称为

---

① Sarah Bonesteel, *Canada's Relationship With Inuit——A History of Policy and Program Development*, Public History Inc, 2006, p. 19.

② House of Commons of Canada, *Debates*, Vo. 15, September 19, 1985, p. 6463.

加拿大北极地区，包括育空地区、西北准省、努纳武特省，大约在北纬70°以上由一系列群岛组成，向北一直延伸到北极点。一年大部分时间里，高纬度海域被北极冰所覆盖，在夏季大约一个多月的时间里，海冰融化，可以乘船到达这些小岛；学者还根据温度和树木生长线来定义北极地区，沿着哈德逊海湾向南延伸，将魁北克省（Quebec）、纽芬兰和拉布拉多（Newfoundland and Labrador）、安大略湖以及马尼托巴湖省的北部一些地区也包括在内。加拿大北极地区从东到西跨度大约5000英里或者8000公里，三省两地区的总面积近440多万平方公里，大约占加拿大国土总面积的45%（见表2—5），下面分别介绍西北省和育空省的概况（努纳武特省在导言中已做介绍）。

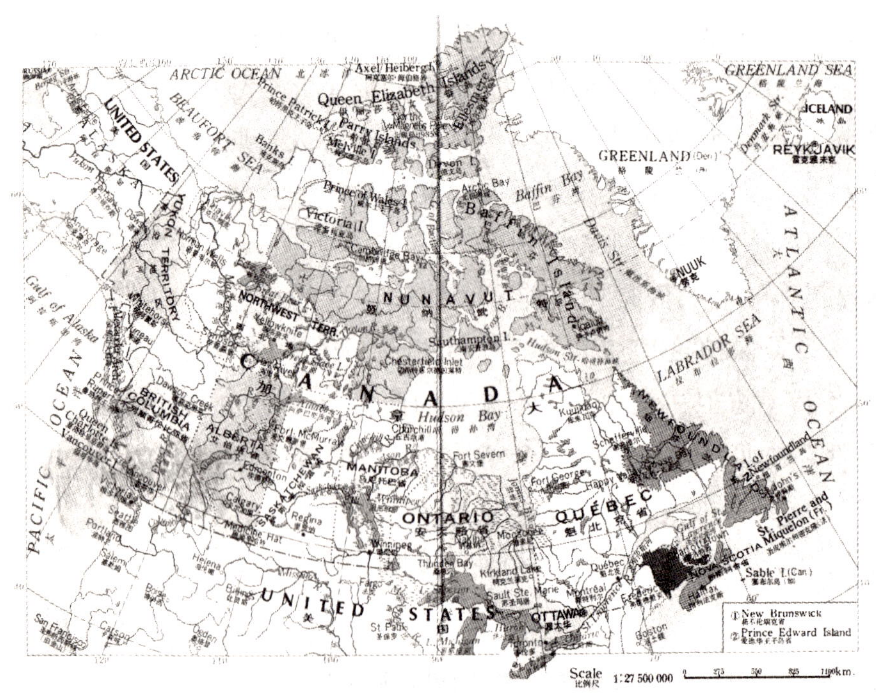


图2—4 加拿大北极地区地图

图片来源：加拿大温莎吧 www. windsor8. com。

西北准省北接北冰洋，南临艾伯塔省、萨斯喀彻温省和不列颠哥伦比亚省，从东至西最长距离约 1325 公里，从南至北最长距离为 2000 公里。该地区处于北纬 60°之外，接近北极圈。省会城市为黄刀市（Yellowknife），这里曾是数个原住民部落的栖息之地。从 1789 年有加北西公司和哈德逊湾公司在此区域开拓皮毛贸易，并取得了较大成功。19 世纪末，这里发现了金矿，但由于储量少和交通不便而少人问津。直到 20 世纪 30 年代由于发现了储量丰富的金矿，加之航空工业的发展，该地区的淘金热开始了。1935 年建立了黄刀市，1945 年发现了大金矿和钻石矿。1967 年建立西北省政府。西北准省原住民族主要是印第安人。

育空地区位于加拿大西北边陲，面积约 48 万多平方公里，约有十分之一的领土位于北极圈内，主要原住民是印第安人和梅蒂斯人。1898 年 6 月 13 日，育空便加入加拿大，成为联邦政府正式成员。省会城市为白马市（Whitehorse）。育空地区的政府结构与其它省政府有很大的不同，它是由第一民族政府和市府联合组成的，一起行使政府权力和职责。

**表 2—5 加拿大北极地区各省的面积**

| 省或地区 | 建立时间 | 省会或地区首府所在地 | 面积（$km^2$） | 占全国面积% |
|---|---|---|---|---|
| 努纳武特 | 1999. 4. 1 | 伊卡卢伊特 | 2093190（陆地面积：1932255；海洋面积：160935）1542056 | 21.0 |
| 西北准省 | 1967 | 黄刀市 | 1346106（陆地面积：1140835；海洋面积：205271）1542056 | 13.5 |
| 育空地区 | 1898 | 白马市 | 482443（陆地面积：474391；海洋面积：8052） | 4.8 |

资料来源：笔者根据三省官方网站统计，网址：http：//en. wikipedia. org/wiki/Nunavut，http：//en. wikipedia. org/wiki/Northwest_ Territories，http：//en. wikipedia. org/wiki/Yukon。

近年来，北极地区快速变暖对加拿大国家将产生重大的影响。有学者研究得出，北极环境的变化对加拿大及其相关的社会经济影响有：加拿大北极地区正快速变暖；植物群落发生迁移；物种的多样性、范围和分布发生改变；许多沿海地区和设施面临更多风暴潮袭击；海冰减少可以增加海洋运输和资源开发的机遇；冻土融化将破坏道路、建筑和其它基础设施；原住民的经济、文化和生活受到严重冲击；紫外线辐射水平提高，影响人类、植物和动物；多种影响连锁反应，加重对人类和生态系统的冲击程度[①]；也有学者得出加拿大可能是最受益于气候变化的两个大国之一（另一个国家是俄罗斯）[②]。在环北极八国中，加拿大在北冰洋约占有90°经度范围的海岸线，是最主要的北极国家之一；气候变暖使加拿大更容易开发资源丰富的哈德逊湾，北冰洋航线的开设将使加拿大在地缘政治和地缘经济中处于有利地位；气候变暖还将使加拿大北部地区的农作物生长期延长，用于供热的能源需求下降[③]。在激烈的北极争夺较量过程中，加拿大采取了一系列行动，评估北极对于加拿大社会经济的影响，逐步建立了一个相当完整的政治、经济、社会、科学和技术体系。

---

① 李志军、魏莉、刘艺工：《北极气候变化对加拿大和中国社会与经济的影响》，《内蒙古大学学报（哲学社会科学版）》，2010年01期。

② 张海滨：《气候变化与中国国家安全》，时事出版社，2010年版，第9页。

③ Kurt M. Campbell, Jay Gulledge, al. *The Age of Consequences: The Foreign Policy and National Security Implications of Global Climate*, http://www.cnas.org/files/documents/publications/CSIS-CNAS_AgeofConsequences_November07.pdf.

## 二、加拿大北极原住民[①]概况

大约5000年前后[②]，因纽特人来到北美大陆并定居于此。根据他们不同的雕刻艺术，可以将因纽特人文化分为三支。最早来到这里的是因纽特人中的帕莱奥爱斯基摩人（Paleoeskimos）一支，创造了帕莱奥爱斯基摩人文化，他们是穿过白令海峡，沿着阿拉斯加北部和加拿大海岸线于4500年前来到加拿大北极地区，大约在4000—4500年间来到格陵兰岛，他们这么大规模远距离地迁移，主要因为后冰川时期气候变暖，其主要食物麝牛（musk-ox）和驯鹿（caribou）北迁[③]，也就是说，他们是尾随着其猎物而来的。帕莱奥爱斯基摩人是小规模聚居的群体，广泛散布在从西伯利亚到格陵兰岛的8500公里的北极海岸线上。

第二支因纽特文化是多塞特（Dorset）文化，大约于3000—

---

① 根据“1982年宪政法”（Constitution Act，1982）（第35条、第2款），加拿大的原住民族（aboriginal peoples of Canada）包含Indian、Inui、Métis等三大民族（peoples）。单数为Inuk，这是他们的自称，意思为“人”（the People）；过去的用字是Eskimos，是Cree印地安人对他们的称呼，意思为“吃生肉者的人”（Cherkasov，A. I.，*Nunavut*：*The Canadian Experiment in Territorial Self-Determination for the Inuit. Polar Geography and Geology*，1993，Vol. 17，No. 1，pp. 64－71.）。

② 对北美因纽特人的来源和到来时间问题虽纷说不一，但多数学者认为，其祖先居住在亚洲中北部，大约在四五千年前【一说是8500年前（Inuit Tapiriit Kanatami，*Inuit History and Heritage*，p. 4，http：//www. itk. ca/system/files/5000Year-Heritage. pdf.）】从亚洲北部地区经白令海峡进入阿拉斯加，然后逐渐东移，到达今天的加拿大北部，直至格陵兰岛（李鹏飞：《现代文明撞击下的加拿大因纽特人》，《北京理工大学学报（社会科学版）》，2000年第2期）。

③ Agnar Helgason etc，*mtDNA variation in Inuit populations of Greenland and Canada Migration history and population structure*，American Journal of Physical Anthropology，2006（1），pp. 123－134.

3500年间起源于哈德逊海湾，他们生活的区域，向西最远至少达到维多利亚岛，北至加拿大北极、格陵兰高纬度群岛。多塞特文化最大的特色是他们建造了经久牢固的住所，大规模群居，主要食物来源是海洋动物；多塞特文化渐渐取代了位于北极中心和东部的帕莱奥爱斯基摩人文化而成为因纽特文化的主体。

第三支因纽特文化是所谓的极北（Thule）文化，大约1000年前兴起于阿拉斯加北部海岸，因为有一系列的技术革新，他们主要以捕捉海豹为生，并迅速向北极东方扩散，大约于800年前后到达格陵兰岛[①]。

大约从16世纪末始，因纽特人几乎成为加拿大北极地区唯一的主人，尽管也有一些民族如欧洲的维京人曾试图在此安营扎寨、繁衍后代，但最后还是没有逃脱被北极凛冽的寒风吞噬的命运[②]；5000年来，因纽特民族凭借自己的毅力，与恶劣的自然环境作斗争，养成了独特的生理和心理素质，并创造了本民族独特

---

① Mcghee R., *Radiocarbon dating and the timing of the Thule migration.* In: Applet M, Berglund J, Gullov HC, editors, Identities and cultural contacts in the Arctic, Copenhagen: Danish Polar Center, 2000, pp. 181 - 191.

② 贾雷德·戴蒙德研究得出，在维京人的文献中，确切提到因纽特人的时间是1360年，并指出因纽特人与他们之中的一个部落灭亡有关；作者还指出，“高尚”的欧洲维京人不屑于向“野蛮”的美洲因纽特人学习，结果整个部落灭绝，将这片“绿意盎然”（Greenland）的大岛完整地留给了因纽特人。后来前往北极探险的许多欧洲人，同样因为轻视或敌视因纽特人从而困死在北极。著名的例子有公元1845年，138个英国人组成了一支法兰克林探险队，尽管资金充足，装备齐全，所有人还是在因纽特人居住的加拿大极地地区遭遇不测。那些成功抵达北极的探险家都是善于向因纽特学习的人，如罗伯特·皮尔里和罗尔德·阿蒙森（［美］贾雷德·戴蒙德著，江莹、叶臻译：《崩溃：社会如何选择成败兴亡》，上海译文出版社2008年4月版，第八章）。

的生活方式和传统文化[①]。

由于长期与恶劣的自然环境作斗争，因纽特人形成了良好的生理和心理素质。他们体格非常健壮，有独特的基因适应严寒的气候，对极昼极夜现象也能应付自如[②]。如当他们的四肢或全身暴露到寒冷环境时，身体出现的反应速度也比较快，这跟体核与体表之间的传导性较高有关。较高的热传导性与较高的产热量相结合，使得因纽特人身体部位短暂暴露在寒冷中而不会冻伤；心理素质方面，因纽特人有耐性、警觉性高，做事小心谨慎、不盲目冒险等，例如，在遇到意外时，因纽特人会使用冰冻的兽肉块制成应急雪橇；他们在海洋冰面上狩猎时，非常留意周围的情况；当有人做错事时，他们用笑代替发怒，从而减轻了人们的挫折感[③]；为应付食物短缺，让没有劳动能力的人自杀[④]，这尽管对其它地区的人类而言有点匪夷所思，但对资源稀缺的因纽特人来说不失为一种有效的方法。因纽特人的这些特质代代相传，使其能够在充满危险的冰雪环境中很好地生存下来。

因纽特人的食物来源主要是由海豹、海象、驯鹿、鱼和白鲸构成的，狩猎是其维生之道。他们根据季节变化决定应该猎取何种动物以及在何处猎获这些动物。冬季，多数因纽特人在沿海浮冰上或附近搭雪屋居住，他们便猎捕海洋哺乳动物，例如海豹、

---

① Inuit Tapiriit Kanatami, *Inuit History and Heritage*, p. 1, http://www.itk.ca/system/files/5000YearHeritage.pdf.

② 其他地区生活的人类，到达处于极昼或者极夜的北极时，需要有一段适应过程。在南极进行的心理学研究表明，在冬季极夜时期到达南极的人，初期会出现失眠、中断性睡眠、忧虑、压抑、急躁等反应。

③ 陈华：《因纽特人对北极环境的人类学适应》，《黑龙江民族丛刊》，2007年3期。

④ Krauss, Robert F., *Changing patterns of suicidal behaviour in North Alaska Eskimo*. Transcultural Psychiatric Research Review, 1971 (9), pp. 69 - 71.

海象和鲸等，尤其是捕捉鲸的本领，使其食物供应量大大增加，其它曾定居于极地的人类如维京人不具备这项技术，导致最后无法在极地地区立足[①]。夏季，因纽特人迁移到内陆营地捕鹿、捕鱼、捉鸟、收集禽卵、采集草葛和草药；狩猎不仅是食物来源，而且日常生活中的其它用具也来源于此，如鹿皮可用来做大衣和裤子，海豹皮可制成靴子，动物皮是制作夏季可遮阳避雨的帐篷以及夏季旅行所需船只的基本材料，鹿骨和鹿角可加工成工具和玩具，鸟骨能做成很好使的针，等等。

更为重要的是，在狩猎经济生活中，因纽特人形成了独特的社会组织方式[②]。因纽特人的社会基本单位是家庭，但由于要捕猎诸如北极熊和海豹那样的庞大动物，往往需要几个家庭联合起来进行，因此同地而居的若干个有亲戚关系的家庭又组成了另一层次的单位——狩猎群体，这种狩猎群体通常有6~10个家庭组成；整个地区共同体再由各个分散的狩猎群体组成，形成亲属关系纽带的外缘。社会的组织形式就是围绕着狩猎而形成的。总之，直到今天，狩猎在因纽特人经济生活中仍举足轻重，正如一位因纽特人与中国来访者交谈时所说，海豹之于因纽特人犹如大米之于中国人，你能想象中国人没有大米吗？[③]

大约在19世纪中叶以前，因纽特民族就是在这样的环境下过着自给自足、与世隔绝的生活。由于气温低，食物短缺，人口规模不大、增长缓慢，但基本上维持了资源和人口之间的平衡。

---

① ［美］贾雷德·戴蒙德著，江莹、叶臻译：《崩溃：社会如何选择成败兴亡》，上海译文出版社，2008年4月版，第203页。

② 吴金光、翟冰译：《加拿大的因纽特人（上）》，《世界民族》，1993年2·期。

③ 许鑫：《北极·因纽特人——加拿大努纳武特地区行》，《中国民族》，2009年第8期。

在这样恶劣的环境下因纽特人生存下来了，而且创造了独特的冰原雪地文化，这是人类文明史上的一朵奇葩。但随着欧洲人和欧裔加拿大人的到来，因纽特人的生活方式如经济模式、社会组织、传统文化都发生了巨大的变化。

到了20世纪，欧裔加拿大人才开始大规模进入北极地区，毛皮贩卖商、传教士以及加拿大皇家骑警队（Royal Canadian Mounted Police）穿梭于加拿大北极地区。皇家骑警队的巡逻成为加拿大巩固北极主权及控制这一地区的标志；与早期的捕鲸者不同，这些人在北极地区有个永久的居住地[①]，但在第二次世界大战前，加拿大当局将注意力集中于西北极地区的印第安人居住区，在东北极的因纽特人生活区域人数并不多。相较于加拿大其它原住民族，或许是因为没有来自外部的开发压力，因纽特人（Inuit）从来没有跟白人政府签过条约、不曾被赶进保留区、也比较没有面对同化的压力[②]。因此，在20世纪50年代前，因纽特人的经济模式和政治组织形式并没有发生根本性的变化。

在20世纪50年代的十年时间里，陆续将原来居住在魁北克地区的因纽特人再“安置”到努纳武特，这形成了今天该地区的26个社区的基础；因纽特人在加拿大国家中地位也得到一定程度的提升。大约从70年代开始，随着全球民族主义运动的高涨，加拿大因纽特人开始了本民族的自治运动。经过26年的酝酿、谈判、提案、投票、立法，理想终于变成了现实，努纳武特准省成为加拿大联邦政府最年轻的成员。对于因纽特人和加拿大

---

① Jack Hicks and Graham White, *Nunavut: Inuit Self-determination Through a Land Claim and Public Government*, p. 19, http://www.anu.edu.au/caepr/system/files/Seminars/.../HicksJ_ WhiteG_ 2000.pdf.

② Purich, Donald, *The Inuit and Their Land: The Story of Nunavut*, Toronto: James Lorimer & Co, 1992, p. 98.

联邦政府乃至全世界的原住民自治运动来说，都显得意义重大且来之不易。从1999年成立至今，努纳武特自治政府已经走过了10多年的历史，这期间有草创初期的憧憬，有发展过程中的曲折，还有时至今日的困惑，如今因纽特人的各项生活指标相对于加拿大其它各省仍然较低。尽管如此，著名历史学家米勒（J. R. Miller）曾做过这样精辟的总结：

> 原住民在加拿大的社会生活中曾经扮演过极其重要的角色。但自从18世纪欧洲人征用原住民的土地进行农业生产、开矿、林业建设以及其它形式的自然资源掠夺以来，原住民长期处于隐蔽的地位……直至20世纪40年代，原住民开始利用人口的迅速增长、良好的政治组织以及日益增强的经济地位等优势，从这种隐蔽状态中凸显出来……原住民又一次走到了加拿大社会生活的前台[①]。

这里的原住民当然包括加拿大北极地区的因纽特人。

进入21世纪以来，随着全球变暖的加速，北极海冰的融化，北极航道的可能开通，因纽特人成为世界人们关注的对象，人们迫切需要那里丰富的油汽资源和海运通道，迫切需要北极原住民的经验来解决那里越来越严重的环境危机，迫切需要原住民的知识来矫正16世纪以来人类社会所形成的工具理性。

---

① Paul Robert Magocsi (ed.), *Aboriginal Peoples of Canada: A Short Introduction*, University of Toronto Press, 2002 p. 36.

# 第三章

# 因纽特民族与加拿大联邦政府之关系

由于因纽特人生活居住在人烟稀少的加拿大北极地区，相对于其它地区的原住民来说，他们与外界的接触较少，时间也较晚，因而受到外来者的干扰和破坏也就比较少一些。在20世纪中叶前，无论在政治、经济、文化等方面，因纽特民族都没有发生根本的变化。但在20世纪50年代，加拿大联邦政府实行对因纽特人的“再安置”，将他们从魁北克北部迁往现在的努纳武特地区，并对他们进行同化教育，因纽特民族因此发生了较为严重的文化断裂。但是，“再安置”带来了因纽特民族主义的兴起，民族自治运动取得了辉煌的成就，从而改变了50年代以来加拿大欧裔白人与因纽特民族之间的殖民与被殖民的关系。进入21世纪以来，由于全球气候变暖和能源危机，北极地区的资源、交通、军事等意义突显出来，因纽特人因而也受到世人所关注，加拿大联邦政府也重新调整了北极政策，用资源开发来促进原住民社会发展[①]。

## 第一节 20世纪中叶前因纽特人与欧裔白人的交往[②]

大约在公元1000年前后，因纽特人已分布于现在加拿大北极地区的西部和东部以及魁北克和拉布拉多的北部地区。尽管10世纪挪威人在加拿大东北部沿海地区建立了据点，但没有确切文字记载这时因纽特人曾与挪威人相遇[③]，不久以后他们就放弃了。在接下来的几个世纪里，欧洲人没有涉足于此。但有确切文字记载的大约在14世纪中期。一部冰岛的编年史中这样写道，1379年，“斯科拉埃林人攻击格陵兰人，杀死18个男人，掳走了两个男孩和一个女仆，迫使他们为奴”，此处的斯科拉埃林人

① 在殖民接触后，加拿大的原住民族和殖民者之间经历了不同的阶段：1760年到1850年之间是殖民者和原住民族签订和平条约与形成军事同盟的时期；1850年到1876年间，则是经历了不同形式的同化政策；1876年加拿大通过“印第安法案”，自1876年至1970年间，加拿大原住民族的土地权基本上是受印第安法案之规范；1970年之后，加拿大原住民族开始进入了土地权利主张的新阶段（[台]官大伟：《加拿大原住民族的土地权》，《台湾国际研究季刊》，第7卷第1期第59—78页，2011年/春季号。）。

② 研究因纽特人与外界的交往，尤其是与联邦政府的关系，相对于印第安民族而言，资料非常少（Sarah Bonesteel, *Canada's Relationship With Inuit——A History of Policy and Program Development*, Public History Inc, Forward, 2006.）。

③ 因此有人猜测因纽特人最早与欧洲人接触也可能在公元1000年左右。北欧海盗大约在公元1000年左右到过巴芬岛和昂加瓦地区（吴金光、翟冰译：《加拿大的因纽特人（上）》，《世界民族》1993年第2期）。

就是因纽特人[①]。直到1498年，约翰·卡伯特航行到纽芬兰。大约从16世纪末开始，欧洲探险者在大西洋东北海域的活动次数逐渐增多，1576年8月20日，海盗马丁·弗洛比舍在探寻西北航道时遇到了因纽特人[②]，并带一个回英格兰，这个因纽特人把沿途的岩石当作黄金。1580年，约翰戴维斯发现了位于格陵兰岛和巴芬岛之间的狭长水带，后来被命名为戴维斯海峡，这地方成为17世纪后期鲸贸易的重要场所。1610年，亨利·哈德逊发现了哈德逊湾，并与詹姆斯湾克里取得了联系，这是欧洲人第一次与原住民在魁北克北部以及北极东部沿海大陆接触的地方。1765年，拉布拉多因纽特人与纽芬兰的英格兰人签订了一个和平协议，结束了他们之间多年的仇恨。英格兰人取得了在这一地区建立和管理社区的权利，1769年又取得这里的土地。他们还给因纽特人提供医疗服务和福利，并鼓励后者捕鱼做买卖。这些据点渐渐发展成欧洲人与因纽特人贸易的地方。第一批据点包括内恩（Nain，1770年建立）、奥克克（Okkak，1775年建立），霍普代尔（Hopedale，1781年建立）和希布伦（Hebron，1829年建立），在一些摩拉维亚人的社区，其影响一直延续到20世纪[③]。

18世纪欧洲人与因纽特人之间的联系增强。大约从16世纪后期，英格兰人的捕鲸船季节性出现在拉布拉多海面上，但到18—19世纪，随着荷兰人、苏格兰人、法国人和美国人的到来，

---

① ［美］贾雷德·戴蒙德著，江莹、叶臻译：《崩溃：社会如何选择成败兴亡》，上海译文出版社2008年4月版，第172、207页。

② 郭培清：《北极航道的国际问题研究》，海洋出版社2009年1月版，第6页。作者在书中指出，这是欧洲人首次与因纽特人接触。

③ Sarah Bonesteel, *Canada's Relationship With Inuit——A History of Policy and Program Development*, Public History Inc, 2006, pp. 1－2.

捕鲸活动越来越频繁。哈德逊湾公司成立后[①]，其建立的贸易据点主要沿哈德逊湾的东海岸和马布尔岛（Marble Island），仅限于与因纽特人接触。欧洲人和美国人继续向西扩展他们的捕鲸活动，将更多的因纽特人卷入他们的事业。

因纽特人与欧洲人物物交换，因纽特人用驯鹿皮、肉、鲸、象牙、狗以及鱼等来换取欧洲人的金属刀和针头、步枪、烟草、布匹、食品。此外，欧洲人还聘用因纽特人做捕鲸船的导游等，雇佣因纽特人缝制衣物、洗衣。因纽特人还经常捡一些欧洲人废弃的东西来使用，例如废金属可以用来制作帐篷杆，如果得不到这些东西，因纽特人感觉非常不方便；捕鲸者还把一些破损的船只作为报酬支付给因纽特人，让他们自己去捕鲸，收购鲸油和鲸须，他们成为因纽特人的雇主[②]。

19 世纪末，过度捕猎已导致露脊鲸严重枯竭，意味着经济

---

① 哈德逊湾公司（The Hudson's Bay Company，HBC）于 1670 年注册成立，是北美最早成立的商业股份公司，也是全世界最早成立的公司之一。公司曾是全世界最大的地主，其鲁珀特领地（Rupert's Land）占据了北美洲的大片土地。公司总部的旧址设于哈德逊湾畔的约克工场，而公司多年来从此处控制着英属北美地区绝大部份的皮草贸易。该公司同时也承担了早期北美大陆的开发探索，在欧属殖民地建立前曾经是北美部分地区的实际政府架构。它的商人和捕兽人与许多当地土著人部落建立了合作关系，而它的驿站网络后来也逐渐演变成加拿大与美国西部部分地区的官方架构。哈德逊湾公司于 1869 年 11 月 19 日将鲁珀特领地出售给当时新组建的加拿大自治领，而加拿大政府则于 1870 年 7 月 15 日正式接管该片土地。随着其皮毛贸易垄断地位被取消，公司进入了商品市场，在加拿大西部销售生活必需品给新移民。1909 年哈德逊湾公司在北魁北克伍尔斯滕霍姆建立了一个贸易点。其它贸易点遍布整个北部地区，到了 1923 年，多数因纽特人居民点都处于贸易点可及的位置。（参考维基百科，http：//zh. wikipedia. org/wiki/哈德逊湾公司）。

② Peter Clancy，*Caribou*，*Fur and the Resource Frontier*：*a political economy of the Northwest Territories to* 1967，Ph. D. diss.，Queen's University，1985.

将转型到有利可图的毛皮贸易。毛皮商人进一步向北开拓，进入原先的捕鲸区域，他们鼓励因纽特人围捕狐狸。许多因纽特人猎捕狐狸，来换取他们已经习惯了的生活消费品。

捕鲸者和毛皮商的先后出现，给北极地区的因纽特人提供了经济机会。捕鲸者带来了互惠的贸易机会，欧洲人的工具换取因纽特人的传统知识、生存之道以及劳力。“这种贸易伙伴关系，不管平等与否，在与欧裔美洲人的接触过程中，原住民还是保留了他们的思想意识、社会结构和传统生活方式。”在飞机发明之前，外来者很难到达北极东北和中部地区，欧洲人以及后来的欧裔加拿大人接触努纳武特因纽特人相对于格陵兰因纽特人要晚得多。直到19世纪，努纳武特地区的因纽特人才与欧洲、北美的捕鲸者有了比较密切的互动，但只有少数人与这些南方人接触，大多数因纽特家庭即使到了20世纪中叶，仍然过着传统的狩猎生活方式。尽管如此，在此期间，因纽特人的传统生活方式还是经历了深远的变化。捕鲸者给因纽特人带来了酒精和疾病，包括麻疹、流感、梅毒、肺结核，尤其是在拉布拉多和麦肯兹（Mackenzie）三角洲，因纽特人受到疾病的重创，他们对这些疾病没有一点免疫力①。

20世纪初，欧裔加拿大人开始大规模进入加拿大北极，毛皮贩卖商、传教士以及加拿大皇家骑警队（Royal Canadian Mounted Police）穿梭于此；与早期的捕鲸者不同，这些人在北极地区有个永久的居住地②，但在第二次世界大战前，加拿大当

---

① Sarah Bonesteel, Canada's Relationship With Inuit——A History of Policy and Program Development, Public History Inc, 2006, p. 3.

② Jack Hicks and Graham White, *Nunavut: Inuit Self-determination Through a Land Claim and Public Government*, p. 19, http://www.anu.edu.au/caepr/system/files/Seminars/.../HicksJ_WhiteG_2000.pdf.

局在因纽特人居住地的势力很弱，政府官员、皇家骑警队加起来也只有十几个人，还有少数几个哈德逊湾公司的雇员。这也意味着，联邦政府对因纽特民族的事务漠不关心，实际上，1905 年成立的西北领地没有任何关于管理因纽特人的规定，1905—1930 年间也没有出台任何法规来区分因纽特人与其他原住民，各级政府都搞不清楚因纽特人是不是加拿大公民，或者像印第安人一样，由政府监管[①]。1924 年，联邦政府内政部出台《1876 年印第安法修正案》，承认因纽特人为加拿大公民，政府不得监护；修正案还规定印第安事务署负责管理因纽特人。这是加拿大立法中第一次明确提到因纽特人。但是 1928 年却将因纽特人的管理由印第安事务署转移到西北领地政府。1930—1932 年间，内政部负责因纽特人的福利问题，魁北克省的因纽特人由该省政府负责。但 1932 年，魁北克政府拒绝支付，因为根据《1867 年印第安法》，因纽特人应该跟印第安一样，应该由联邦政府负责福利金，并在 1935 年将这个问题弄到最高法院。1939 年 4 月 5 日，最高法院作出判决：宪法规定，因纽特人与印第安人性质相同，同意魁北克政府的主张。这就是著名的“*Re Eskimo* 裁定”。[②] 根据这个裁定，因纽特人直接由联邦政府管理。

二战期间，联邦政府更多的是关心国家的领土主权，而不是因纽特人的福利。二战后，联邦政府再一次表现出因纽特人不同于印第安人，如 1950 年，因纽特人有选举权，而印第安人到 1960 年才有这项权利。

上文概括了第二次世界大战前因纽特人与欧洲人及欧裔加拿

① Sarah Bonesteel, Canada's Relationship With Inuit——A History of Policy and Program Development, Public History Inc, 2006, p. 5.

② 最高法院是根据 1760—1867 年间政府档案中大量的记载，认为爱斯基摩人是印第安人的一支。

大人的交往史。在这种交往过程中，后者潜移默化影响着因纽特社会，先从经济活动然后到社会组织再到社会文化，这是个量变的过程，还未积累到质变；与1950年后联邦政府对因纽特民族积极主动的同化政策相比，这一阶段的政策是被动的，联邦政府和地方政府相互推诿，也没有出台法律法规。下文分别从经济、政治和文化三个方面来讨论因纽特人在与外界接触过程中，因纽特社会所发生的变化。

经济上，由自给自足的狩猎经济逐渐转变成以交换为目的的商品经济，进而依附于现代工业经济。因纽特人与欧洲人的交往，起初是捕鲸和狩猎方法渐渐改变。在与欧洲人的接触过程中，他们渐渐学会了欧洲人的捕猎技术，用枪捕鲸，用陷阱或下夹子捕猎动物。枪支这个新式工具在捕猎中的应用，再加上陷阱和下夹子等新方法，使单独人或少数几个人可以完成捕猎活动，不需要众多人的协作，狩猎群体这一层的组织形式也就名存实亡了，原来在狩猎活动中形成的合作精神也因此而渐渐消亡。

欧洲人的捕猎技术大大提高了效率，加上欧洲人的需求剧增，导致因纽特人和欧洲人大量捕鲸，鲸的数量急剧下降。鲸是因纽特人冬季重要的食物来源，但由于捕鲸利润丰厚，竞相捕猎，最终导致白鲸的大量减少，这使因纽特人冬季食物供给严重短缺，导致因纽特社会人口数量的急剧下降[①]。这种现象极其严重，1860年曾有一位接触过因纽特民族的欧洲人预言，“因纽特人的时日不多了，他们所剩无几，50年后也许会彻底消失，以

① Chad Bragg, *Communicating the Gospel to the Inuit of Nunavut, Canada, A Research Paper Presented to The Southern Baptist Theological Seminary*, http://northamericanmissions.org/files/Inuit-Nunavut-Intercultural-Comm-Bragg.pdf.

至于无人诉说曾经有这样一个民族在这里生活过”[①]；当然因纽特社会并没有如这位预言家所预言的那样在这个地球上消失，而是学习了欧洲人的捕猎技术并改变自己的生活方式，比如在欧洲人的贸易据点找工作挣工资。

欧洲人的到来，使因纽特人的捕猎活动不是为了生存，而是为了交换。因纽特人捕猎大量动物的目的是为了换取欧洲人的工业品、设备和其他一些商品；而且鲸和皮草能给欧洲人和欧裔加拿大人带来大量的利润，因此他们便积极鼓励因纽特人捕猎鲸和白狐等动物；而因纽特人为换取更多的工业品也愿意大量捕捉猎物，以满足欧洲人和自己的需求[②]。但随着时间的推移，因纽特人能提供的物品越来越稀缺，而欧洲人提供的工业品却越来越多，且越来越便宜；更为糟糕的是，因纽特人越来越依赖欧洲人提供的工业品，这些东西已经成了生活必需品。在双方的交易中，如果一方严重依附于另一方，那么肯定就会处于被动地位，被边缘化[③]。第二次世界大战后，白狐皮大幅度降价，1949 年，北极皮毛市场瘫痪，因纽特人开始出现贸易逆差，以狩猎为生的

---

① Inuit Tapiriit Kanatami, *Inuit History and Heritage*, http://www.itk.ca/sites/default/files/5000YearHeritage.pdf; Internet.

② Jack Hicks and Graham White, *Nunavut: Inuit Self-determination Through a Land Claim and Public Government*, p20, http://www.anu.edu.au/caepr/system/files/Seminars/.../HicksJ_ WhiteG_ 2000.pdf.

③ 依附理论，从发展社会学的观点来看，依附理论是国际经济和政治关系中影响重大的一种理论。这一理论经历了从悲观的“古典依附论”到具有乐观色彩的“依附发展论”的演变。霍布森、普雷维什、弗兰克和阿明对古典依附论的创立和发展做出了贡献。卡多索和埃文斯的观点则是“依附发展论”的代表。“依附发展论”可以作为研究中国发展问题的理论视角。依附论从经济与政治相结合的角度出发论证当代发展中的边缘国家与西方发达中心国家之间的发展问题，因而，从一种学科角度上讲，依附论应划归为西方国际政治经济学的一种理论流派。

因纽特人生活出现了严重危机，没有钱购买那些已经习惯了的工业品。20世纪80年代，欧共体（European Community）禁止进口seal pelts，又给因纽特人的猎捕海豹业造成致命的打击，因纽特人在经济上彻底失去了控制权，完全依附外来者。更为重要的是，因纽特人原来的生活方式就在这种依附经济模式中慢慢消失了。

政治上，形成了联邦政府的不合法统治。1867年加拿大联邦政府成立，同年制定的宪法涉及原住民只有印第安人，而且仅限于有显著身份的“印第安人”，并没有提及因纽特民族。20世纪初，加拿大政府开始开发北方后，才对因纽特人进行首次人口普查，并发给每个原住民一个圆盘号码（disk number），以区别名字相同的因纽特人。早期只有领了圆盘号码的人才是“法定”的因纽特人，但后来也渐渐将无号码的人纳入管理之中。但在这一过程中，加拿大政府并未与因纽特人签署协议或条约。因此，在1939年前，加拿大联邦政府对因纽特人的统治完全没有法律依据①。直到1939年4月，联邦政府在“Re Eskimo”中裁定，1867年宪法中“印第安人”一词，应包含爱斯基摩人，即今所称的因纽特人，这项裁定使因纽特人正式列入联邦政府的管辖权内②。但这个“裁定”没有与因纽特人协商，只是单方面的行为；而且，欧洲殖民者或欧裔加拿大人也没有动用武力对因纽特

① Jack Hicks and Graham White, *Nunavut: Inuit Self-determination Through a Land Claim and Public Government*, p. 19, http://www.anu.edu.au/caepr/system/files/Seminars/.../HicksJ_ WhiteG_ 2000.pdf.

② 邹岱妮：《加拿大原住民自治体制与教育政策研究》，（台）国立政治大学民族研究所2005年硕士论文，第73页；笔者在另一份材料中看到，关于因纽特人到底是不是印第安人，根据“Re Eskimo”，因纽特人是印第安人，但根据加拿大1985年宪法第四章第一款“印第安法”，因纽特人不是印第安人（www.yorku.ca/igreene/nov1805.ppt）。

人进行军事征服。因此，没有战争、没有协议、没经过因纽特人的同意，加拿大政府就这样莫名其妙地控制了因纽特人的土地和资源。失去了土地和资源的控制权，因纽特民族传统社会的自治和社会管理模式也就失去了基础①。

一般而言，一个民族建立对另一个民族所谓的合法统治是通过两种方式来进行的：一种是军事征服，即从军事上打败对方，迫使其签订城下之盟，实现占领和统治之目的，历史上的例子比比皆是，远如欧洲人对非洲和美洲的征服，近如二战期间日本人对东南亚一些国家以及德国对欧洲一些国家的侵略和占领；另一种是谈判协商，制订共同遵守的法律条文，建立统治与被统治关系，这通常是在一个政治共同体内部不同民族之间、尤其是两者之间的力量悬殊的情况下采取这种方式。在绝大部分的北美大陆地区，几乎都是通过欧洲殖民者及其后继之加国联邦政府，或以签订条约的方式，或以买卖交易的方式，取得北美大陆的领土主权②。但是欧洲殖民者与因纽特人之间既没有军事较量也没有谈判协商就建立了统治与被统治关系。

文化上，欧洲人潜移默化地改变了因纽特社会的语言、社会组织和生活习性。这种影响首先表现在教育上，因纽特民族没有文字，靠言传身教来传承本民族的文化。大约从 18 世纪中期开始，欧洲传教士首先在因纽特人居住区开设教会学校，19 世纪，加拿大联邦政府也有计划地对因纽特人实施教育。1849 年，联邦政府与教会合作，设立寄宿学校，将 8～14 岁间

---

① Jack Hicks and Graham White, *Nunavut: Inuit Self-determination Through a Land Claim and Public Government*, p. 19, http://www.anu.edu.au/caepr/system/files/Seminars/.../HicksJ_ WhiteG_ 2000. pdf.

② 蔡志伟：《加拿大法制中的原住民族土地权格》，《台湾原住民族研究季刊》，第 1 卷第 2 期，第 29—54 页。

的印第安、梅蒂斯和因纽特孩童集中接受教育，1894 年的印第安法案增列相关规定，强制原住民父母将其子女送至寄宿学校就读；1920 年，政府又规定父母若不将子女送往寄宿学校，应受到法律制裁。

欧洲传教士使用非因纽特语进行教学，使孩童逐渐忘记了自己的母语，一个民族的语言，承载了丰富的文化，如果忘记了母语，是无法了解和传承本民族的文化的；寄宿学校，使父母与孩子接触较少，小孩在社会化过程缺少父母的言传身教，这对缺少文字的因纽特民族文化的传承是致命的打击，小孩没有机会和父母学习捕猎、雕刻、观察周围环境。但是由于第二次世界大战前加拿大联邦政府在因纽特地区的势力不强，因此这种教育对因纽特社会的影响并不是很大，真正的文化断裂发生在 50 ~ 60 年代因纽特人被聚居后。第二次世界大战结束时，西北省只有四所学校，三所为天主教学校，一所为圣公会学校。当加拿大联邦政府于 1947 年接管北方的教育时，认为因纽特人都是文盲，一点现代文明的知识都不具备，是个很落后的民族。

欧洲人的捕猎技术使因纽特人不需要群猎动物，因纽特社会的群猎组织因而也就渐渐消失；传统食物的减少，因纽特人就购买欧洲人的食物补充，加之对工业制品的依赖，这些均渐渐改变了因纽特人原有的生活习性，一个民族的文化也就在这个过程中慢慢消失了。需要注意的是，欧洲人给因纽特民族带来的不仅仅是这些，他们还带来了疾病，而这些疾病对因纽特民族以及美洲大陆的原住民而言是致命的，甚至有学者认为，欧洲人的殖民扩张，依赖的就是这种疾病，而不是枪炮[①]；因纽特人和欧洲人的

① ［美］艾尔弗雷德·W. 克罗斯比：《生态扩张主义——公元 900—1900 年的生态扩张》，辽宁教育出版社，2001 年中译本。

大规模捕猎也使北极地区的生态链遭到极大的破坏①。生态和地理环境是产生该民族文化的必不可少的条件②。北极生态环境遭到破坏，必然会影响因纽特人的日常生活习性。

尽管因纽特人在与欧洲人以及欧裔加拿大人在这150年（1800~1950年）的接触过程中在经济、政治和文化等方面都发生了一些变化，但总体而言，这一时段因为加拿大联邦政府主要与西北极地区的印第安人“合作”，无暇顾及到东北极地区的因纽特人。因此，在第二次世界大战前，因纽特人的经济模式和生活方式并没有发生根本性的变化，真正的变化是发生在20世纪的后半期。

## 第二节　20世纪50年代的“再安置”及其对因纽特民族的影响

所谓的“再安置”（the Relocation）计划，特指20世纪50—60年代，加拿大联邦政府有计划地将因纽特人从魁北克和拉布拉多地区迁移到高纬度北极地区，大多是今天的努纳武特地区。这是加拿大联邦政府将印第安民族的政策运用到因纽特民族，即把他们圈进保留地，并发给垦殖地，将因纽特民族由游牧生活改为定居生活，游牧经济改造为垦殖经济，其结果是导致因纽特文化断裂，传统生活方式丧失殆尽。

① Diubaldo, Richard, *The Government of Canada and the Inuit*, 1900 - 67. Ottawa: Indian and Northern Affairs Canada, 1985.

② ［英］阿诺德·约瑟夫·汤因比：《历史研究》，上海人民出版社，2001年版。

因纽特人与欧洲人接触后，外来的捕鲸者、毛皮商、传教士、警察以及后来的军事人员逐渐改变了他们原先的游牧生活方式。他们大多成为船夫、向导、雪橇司机等；第二次世界大战期间，他们聚集在美国空军基地周围，寻找临时工作或者购买他们皮毛和工艺品的人；接着疾病在他们族群中流行；空军基地周围的野生资源越来越少，因纽特人越来越依靠施舍或政府的资助而生存。于是他们渐渐引起公众的关注，认为政府有义务和责任帮助他们。1950 年，因纽特事务的管理由西北领地议会（Northwest Territories Council）转移到联邦政府资源与发展部（the Department of Resources and Development），皇家骑警队继续负责因纽特人的社会福利。[①]

1952 年 5 月，联邦政府有关管理因纽特人事务的各个部门在渥太华召开一次会议，会议的议题涉及到因纽特人的流行病、生活主动权的丧失、食物和皮毛资源的逐渐减少以及因纽特民族文化的解体。与会代表在三个方面达成共识：皮毛贸易已经不能支撑因纽特人的生活，需要对因纽特人进行职业培训以便适应新的社会经济需求，整个北极地区急待医疗设施。代表们建议成立“爱斯基摩人事务特别委员会”（a Special Committee on Eskimo Affairs）。该委员会于当年 10 月提出一个建议，为了促进因纽特人的经济发展，需要将克雷格港和萨宾角（Craig Harbour and Cape Sabine）地区的因纽特人重新安置。1953 年 3 月 16 日，北方管理局提交了“资助爱斯基摩人工程”（Assisted Eskimo Projects）的请求，要求相关部门批准。20 世纪 50 年代联邦政府对

① Shelagh D. Gran, *A Case of Compounded Error: The Inuit Resettlement Project, 1953, and the Government Response*, http://carc.org/pubs/v19no1/2.htm.

因纽特人的“再安置”计划开始启动。[①]

实际上，加拿大政府于20世纪20年代便开始迁移因纽特人，那时的迁移多为生计所需，一般而言，迁入地大多有丰富的自然资源，因纽特人就能免于饥饿之灾；哈德逊湾公司也几次建议政府迁移因纽特人，目的是让因纽特人帮助他们开发新的据点，例如为了确保哈德逊公司的皮毛贸易顺利，就需要更多的因纽特的捕猎者。有时是季节性的迁移，有时也为加强联邦政府在北极地区的领土主权。然而政府宣传所有的迁移活动目的是为了因纽特人过上好日子，而且报告说因纽特人在新居地非常满意，没有人提起这是为了加强政府在北极地区的主权。[②] 当然，20世纪50年代以前的迁移规模较小，而且迁移是为了保护和保留原住民[③]，有些迁移后的因纽特人还过上了比较满意的生活。

20世纪50年代加拿大政府开始的“再安置”计划起因于北极地区的社会环境发生了较大的变化。20世纪30—40年代，由于因纽特民族的皮毛贸易衰落，其经济陷入困境，不得不更多依赖联邦政府[④]；二战结束后，极地地区外来人口越来越多。一年四季都有大量的有丰富经验的、喜欢冒险的飞行员驾驶着各种新式飞机从远方而来，在战争年代为欧洲和美国运输空军的飞机场现在成了巴芬地区迎接这些冒险家的大门；与此同时，随着东西

---

① Shelagh D. Gran, *A Case of Compounded Error: The Inuit Resettlement Project*, 1953, *and the Government Response*, http://carc.org/pubs/v19no1/2.htm.

② Sarah Bonesteel, *Canada's Relationship With Inuit——A History of Policy and Program Development*, Public History Inc, 2006, p. 29.

③ *Report of the Royal Commission on Aboriginal Peoples*, Part Two, chapter11, *Relocation of Aboriginal Communities*, 1996, P398, http://caid.ca/RRCAP1.11.pdf.

④ 这预示着他们与联邦政府的关系将发生永久变化，由原来的平等伙伴关系变成了统治与被统治的关系。

两大阵营冷战格局的形成，北极地区成为战略核心地区和两大集团对峙的前沿阵地。从阿拉斯加到格陵兰安装了大量的雷达；空军在北极地区巡逻，核潜艇从冰下穿梭。这些人需要因纽特人的知识和技能，加拿大军队组织了加拿大突击队（Canadian Rangers），主要以原住民为基础，定期在这一地区巡逻，以加强加拿大在北极地区领土主权，现今，努纳武特地区的国家主权宣示也是由加拿大突击队的因纽特成员来施行的[①]。

“再安置”计划的直接导火线是美国军医的报告。在第二次世界大战期间，驻进加拿大北极地区的美国军医向媒体揭露当地因纽特人的惨状，包括婴儿高死亡率、流行病肆虐以及饥荒，使联邦政府不得不面对因纽特民族，一改以前拖延搪塞的态度；战后，因纽特人与南方人频繁接触使其状况更加恶化，他们被染上了各种流行病，流行性感冒、肺结核、小儿麻痹症时不时地在因纽特人社区蔓延。加拿大人为此而义愤填膺，要求联邦政府派遣医疗设施进驻因纽特人的居住地区。官方的医院，再加上官方的学校，很容易鼓动因纽特人接受政府的政策：让他们从传统生活地区迁往“新区”。于是加拿大政府尝试着以医疗、教育以及建立新居为手段，进行所谓的“实验性迁村”，希望因纽特人能“自动”集中定居下来。[②]

到底有多少因纽特人被“再安置”，笔者查阅了大量的资料，最后找到这张统计表（表3—1），很遗憾，有具体统计数字的总计600多人，其他均不详；但根据这些迁入地形成了后来努纳武特26个社区的基础来看，应远远超出600多人。

---

① *Canadian Ranger*, http://en.wikipedia.org/wiki/Canadian_Rangers.

② Purich, Donald. *The Inuit and Their Land: The Story of Nunavut.* Toronto: James Lorimer & Co. 1992, pp. 44 – 45.

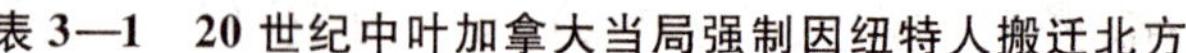

**表 3—1　20 世纪中叶加拿大当局强制因纽特人搬迁北方**

| 时间 | 迁出地 | 迁入地 | 迁出人口数 |
| --- | --- | --- | --- |
| 1934 | 多赛特角、巴芬岛 Cape Dorset, Baffin Island | 邓达斯港、德文岛 Dundas Harbour, Devon Island | 29 人 |
| 1949 | 中基瓦廷—恩纳代湖，努纳武特 Central Keewatin-Ennadai Lake, NU | 纽埃尔廷湖，努纳武特 Nueltin Lake, NU | 未详 |
| 1951—52 | 西北极地区 Western Arctic region | 班克斯岛 Banks Island | 15 个家庭 |
| 1951—52 | 伊努朱亚克（哈里森港），魁北克 Inukjuak (Port Harrison), Que. | 国王乔治群岛 King George Islands 斯利谱群岛 Sleeper Islands | 未详，但有 59 人后来迁移到 Henrik Lake, NU |
| 1953 | 古朱华克魁北克 Kuujjuaq (Fort Chimo), Que. | 丘吉尔，迈 Churchill, Man. | 未详，一些家庭 |
| 1953 | 伊努朱亚克（哈里森港）魁北克 Inukjuak (Port Harrison), Que. 庞德因莱特、巴芬岛 Pond Inlet, Baffin Island | 格赖斯菲约德 Grise Fiord，埃尔斯米尔岛 Ellesmere Island 雷索柳特湾（曦无城）Resolute Bay (Qausuittuq)，康沃利斯岛 Cornwallis Island | 10 个家庭 54 人（其中 32 人到格赖斯菲约德 Grise Fiord，22 人到索柳特湾 Resolute Bay） |
| 1955 | 伊努朱亚克（哈里森港）Inukjuak (Port Harrison), Que. 庞德因莱特、巴芬岛 Pond Inlet, Baffin Island | 格赖斯菲约德 Grise Fiord，埃尔斯米尔岛 Ellesmere Island 雷索柳特湾（曦无城）Resolute Bay (Qausuittuq)，康沃利斯岛 Cornwallis Island | 38 人（6 个家庭） |
| 1956 | 纽塔克、纽芬兰 Nutak, Nfld. | 内恩，纽芬兰、西北河，纽芬兰 Nain, Nfld. North West River, Nfld. | 200 人（38 个家庭） |
| 1957 | 纽埃尔廷湖，努纳武特 Nueltin Lake, NU | 亨瑞克湖，努纳武特 Henrik Lake, NU | 59 人（1951—52 迁入的人再次搬迁） |
| 1959 | 希布伦，纽芬兰 Hebron, Nfld. | 内恩，纽芬兰、马库维克，纽芬兰、西北河，纽芬兰 Nain, Nfld Makkovik, Nfld. North West River, Nfld. | 300 人（58 个家庭） |

续表

| 时间 | 迁出地 | 迁入地 | 迁出人口数 |
| --- | --- | --- | --- |
| 1959 | 伊缇维亚，努纳武特 Itivia，NU 鲸湾，努纳武特 Whale Cove，NU | 鲸湾，努纳武特 Whale Cove，NU | 未详，一些家庭 |

资料来源：" An apology for the Inuit five decades in the making", http://www.theglobeandmail.com/news/politics/ottawa-apologizes-for-mistakes-and-broken-promises-of-1950s-inuit-relocations/article1677179/.

这项计划看起来完美无缺，而且联邦政府一直坚持他们是试图帮助因纽特人，因为因纽特人在魁北克地区人口过多，狩猎维生已很困难[①]，而且当时肺结核病蔓延，如果不施行迁移计划，因纽特民族的人口可能要大幅度减少。但是，多年来因纽特人对这次迁移一直耿耿于怀，要求联邦政府为此事道歉，从中我们可以推断出联邦政府在这件事上做得可能不那么光明磊落，而且从长远来看，这次迁移对因纽特民族而言是一次文化断裂，他们丧失的远远多于得到的。

迁移被一些学者认为是对因纽特人“高纬度流放”。从表3—1中我们可以看出，迁移主要是从魁北克的伊努朱亚克（Inukjuak）[②]、古朱华克（Kuujjuaq）等地迁往当时的西北省（现今大多是努纳武特省），也就是说，让他们从魁北克省北部相对舒适的冻土地地带，搬迁到北极高纬度地区，说白了，就是给白人“腾地”，治疗肺结核和帮助因纽特人维生，只是冠冕堂皇的理由。努纳武特地区，气温比魁北克地区低得多，极夜，因纽特人对这里的地形不熟，而且可供捕猎的野生动物也不多。搬迁来的因纽特人不得不独自面对不熟

① Shelagh D. Gran, *A Case of Compounded Error: The Inuit Resettlement Project, 1953, and the Government Response*, http://carc.org/pubs/v19no1/2.htm.

② Inukjuak 过去是与欧洲人进行皮毛贸易的重要港口。

悉的环境，政府很少给予支持。这是一段不堪回首的岁月，是一个令人义愤填膺的话题，这种记忆至今仍时不时地表现出来。有人说，因纽特家庭的“再安置”是加拿大历史上最悲惨的一章，因纽特人永远也不会忘记。

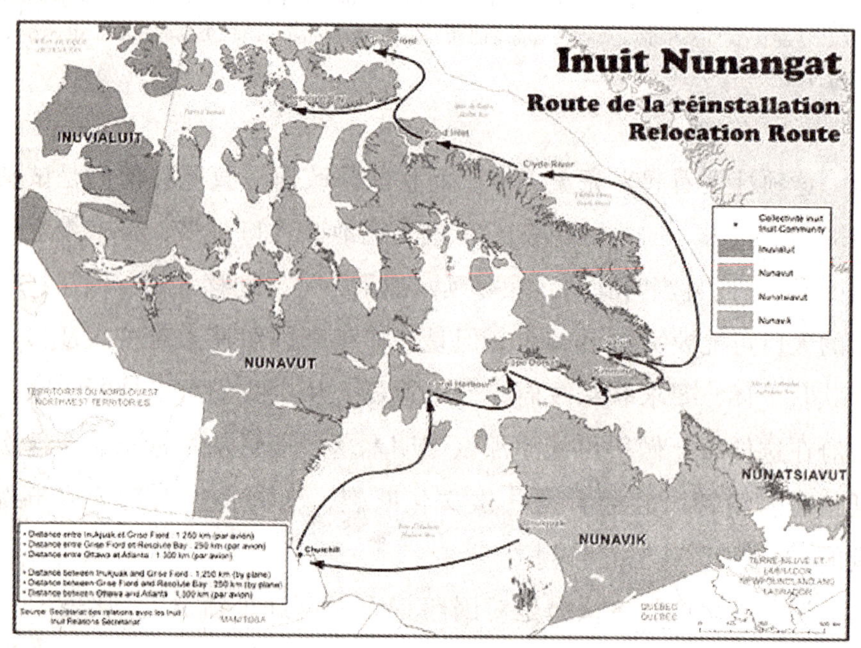


**图 3—1　因纽特人“再安置”路线图**

资料来源：http：//www. aadnc-aandc. gc. ca/eng/1100100015419.

伊努朱亚克和格赖斯菲约德之间的距离：1250KM（乘飞机）；格赖斯菲约德和雷索柳特湾之间的距离为 250 KM（乘飞机）。

**图 3—2 1926 年纽芬兰希布伦的因纽特孩童**

很多家庭在 1950 年代被强制性迁移。

资料来源：*Impact of Non-Aboriginal Activities on the Inuit.* http://www.heritage.nf.ca/aboriginal/inuit_impacts.html。

这里以 1953 年的一次"再安置"为例来说明当时迁移的情况。1953 年 8 月，10 个家庭从魁北克北部的伊努朱亚克迁移到埃尔斯米尔岛的南端格赖斯菲约德和康沃利斯岛的雷索柳特湾①。这些家庭已经收到政府的补贴，而且政府还承诺在北极高纬度的新家，他们将生活得更好，有更多的机会狩猎。这 10 个家庭被安排与三个家庭同住，后者是从西北省招募而来的。目的是教会这些新搬迁来的家庭

① "*An apology for the Inuit five decades in the making*", http://www.theglobeandmail.com/news/politics/ottawa-apologizes-for-mistakes-and-broken-promises-of-1950s-inuit-relocations/article1677179/；一说是 7～8 个家庭，见 Porteous, John Douglas; Smith, Sandra Eileen (2001), *Domicide: The Global Destruction of Home.* McGill-Queen's Press. pp. 102－03。

在北极高纬度地区如何谋生。这10个家庭离开魁北克时没有备足食物、衣服以及帐篷，当他们迁移到2000公里外的完全不同的地方时，他们面临的是陌生的荒野，而且必须适应冬季数周的极夜和夏季数周的极昼，而魁北克地区完全没有这种现象。他们被告知，如果两年后她们不想在这儿，可以回到魁北克，但政府却没有兑现承诺①。最终，这些新搬迁过来的因纽特人弄懂了白鲸（beluga whale）迁移路线，可以在18000平方公里的大地上以捕捉鲸鱼维生②。当时皇家骑警队报告：两个殖民地在士气、居住和谋生等方面都取得了完全胜利③。

加拿大联邦政府对因纽特的“再安置计划”构想拙劣、计划不周。在政府档案中，反复提到“实验”（Experiment）一词，也就是说这次迁移只当作一次实验④；且计划是单方面作出的，事先并没有同因纽特人协商，没有告知因纽特人他们迁入的地方有多远，没有告知他们的新家与老家大相径庭，完全是两个不同的世界。一个当时随父母搬迁而来到雷索柳特湾的6岁孩子这样回忆道：“这是地球

---

① “Makivik Corporation-*High Arctic Relocatees And Government Of Canada Seek Reconciliation*”. Canada NewsWire. 28 March 1996.

② McGrath, Melanie. *The Long Exile: A Tale of Inuit Betrayal and Survival in the High Arctic*. Alfred A. Knopf, 2006.

③ Damas, David (2004). *Arctic Migrants/Arctic Villagers: The Transformation of Inuit Settlement in the Central Arctic*. McGill-Queen's Press. pp. 52 – 57. http://books.google.ca/books?id=3TZHXQaFk2IC&pg=RA1-PA52&dq=High+Arctic+relocation&client=firefox-a&sig=ACfU3U3cos0KzJW12sNWI22wOdW1LHtFWg.

④ “The experiment we are making this year is to transfer a few families from Port Harrison and Pond Inlet to Resolute Bay on Cornwallis Island and Craig Harbour and Cape Herschel, on Ellesmere Island. The primary object is to find out how Eskimos from overpopulated southern areas can adapt themselves to conditions in the high Arctic where there is at present no Eskimo population”. Shelagh D. Gran, *A Case of Compounded Error: The Inuit Resettlement Project*, 1953, and the Government Response, http://carc.org/pubs/v19no1/2.htm.

上最荒凉的地方。”[①] 联邦政府计划也不周到，搬迁家庭第一个冬天是在帐篷里度过的，缺衣少食，至今因纽特人的住房一直很拥挤，居住条件与非原住民相比不可同日而语。而且，正如上文所指出联邦政府将自己的承诺束之高阁，再也不谈迁移来的人如果不愿意在新地方居住可以回魁北克，而是把他们像囚犯一样禁闭起来。政府档案显示，迁移计划主要是关心北极地区主权。

**图 3—3　柳特湾现代因纽特社区远景（1997）**

资料来源：http://en.wikipedia.org/wiki/High_Arctic_relocation。

再安置因纽特人是对因纽特民族文化一次最大的破坏。当时有很多评论家预言，由再安置而来的对因纽特人的殖民统治，将不可

---

① “*An apology for the Inuit five decades in the making*”, http://m.theglobeandmail.com/news/politics/an-apology-for-the-inuit-five-decades-in-the-making/article1677179/?service=mobile.

避免地导致其文化走向衰弱。加拿大政府的这种做法虽然解决了因纽特人的肺结核病问题，降低了因纽特人的死亡率，但却带来了其他问题，比如，因纽特人居住方式。因纽特社会基本单位是家庭，捕猎庞大动物时几个家庭联合起来形成狩猎群体，这些狩猎群体再组成社区共同体，因纽特人是散居在广袤的北极地区的。但随着联邦政府的再安置计划，他们不得不居住在较大规模的社区中，因纽特人由原来的散居变成了在社区中的聚居。

居住方式的改变导致了因纽特人谋生方式的变化，我们知道因纽特人一直以来的谋生之道是狩猎，但再安置计划把他们聚拢在一起，并发给垦殖地，这完全是按照农业文明来改造狩猎文明，其结果是可想而知的。聚居和垦殖进一步导致了原来的社会组织管理模式的解体。因纽特民族原来的组织方式是由扩大家庭组成狩猎群体再组成社区共同体，完全不同于近代民族国家的组织模式；其管理方式是长老制，也与近代以来的科层制管理模式大相径庭。这些导致了因纽特民族的文化断裂，造成了社会的严重失范，各种社会问题丛生，教育、住房、收入、人口等等都出现了严重的问题，特别是夹在两个文化深渊之间的年轻人，他们在压抑沮丧之际，往往选择酗酒、吸毒、甚至于自杀①。对于因纽特人而言，族人被政府集体从猎场迁徙到平房住，社会经济的位置错乱、失去日常生活的掌控，表面上是被国家照顾，实际上形同“被国家监护”②。正如一位因纽特人所说：

① ［台］施正锋：《加拿大 Inuit 民族的自治政府》，《台湾原住民研究论丛》第 10 期，2011 年 12 月。

② Légaré, André. 2008 “Canada's Experiment with Aboriginal Self-determination in Nunavut: from Vision toIllusion,” *International Journal of Minority and Group Rights*, Vol. 15, Nos. 2 – 3, pp. 335 – 67.

> 在过去，我们是小群体而且几乎没有任何问题。但是现在有太多人在这里……有太多不同群体一起住在这里。现在有太多的问题……在过去，长老们能处理这些问题……但是现今即使是警察都不能停止这些问题[①]。

总而言之，再安置因纽特人，没有考虑到因纽特人的社会和自然是不可分离的文化特性，而是用西方人的战略来促进因纽特社区的发展，医疗、教育和司法制度，这些与因纽特人的现实相去很远[②]。因此，这项再安置的工程给因纽特民族带来的震荡和痛苦是可想而知的。

**图 3—4　南奴克的妻子和孩子，魁北克的多芬角（Cape Dufferin，QC，1920－1921）**

资料来源 http://en. wikipedia. org/wiki/High_Arctic_relocation。

① W. C. E. Rasing, *Too Many people: Order and Nonconformity in Iglulingmiu Social PROCESS*, Nijmegan Netherland: Recht and Samenlevving, 1994, p. l. 转引自：Rigby Bruce, *The Inuit of Nunavut*, *Canada* p. 93。

② Ellen Bielawski, *Inuit Indigenous Knowledge and Science in the Arctic*, http://www. carc. org/pubs/v20no1/inuit. htm。

迁移的真正原因是复杂的，远不是联邦政府公开宣传的那样，仅仅是帮助因纽特人治愈肺结核病和狩猎谋生。一份原始文件提到这次“再安置”计划的四个目标：缓解拥挤地区的人口压力；这是一个先行试验，确定爱斯基摩人是否能被引导居住于北方诸岛，过着本民族的生活；这个试验尝试一种方法，即爱斯基摩人的孩子在不丧失本民族生活方式的同时，能否被训练来替代白人雇员；如果这些试验成功，那么更多的人将被迁移到这些先行据点和其他一些地方[①]。第一个是直接目标，第二、第三个目标既想保留因纽特民族文化，又想让因纽特人代替白人在军事基地服役，第四个目标暗含着国际法中的领土主权“先占原则”，尽管在行文中没有提到“主权”二字。

纵观历史，一个民族国家的“主权关注”远远超出法律上的产权和所有权。一旦确立了国家主权，那么就义务维持“有效占有”。二战后的一段时间内，加拿大感觉其北极地区主权（包括陆地、海洋和冰块）遭到潜在的威胁。一个国家主权的威胁可能是直接的，如拒不承认一个国家的权威；也可能是不经意的，如一个外国人在没有得到该国允许的善意的行为，或者违反了该国法律的行为。还有一种情况是事实上丧失了国家主权，即不能完全控制其领土，或者“感觉”其主权丧失，如美国二战期间在加拿大北极地区的军事和国民都超过加拿大国民。为了对付这种威胁，加拿大和美国签订共同防御协定，将主权交给加拿大官员控制；两国之间还发表一项声明，所有美国人的活动不能侵犯加拿大的主权。但这些协议都是纸面上的，保证的也只是“纸面上的主权”，并不能完全排除加拿大政府的担心和忧虑。

---

① Shelagh D. Gran, *A Case of Compounded Error*: *The Inuit Resettlement Project*, 1953, *and the Government Response*, http: //carc. org/pubs/v19no1/2. htm.

实际上，自从1880年英国移交北极诸岛的主权以来，加拿大联邦政府一直担心北极地区的主权，尽管也采取了一系列的措施，比如在东北极地区巡逻、公开声明、成立皇家骑警队、发放探险执照等等，但这些都不能消除他们的担心。对北极地区实施有效占有提上了加拿大政府的议事日程。20世纪50年代开始的因纽特人再安置计划，首要原因可能就是北极地区的“主权”问题。1958年北方发展顾问委员会（Advisory Committee on Northern Development，ACND）在一个报告中指出：“只有采取适当步骤，继续保持加拿大人的活动，加拿大在北极地区的主权就会稳固……扩大这些活动就是有效占有的证据。[①]”

迁移到固定据点后，也便于联邦政府对因纽特民族实行同化政策。同化政策主要是通过教育来完成。1947年，联邦政府在没有评估因纽特人需要何种教育制度的情况下，开始有计划地将南方的教育体系输入到因纽特人居住地区。两年后，联邦政府在因纽特人居住区域建立了一个公立学校网络。然而，因为没有一位南方白种人教师会说因纽特语言，唯一的教学语言便是英语[②]。到了1951年，第一个寄宿学校建立，寄宿学校是把儿童与其家庭、部落分开，进入全英语的学习环境，目的是将原住民的孩子教化成现代社会的“文明人”，取得高等教育证书、从事较高阶层的工作。来自偏远地区的学生一年中多达10个月的时间是在寄宿学校里度过的。学生与父母接触的时间一年中只有两

---

① RG 22, vol. 545, file ACND—1958. *GWR Memo to the Deputy Minister and Confidential report*, 7 July 1958. 转引自 Shelagh D. Gran, *A Case of Compounded Error: The Inuit Resettlement Project*, 1953, *and the Government Response*, http: //carc. org/pubs/v19no1/2. htm.

② Frideres. J. S. and Gadacz. R. R., *Aboriginal People in Canada: Contemporary Conflicts*. Prentice Hall, 2001, p. 274.

个月左右，原住民亲子教育被局限在孩子的短暂回家这段时间里。父母的教育被天主教或圣公会教师的宗教教育所代替[①]，这些教师认为学生远离了父母的负面影响，就会更好接受现代文明，表现得更好[②]。更为严重的是，这些学校只向学生灌输南方的语言、文化和价值观，对于因纽特民族的文化教育一概不予考虑。同化政策还包括改变原住民的宗教信仰。这一时段接受义务教育的因纽特人后代，对其母文化几乎一无所知，不会用母语书写，有的甚至不会说母语，这在因纽特民族中产生了极为严重的文化和信仰认同危机。

一直到20世纪60年代，这些寄宿学校才考虑设置因纽特民族的语言、文化和价值观的课程。1970年，因纽特学校的行政管理转移给西北省政府，从此摆脱了教会的控制。在因纽特同胞情谊结社的大力游说下，联邦政府决定改变因纽特人的教育方式，教学目标开始以保护因纽特民族的文化、语言为导向；因纽特文化研究所和努纳武特与北极光极地学院建立起来了，这使得因纽特文化得到有效保护，而且，这也给因纽特学生创造了较多的就业机会。许多有教育学学士和硕士学位的因纽特学生在因纽特社区中的学校工作，并且还承担学校的一部分行政管理工作[③]。

在这些政策的影响下，绝大多数的学生由他们的父母及学校的因纽特教师教授，会说会写母语的人越来越多。根据加拿大

---

① 尽管因纽特民族的教学是由政府来支付一切费用，但学校却是由宗教机构来经营与管理。

② Frideres. J. S. and Gadacz. R. R., *Aboriginal People in Canada: Contemporary Conflicts*. Prentice Hall, 2001, p. 274.

③ Frideres. J. S. and Gadacz. R. R., *Aboriginal People in Canada: Contemporary Conflicts*. Prentice Hall, 2001, p. 274.

2001年官方资料显示，因纽特语的孩童中，大约2/3自称会在各种场合，如家庭、学校以及其他场所使用母语，但只有不到1/4的孩童能阅读原住民语言的报纸和杂志。3/4的成人自称会说因纽特语，这些人中的3/4说他们在家中讲因纽特语，但仅有1/3的人在工作场所中以及10%的人在学校中说因纽特语。自称是因纽特成年人中有2/3的人能够阅读因纽特语，以及他们中将近一半的人自称有阅读因纽特语报纸以及杂志习惯，60%的人说他们能够书写因纽特文字。到2006年，大约69%的因纽特人用母语交谈，有50%的人在家中大多时候讲母语[①]。

**表3—2 2006年有能力说因纽特语、作为母语及在家中说因纽特语的因纽特人年龄分布**

| | 能用因纽特语言对话（%） | 在家中绝大多数时间用因纽特语（%） | 因纽特语作为母语（%） |
|---|---|---|---|
| 各年龄段特征 | | | |
| 0—14岁 | 69 | 54 | 63 |
| 15—24岁 | 69 | 49 | 60 |
| 25—44岁 | 69 | 48 | 65 |
| 45—64岁 | 66 | 49 | 69 |
| 65岁及以上 | 71 | 56 | 67 |
| 各年龄段总体情况 | 69 | 50 | 64 |

资料来源：Statistics Canada，2006 Census。

迁移计划的动机除了上述的领土主权考虑和同化政策外，还有其他一些原因。UBC北极历史学者Frank Tester总结了四条：政府档案上记录，联邦政府官员担心因纽特人将消耗完伊努朱亚

① *Inuit in Canada*：*Inuit Statistical Profile*，2006，p. 3，https：//www. itk. ca/system/files_ force/Inuit-Statistical-Profile. pdf? download = 1.

克的资源；政府还想让因纽特人尽量自给自足，削减福利支出，官员们最关心的就是节约政府的开支；将因纽特人迁移到北极高纬度地区还有另一层含义，那就是任何一个白人都可以随心所欲驱使其周围的因纽特人，这表明白人已经彻底战胜了因纽特人[①]；欧裔白人与北美本土人之间已由起初的平等合作关系变成了殖民和被殖民的不平等关系。

20 多年后即 80 年代，人们尤其是因纽特人开始对联邦政府的这次再安置重新评价，他们否认主流观点，认为联邦政府将因纽特人迁移到北极高纬度地区是为了加强在这一地区的国家主权，这即使不是唯一原因，也是主要目的。1987 年，因纽特人向联邦政府索取 1000 万加元的补偿[②]，在公众和媒体的压力下，联邦政府计划让因纽特人回到南方。1989 年，40 个因纽特人回到了他们原先生活的地方；但是年轻人不愿意搬到南方，他们仍然生活在北极高纬度地区。这导致了家庭内老人与年轻一代的分离[③]。1990 年，联邦政府下议院要求政府对 20 世纪 50 年代因纽特人的再安置道歉，并给予补偿，而且承认这些因纽特人有捍卫国家主权的功劳，但是联邦政府却很不给力，他们争辩说，因纽

---

① Frank J. Tester, Peter Keith Kulchyski, Tammarniit (mistakes): *Inuit Relocation in the Eastern Arctic*, 1939 - 63, Vancouver, BC: UBC Press, 1994, pp. 102 - 104.

② Tester, Frank J.; Kulchyski. *Tammarniit* (*Mistakes*): *Inuit relocation in the eastern arctic* 1939 - 63. Peter. Vancouver, BC: UBC Press. 1994, pp. 113 - 118, http://books. google. ca/books? id = HVf9N3jdsp4C&pg = PA401&dq = high + arctic + relocation & as_brr = 3&client = firefox-a&sig = ACfU3U3nPPvRMCsN3_S7Nsd49GJv2x5XeQ#PPA102, M1.

③ James, Matt. *Wrestling with the Past*: *Apologies*, *Quasi-Apologies and Non-Apologies in Canada*, In Mark Gibney, Rhoda E. Howard-Hassmann, *The Age of Apology*. University of Pennsylvania Press, 2008, pp. 142 - 144.

特人是自愿迁移的。这个观点遭到了学术界和媒体强烈抨击。与此相对照，1991 年加拿大人权委员会指出，尽管将因纽特人迁移到北极高纬度地区有利于增强加拿大的领土主权，但这不是最初的意图，一些人称，让联邦政府道歉和补偿是不合适的[①]。1994 年原住民皇家委员会开始调查再安置计划，调查的结果是，因纽特人认为他们是被迫迁移的，委员会建议政府道歉并给幸存者一定的补偿，并且承认迁移来的因纽特人在加拿大建立北极主权过程中扮演了重要的角色。可是联邦政府仍然拒绝采取实质性的行动，但于 1996 年 3 月制定了一个“和解计划”，为迁移的家庭和个人设立了一个 1000 万加元的信托基金[②]。政府开始承认，迁移的因纽特人在最初几年内遭受了苦难、身心的折磨和一定程度的损失，希望当事者能理解，但政府的动机是高尚的，想给因纽特人最好的生活条件[③]。

但是和解的道路是漫长的，联邦政府一直否认其动机和意图。直到进入 21 世纪哈珀总理执政时，联邦政府的态度才有所转变。2010 年 8 月 18 日，加拿大印第安与北方事务部部长约翰·邓肯在魁北克北部的伊努朱亚克（Inukjuak）对迁移回来的

---

① Tester, Frank J.; Kulchyski. *Tammarniit (Mistakes): Inuit relocation in the eastern arctic* 1939 - 63. Peter. Vancouver, BC: UBC Press. 1994, pp. 102 - 104. http://books.google.ca/books? id = HVf9N3jdsp4C&pg = PA401&dq = high + arctic + relocation & as_brr = 3&client = firefox-a&sig = ACfU3U3nPPvRMCsN3_S7Nsd49GJv2x5XeQ#PPA102, M1.

② Porteous, John Douglas; Smith, Sandra Eileen. *Domicide: The Global Destruction of Home*. McGill-Queen's Press. 2001, pp. 102 - 03. http://books.google.ca/books? id = 6t_KSirfEnsC&pg = PA103&dq = High + Arctic + relocation&lr = &client = firefox-a&sig = ACfU3U1uYljO3npFHZB_oRhBrDOCNWN17Q#PPA102, M1.

③ *Makivik Corporation-High Arctic Relocatees And Government Of Canada Seek Reconciliation*. Canada NewsWire. 28 March 1996.

因纽特人道歉：承认联邦政府当时再安置因纽特人的政策是出于削减因纽特人的福利以及增强加拿大北极地区的领土主权，对此，联邦政府表示歉意，“对那次再安置中遭受极大痛苦和困难的因纽特人，我们非常悲痛”，他说：“加拿大政府认为这次错误和终止承诺是加拿大历史上最黑暗的一章，对此，我们深感遗憾，并且向迁移到北极高纬度地区的因纽特人道歉，我对再安置的因纽特人所表现出来的勇敢和勇气表示由衷的赞扬；尽管条件恶劣、身心遭受了极端的痛苦，但迁移来的因纽特人和他们的子孙在格赖斯菲约德和雷索柳特湾建立了生机盎然的社区，加拿大政府认识到，正是这些社区大大增强了加拿大国家在北极地区的存在。”①

尽管这一道歉姗姗来迟，但是因纽特人还是由衷地欢迎。数十年来一直在为政府道歉而奔走呼号的阿曼格里克（Amagoalik）先生说，如果哈珀总理能到格赖斯菲约德和雷索柳特湾两个社区中的一个亲自向因纽特人道歉，那将更好，尽管如此，他还是非常欢迎这个道歉，而且他说不需要再多的补偿了，1996 年政府已经为因纽特人建立了特殊的补偿基金。依奴提图特文（Inuktitut）市长 Sarollie Weetaluktuk 说，这不仅仅是对当时不得不迁移的人道歉，而且也是对他们的后代表示道歉，这是一个历史的里程碑，“最终，他们还是道歉了，今天我们用我们的双眼见证了这一切!”，他说：“我们想治愈伤口，这快要实现了——这不仅仅是对这里的伊努朱亚克的因纽特人，而且是对任何地方的子孙后代，因为所有的因纽特人将分享他们的故事和经历，我认为这对我们是有益的。”魁北克 Makivik Corp（因纽特土地权利申明

① *Inuit get federal apology for forced relocation*，http：//www.cbc.ca/news/canada/north/story/2010/08/18/apology-inuit-relocation.html.

组织）的主席皮塔·阿塔米（Pita Aatami）对 CBC 新闻记者说，他非常高兴终于听到政府的道歉了。努纳武特的 Tunngavik Inc.（因纽特土地权利申明委员会）委托在格赖斯菲约德和雷索柳特各建立一个纪念碑，怀念在“北极高纬度流放”中牺牲的因纽特人，邓肯出席了揭幕仪式①。

加拿大联邦政府的姿态使再安置计划到 2010 年总算可以画上句号。我们回过头来再来审视这个计划及其带来的结果。如果说再安置计划有什么积极意义的话，那就是它将因纽特人集中到一起，形成努纳武特 26 个社区的基础，锻造了因纽特的民族精神，为后来因纽特人团结一致争取民族自治运动创造了良好的条件。战后的殖民历史凸显了因纽特人不同寻常的品质，在几十年内，因纽特人取得了辉煌的成就。更为重要的是，因纽特作为一个民族展现在加拿大的历史舞台上。几千年来，因纽特人在与地球上最残酷的自然环境作斗争的历史中形成了他们坚忍不拔的精神，正是这种精神使他们在加拿大这个多民族的国家里重新赢得了他们的自尊，保留了他们独特的文化，获得了联邦政府和加拿大国民的认可。

在短短的几十年时间里，因纽特民族就形成了史无前例的政治内聚力。一旦因纽特人从以前分散的孤立的状态迁移进保留地，聚居在一起的人们将导致“因纽特民族主义”的发展和壮大。正是这种政治内聚力和不断增强的自信心使因纽特人在 1976～1993 年间，以一种新的伙伴关系与加拿大联邦政府谈判协商，达成了全面性土地权利申明（comprehensive land claims），

① *Inuit get federal apology for forced relocation*, http://www.cbc.ca/news/canada/north/story/2010/08/18/apology-inuit-relocation.html.

这在整个北美大陆原住民中是唯一的[①]。

## 第三节 近年来加拿大北极战略及其对因纽特民族的影响[②]

冷战时期，北极地区是美苏争霸的重要场所之一。在冷战格局中，加拿大站在美国一方，在北极地区充当美国遏制苏联的前沿阵地，在北极政策方面追随美国，没有形成独立的、完整的北极政策。但在北极地区主权问题上，加拿大继承战前的积极政策且更加关注并重视北极地区，视北冰洋为“自家后院”；冷战后期，加拿大政府推动北极地区科学考察和多边国际合作[③]。近年来由于全球气候变暖和能源危机，使北极地区的资源、交通、军事等意义突显出来。在激烈的北极争夺较量过程中，加拿大采取了一系列行动：以军事存在支持主权要求，以科学研究带动资源勘探，以资源开发带动原住民社会发展。

### 一、政治军事战略：以军事存在支持主权要求

北极争夺最为核心的就是主权归属纠纷。由于在战略位置、

---

① Nunavut Tunngavik, Government of Nunavut, Indian and Northern Affairs Canada *Annual Report for* 2004 - 2006, *The Implementation of the Nunavut Land Claims Agreement.* http://www.tunngavik.com/files/2011/03/ar0406 - eng.pdf.

② 这部分内容已在《国际观察》2011年第4期上发表，题目为《近年来的加拿大北极政策—兼论中国在努纳武特地区合作的可能性》。

③ 张其帅：《地缘政治视角下的加拿大北极政策研究》，同济大学2012年硕士论文，第23—24页。

资源储量、北极航道等方面的重要性，早在20世纪50年代，加拿大就宣布对北极拥有主权。但当即引起国际社会的抗议，后来经国际法庭裁决，此后100年如果没有人对加拿大的宣布有异议，则这个宣布方可以生效。

然而在2004年底，丹麦斥资2500万美元派出一支科考队赴北极考察。丹麦科技大臣桑德当时宣称，只要科学家们能够证明北极点所在的海底是丹麦所属格陵兰岛的自然延伸，丹麦就将“拥有开发那里的石油和天然气资源的权利”。考察活动结束后，桑德就宣布了一项最新的地理发现：北极与丹麦所属的格陵兰岛是由一条绵延1240千米长的水下山脉莱蒙索夫海岭连接着的①。这就意味着丹麦对北极拥有主权，否认了加拿大的北极主权，因为根据1982年《联合国海洋法公约》，沿海国家可以将其海岸线外200海里（约370千米）的范围划为大陆架，并在此范围内行使主权。

其实丹加两国围绕北极地区的主权归属争夺由来已久。在2003年，双方曾因一个叫作汉斯的北冰洋小岛发生过纠葛。汉斯岛长约3千米、宽约1千米，位于加拿大与格陵兰岛之间的内尔斯海峡。6月，丹麦军舰突然造访了汉斯岛，并且在该岛插上了丹麦国旗，单方面宣布拥有汉斯岛主权②。

虽然在自己寻求对北极拥有主权的同时，竭力阻止别国对北极的主权诉求，但事实上，面对一系列针对北极主权归属的挑战，加拿大政府意识到为防备和应对类似丹麦的挑衅，仅仅发出维护领土主权声明显然是不够的，还必须采取切实行动捍卫领土

---

① “冰面上下的北极较量：北冰洋权益之争已愈演愈烈”，http：//www. china. com. cn/international/txt/2007-08/01/content_ 8612516. htm。

② 畅言：《北极烽火：俄美加等国北极争夺战及我国的对策》，《舰载武器》，2007年第10期。

主权。于是加拿大及时作出政策调整。

加拿大首先开始努力强化在北极圈地区的军事存在。2004年8月，加拿大军队在北极圈内展开了一场声势浩大的代号为“独角鲸”的海、陆、空联合军事演习，以宣示其军事力量在北极存在的决心。针对丹麦进一步提出对北极拥有主权，加拿大大幅增加了军费预算，更以反恐为名，在其北极地区的国境线上加强军事部署①。2005年，加拿大国防政策声明中进一步明确地将北极地区视为“国家至关重要的地区”②。之后2007年，扩建海岸警卫队方案通过后，在雷索柳特湾（Resolute Bay）建设北极军队训练基地计划、成立北极海岸巡逻船队计划（AOPV）、在纳尼西维克（Nanisivik）建一个北极深水港等一系列项目也都紧锣密鼓地开展起来了③。到2012年加拿大的海岸警卫队总人数将逐步从现在的900人增至5000人，而新建的北极训练基地将保证其全年的训练④；之前最为薄弱的空军也将得到大幅度地提升，已从美国购买了4架C—17“环球霸王”大型运输机，其中，第一架2007年8月已交付加拿大。此外，加空军还计划购买先进的“全球鹰”远程无人侦察机，以便对整个北冰洋地区

① 徐军、尚伟：《各国争夺北极地区的战略意图和表现》，《外国军事学术》，2008年第9期。

② Department of National Defence, *Defence Policy Statement*, Ottawa: Department of National Defence, 2005, p. 8. http://www.forces.gc.ca/site/reports/dps/pdf/dps_ e. pdf.

③ Office of the Prime Minister of Canada, *Backgrounder-Expanding Canadian Forces Operations in the Arctic*, http://www.pm.gc.ca/eng/media.asp? id = 1785; accessed 5 September 2007.

④ Paul Dittmann, In Defence OF Defence: Canadian Arctic Sovereignty and Security, *Journal of Military and Strategic Studies*, Spring 2009, Vol. 11, Issue 3. p. 48.

进行连续的全天候空中巡逻和侦察。海军则提高了破冰能力，2008 年 2 月，加拿大政府计划耗资 7.2 亿加元建造破冰船，可以保证全年或者在 5 类冰盖条件下舰队在北冰洋的巡航能力[①]。

除加强军事威慑力，加拿大政府还不断发出维护其北极权力的强硬声音。2008 年 6 月，哈珀政府出台了《加拿大第一国防战略报告》，陈述了其对加拿大保护北方能力的关注[②]。2009 年 3 月，加拿大外长坎农在对“加拿大北极理事会顾问委员会”的一次讲演中宣称，加拿大是一个“北极超级大国”，将在科学数据、国际法和世界领先技术的指引下，保证对北方资源的所有权。随着北极冰块融化加速，北极周边各国对这一区域主权的争夺加剧，“加拿大政府清晰地知道，北极这块宝地对我们后代的潜在价值，它将致力于使国际社会关注北极地区所面临的挑战和机遇，并通过坚定的外交政策展现我们的领导地位。”坎农同时强调，获得北极主权将为整个加拿大带来巨大利益，更能够推动其北部地区的经济和社会发展[③]。

2009 年 7 月 26 日，加拿大联邦政府公布最新的北极策略报告。这份名为《加拿大北方地区战略：我们的北方、我们的遗产、我们的未来》的报告，宣称加拿大对北极离岸资源拥有主权，并提出了加拿大北方地区发展策略。坎农在发表会上表示，北极是加拿大的一个重要组成部分，加拿大也是在北极的重要力

---

① Christensen, *The Navy in Canada's Northern Archipelago*, p. 85. Chapter 6 in Defence Requirements for Canada's Arctic. Edited by Brian MacDonald. CDAI Vimy Paper, 2007. pp. 79 – 95. PDF: http: //www. cdacdai. ca/Vimy_ Papers/Defence% 20Requirements% 20for% 20Canada's% 20Arctic% 20online% 20ve. pdf.

② "*Harper White Paper*", mil. news. sohu. com/20100612/n272752225. shtml.

③ 加拿大外长称加拿大是“北极超级大国”看好北方资源，人民网：http: //world. people. com. cn/GB/1029/42355/9557991. html [2010/9/1]。

量。目前，北极是加拿大政府的首要关注点之一，其重要性要远超过去几十年。他强调北方策略一直以北方人民为中心展开，当然发展北方最终的目的是保证所有人类都能从经济和社会发展中获益①。

加拿大总理哈珀自2007年上台后，一年一度的北极巡游已成为加拿大的宣示北极主权之旅。2010年8月年度例行视察，包括观摩加拿大军队在北纬75°附近康沃利斯岛雷索卢特举行的代号为纳努克行动的年度最大规模军事演习，这次演习所在地域为该项演习自2007年首创以来到达的最北的位置。哈珀8月20日在爱德华王子岛省视察时就说，北方战略最重要的内容就是加强和维护加拿大在其北方的主权，并称主权问题是不容谈判的。与此同时，加拿大外长坎农8月20日在渥太华举行新闻发布会，发表了北极外交政策声明，强调加拿大对其北极地区拥有主权。坎农表示加拿大是北极的大国，在北极事务方面发挥着重要的作用，加拿大愿意与美国和丹麦就解决尚存的边界纷争进行接触，也愿意与北极理事会所有成员国合作，探索北极地区可持续开发②。

从中不难看出，加拿大对北极的主权要求已逐步转变了策略，形成新的特色，亦即在保证军事威慑力以辅助政治声明的同时，积极通过发展区域社会经济，以环境保护的形式对北极进行事实控制。

---

① 《加拿大北方地区战略》，张侠译，《国外极地考察信息汇编》，2009年第16期；张保明：《加拿大抢夺“北极主权争夺战”制高点》，《环球财经》2009年第11期。

② “加拿大重申北极战略 各国窥测能源与战略要地”，中国广播网，2010年8月23日，http：//www.cnr.cn/china/newszh/yaowen/201008/t20100823_506932539.html

## 二、生态环境策略：以科学研究带动资源勘探

加拿大在北极地区的生态环境政策、法案主要是基于主权声明的。所以许多环境相关的法规实际上是从主权声明中自然衍生出来的制约性质和管理性质的条款。加拿大的北极环境政策将环境与国家主权联系在一起，用保护环境的途径来加强主权，虚实并用，避免了在国际上与其他国家的直接对立，也可以说是早期政治策略的优化。

加拿大拥有世界上最长的海岸线，且主要分布于北极地区，对于北冰洋广阔海域的掌控与管辖自然成为了重中之重。最早在1956年，针对北极权益问题，加拿大北方事务部长在众议院的听证会上就指出，加拿大的北方主权不仅及于陆地，而且也包括领水；1969年，加拿大前总理特鲁多又明确强调北极群岛水域是加拿大的内水[①]。由此，根据直线基线原则，加拿大议会在1964年通过了《领海和渔区法案》，规定加拿大的领海基线距离有3海里。

但这些条例仅划定了加拿大的东海岸和西海岸，而没有包括北冰洋海域[②]。所以加拿大在1970年进一步出台了《北极水域污染防治法》（AWPPA）。该法规定北纬60°以北的加拿大水域属加拿大保护范围，200海里之内划为专属经济区，沿海100海里范围内禁止船舶污染，如果加拿大政府认为通行船只不符合该

---

① Ian Townsend, *Gault the International Legal Context of Petroleum Operation in Canadian Arctic Waters* 1983.

② J Bruce McKinnon, *Arctic baselines: a litre usque ad litus*, Canadian Bar Review, Vol. 66, December 1987, p. 795.

法中的法律规范，造成水域污染，可以禁止其通行。该法案使得加拿大政府彻底掌握了整个加拿大毗邻北极区域，尽管在1970年该法在国际法中没有任何先例，也没有任何习惯法或者联合国海洋公约（UNCLOS）授权一个国家在其领海之外的区域立法处理污染[①]。加拿大内阁强硬地表示不会容许该法案遭到挑战[②]，将着力控制污染，保存北极资源，保护海洋环境[③]。另外，《北极水域污染防治法》还提出了一个《船舶安全航行控制区域条令》，该条令在海岸线外100海里的范围内设立了16个“航行安全控制区”，每个区规定了进出的最早和最晚日期，对通过该海域船只的建造标准和航行等一系列有关海洋污染控制和管理的行为进行约束[④]。

1997年，为了进一步有效管辖北冰洋海域，加拿大政府颁布实施了《海洋法》，使其成为世界上第一个具有综合性海洋管

① Rob Huebert, *Polar vision or tunnel vision the making of Canadian Arctic waters policy: The making of Canadian Arctic waters policy*, Marine Policy, Vol. 19, Issue 4 (July 1995), pp. 343 - 363.

② 根据解密文件透露，加拿大曾派出一个跨部门委员会北极水域小组以审查以直线基线原则审核加拿大的北极区域，认为该原则在目前最能符合加拿大国家利益并且为国家法律所接受。参见：北极区域，认为该原则在目前最能符合加拿大国家利益并且为国家法律所接受。参见：Canada Department of External Affairs, Letter, from Len Legault, Legal Advisor and Director General, Bureau of Legal Affairs, to Mr Ivan Head, President, IDRC, 19 January 1980. 转引自 Calgary Papers in Military and Strategic Studies Canadian Arctic Sovereignty and Security Historical Perspectives, Edited by P. Whitney Lackenbauer, Centre for Military and Strategic Studies, 2011, http://cpmss.synergiesprairies.ca/cpmss/index.php/cpmss/article/download/16/13。

③ *Documentation concerning Canadian legislation on Arctic pollution and territorial sea and fishing zones*, in International Legal Materials, 1970 (9), p. 599.

④ 常晶、郭培清：《有主有次，双管齐下：加拿大北极环境政策》，《海洋世界》，2009年第11期。

理立法的国家[1]。《海洋法》授权加拿大渔业和海洋部长负责组织领导并督促《加拿大海洋战略》的制定工作。之后联邦政府组织据此条款制定了针对加拿大三个沿海地区的管理计划，其中包括：北冰洋波弗特海综合管理规范计划、大西洋东斯科舍陆架综合管理和太平洋不列颠哥伦比亚省中部海岸计划。

进入新世纪，面对新的形势变化，《加拿大海洋战略》在2002年问世。该战略提出加拿大政府在处理海洋事务时要坚持三项原则：可持续发展、综合管理和预防为主。在具体的项目实施过程中，注重加深海洋研究，保护海洋生物的多样性，预防和处理水质污染，以及研究气候变化对海洋环境的影响等[2]。

依据《加拿大海洋战略》的策略，2004年《加拿大海洋行动计划》应运而生[3]。《加拿大海洋行动计划》明确了加政府在短期内的行动重点，主要集中于：第一，国际海洋管理。继续在国际海洋管理、推动全球海洋论坛上发挥领导作用，制定北极海洋战略计划框架，与8个北极国家和原住民族共同研究解决污染、生物多样性、生态系统的完整性和人类健康等问题；第二，解决大西洋西北海岸的过度捕捞问题；第三，海洋的综合管理。加拿大政府在北极海划定5个管理规划的优先领域，以便统一和

---

① 张坤：《21世纪加拿大海洋战略》，http://www.comra.org/dyzl/050729.htm，2005年7月29日。

② 国家海洋信息中心：《世界主要海洋国家的21世纪战略—有关国家的21世纪海洋发展战略》，http://sdinfo.coi.gov.cn/analysis/management/world.pdf，2002年9月。

③ Fishery and Oceas Canada, *Canada's Oceans Action Plan*, http://www.omrn-rrgo.ca/docs/main/Oceans%20Action%20Plan%20for%20Present%20&%20Future%20Generations%20-%20English.pdf, 2010/9/3.

有效地治理这些区域的环境污染问题[①]。

2005年，为了强化海洋环境管辖能力，加拿大海洋与渔业部和环境部联合发布了《联邦海洋保护区战略》，其内容主要包括自然和社会科学研究、特定海洋保护区的建设管理以及为公众提供咨询服务等。“战略”指出，加拿大海岸带生态系统的健康持续下滑，引发这种下滑的原因是多种多样的，包括陆地和海洋的污染源排放、生物环境的退化、不可持续的渔业、对海洋资源需求的持续增加以及入侵物种和较大规模的全球气候变化的影响等[②]。除了这些一系列的威胁，还有一个巨大的威胁就是对海洋物种、生物栖息地、可变的多维空间可连接的海洋环境认识的相对缺乏。因此有必要制定一系列明确的政策来保证海洋和海岸环境健康和可持续发展，而且加拿大政府的环境政策也正是以此为圭臬的。

2009年，加拿大出台的《加拿大北方战略》中将生态环境保护列为加拿大北方战略的四大支柱之一。另外三大支柱分别是行使北极主权；社会和经济发展；改进和加强北方地区管理。由此可见，北极地区生态环境的保护在加拿大北极政策中的重要地位[③]。

---

① 高峰、王金平、汤天波：《世界主要海洋国家海洋发展战略分析》，《世界科技研究与发展》，2009年第10期。

② 加拿大发布“海洋保护区战略”http://www.most.gov.cn/gnwkjdt/200510/t20051019_25511.htm，2010/9/3。

③ 《加拿大北方地区战略》，张侠译，《国外极地考察信息汇编》，2009年第16期。

## 三、社会经济计划：资源开发带动原住民社会发展

随着气候变暖，北极冰层融化，北极埋藏的资源日益遭受各国的觊觎。虽然各国数据不尽相同，但北极地区资源丰富却是共识，尤其是油气资源储量。在资源争夺激烈的当前形势下，无疑具有巨大战略意义，美国、俄罗斯、加拿大、丹麦、芬兰、冰岛、挪威和瑞典等国也无不早早就跃跃欲试。

加拿大面对严峻的北极权益分配挑战，目前除了不断完善立法体系，维护其主权主张外，也在不断加速推进区域开发，促进社会经济的发展，以实现对区域全方位掌控。早期的开发主要以野蛮的占有和资源掠夺为主，不仅造成了严重的环境问题，也使得原住民社会生活遭受巨大破坏。经历一系列的民族自决运动之后，原住民权益逐步得到了保障，加拿大政府的北极发展政策也开始转向全面的可持续发展。但是由于长期与世隔绝，北极地区的原住民社会经济文化极度落后，而单靠政府投入也力有不逮，不可能面面俱到，所以加拿大实行的策略是贯彻私有企业、地方利益相关者和政府公共合作的方针，以调动各方资源，平衡北方人的文化和经济愿望，同时也推进政府的北极战略。

为了加强对经济活动的支持，加拿大政府于 2009 年 4 月 18 日成立了一个新的北方经济发展机构（Canadian Northern Economic Development Agency，CNEDA），该机构的一个核心任务就是研究北方经济发展战略投资计划。经济发展计划的核心是促进矿物开采产业的繁荣，支持战略资源的可持续开发利用。其中诸如麦肯齐天然气这样的主要项目将作为北方地区可持续经济活动的基石。同时，这也被视为建设繁荣的原住民和北方社区的关键。麦肯齐天然气项目估计产值将超过 160 多亿美元，该项目通

过原住民参与的新开发模式使原住民直接受益。加拿大政府还未雨绸缪，大力推进能源和矿产地理测绘（Geo-Mapping for Energy and Minerals）计划。这项工作的结果将查明矿产和石油的潜在分布区域，引导更有效率的私营企业勘探投资，创造北方地区的就业机会。

当然，开展这一系列的经济社会活动需要完备的基础设施建设作为保障。已在规划中的就有在庞纳唐兴建一个商业渔业港口，以帮助该领地的渔业发展。另外还有宽带、再生和绿色能源基础设施建设计划，以便发展矿产开采活动，并将产品运送到加拿大南部和世界其他地区，为未来北方地区的发展奠定基础。

虽然这些项目计划已取得了一定的成果，但加拿大北部地区的基础设施依然滞后，并且也引起了原住民的不满[①]。究其原因，加拿大政府新建了大量的居民社区以保证对所在地的所有权，虽然投入了大量资金推动这些地区的经济发展，并且也获得了一定的成效，但是当面对随之而来的更多问题时，资金需求也愈加庞大，而这时候联邦政府却束手无策了，造成了目前骑虎难下的局面。所以现在加拿大意识到了问题所在，首先拿出国际合作的姿态，积极开展合作研究和交流，特别是同北冰洋周边国家和地区的交流。2010 年 8 月 20 日推出加拿大新的北极外交政策时声明，希望一个“友好的美国”成为其北极地区最佳的合作伙伴[②]。

---

① Canada lags on Arctic infrastructure, report says “*Partnership has to be the policy here*”. http://www.nunatsiaqonline.ca/stories/article/310810_canada_lags_on_arctic_infrastructure_report_says/, 2010/9/4.

② *The new Arctic policy: Canada chooses a buddy United States “our premier partner”*. http://www.nunatsiaqonline.ca/stories/article/2408103_The_new_Arctic_policy_Canada_chooses_a_buddy_/, 2010/9/4.

全球气候变化，加拿大政府新的北极政略，对因纽特民族而言是喜忧参半。喜的是，联邦政府对北极主权重视必然会关注世代居住于此的因纽特人，后者的教育、就业、收入、发展基金、社会福利政策、甚至自治权力都将会有很大程度的改善。忧的是，过度被关注未必是幸事，资源开发必然有大量外来人员涌入因纽特人居住地区，生态环境会失衡，仅存的因纽特民族狩猎经济可能遭到进一步冲击，因纽特传统文化再一次遭到破坏；努纳武特自治政府是公共政府，意思是说，不管是不是因纽特人，只要符合一定的年龄和居住时间，都有选举权和被选举权，都可以担任公职和享受社会福利。换句话说，如果非原住民人口大大超过原住民人口的话，努纳武特自治政府可能就不成为因纽特人的政府了；优渥的福利政策和丰富资源可能会养成因纽特的惰性，这对一个民族的生存是不利的。有关加拿大的北极战略对因纽特民族的影响，后面几章将进一步讨论，此处不再赘述。

# 第四章

# 因纽特民族的自治运动[①]

“原住民自治”是指原住民“以自己的方式来掌握自己的事务”，具体而言，就是原住民有权利治理自己，有权利决定自己的政治、经济、社会以及文化等各种事务[②]，以达到自主自决的境界。近40年来，全世界范围内的原住民民族主义不断增长，从东亚台湾的原住民运动到美洲印第安人争取“第一民族”权益的斗争，再到北极地区因纽特人、梅蒂斯人、萨米人的自治运动，原住民自治运动可谓风生水起，成为经济全球化和区域集团化背景下的一道独特的风景线。本章全面考察加拿大因纽特民族自治运动的背景、历程、模式以及努纳武特地区10多年的自治效果。

---

① 这部分内容已在《中国海洋大学学报（社会科学版）》2010年第6期上发表，题目为《北极原住民自治研究—以加拿大因纽特人为例》。

② Cassidy将原住民自治的事项分为原住民社区与其自治政府、治理的成分以及政策环境三大层面（Cassidy，Frank，*Aboriginal Governments in Canada：An Emerging Field Study*. Canadian Journal of Political Science，1990，Vol. 23，No. 1，pp. 73 –99）。

# 第一节　因纽特民族自治运动的历史背景[①]

## 一、加拿大联邦政府民族政策的演变

回溯北美原住民的历史[②]，随着欧洲人的涌入，他们便从独立发展的状态中割裂开来，其自身发展的权利日益受到外来势力的干涉而逐渐被侵蚀，原有的社会结构也被破坏殆尽。特别是1867年加拿大联邦成立后，联邦政府继承了英王对“印第安人和保留给印第安人的土地”的权力，长期推行镇压与同化相结合的民族政策，极力压制和否认印第安人的自治权利，这就造成原住民族的自治权利长期得不到承认，力量逐渐被削弱，其中1876年加拿大联邦通过的第一部印第安法便是一个典型的例子，“该法影响和界定了印第安人生活的所有方面。它不仅决定谁是印第安人，而且调整诸如法律权利、财产继承、税收、医嘱及禁酒等事务。它创造了村落社政府，规定其成员和权力。它还干涉教育及那些处于其管辖之下的人的公共与私人生活的其他众多方面。”[③]

在此之后，虽历经变革，但是加拿大联邦政府对待原住民民族的政策并未有实质的变化。转机出现在二战之后，随着世界范围内民族运动的高涨，加拿大原住民自治运动也取得了可喜的成

① 这一节是在笔者指导下，由夏文佳同学执笔（参考夏文佳：《原住民自决与价值困境——以加拿大努纳武特行省为例》，同济大学2010年社会学学士论文）。

② 如前文所言，长期以来，欧洲人及欧裔北美人将北美大陆的原住民都划归印第安民族。

③ Patterson Jr, E P, *The indigenous and the social policy*, Welfield Laurier University Press, 1987.

果。二战结束之后，加拿大联邦政府广泛听取了各方意见之后，于1951年制定了印第安法，虽然在实质上并未能产生预期效果，但是在形式上，印第安自治之门已逐步拉开大幕。之后印第安自治斗争风起云涌，以图再次掌握自己管理自己的权利。

长期的斗争首先在文化教育领域取得了突破。1982年多元文化主义政策被写入宪法，1988年7月进一步被确定为《加拿大多元文化主义法》，以法案的形式明确阐述了联邦政府的多元文化主义政策："确认所有加拿大人能够完全平等地参与加拿大事务"；1993年又根据此法案设立了多元文化部，由专门的内阁部长负责多元文化事务。在多元文化主义政策实施的过程中，重点在于促进种族关系的和睦与提高对多元文化的理解、保护传统文化和语言以及支持参与社区活动三个方面。加拿大多元文化主义政策是针对加拿大的种族与文化多元性的现实而实施的，其对象包括所有加拿大人，原住民族当然也在其范围之内①。随着多元文化主义政策的确立和实施，加拿大政府开始调整原住民族政策，考虑原住民的自治问题。

在教育问题上的实质突破是在1972年12月全国印第安人兄弟会向印第安事务及北方发展部部长递交的一份关于教育问题的建议报告，该报告要求印第安人自己掌握原住民教育，停止强制同化的教育政策。报告阐述了印第安人的教育哲学，要求按照印第安人自己的文化观念培养儿童；印第安人直接参与自身的教育改革、自己管理学校等主张。报告还要求父母和印第安村落负责

① 多元主义文化政策在客观上更多的是由于加拿大魁北克自治运动"平静的革命"所推动，为了抑制魁北克分离势力，也为了平息加拿大原住民对加拿大"住宿学校"式同化教育政策的不满（CBC NEWS 2008），加拿大联邦政府所作出的调整。具体参见：余建华，"论加拿大魁北克问题的历史演进"，《史林》2000年第1期，第95页。

制定教育目标，由村落管理原住民学校的财政开支，负责学校设施建设，制定课程计划和雇佣学校职员等。不仅如此，各省学校委员会中还应该有足够的印第安人代表以保证其能够参与教育改革的决策过程。[①] 1973 年联邦政府接受印第安人的建议，并且决定以此作为发展印第安人教育的基础。

此外，原住民自治要求也随之日益强烈，为了重新掌握自治的权利，原住民民族进行了长期的斗争，各省与各地区原住民组织展开了积极的活动，纷纷提出本部族自治计划。早在 1968 年，来自 16 个部族的原住民首领就建立了西北准省联合会，称之为“丹国”；1973 年，梅蒂斯人组织了自己的西北准省联合会，不久也并入“丹国”。他们一起发表了《丹国宣言》，要求获得加拿大联邦和国际社会的承认。

在此期间，加拿大国内发生了一起重大的事件，即 1982 年的《权利与自由宪章》获得通过[②]。这是加拿大政治方面的历史性进展，也标志着原住民族政策重大转折的开始，有力地推动了

① 杨立文，“加拿大印第安人走上民族自强之路——论创建加拿大第一民族大学的意义”，中国加拿大研究网：http：//www. canadastudies. com. cn/cs/64216. html。

② 自由宪章事实上就是加拿大自己的宪法，因为之前加拿大实行的是由英国议会制定的《英国北美法案》（又名《1867 年制宪法案》）。宪章分为 34 章，是加拿大宪法——加拿大至高无上的法律的一部分，宪章保留了加拿大人共同的价值观。在宪章诞生之前，对于民选政府通过的有失公平的法律，人们往往束手无策。有时，法律甚至都不保护少数族裔的权利或基本自由。那些发生在宪章诞生之前的事件，如果发生在宪章诞生后的今天会是什么结果呢？让我们看看下面的例子：1884：“印第安法“宣布印第安部落的文化和宗教仪式（例如夸富宴）非法；1900：“华人移民法”规定每个华人缴纳 100 元的人头税；1900：“英联邦自治领域选举法”禁止少数族裔在选举中投票；1928：最高法院裁定：妇女不是法律所说的“人”；1928：阿尔伯达省政府通过法律，命令将病人送到精神病医院进行消毒；1940：“战时措施法”宣布共产党为非法政党；1942：日裔加拿大人被剥夺财产，还被送入拘留营；1960：印第安人直到 1960 年才获得投票权。根据宪章诞生前的“印第安法”的规定，原住民妇女嫁给非原住民即丧失印第安人的地位；宪章促使一些因个人特征或偏见而被歧视的法律做出修订，令加拿大社会对人权和自由、对权利的行使方式有了更清晰的认识；对于《权利与自由宪章》的深入学习了解请参阅 http：//www. chartertofrights. ca/。

原住民自治政策的制订与实施。因为，加拿大1982年宪法以根本法的形式确认了原住民民族的“已有权利”和“条约权利”，为他们日后争取自己的权利特别是原住民自治权利的斗争提供了宪法保证。值得关注的是宪法还授权联邦总理邀请原住民民族代表参加宪法会议讨论原住民权利，其中当然也包括原住民自治权。从此以后，原住民民族开始走上通过宪法谈判争取自治权利的新的斗争道路。此外，宪法确认梅蒂斯人和因纽特人为原住民民族，改变了他们的权利长期遭到忽视和压制的局面。梅蒂斯人和因纽特人从此可以争取自身的合法权利，为原住民民族自治运动注入了新的活力。①

在1982年宪法推动下，1983年联邦众议院设立了原住民自治特别委员会以“考察印第安保留地的部族政府之地位、发展与责任以及加拿大政府与印第安部族之间的关系”②。该委员会后来公布了《加拿大印第安人自治：特别委员会报告》，即著名的“潘纳报告”（Panner Report）。报告认为“结束依附关系将会激励（原住民民族的）自信心并促使其社会复兴”，因此应支持印第安人完全控制诸如教育、儿童福利、健康卫生及部族成员等事务③。报告建议联邦政府“与原住民民族建立一种新型关系，而这种新型关系的基础就是确认原住民民族自治”；这种关

① Roger Gibbins, *Canadian Indian Policy: A Constitutional Trap*, Toronto. University of Toronto Press, 1984, p. 6.

② S. L. Pobihushechy, *A Perspective on the Indian Nations in Canada*, *Canadian Journal of Native Studies*, 1986, p. 107.

③ Francis. R. Douglas, Richard Jones, *Donald B. Smith*, *Destinies Canadian History since Confederation*, Harcourt Brace and Company, 1992, p. 381.

系将“直接列入宪法并确立之”[1]。总之，潘纳报告和联邦政府以前的政策文件相比，在处理原住民民族与加拿大关系上展现出相当大的进步，尽管潘纳报告并不是正式的官方文件，但它反映了加拿大政府对原住民民族态度的巨大变化。不过，对于1982年宪法第35条有关原住民权利的定义，加拿大政府与原住民民族看法不一：原住民民族认为，该条款是一个“万宝盒（full box）”，除了宪法明文禁止的权利外，它承认原住民民族享有其他的所有权利；而联邦与各省政府则认为，在宪法第35条得以实施之前，应对原住民民族权利先行界定[2]。此后，在这个基础上于1983年、1984年、1985年、1987年连续召开第一总理会议，讨论的内容之一就是原住民民族自治问题。但是这几次会议所试图的努力都失败了，并未能通过任何原住民自治决议。

但是此后，80年代以来，加拿大原住民民族争取权利的斗争就已经日益集中于原住民自治。随着原住民组织的宣传和游说，原住民自治观念日益深入人心，终于促使加拿大联邦及各省政府于90年代改变了态度。在1990—1992年的夏洛特城宪法会议上，加拿大政府正式承认了原住民自治权利，使加拿大原住民政策有了一个新起点。这次会议于1992年达成夏洛特城协议。协议修改了1982年宪法第35条第一款，增加了原住民民族拥有在加拿大内部实行自治的“固有权利”的内容，并指出原住民民族的固有权利应与承认原住民政府作为加拿大三级政府之一的规定相一致。另外，第一条第三款规定了“固有权利”的范围，还对原住民民族合理组成之立法机构的权利范围作了界定，其范

---

① Patric. C. Fafard, Douglas. M. Brown, *The State of the Federation. Kingston, Ant*: Queens University Press, 1997, p. 243.

② David Thomas, ed. *Canada and United States: Differences that Count. Peterborough*: Broadview Press, 1993, p. 259.

围包括：第一，保护和发展原住民民族语言、文化、经济、原住民地位、机构及传统；第二，维持、巩固和加强他们与土地、河流及环境的关系，以便根据本民族的价值观优先考虑、决定和控制社会发展并确保社会团结一致[①]。

原住民自治运动在经历了早期的尝试和种种努力之后，终于在20世纪90年代蓬勃发展起来，仅1993年一年加拿大政府就与原住民民族签订了四个终结性自治协议：Teslin Tlingit议事会自治协议、Champagne与Aishihik第一民族自治协议、Nacho Nyak Dun第一民族自治协议、Vuntut Gwitchin第一民族自治协议[②]。1995年加拿大政府公布了《1995年联邦原住民自治政策指南》，对原住民自治中的众多概念进行界定和规范，提出了原住民自治框架，并对自治谈判的程序作了详细规定。其中包含了几项关键性原则：1. 在宪法第35条的架构下，承认原住民固有权利是原住民现有权利之一；2. 加拿大原住民自治将在加拿大宪法的架构下进行；3. 加拿大自由人权宪章的规定适用于原住民自治政府；4. 联邦政府在自治上的资金补助将来自于现有资源的重新分配；5. 在所有政党的同意下，自治协议中提及的相关权利都将签署为新的条约或是列为土地权利声明协议的内容，在宪法第35条下受到保护；6. 联邦、省政府与自治政府的法律以及原住民的法律必须和谐共处；在法律的优先性上，加拿大刑法与部分联邦政府及省政府优先于自治政府所制定的法律。这六点原则将原住民自治政府的层级、经费来源与法律优先性做了相当大的限制性规定。

在自治内容上，联邦政府设立了几个底线，区分了开放协商

---

① Thomas Isaac, *The Concept of the Crown and Aboriginal Self-Government*. Canadian Journal of Native Studies, 1986, p. 231.

② 这些协议都已经于1995年生效。

的与不开放协商的内容。其中开放协商的方面有三：1. 原住民团体内部的本质要素，如会员资格、婚姻、土地使用等；2. 原住民文化整体的构成要素，如语言、文化保存、宗教等；3. 建立自治政府或自治机构的必备条件，如自治构架、法律实施与部分法律制定、警察权等。不开放协商的方面也有三：1. 关于加拿大国家主权的部分；2. 关于国家利益的部分；3. 关于国际关系，如外交部分。[①] 这两组“三要三不”政策，清楚说明加拿大当局的立场是要将原住民自治规定在不影响加拿大国家主权、不影响加拿大境内其他族群权益的框架下。换句话说，自治不可能导向分离或独立，它是一种联邦体制内的独特设计，是地方分权赋予文化特色的一种形变。这个文件的颁布还有一个意义，即加拿大原住民民族自治正式成为加拿大联邦的一项基本政治制度。

1995 年文件成为原住民自治谈判的指导性文件，加速了原住民自治进程。1995 年以后，加拿大政府处理原住民自治问题的速度明显加快。它在 1997 年分别与 Selkirk、Mik-maq、Little Salmon and Carmacks 三个原住民民族签订了终结性自治协议；在 1998 年与 Trondek Hwechin 签订了终结性自治协议，与 Anishi-naabe 签订了 Anishi-naabe 政府原则协议，与 Anishinabek 签订了关于管理 Anishinabek 的政府框架协议；在 1999 年与 Nisga's 签订了终结性自治协议，与 Micmac 签订了 Gespeg Micmac 自治谈判框架协议；在 2000 年与多格里布（Dogrib）签订了多格里布原则协议概要；在 2001 年又分别与苏族达科他（Sioux Valley Dakota Nation）、青草湖第一民族（Meadow Lake First Nation）签

① ［台］邹岱妮：《加拿大原住民自治体制与教育政策研究》，（台）国立政治大学民族研究所 2005 年硕士论文，第 73 页。

订了相关自治原则协议[①]。

自此，加拿大原住民民族自治正式成为加拿大联邦的一项基本政治制度。

## 二、因纽特民族的自治基础

有学者将加拿大原住民自治基础分为两大项：一项是历史基础，即历史上，加拿大原住民通过权利宣示，与联邦政府签订的条约协定所产生的条约权利以及土地权利的声明，突出原住民与其他少数族裔的差别，突出原住民与非原住民的界限，以及自治的合理基础；另一项是法理基础，即援引国际法“民族自决”的概念，来确认自治的法理基础，当然加拿大原住民是援引加拿大宪法所赋予的原住民自治权为法理基础[②]。

根据加拿大“皇家原住民族委员会”（Royal Commission on Aboriginal Peoples）（RCAP，1996），原住民自治权的来源有四：1. 根据原住民的记忆以及口述史，他们自己原本就有一脉相承的政治制度，这是造物者赋予的；2. 根据国际法，所有民族都有自决权，而自决权包括自治权；3. 北美洲既非无主之地、殖民者也没有征服权，而当年的殖民政府（加拿大政府的前身）也在条约以及“皇家宣言”（1763）中承认他们是自治

① 丁见民：《二战后加拿大的土著民族自治政策及存在问题》，《山东师范大学学报（人文社会科学版）》，2007 第 6 期，第 200 页。

② ［台］邹岱妮：《加拿大原住民自治体制与教育政策研究》，（台）国立政治大学民族研究所 2005 年硕士论文，第 53—54 页。

的民族[1]；4. 原住民的自治权早为宪法所承认，而这项承诺是加拿大这个国家存在的基础。我们可以将前三项归纳为民族权、自决权以及主权，至于宪法上的保障，则是大多数加拿大原住民运动者20多年来，想要透过修宪手段来取得再确认[2]。

不论是前位学者的两项基础还是皇家原住民族委员会的四项来源，笔者更赞同另一学者的观点。

首先，原住民自治的前提是原住民的自决权，自决权是一个民族要求决定自己的前途以及命运的最基本集体权利，也可以说是各种基本人权之母。同样地，既然联合国并无任何规定禁止原住民行使自决权，那么原住民的自决权和其他民族的自决权应该等同。因此，只要我们承认原住民是"民族"（不管是 nation、还是 peoples），就应该同意原住民享有"民族自决权"，也就是原住民有决定自己的政治定位、追求自己的经济、社会及文化发展的权利[3]，因此，"自决权"应该是原住民施行自治的基础。

其次，原住民实施自治的另一个重要来源是"原住民主权"（aboriginal sovereignty）。其具体表现为土地权，而自治是确保土

---

① 在1763年以前，殖民者就已经和加拿大地区中的原住民族签订了40余个条约（雅柏），而在1763年公告的大不列颠"皇家宣言"被认为是在西方法律中确立了北美原住民族土地权利之重要根源，该宣言禁止白人殖民者越过阿巴拉契亚山区推行土地开脱，宣誓任何私人无权取得原住民族土地，而唯有王室有权透过和原住民的协商、收购取得其土地。［台］官大伟：《加拿大原住民族的土地权》，《台湾国际研究季刊》，第7卷第1期第59—78页，2011年/春季号。

② 施正锋：《原住民族自治的探讨》，发表于台湾大学政治学系举办"议题与视野公共事务论坛"，台北，2005/4/16，http://140.112.150.151/news/0416_3.pdf。

③ ［台］施正锋：《原住民族自治的探讨》，发表于台湾大学政治学系举办"议题与视野公共事务论坛"，台北，2005/4/16，http://140.112.150.151/news/0416_3.pdf。

地权的途径。在过去，西方学者为了要使欧洲白人占领美洲原住民土地的行为合理化，提出“无主之地”（vacant lands）的概念，也就是原住民的土地未经充分利用、宛如荒废一般，因此主张任何人都可以前来开发，用不着取得原住民的同意。问题是，在白人“发现”美洲之前，原住民老早是“享有主权的民族”（sovereign nation）、对于自己的土地有管辖权、并且有自己的政治组织。也就是说，原住民从未放弃他们的主权，而是“国家主权”（state sovereignty）侵犯了他们的主权和土地权，哪有主人必须向小偷、强盗证明所有权的道理？因此，欧洲白人在北美大陆建立国家在道德上就有先天的缺陷①。原住民自治政府的成立，可以说是一种通过共享主权的方式，国家将主权交还给原住民族。正因为认识到土地权的重要性，因纽特人才屡败屡战，与联邦政府交涉，最后尽管不是那么理想，但也取得了很大的成就。

再次，就法理基础而言，加拿大1982年宪法第35条明确规定：（1）兹承认并强调目前加拿大有关原住民及原住民之条约的权利；（2）于本法案中，“加拿大原住民”包括加拿大之印第安人、因纽特人以及梅蒂斯人；（3）进一步确认，上述（1）中之“条约的权利”包含现存之、经由土地权利声明之协议或其他类似协议而取得的权利；（4）在（1）中提及的原住民权利和其“条约的权利”，同时给了男性与女性的权利，不因本法案中的其他法条而有影响②。从加拿大宪法来看，加拿大原住民的身

---

① Keal, Paul, *European Conquest and the Rights of Indigenous Peoples: The Moral Backwardness of International Society*. Cambridge: Cambridge University Press, 2003, p. 46.

② *Constitution Act*, 1982, http://www.solon.org/Constitutions/Canada/English/ca_1982.html.

份有了大致的范围，但关于自治的权利上，原住民自治政府的概念没有写明于法律上。

## 三、因纽特社会的变化

自从联邦政府成立以来，加拿大的民族政策的两大支柱是不干涉和同化政策。一方面，联邦政府忙着与原住民签订条约，设置保留地，将原住民土地发放给垦殖者，并照顾保留区的原住民，看上去是不干涉和保留原住民文化传统；另一方面，又千方百计地实行同化政策，通过洗礼，通过条约取得土地、将原住民约束在保留区，通过教会住宿学校来教育原住民小孩，以及引入西方式的自治形态等方式来达到同化目的[①]。20 世纪 50 年代因纽特民族被“再安置”后，这 60 多年来也是处于这种被同化过程中。联邦政府通过保留区将因纽特人由原来的游牧生活改变成定居生活，通过提供固定的工作改变了因纽特人的狩猎经济，通过学校等组织让因纽特孩童接受白人的语言和文化等等，概而言之，这半个多世纪来，因纽特社会发生了较大的变化。

然而，这些变化也并不都是消极的。例如 20 世纪 50 年代的“再安置”计划，使迁入地形成了后来努纳武特 26 个社区的基础。聚居一起的因纽特人锻造了民族精神，在短短的几十年时间里，因纽特人就形成了史无前例的政治内聚力，导致“因纽特民族主义”的发展和壮大。因纽特作为一个民族展现在加拿大的历史舞台上。正是这种政治内聚力和不断增强的民族自信心，使他们在 1976～1993 年间，以一种新的伙伴关系与加拿大联邦

① ［台］施正锋：《加拿大原住民族自治体制》，载施正锋等编：《加拿大原住民族的土地权实践》，台湾东华大学原住民民族学院，2008 年版，第 7 页。

政府谈判协商，达成了全面性土地权利申明（comprehensive land claims），这在整个北美大陆原住民中是唯一的。

在联邦政府的同化过程中，开始出现了一群具有政治意识的精英。这些人从小被迫离开父母，接受严峻的寄宿学校教育，除了精通白人的语言外，也学到如何应付官僚体系；他们在冬天念书，在夏天则回到家里，因此得以接受传统的教育、保有使用母语的能力，更重要的是，他们培养出强烈的集体认同，拒绝在自己的土地继续当二等公民，特别是厌恶政府以同化为出发点的"印地安政策白皮书"，在那抗议运动风起云涌的时代，毅然组成第一个全国性的政治组织加拿大因纽特联盟（Inuit Tapirisat of Canada，简称 ITC）[①]。

这些年轻人慢慢发现，父权式的福利国家政策不仅不能解决因纽特社区的各种问题，反而是问题的症结所在；另外，他们也体会到，仅仅维持表面上的族群差异，无法保障自己民族独特的语言、文化和生活方式；他们更觉悟，只有在自己的土地上当家作主，做真正的主人，才有可能掌控自己民族的命运。因此，这些精英要求联邦政府在西北领地北部——因纽特人的聚居区，另外划出一个行政区域努纳武特地区，来达成自治的目标。对他们来说，不管政府如何想，自治不是恩赐，也不是优惠，而是原本就有且继续存在的权利；此外，自治不是接受上级政府随时可以取回的转移权力，也不是扮演代理商的角色，而是治理自己的事务，不用再受别人的宰制[②]。

联邦政府民族政策的演变，原住民自治所具有的历史和法理

① ［台］施正锋：《加拿大 Inuit 原住民族的自治政府》，《台湾原住民论丛》第 10 期，2011 年 12 月，第 3 页。

② ［台］施正锋：《加拿大 Inuit 原住民族的自治政府》，《台湾原住民论丛》第 10 期，2011 年 12 月，第 4 页。

的基础，以及近半个世纪以来因纽特社区所发生的变化，形成了因纽特民族自治运动的良好背景。此外，还有一些因素也起了积极作用，例如魁北克的分离运动，迫使联邦政府以宪政改造来挽留原住民[①]，毕竟联邦政府治理下的民族自治保留了加拿大领土统一。正是在这些主客观因素的作用下，因纽特民族的自治运动才取得了辉煌的成就。

## 第二节　因纽特民族自治运动的历程

1999 年 4 月 1 日，因纽特民族的自治政府——努纳武特终于诞生了。这个位于加拿大东北哈德逊与北极地带、占加拿大国土五分之一的的原住民自治政府，是因纽特人与加拿大联邦政府花费长达 26 年的时间，经历无数次谈判、协商才得以成立的。

在加拿大，原住民可以通过三种不同的方式寻求自治：一是通过宪政协商与宪政改革，80 年代的原住民运动就是按此路线为主；二是通过法院诉讼程序进行对原住民固有权利的确认与政府履行义务的保障；三是通过个别协商渠道，分别与联邦政府、省政府进行三边斡旋，达成协议，改变既有政策，在联邦政府的架构下完成自治的规划。努纳武特自治政府的成立主要是通过第二种和第三种方式，即个别协商的方式，在联邦政府与省政府基于伙伴关系的原则下，和原住民达成协议，通过给予有限度地立法权与行政权来实现自治。下文即探讨这个协商过程。

如上文所述，努纳武特因纽特人社会文化的断裂带来了一系

---

① ［台］施正锋：《加拿大 Inuit 原住民族的自治政府》，《台湾原住民论丛》第 10 期，2011 年 12 月，第 7 页。

列社会问题的产生，如高失业率、酗酒、吸毒等，这严重阻碍了因纽特社会的发展，因纽特社会精英们希望通过自治的方式重新恢复本民族的传统，强化社会联系，以弥补过去一个世纪以来的文化断裂。于是从20世纪70年代起，因纽特的社会精英便开始酝酿努纳武特脱离西北准省政府建立独立的因纽特人自治政府。

自治的历程开始于1971年因纽特兄弟会（the Inuit Brotherhood）的成立[①]，1973年，改组成“加拿大因纽特联盟”[②]，该组织以促进因纽特民族的利益、保护因纽特文化和遗产为宗旨，由因纽特社会精英为领导，加拿大因纽特人为成员的组织（1998年后成为全国性组织）。1973年，ITC代表整个西北准省因纽特人提出建立独立的努纳武特行政区的建议；同时，ITC组织研究因纽特人的土地使用权和所有权，确立了因纽特人的土地范围与北极圈内因纽特人的土地所有权，这项研究进一步论证了努纳武特地区作为以后自治政府的领土基础。根据这个研究结果，1976年ITC向加拿大联邦政府提出建议，在西北准省东部新设立一个由因纽特人组成的自治政府，即努纳武特自治政府。为达成这个目标，1977年12月，ITC代表东部和中部的因纽特人再次提出建立努纳武特的建议，他们要求该行政区具有准省地位，对司法、教育、住房、土地开发和野生动物保护等方面有管

① 这是个从20世纪60年代成立的印第安人与爱斯基摩人协会（Indian and Eskimo Association）发展而来的组织。

② 成立之初的目的是希望设立因纽特委员会，将有关加拿大北部的发展以及因纽特文化的保护等问题的不同种声音汇集到一起来。成立时总部设在埃德蒙顿，1972年办事处迁到渥太华。1998年，因纽特联盟已经成为一个全国性组织，代表了西北准省、努纳武特、魁北克和拉布拉多北部以及9个地区协会的4.1万因纽特人。加拿大因纽特人联盟成立的目标是保护因纽特人的语言和文化，促进因纽特文化遗产的庄严感和自豪感等（http://www.thecanadianencyclopedia.com/index.cfm?PgNm=TCE&Params=A1ARTA0004045）。

理权。同时ITC与联邦政府谈判，并达成了土地所有权协议，在ITC于1980年10月的例会中，全体成员一致通过成立努纳武特自治政府的决议[①]。

1990年4月，努纳武特东加维克联盟（Tungavik Federation of Nunavut，简称TFN）成立，取代ITC，成为与联邦政府交涉的因纽特民间组织。同年与联邦政府、西北准省政府共同签署了土地权协议，支持西北准省分离计划，并同意用公民投票的方式决定边界问题。1992年1月，TFN经过不懈努力，终于与加拿大联邦政府、西北准省政府达成了一个实质性的有关土地所有权问题的协议，该协议包括建立努纳武特准省和政府，划界问题留待公民投票表决，并详细规定了努纳武特自治政府组建的时间表。5月，举行公民投票，西北准省和努纳武特地区的大多数居民都赞成分离提案。10月，TFN与西北准省政府代表签署了《努纳武特政治协议》（Nunavut Political Accord），决定1999年4月1日正式成立努纳武特自治政府。11月，公民投票批准了努纳武特土地所有权协议（Nunavut Land Claims Agreement）[②]。

1993年5月，TFN和联邦政府、西北政府正式签署了努纳武特协议（The Nunavut Agreement）；6月，加拿大议会通过努纳武特土地权利协议法案（the Nunavut Land Claims Agreement Act）和努纳武特法案（the Nunavut Act）[③]。这两项法案决定于1999年建立努纳武特地区，组织自治政府并修改相关法律；该

---

① *The Road to Nunavut: A Chronological History*, http: //www. gov. nu. ca/english/about/road. shtml。

② *The Road to Nunavut: A Chronological History*, http: //www. gov. nu. ca/english/about/road. shtml.

③ 关于《努纳武特法案》请参见 http: //www. canlii. org/en/ca/laws/stat/sc-1993-c-28/latest/sc-1993-c-28. html.

两项法案还规定了即将成立的努纳武特地区的地域范围，行政、立法与司法机构的组成、任期和权限，以及过渡时期努纳武特与西北准省的关系等等，这两项法案是努纳武特自治政府运作的法律基础，尤其是努纳武特法案，笔者将在后文详细论述。

1995～1996年间，努纳武特执行委员会（the Nunavut Implementation Commission）拟定了一项“新雪上的足迹”（*Footprints in New Snow*）计划，建议未来的努纳武特自治政府采取省政府与地方政府分权的政治设计，将权力下放到地方政府，分管不同的行政事务，这项建议后来成为努纳武特自治政府施政的政治蓝图。1997年，努纳武特自治政府临时筹备委员会办事处成立，负责组建自治政府，并决定临时筹委会将运行到1999年4月1日自治政府的成立。1998年，加拿大联邦议会通过了努纳武特法案修正案（Amendments to the Nunavut Act），1999年4月1日努纳武特自治政府正式挂牌成立[①]。

努纳武特自治政府管辖范围约有210多万平方公里，占加拿大国土面积的23%，比原来加拿大最大的省——魁北克省的面积还大，其大小与欧洲大陆大体相当，如果努纳武特地区独立的话，它将是世界第十二大国；因纽特民族集体分到35.2万平方公里土地的绝对所有权（fee simple title），还拥有其中36257平方公里土地的采矿权；自治政府成立之初，其境内大约有2万人居民，其中17500人为因纽特人，这些人口分散在25个互不相连的社区——1个城市和24个村庄[②]；自治政府由该地区第一次

① *The Road to Nunavut*：*A Chronological History*，http：//www. gov. nu. ca/english/about/road. shtml.

② *Nunavut*：*Inuit Sekf-determination Through a Land Claim and Public Government*，http：//www. anu. edu. au/caepr/system/files/Seminars/presentations/HicksJ _ WhiteG_ 2000. pdf.

普选出来的19人（其中15人是因纽特人）组成的立法会进行管理，以英语和法语为主要官方用语，伊努克蒂图语是新确立的第三种官方语音。

经过26年的酝酿、谈判、提案、投票、立法，理想终于变成了现实，努纳武特省成为加拿大联邦政府最年轻的成员。许多人都把努纳武特的建立视为原住民自治的一个大胆尝试。对于因纽特人和加拿大联邦政府乃至全世界的原住民自治运动来说，都显得意义重大且来之不易。

首先，对一直追求自治理想的因纽特人而言，这无疑是向前迈了一大步，从此，居住在努纳武特的2万多因纽特人拥有了合法的公民权，在选举、住房、教育、工作等各方面有了保障，正如因纽特领导人所言，“自治是解决努纳武特地区可怕的瘟疫泛滥的最好途径”，因纽特人“通过自己掌握自己的政治命运，将迎来该民族的又一次复兴”①；其次，对加拿大联邦政府来说，努纳武特自治政府是以非暴力的、谈判协商、团结合作、通过民主投票的方式而建立的，这是其多元文化政策的重大成就。最后，这也是世界原住民自治运动史上的一块里程碑。

## 第三节　因纽特民族的自治模式

### 一、加拿大原住民的自治模式

自治政府的模式与运作形态，首先涉及到自治的层面，Hawkes 与 Malove 把原住民自治政府的设计归纳为下面五个层

① *The Disaster Of Nunavut*，http：//www. irpp. org/po/archive/jul99/howard. pdf.

面：1. 有固定的土地（land-based），还是没有土地（landless）；2. "公共政府"（public government），还是"族群政府"（ethnic government）；3. 政府范围（scope）是全国性、区域性，还是小区性的；4. 自治权的来源是宪法、联邦法，还是省的法律；5. 究竟是完全自治（拥有所有的行政权、立法权、以及司法权）、或是倚赖式（只有行政权），还是半自治（具有局部的行政权、立法权、或是司法权）①。布瓦维尔（Boisvert）（1985）也类似地将原住民自治政府的结构划分为四个方面：1. 权限：立法、行政、利益团体；2. 公民资格：排他性（限定原住民）、公共（开放）；3. 范围：全国性、区域性、地方性；4. 地域性：地域、非地域②。

关于加拿大原住民的自治模式有三种：第一种是比较小的范围，主要是指有保留地的原住民自治组织，或是为不住在保留地的原住民所设置的其它政府组织；第二种是有"土地权利声明"的自治模式，这种模式的自治政府可以摆脱印第安法案的束缚，拥有土地的所有权与使用权，通过"土地权利声明"的方式取得原住民自治实体，修正"社自治"权限过小与资源过少的缺点；第三种模式是在印第安法案的授权下，将该法案的责任与权利转移至印第安社政府或印第安自治机构③。

---

① Hawkes, David C., and Allan M. Moslove, "*Fiscal Arrangements for Aboriginal Self-Government*," in David C. Hawkes, ed. *Aboriginal Peoples and Government Responsibility: Exploring Federal and Provincial Roles*, pp. 93 – 137. Ottawa: Carleton University Press, 1989.

② Boisvert, David A, *Forms of Aboriginal Self-Government*. Background Paper, No. 2. Kingston: Institute of Intergovernmental Relations, Queen's University, 1985.

③ Franks, C. E. S.. "*Rights and Self-Government for Canada's Aboriginal Peoples*," in Curtis Cook, and Juan D. Lindau, eds. *Aboriginal Rights and Self-Government*, pp. 102 – 134. Montreal: McGill-Queen's University Press, 2000.

加拿大“皇家原住民族委员会”清楚地将自治的模式归纳成四类：1.“民族政府”（nation government），适用规模比现在的社（band）更大的民族；2.“公共政府”，适用原住民与非原住民混居、而原住民人口居多的地方，公共政府的模式最大特点是，在原住民居多的地方要保障非原住民的权利，努纳武特地区就采取公共政府的模式；3.“社区政府”（community of interest government），适用居都会区、人口占少数却又期待在教育、保健、经济发展、文化保护方面实施自治的原住民；4.“市政府模式”，也就是将目前的社议会转换为社自治政府。其权限相当有限，只不过是省政府的下级单位[①]。其中被认为最理想的是“民族政府”这一模式。

关于原住民的自治模式，加拿大联邦政府只针对三大族分别提出概括性的描述（DIAND，1995）：1.针对住在社/保留区的印地安人，政府尊重他们想要以伙伴方式取代“印地安法”行政的意愿，不过，对于那些并未住在自治区的族人，是否适用自治区的法律、或是提供公共服务，必须取得他们的同意；2.针对因纽特人，政府尊重他们想要成立公共政府的愿望，因此，必须兼顾到区内非因纽特住民的权益；3.针对梅蒂斯人，如果是已经有垦殖地（settlement）并居于阿尔伯特省（Alberta）者，政府愿意协商自治的形式，如果是尚未拥有土地者，政府可以考虑提供土地，进一步协商自治的方式，或是采取公共政府的模式；4.针对西北地区西部的原住民，由于许多地方的原住民分布混居，政府希望采取公共政府模式；5.针对育空，除了已经

① 施正锋：《原住民族自治的探讨》，发表于台湾大学政治学系举办“议题与视野公共事务论坛”，台北，2005/4/16，http：//140.112.150.151/news/0416_3.pdf。

达成协议的原住民，政府会继续与他族进行谈判[①]。

上述只是简单的分类，在具体考虑自治的模式上，由于加拿大民族事务的复杂性，还有几个重要的问题需要讨论。第一是身份问题。加拿大原住民可以分为有原住民身份和无原住民身份，前者包含第一民族与因纽特人，后者包含在“解放法案”丧失身份的印第安人与梅蒂斯人；第二是土地问题。部分有身份的印第安人拥有保留地，因纽特人以及小部分的梅蒂斯人拥有垦殖地；无身份的印第安人，大部分的梅蒂斯人以及居住于都市的有身份的印第安人，则没有类似的保留地。第三是居民属性问题。原住民成员是社区中的主体民族或是少数民族，会对自治区内的决策造成影响，在原住民成员占多数的社区中，必须设立适当的决策机制以保障非原住民的权益；在原住民处于少数的社区中，则必须建立法律与决策权的优先性来保障原住民权益；第四是居住形态问题。原住民在社区中是以聚居形式居住或是散居方式居住，亦影响自治模式的设计；第五是人口流动问题。原住民的自治体制如何兼顾人口流动所产生的需求，也是自治规划上的一个挑战；第六是自治权限问题。这个问题特别重要，涉及到自治政府与中央政府的关系，自治政府在行政权、司法权和立法权方面有多少权利等等。

## 二、努纳武特自治政府运作形态与自治模式

关于努纳武特自治政府的运作形态，先从努纳武特法案谈

---

① Department of Indian Affairs and Northern Development（DIAND）. *Aboriginal Self-Government：The Government of Canada's Approach to Implementation of the Inherent Right and the Negotiation of Aboriginal Self-Government.* 1995.（http：//www.inac.gc.ca/pubs/selfgov/policy.html）

起。1993年6月，加拿大国会通过努纳武特法案，赋予努纳武特自治政府运作依据，这项法案的内容包含几个部分：第一部分是关于政府的制定，其中明文规定了努纳武特政府的行政权、立法权与司法权；第二部分是关于公众议题的讨论，包括官方语言的制定、地方利益与努纳武特财政税收、土地及文化遗产的条文；第三部分是关于努纳武特执行委员会的章程。

在自治政府的层级上，努纳武特法案第二条与第二十三条第一款明确说明努纳武特自治政府隶属于加拿大联邦政府之下：

第2条："公共土地"意指努纳武特地区所有土地和土地中的所有股份属于加拿大政府，加拿大政府拥有最高处置权。

第23条第1款：在以国会其它法案为条件的前提下，立法机关可以制定有关这些法案的法律①。

从以上两点可以看出，加拿大联邦政府与国会是努纳武特法案的法律来源，努纳武特法案不能与加拿大宪法相抵触，而且加拿大宪法凌驾于该法案之上，努纳武特的地位是加拿大联邦政府下面的一个地方自治政府，在这样的架构下，努纳武特自治政府依法有权力设置符合地方事务需求的行政、立法和司法机构。在政府的基层上，努纳武特政府大约相当于省政府，但是由于其人口过少，目前的业务范围大体相当于市政府②。

在此需要指出的是，在努纳武特自治政府正式成立之前的过渡性组织——努纳武特临时执行委员会，对自治政府之下的政府层级设置有一套看法，他们认为，自治政府应采取地方分权制度，由社区和地方政府负责政府相关事务，通过由10个部门组

① *Nunavut Act* (1993, *c*), http://www.tunngavik.com/documents/publications/2001-04-30-Nunavut-Act.pdf.

② [台] 施正锋：《加拿大原住民族自治体制》，载施正锋等编：《加拿大原住民族的土地权实践》，台湾东华大学原住民民族学院，2008年版，第30页。

成努纳武特政府事务机构，还建议努纳武特政府职员因纽特人要占80%—85%的比例，这个意义特别重大。过去的西北政府中没有因纽特人担任职务，全是南方人控制各个岗位，他们根本不懂因纽特人的文化，只是按照自己的意志制定政策，那只是个“强制性的政府”；只有因纽特人参与的政府，才能真正反应出因纽特人的利益、权利和要求①。因此在开始筹建政府时就特别强调培训因纽特人就职于努纳武特政府的重要性，并建立了一个有3980万加元经费的努纳武特统一人力资源发展战略（Nunavut Unified Human Resources Development Strategy），从联邦政府拨给组建努纳武特政府的1.5亿加元启动资金中出这项经费②，培训费占总启动资金的26.5%；临时执行委员会还主张在社区中创造更多就业机会，并立法保障男女平等③。

根据加拿大“皇家原住民族委员会”和联邦政府的规定，努纳武特省采取“公共政府”的模式。“公共政府”，即努纳武特地区不管是不是因纽特人，只要符合一定的年龄和居住时间，都有选举权和被选举权，都可以担任公职和享受社会福利。这一设计是照顾到该地区的非因纽特人。由于努纳武特地区因纽特人口占85%，这个“公共政府”实质上是“民族政府”。努纳武特政府确实是一种独一

① Annis May Timpson, *Building an Aboriginal-Oriented Public Service in Nunavut*, http://www.google.com.hk/search? hl = zh-Hans-HK&source = hp&q = Building + an + Aboriginal-Oriented + Public + Service + in + Nunavut&btnG = Google + % E6% 90% 9C% E7% B4% A2&gbv = 2.

② Marcel Fortier and Francine G. Jones, *Engineering Public Service Excellence for Nunavut: The Nunavut Human Resources Development Strategy*, Arctic 51, 2 (1998), 191 – 194.

③ Jack Hicks and Graham White, *Nunavut: Inuit Sekf-determination Through a Land Claim and Public Government*, p. 19, www.anu.edu.au/caepr/system/files/Seminars/.../HicksJ_ WhiteG_ 2000.pdf.

无二的原住民自治模式，她是一个公共政府，但事实上是因纽特人的“祖国”，因纽特民族可以制定代表他们自身利益的法律和政策[①]。这是因纽特人多少年的愿望和理想。

自治政府成立后，这里有26个社区，10个政府部门，官方语言是因纽特语。努纳武特协议是因纽特人自治权和自决权的法律基础，其自治权是通过土地权利声明的方式，自治政府采取公共政府的形式，因为如前文所说，该地区85%的人口是因纽特人，占绝对的多数，于是在不担心原住民政策主导的情况下并兼顾另外15%非因纽特人的权益。努纳武特自治政府的权限是有完全的行政权，部分的司法权以及在联邦政府议院的规范下部分的立法权，自治政府的级别是省级，是加拿大联邦政府13个成员之一，采取联合政府的形式，因纽特人和非因纽特人共同执掌省政府的权力。

就努纳武特省的行政权而言，行政长官由联邦政府任命，政府体制采取议会制形式，行政长官的权力只是象征性的，行政长官下设“行政理事会”（Executive Council of Nunavut），Legislative Assembly of Nunavut，即内阁。政府分10个部，8个机构，分别由总理和内阁成员负责；立法部门称“立法院”，议员由各选区选出，任期5年。国会只把部分立法权赋予努纳武特立法院；司法部门分为Nunavut Court of Justice和Court of Appeal of Nunavut，与其他省份差不多。

依据努纳武特土地协议规定，因纽特人有优先使用本省土地的权利，不用另外申请任何执照；为保证因纽特人能充分参与本省野生资源的管理，成立了“野生动植物管理委员会”（Nunavut Wildlife

① Wall，D. *Aboriginal Self-government in Canada-The Cases of Nunavut and the Alberta Métis Settlements.* in Visions of the Heart. Second Edition. By D. Long and O. P. Dickason（eds.）. Toronto：Harcourt Canada. 2000. pp. 143 – 166.

Management Board, NWMB)，此外还成立四个机构来保护环境和管理土地，即“环境影响评估委员会”（Nunavut Impact Review Board, NIRB）、土地计划委员会（Nunavut Planning Commission, NPC）、水资源管理委员会（Nunavut Water Board, NWB）和“土地裁判所”（Nunavut SurfaceRights Tribunal）。

关于财政方面，联邦政府同意提供11.7亿加元给Nunavut Tunngavik Inc（NTI）[①]，分14年拨款（1993～2007年）；努纳武特政府获得1.5亿加元的启动基金；根据土地协议，该省的所有共有土地的82%归联邦政府，18%归NTI，努纳武特政府没有土地管辖权，努纳武特自治政府在建制上是一个省，但却没有自治的土地[②]；至于联邦政府在共有土地上的收益，包括开矿、石油等税收，因纽特人可以分享第一个200万的50%，接下来的部分征收5%交给NTI。

**表4—1　努纳武特政府部门组织表**

| 部　门 | 管理事务 |
|---|---|
| 社区政府和交通部 | 社区交通设施、社区边界划分、土地发展政策、灾难援助、交通契约谈判 |
| 文化、语言、长者、青年部 | 文化保护与发扬政策、因纽特语政策、文化遗产 |
| 教育部 | 社区教育、学校教育、努纳武特北极学院 |
| 跨政府事务部 | 作为社区与努纳武特政府和加拿大政府沟通的事务机构 |
| 财政部 | 财政经营管理、咨询计划和系统发展、会计与地方财政服务 |
| 健康与社会服务部 | 儿童保育、家庭服务、健康保育、社区健康中心、疾病防御 |

① TFN在签订土地协议后，于1993年3月15日改组为NTI，负责有关因纽特自治政府组建等工作。

② Anthony Speca, *Nunavut, Greenland and the politics of Resource Revenues*, http://www.arcticgovernance.org/nunavut-greenland-and-the-politics-of-resource-revenues.4981411.html.

续表

| 部　门 | 管理事务 |
| --- | --- |
| 人力资源部 | 工作发展与组织、职业训练、劳工关系 |
| 司法部 | 法人团体与政府协议服务、政策和计划、制定法律 |
| 公共工作与服务部 | 资产管理、计划与管理 |
| 可持续发展部 | 公园与旅游业、社区经济发展、动植物资源、矿产、石油及资源、渔业和狩猎 |

资料来源：本表整理自“Government of Nunavuy Departments”（2006. 4. 18（http: // www. gov. nu. ca/gnmain. htm）转引自邹岱妮：《加拿大原住民自治体制与教育政策研究》，（台）国立政治大学民族研究所2005年硕士论文，第77—78页。

努纳武特自治政府由10个部门组成，如表4—1。这10个政府部门分布在努纳武特省府易魁洛外的10个社区中，各部门在省府内亦设有总部。并且，在努纳武特境内的三个地区（基吉柯塔鲁克、基瓦里奇以及蒂克美奥特）中也设有地区办公室。这种层级设置采取的是地方分权和去中心化的理念。

在文化相关部门方面。努纳武特政府特别设立了“文化、语言、长者、青年部”致力于因纽特人传统文化、价值信念的保护。努纳武特政府也明确规定，因纽特语为官方语言；此外，努纳武特教育部设计11个文化传承计划，通过活动将部落长老的智慧纳入学校教育；同时，这些长老也肩负汇集所在地区文化和故事的责任，包括地名的由来、历史与传统技艺等。值得注意的是，社区妇女在教育中扮演着重要的角色，他们教导学生缝制技术，而男人则教导如何盖房子与应用传统装备进行狩猎，在这项设计中，社区粘牢在学校活动的参与上同时也扮演了协助者、教师指导者与顾问的角色，学校的教学活动与因纽特人的传统价值及日常生活产生了有意义的连接，社区中的每一个人也充分参与了教育下一代的工作。

# 第四节　因纽特民族自治运动的实践①

从1999年成立至今，努纳武特自治政府已经走过10多年的旅程，这期间有草创初期的憧憬，有发展过程中的曲折，还有时至今日的困惑。原住民自治实践尽管在形式上取得了重大突破，建立了一系列的自治政府，但是在实际的自治政府运作过程中，问题却依然严峻：政治架构上的水土不服，西方的现代政治制度并不能很好的契合原住民现实需要；经济发展中先天不足，原住民自身素质不合要求，现代化产业根基薄弱；社会生活的分崩离析，传统文化的传承江河日下，西方文明的学习则画虎不成。

## 一、政治架构与内部背离

加拿大联邦向来以其包容性、多样性而著称，除了政府本身所推行多元主义文化的政策外，联邦制也充分体现了兼容并蓄的优势，为各个少数民族提供了共同治理国家的条件，甚至在一个统一的联邦政府之下高度自治的可能。其实早在欧洲人到来之前，美洲原住民就已经建立了自己的联邦或邦联组织，包括海域的米克马克人（Mi'Kmaq）联盟、大湖地区的依洛魁人（Iroquois）联盟以及西部的黑足族人（Blackfoot）联盟，而且这些联

① 这一节一、二和四部分是在笔者指导下，由夏文佳同学执笔（参考夏文佳：《原住民自决与价值困境——以加拿大努纳武特行省为例》，同济大学2010年社会学学士论文）。

盟都是通过条约缔结的[①]。加拿大《1982 年宪法法案》（第 35 节）又重新承认，原住民可以根据宪法规定，建立公共政府，实现其自治。努纳武特自治政府就是在这种形势下建立的。

但是这个看似自由宽松的政治选择却是有条件的，尽管《努纳武特土地所有权协定》确立了因纽特民族在努纳武特地区的 35.2240 万平方公里土地的所有权，并包括水权在内等相关矿产资源权利，同时充分参与土地及相关自然资源的管理[②]；但是却要放弃 82% 的土地和水域的所有权。实际上因纽特民族是放弃了大多数土地换取了一定的经济补偿、土地使用权以及部分的自治权利。土地和水域所有权的丧失实际上否定了原住民作为这块土地最早的主人所应享有的天然权利，这与原住民自治思想相违背，该思想认为原住民实行自治应是自然而然的事情，并不需要用“丧失什么”来换取，建立自治政府只是拿回原住民被剥夺的权利而已。有人评论道，努纳武特与联邦政府签订的协议，只是把因纽特民族的土地权利转移给一个新的行政机构，因纽特民族的权益归集体所有，属于一个设计好的因纽特组织。因纽特人的权益只是被转移到另一个已经设计好的因纽特组织（designated Inuit organization，简称 DIO），换句话说，就是转移到加拿大联邦政府控制的一个自治政府[③]。

---

① David C. Hawkes. *Indigenous peoples: self-government and intergovernmental relations.* International Social Science Journal. 2002. p. 153.

② ［台］陈士章：《原住民族法与国家权力之划分——以加拿大努纳武特法案为例》，载施正锋等编：《加拿大原住民族的土地权实践》，台湾东华大学原住民民族学院，2008 年版。

③ Wall, D. *Aboriginal Self-government in Canada-The Cases of Nunavut and the Alberta Métis Settlements.* in Visions of the Heart. Second Edition. By D. Long and O. P. Dickason (eds.). Toronto: Harcourt Canada. 2000. pp. 143 – 166.

作为自治权的核心权利——政权权利，因纽特人在行使时却面临着巨大的挑战。这种挑战不是来自外部的加拿大联邦，而是参考了联邦体制而设计的努纳武特自治政府体制在因纽特人自我治理时所面临的水土不服。传统的因纽特社会类似于一个松散的邦联，并没有统一的政府，而且人们也不需要有政府进行管理，纠纷都直接根据习惯法由长老仲裁。根据西方现代政治理念所建立的努纳武特自治政府对于传统因纽特社会而言，并不具有实用性，因为因纽特人对于政府管理方面的诉求很少。故而，一个庞大严密的努纳武特政府是根本不适用的，现实需要的只是一个类似商务部和社会保障部性质的小政府。另一方面，新成立的努纳武特作为加拿大联邦的一个一级行政单位，就必须更多地参与到整个加拿大的事务中去，而原住民则一直拒绝参加加拿大的选举制度，把它看做“殖民者”的机构，而不是自己的组织。这种疏离则会进一步导致努纳武特在加拿大联邦中地位的边缘化。

而努纳武特省采用“公共政府”形式，也存在很大的隐患。在目前因纽特人占该省85%的绝对多数情况下，固然可以主导自治政府；一旦该省非因纽特人口占据多数，那么自治政府的性质可能会变质。而随着全球气候变暖外来人口大量涌入因纽特民族的居住区，这种情况存在的可能性极大。

## 二、经济食利与人口素质

历史上加拿大联邦在努纳武特地区对因纽特人的殖民统治主要有三个特点：一是通过与欧洲人接触，因纽特人损失“所有权/生产资料的控制权”；二是将因纽特纳入加拿大国家，导致其“政治空间和经济控制”被转移至外部的权威；三是将因纽特人纳入一个“核心—周边”关系，使他们成为“加拿大南部经济增长的工具"[1]。在这一系列过程中，原来全民平等的因纽特社会遭到了分化，阶级分层体系得到了发展，而且因纽特人与白人文化之间的区别也就超越了种族，下降为不同阶层之间的利益博弈，而不是种族与种族之间的权利斗争。故而作为因纽特殖民化概念的结果，努纳武特的创建就被认为是对因纽特人依附和被剥削的潜在解决方案，是寻求因纽特人经济独立发展的一种尝试。而加拿大联邦在西北准省长期奉行的"非剥削殖民模式"（non-exploitative）又使得努纳武特经济主要由外在生成的盈利反向输入构成，长此以往就导致了努纳武特对于加拿大联邦持续性的外部依赖和本地区的社会功能机能障碍，抑制了因纽特本地区经济的解放和发展。

一方面是经济独立性的丧失，另一方面在因纽特人融入加拿大现代社会和努纳武特实施自治的过程中，因纽特人的文化发展也被迫在很短的时间内从石器时代进入到太空时代，这种骤然的文明程度变换使他们难以满足努纳武特未来发展前景的需要；而且大多数因纽特人尚未掌握现代大生产所需要的技能以及与之相适应的价值观，这又使得他们很难真正以主人翁的姿态参与到现在在努纳武特地区进行的密集的资源开发经济活动中去。

除此之外，因纽特人没有参与政治发展的兴趣，这种政治参与的缺失反过来又使得努纳武特因纽特人在经济上更加依靠土地和资源，养成了食利的生活模式。但是需要注意的是，作为建立努纳武特自治政府的条件，在《努纳武特土地所有权协定》中因纽特人已经放弃了大部分土地、水域、矿产的原住民产权，这

---

① Frances Widdowson. *The Political Economy of Nunavut: Internal Colony or Rentier Territory*? http://www.cpsa-acsp.ca/papers-2005/Widdowson.pdf, p. 3.

就使得因纽特人在本地区经济开发中主动地位的进一步丧失，更加依靠加拿大联邦的外部投资和主导。事实上，由于努纳武特缺乏农业和工业部门，使得它的生存更加类似于纯食利的中东国家，毕竟努纳武特自治政府90%的资金来源是联邦政府的预算投入，它在实质上是一个土地、资源食利政府。

新的自治政府需要营造一个良好的就业形势，而现代化的经济部门中又无法解决因纽特人的就业问题，努纳武特政府不得不大量吸纳本地因纽特人进入政府机构工作，虽然他们在文化和专业才能方面未尽合格，但这种行政化的就业方式已经是当下最为直接有效的解决因纽特人就业困难的方案了，尽管这进一步加大了整个因纽特民族的食利化。最终，依靠官僚主义程序能帮助因纽特人在该地区“建立”一个可行的“混合经济”，即自治政府通过行政手段开辟因纽特人可以从事的就业岗位，以财政支持原住民的经济收入，而这些财政收入则主要来自于联邦的预算和资源开发所得的红利。

而人口素质低下，也影响到自治政府中因纽特人职员所占的比例，这是努纳武特政府面临的两大挑战之一（另一个挑战是财政）。土地协议中规定，因纽特人在自治政府中要占有一定的比例，成立之初，因纽特人职员所占比例为44%，2003年为42%，2007年为50%（这50%大多也集中在较低的职位，而且女性、年轻人较多）；土地协议上制定的目标是2021年将达到85%[①]。不仅如此，因纽特人在联邦政府的“印第安事务和北方

① Andre Legare, *An Assessment of Recent Political Development In Nunavut: The Challenges and Dilemmas of Inuit Self-government*, http://www2.brandonu.ca/library/cjns/16.1/l%C3%A9gar%C3%A9.pdf.

发展部"[①]（the Department of Indian Affairs and Northern Development）中的任职比例也大幅度下降，1996 年为 38%，2002 年为 27%[②]；但从目前的形式来看，一方面由于用于职业培训的经费过少，很难完成这一任务；因纽特人长期从事狩猎，中年人对政府职位不感兴趣，不愿意任职[③]；另一方面，任职人员的工资低可能也是重要原因。2002 年努纳武特省政府中因纽特人的平均工资只是非因纽特人的 76%，在市政府中这个比例更低，只有 50%，工资低也意味着因纽特职员在政府中的地位低下，没有占据权力决策位置[④]。由于没有足够的"合格"因纽特人出任政府职员，努纳武特政府只有聘用非因纽特人。如果自治政府大量雇佣非因纽特人来充当政府职员或技术人员，那么自治政府成

---

① DIAND 是全权负责执行《努纳武特土地协议》的联邦政府机构，这个机构的因纽特人职员比例的下降，意味着因纽特民族与联邦政府的博弈能力降低，在联邦政府中的地位降低。

② PricewaterhouseCoopers, *The Cost of Not Successfully Implementing Article 23: Representative Employment for Inuit within the Government*, p. 4, 17 February 2003, 15. http://www.tunngavik.com/documents/publications/2003-02-17-Pricewaterhouse-Coopers-The-Cost-of-Not-Successfully-Implementing-Article-23.pdf.

③ Annis May Timpson, *Public Administration: The Challenges of Staff Management in the Public Service*, p. 6, http://iog.ca/. Annis May Timpson 指出，因纽特人就职于努纳武特政府的比例没有达到预期的目标，还有如下原因：培训时间短而所学内容又非常之多，尤其是语言，大多数接受培训的人母语都是因纽特语，但在政府部门工作必须要有熟练的英语；此外，政府也面临私人企业的挑战，后者提供更好的就业条件给因纽特人。

④ Pricewaterhouse Coopers, *The Cost of Not Successfully Implementing Article 23: Representative Employment for Inuit within the Government*, pp. 6 - 7, 17 February 2003, 15. http://www.tunngavik.com/documents/publications/2003-02-17-PricewaterhouseCoopers-The-Cost-of-Not-Successfully-Implementing-Article-23.pdf.

立又有什么意义呢[1]？

食利经济的存在一方面滋长了原住民的惰性，育生出一大批不思进取的下一代，另一方面也使人口素质长期停滞不前，得不到实质上的提高，难以适应经济的可持续发展，也很难保证自治政府中因纽特职员所占的比例，长期以往，因纽特民族自治政府可能无实质意义。自治政府的良性发展要依靠经济上的自食其力，而一个相对独立完整的经济体系又需要有相适应的人口素质来匹配，努纳武特现在面临的最大问题就是人口素质跟不上现代社会的需求，甚至滋生了坐而食利的心态。

## 三、收支微薄与政府低效

目前，努纳武特省政府的财政支出主要靠联邦政府提供的经费，自筹经费很少。下表是努纳武特政府自成立起到2011年的财政收支，从中可以看出，政府的财政收入大约90%来自联邦政府的拨款，只有10%左右的自筹经费。根据土地协议，努纳武特政府没有土地管辖权，联邦政府在共有土地上的开矿、石油等税收收益，努纳武特政府只可以分享第一个200万的50%，也就是说，努纳武特政府每年最多只能从土地收益上获得100万；2011—2012年，努纳武特政府总共从联邦政府获得12亿加元的财政补贴，不到联邦政府在该省的资源税收

① Purich, Donald. *The Inuit and Their Land: The Story of Nunavut*. Toronto: James Lorimer & Co, 1992, p. 12；当时（2002年）因纽特人失业率有31%，一方面是大量聘用非因纽特人，另一方面是大量的因纽特人失业，这突显出努纳武特自治政府的设置并不是完全考量因纽特人的权益。

的一半[1]；而另一方面，政府又要负责医疗、教育、社会福利、就业以及公共设施的维护等开支。即使所有的税收等都交由政府，可能还杯水车薪。权责不符可能是自治政府设计上的很大的缺陷。

**表 4—2 1999—2011 年努纳武特省政府收支情况**

（单位：百万加元）

| 年份 | 自有资源收入 | 联邦政府拨款 | 总收入 | 总项目花销 | 债务 | 总花销 | 其他[2] | 赤字或盈余 | 净债务 |
|---|---|---|---|---|---|---|---|---|---|
| 1999—00 | 55 | 591 | 646 | 574 | — | 574 | 0 | 72 | -23 |
| 2000—01 | 88 | 652 | 740 | 678 | — | 678 | 0 | 62 | -7 |
| 2001—02 | 79 | 654 | 733 | 731 | — | 731 | 0 | 2 | 25 |
| 2002—03 | 95 | 713 | 809 | 797 | — | 797 | 0 | 12 | 43 |
| 2003—04 | 90 | 754 | 844 | 837 | — | 837 | 0 | 7 | 100 |
| 2004—05 | 84 | 848 | 932 | 877 | — | 877 | 0 | 55 | 99 |
| 2005—06 | 97 | 946 | 1043 | 933 | — | 933 | 0 | 109 | 9 |
| 2006—07 | 94 | 1176 | 1270 | 1124 | — | 1124 | 0 | 146 | -100 |
| 2007—08 | 134 | 1042 | 1177 | 1155 | — | 1155 | 0 | 21 | -75 |
| 2008—09 | 145 | 1115 | 1260 | 1283 | — | 1283 | 0 | -23 | -17 |
| 2009—10 | 144 | 1096 | 1241 | 1186 | — | 1186 | 0 | 54 | 24 |
| 2010—11 | 133 | 1171 | 1305 | 1211 | — | 1211 | -48 | 48 | 101 |

资料来源：Department of Finance Canada, Fiscal Reference Tables October 2011, http://www.fin.gc.ca/pub/frt-trf/index-eng.asp

如果一个政府没有起码的经济基础，是没有办法运作的，在这种情况下，自治政府只能无所作为，尽量缩小各项开支。例如健

① Anthony Speca, *Nunavut, Greenland and the politics of Resource Revenues*, http://www.arcticgovernance.org/nunavut-greenland-and-the-politics-of-resource-revenues.4981411.html.

② Supplementary requirements.

康等医疗方面的财政补贴，从2005～2012年，平均每年只有2625万加元，社会福利补贴平均每年1100万加元，而就业培训这项对于因纽特人非常重要的事务从2008年度才开始补贴，而且每年只有区区50万加元；考虑到极地地区医疗等成本要比全国其他地区高出20%～80%，努纳武特政府的财政支出更加捉襟见肘。

**表4—3　联邦政府有关努纳武特省政府各项事务财政补贴**

（单位：百万加元）

| | 2005—06 | 2006—07 | 2007—08 | 2008—09 | 2009—10 | 2010—11 | 2011—12 | 2012—13 |
|---|---|---|---|---|---|---|---|---|
| **主要转移支付** | | | | | | | | |
| 加拿大卫生转移支付 | *23* | 23 | 25 | 25 | 27 | 27 | 29 | 31 |
| 加拿大社会转移支付① | *10* | 11 | 11 | 11 | 11 | 11 | 11 | 11 |
| 对北部地区的公式化补助② | *821* | 844 | 893 | 944 | 1022 | 1091 | 1175 | 1273 |
| **小计** | *854* | 878 | 928 | 980 | 1060 | 1129 | 1215 | 1316 |
| **2005—2006年间增加值** | | +24 | +75 | +126 | +207 | +275 | +362 | +462 |
| 直接针对性补贴 | | | | | | | | |
| 劳动力市场培训资助 | | | | 0.5 | 0.5 | 0.5 | 0.5 | 0.5 |
| Wait Times Reduction | *0.6* | 1 | 1 | 0.6 | 0.2 | 0.2 | 0.2 | 0.2 |
| **小计** | *0.6* | 1 | 1 | 1.1 | 0.7 | 0.7 | 0.7 | 0.7 |
| **联邦补贴总额** | *854* | 879 | 930 | 981 | 1061 | 1130 | 1216 | 1316 |
| 2005—2006年间增加值 | | +25 | +75 | +127 | +207 | +275 | +362 | +462 |
| 人均分配（美元） | *28257* | *28585* | *29770* | *31041* | *32915* | *34516* | *36682* | *39235* |

资料来源：Federal Support to Provinces and Territories，http：//www. fin. gc. ca/fedprov/mtp-eng. asp#Nunavut。

① CST includes transition protection payments for 2007－08，2008－09 and 2009－10. CST also includes ＄0.7 million Budget 2008 transition protection payment to Nunavut notionally allocated over three years beginning in 2008－09.

② Includes a one-time adjustment of ＄2 million in 2006－07 and data revisions resulting in payments of ＄22 million in 2005－06 and ＄18 million in 2006－07.

如果努纳武特政府能像其他省政府一样，掌管矿产开采或者课税，那么所谓的“新科威特”愿景可能会指日可待。然而目前这种态势，使其自治徒有虚名。没有经济上的自觉，很难有政治上的自治。联邦政府通过财政制度来控制努纳武特自治政府①，后者也就沦为前者的傀儡。这与相邻的格陵兰因纽特民族的自治政府相比，简直天壤之别。格陵兰自治政府不仅能管辖陆地上的丰富的矿产资源如金、铅、锌、铁、稀土、红宝石等，而且近海的石油和天然气也收入囊中；近年来的石油开采使格陵兰在此方面的税收由2002年的零收入到2010年的6亿美元；未来自然资源开发的收入也将流入其金库，格陵兰的因纽特人在未来将受益于其丰厚的收入；不仅如此，格陵兰政府还从丹麦王国获得大量的财政补贴。格陵兰政府才是因纽特民族名至实归的自治政府②。

而努纳武特自治政府实际上是有名无实的政府。只有取得财政独立，努纳武特自治政府才能谈得上真正的自治，才能摆脱对联邦政府的依赖，摆脱被殖民的命运。正如努纳武特自治政府总理伊娃·阿瑞克（Eva Aariak）所言：“如果努纳武特地区能控制自己的资源，尤其是矿产、石油和天然气，那么随着时间的推移，它将会越来越少地依赖加拿大南部地区。”目前，NTI向联邦政府呼吁，赋予努纳武特政府保留其土地上自然资源的收入，不仅要与育空和西北省平起平坐，而且要与格陵兰

① ［台］施正锋：“加拿大Inuit原住民族的自治政府”，《台湾原住民论丛》第10期，2011年12月，第7页。

② Anthony Speca, *Nunavut, Greenland and the politics of Resource Revenues*, http://www.arcticgovernance.org/nunavut-greenland-and-the-politics-of-resource-revenues.4981411.html.

不相上下[①]。然而，任重道远，需要因纽特人付出艰辛的努力。

## 四、社会发展与文化缺位

食利心态的养成有经济模式的因素，同时也折射出整个因纽特社会文化体系的崩溃。原住民自治的基础在于其区别于外部社会独特的文化、传统、生活方式，唯有如此自决才有了存在的意义。而目前努纳武特的因纽特社会面临的最为深刻的危机恰恰在于传统文化的流失和外来文化的入侵。文化的侵略从西方殖民者到来之初便已开始了，百年之后，当原住民重新掌握自我管理权的时候，才切实发现了后果的严重性：旧有的传统文化已然瓦解，新的现代文化尚未成形，整个社会丧失了凝聚力。

这种文化秩序的混乱首先表现在传统文化的流失上，特别是传统艺术。许多年轻人已经不再学习传统艺术了，像喉音、鼓舞这些代代口传相授的艺术和流行的嘻哈音乐相比，难度要更大一些，学起来更费劲，而且也不主流，就逐渐被青年一代所抛弃了。除了音乐和舞蹈，因纽特人最为著名的一门艺术就是石雕。对因纽特艺术家来说，北极地区随处可见的皂石、象牙、鲸鱼骨都是上好的工艺材料。在伊卡卢伊特（努纳武特首府）的手工艺品商店、博物馆，有大量因纽特艺术家的雕刻品，大多价格不菲，咖啡杯大小的石雕，就要卖到300～500加元（相当于人民币1800～3000元左右），甚至更贵。尽管如此，像石雕这样的传统艺术也面临着后继无人的尴尬局面，因纽特年轻人更加热衷

---

① Anthony Speca, *Nunavut, Greenland and the politics of Resource Revenues*, http://www.arcticgovernance.org/nunavut-greenland-and-the-politics-of-resource-revenues.4981411.html.

于如 hip-pop 之类的西方流行文化。

西方流行文化大量挤占传统文化之后，原住民旧有的价值观遭到颠覆，而新的现代化的价值却又没能建立起来，整个原住民族群处于失序状态，造成了一系列严重的后果，一个突出的表现就是自杀率居高不下。据有关部门统计，因纽特人的自杀率是加拿大全国平均水平的 11 倍，平均寿命比全国低 15 岁①。居民的平均年龄只有 20.8 岁，失业率却高达 22%，随之而来的是抽烟、酗酒、大麻等一系列棘手的问题②。“2007 年北极原住民的生活条件调查”显示，原住民的失业率、酗酒率、家庭暴力和性犯罪率比例都有大幅度增长③。

在外来的西方现代文化冲击下，因纽特年轻人的自信心和平和的心态也正在逐渐丧失，他们从电视、网络中看到了与传统完全不同的生活方式，在传统和现代之间矛盾着，却又无能为力。与老一代的因纽特人相比，年轻人已经越来越依赖新的生活方式。这需要很多钱，而整个努纳武特的就业机会太少，他们没有挣钱的途径，大部分年轻人都依赖父母的补贴金，心理上的落差感很大，其中的一个后果就是导致现在的因纽特年轻人结婚很早，年轻的单身父母也越来越多。

经济上的依附性使得原住民社会发展缺乏一个独立宽松的环境，面对西方流行文化的强势入侵，传统文化的抵抗力显得如此

---

① Inuit Tapiriit Kanatami, *Inuit Statistical Profile*, Ottawa, August 2007. http://www.itk.ca/sites/default/files/InuitStatisticalProfile2008.pdf.

② 许鑫：“北极·因纽特人——加拿大努纳武特地区纪行”，《中国民族》，2009 年 08 期，第 66—67 页。

③ Birger Poppel et al. *SLiCA (Survey of Living Conditions in the Arctic) Results*, Institute of Social and Economic Research, University of Alaska Anchorage, Anchorage, 2007.

不堪一击，逐步失去在整个原住民族群中的支配地位；在另一方面，西方流行文化虽然得到了广泛的传播，却不能够帮助原住民建立起一套适应其地区现实的新文化、一套原住民可以倚之面对现代社会的新价值观。

## 五、小结

当前努纳武特自治最大的问题就是文化价值观念上的失序和由原住民素质不高导致的生产力低下，并且这种人口素质水平上的困顿进一步导致了经济的脆弱。虽然努纳武特地区的自然资源丰富，但是其开发还处于起步阶段，短期内这种由外部加拿大联邦的大企业主导的资源开发并不能实质性的带动努纳武特经济的起飞。在经济上的捉襟见肘导致努纳武特的财政主要依靠加拿大联邦政府的拨款。这种食利者的生存模式就导致了努纳武特自身“造血”能力的不足，进而影响到其政治系统的健康发展。

自决运动的发展虽然为原住民带来了一个梦寐以求的自治政府，但是问题却也接踵而至，一系列的困境对原住民自决的思想提出了重大的挑战。我们不禁要怀疑，原住民自决是否有意义，或者是否切实可行？这就需要对自决思想作出进一步深刻的反思。

原住民自决从其思想产生发展至今，理论构架屡有变动，然而唯一不变的思想内核就是其道德正义性。因为自决思想无可辩驳的道德正义，原住民自治运动虽历经波折却始终朝着实现自治、创建自治政府的方向发展。自决权在现代社会中作为一个民族天赋之权利，任何其他民族和国家都不能以强力将之剥夺。在原住民自决及建立自治政府的论证过程中，最有说服力的便是“追溯正义”的问题。一般认为，关于原住民享有的民族自决和自治政府权利，其道德合法性基于五个原因：第一，原住民先于欧洲移民的土地占领与使用；第二，原住民先于欧洲移民的主权；第三，原住民与英皇室所签订的条约的效力；第四，民族自决的普世原则；第五，保护少数民族文化的需要。强调原住民权利的人特别指出，自治政府是原住民基本权利的中心组成部分，其合法性是天赋的、固有的，而非法律赋予的，这点与普世人权观的基本原则相同。

但是我们也须认识到，道德正义在行为类型中，更加趋向于一种价值理性行为。在康德的道义论中，就价值行为而言，道德法则必须内化为主体的信念，并渗透到主体的每一行为，这同时也产生了意志自律。也就是说，人在从道德正义的角度出发行事的时候，会以自身的价值观系统来看问题，觉得这是一个理性的选择，尽管或许这在他人看来并不是最佳选择。原住民在依据自决思想行事的时候也是如此。例如，在自决思想驱动下，尽管以行政的方式来解决因纽特人日益严峻的就业问题治标不治本，但是在因纽特人的视角看来这却是自己的政府来解决了他们自己的问题，对因纽特人而言这就是行使自决权利的伟大胜利；而外界看来，这则是因纽特自治的失败。

然而在全球化的推动下，现代西方社会，甚至是全球社会所奉行的是一套追求目标理性的行为，在这种行为模式下，人们虽然也是自己选择追求的目标，但他们的行为不是由较高的价值系统指导，而是根据行为者眼中自身所处的环境、别人的行为以及该环境存在的客体来决定的。例如同样的面对原住民失业问题，在形式理性的指导下，加拿大联邦则会根据情境（金融危机）、客体（原住民自身的素质、原住民对联邦政策的接纳度）以及第三方的态度（加拿大其他地区对于联邦对努纳武特的就业帮扶政策的支持度）等等方面的因素来做出最佳的决定。

在面对原住民自治时的态度选择上，这种行为模式的差异就表现的更加明显了。加拿大主流社会对原住民自治政府的问题除了一般的原则上的认可外，在实质上其实未形成比较强烈的倾向性的支持，这主要是因为：其一，原住民在加拿大社会中是个边缘化的群体，而不是既得权利集团的一部分，也没有融入以欧洲移民为主导的政治文化集团。从主导的政治文化集团的角度看，在道德言语上对原住民自治政府表达原则上的支持相对来说比较容易，但在实际政治权力分割上做出实质性的让步就非常困难。正因为如此，有人指出原住民问题永远是边缘化的而且从属于加拿大作为一个联邦制国家的整体利益。① 其二，原住民虽然是一个活跃的有相当规模的群体，但其内部的群体多样差别造成的分散的弱点使其难以形成统一认同。如果说原住民自治政府曾经存在的话，按照欧洲政治传统的标准，也没有真正统一的国家形式和具体的政府，大部分只是处于分散状态的渔猎部落和基层社会组织。同时原住民社会内部传统势力和现代观念的紧张关系一直没有真正解决，所以寻求整个原住民集团的自治在加拿大的政治环境下成功的可能性很低。其三，原住民作为一个群体越强调其特殊性，越凸现其亚集体性，也就越与占统治地位的政治文化主体有分离倾向。这种情况下在多民族国家内强调民族自决原则，就非常可能与同是国际法基本准则的国家主权原则产生严重的矛盾冲突②。

基于以上这三方面的考虑，充分地考察了情境（多元主义文化中原住民文化的边缘地位）、客体（原住民自身内部的分化与

---

① Menno Boldt, *Federal Government Policy and the National Interest*, pp. 276 - 285, in Ron F. Laliberte et al, 2000.

② 吴江梅、朱毓朝：《加拿大原住民自治政府：联邦主义下制度构建与政治文化相背离的困境》，《民族研究》，2003 年 04 期，第 28 页。

矛盾）、其他人（占加拿大联邦主体的欧洲移民对于原住民自治导致的其既得利益受损的反感），就不难看出，努纳武特自治政府在运作中的内部掣肘和来自加拿大联邦的外部制约都使得自决尽管拥有道德正义，符合原住民的价值理性，却也不得不面对来自原住民内部的不同利益诉求、来自加拿大联邦政府对于国家主权的捍卫、来自加拿大的欧洲移民维持其既得利益的反对等三个方面出于目标理性所做出的相背离的选择，以及由此而来的困境。

# 第五章

# 因纽特民族的经济形态

## ——从单一经济模式向混合经济模式转换

我们在讨论因纽特民族近两三百年的巨大转变，首先要关注的就是经济形态的变化，即由单一的狩猎经济模式转向狩猎、贸易等混合经济模式再到近年来旅游、矿产资源开发的兴起。经济形态的转变带来了居住形式的变化，由此导致了因纽特民族文化上的断裂以及政治的自治运动；近一百多年来，因纽特民族又经历了社会分化、资产流失，联邦政府重新划分行政区域；20世纪末以来他们又卷入到资源开发所带来的困境以及气候变暖所带来的厄运。本章全面考察加拿大因纽特民族的经济模式的两次重大转变以及由此带来的社会生活文化的变迁。

## 第一节 单一经济模式：冰雪天地的生存史诗

因纽特人的祖先大约是在5000多年前从东北亚穿越白令海

峡路桥到达美洲的。在与南部强大的印第安部落的竞争中，因纽特人逐步被驱赶到了遥远的极寒之地，最终在这一片广袤的土地上长期定居下来。从曾经对因纽特人的称呼中我们可以找到一些这段历史的佐证：爱斯基摩人（Eskimo）就是印第安人对于因纽特人的蔑称，意为吃生肉的人。

虽然因纽特人不喜欢这个称呼，但他们也确实靠着“吃生肉”在北极地区顽强地生存下来了。北极没有树，草也很少，所以根本就没有燃料供他们把食物烧熟。而且在北极艰苦的环境中，没有蔬菜，没有水果，通过直接吃生肉就可以把动物身上的维生素吸收到人体内。如果把肉煮熟了，维生素分解了，长期得不到维生素，人就会得坏血病，因纽特人也就不可能在极地生存下来了。所谓一方水土养一方人，能在北极地区生存下来，本身就是奇迹。吃生肉不仅帮助摄取了维生素，而且消化得更慢，热量也多。因纽特人在外面打猎是没有时间观念的，追逐一个猎物，可能十几个小时要跟着跑，找不到任何食物。吃一顿生肉可以七八个小时甚至十几个小时都不会饥饿，而且热量也比较多。所以吃生肉对因纽特人来说是它的文化之一。[①]

数千余年来，因纽特人就这样生活在北极沿海地区和岛屿上。这片区域基本上位于加拿大极地、格陵兰岛、东西伯利亚，常被认为是世界上最荒凉的地区之一。艰苦的生存环境制约了因纽特人的活动范围，同时却也塑造了其独特的生存文化。考察因纽特人历史上单一型的经济模式实际上就是考察其过往的生存活动。因为这片苦寒之地不能种植任何经济作物，没有农业，遑论商业活动和工业生产。本章在考察因纽特人单一经济模式时，力

① 位梦华：《北极的土著——爱斯基摩人》，《知识就是力量》，2004 年第 12 期。

图以人类学方式全面地展现因纽特民族传统的狩猎和采集活动，还原一首因纽特人在冰雪世界艰苦奋斗的生存史诗。

因纽特人一向被认为是以游牧为生的民族，但他们的游动绝不是漫无目的或无规律可循的。他们是狩猎者，根据季节变化生活，季节变化决定着应该猎取何种动物以及在何处猎获这些动物。多数因纽特人冬天在沿海浮冰上或附近搭雪屋（igloo）居住，猎捕海洋哺乳动物，例如海豹、海象和鲸等。夏季，这些人迁移到内陆营地捕鹿、捕鱼、捉鸟、收集禽卵、采集浆果和草药。浆果维生素 C 含量较高，是因纽特人日常食物的重要补充。因纽特人在秋天把浆果摘下来，把它贮藏在海豹油或者永冻层的地窖中，以供不时食用。因纽特人没有种植任何农作物的传统，一向以狩猎、捕鱼为生。他们的饮食主要靠海豹或驯鹿肉，无论是新鲜的、风干的还是冷冻的，都生吃。在内陆居住的因纽特人主要猎取驯鹿、麝牛、北极熊、兔、鸟类等；在海边居住的主要猎取海豹、海象、鲸鱼等。

猎物不仅仅为人们提供了食物①，鹿皮可用来做大衣和裤子，海豹皮可制成靴子，甚至鸟皮有时也可做成衣服。动物皮是制作夏季可遮阳避雨的帐篷以及夏季旅行所需船只的基本材料。鹿骨和鹿角可加工成工具和玩具。鸟骨能做成很好使的针。鹿角可以做成狗拉雪撬的制动闸，或加工成鱼钩。鹿筋曾是因纽特人的线。动物脂肪可做成油，倒入放置了一排苔藓的石碗中便可做成油灯，给帐篷带来光焰和温暖。在因纽特人各群体之间也互相交换一些北方没有的东西，如铜、木头或象牙。

在这种传统的生产形式下，因纽特人完全依靠周围的环境而生存。因纽特的经济活动主要就是狩猎和采集。这种在长期的自

① 吴金光译：《加拿大的因纽特人》，《世界民族》1993 年第 2 期。

然适应过程中发展起来的生活方式被证明了可以保障在严酷的极地环境下求存，是因纽特民族智慧的结晶。以下主要介绍因纽特人的几种主要生产活动。

## 一、日常生产

北极地区气候严寒，猎物随着季节的变化有各自的活动周期，因纽特人为了生存就必须根据猎物的活动规律进行狩猎。在利用动物之前，必须将其捕捉和猎杀。因纽特人就是靠捕捉、宰杀动物来换取自身生存的。因此，追赶和捕获猎物是具有决定意义的活动。因纽特人的生活方式同自然界的关系是如此密切，以致猎杀动物被视为那种自然关系中的一部分。在传统的因纽特社会，人们认为动物是自愿将自己提供给猎人的；对猎人来说，猎杀动物而接受这种馈赠，是天经地义的。如果一个猎手在需要的时候不猎杀动物便会被认为是一种错误。当时，他们没有来复枪，仅有的武器是——长矛、标枪、弓箭。因此，猎手必须在很近的距离，通常是几米以内猎杀野兽。因此，狩猎是个非常复杂的活动，而且往往需要几个猎手协作。猎手们练出了一双敏锐的眼睛，对野兽的习性、生理了如指掌。再者，猎手必须身材适当，反应敏捷，能出色地解决问题。

因纽特人同所有狩猎社会的成员一样，从孩提时代就训练如何准确记住和善于发现动物的行踪及其留下的可见的微小痕迹。例如在跟踪北极熊时，猎手必须在很远的地方就能从白色的雪堆中分辨出白色的北极熊。在较近的距离内，猎手需要能分辨出野兽的年龄和性别。他还应能判断出动物是否饿了或累了，它是否准备攻击，或是打算逃走。猎手们甚至能预测出动物在某种天气条件下做何反应，因为气候通常对动物的行为有影响。

潜步追踪动物通常需要好几个小时，需要有充沛的体力，猎手们非常适应他们参加的各种体力活动。为了能够逐渐地、谨慎地接近猎物，猎手不仅应当有体力还要有耐力，保持高度的警觉是最重要的。白天睡觉很有可能使猎手丢掉性命，或者使他们失去白天的食物。

狩猎主要是男人们的活动，但他们除狩猎外还要做更多的事情。他们要制作并准备武器、工具和玩具。他们要准备帐篷、雪橇，建造冬季和夏季的住处。而妇女要加工皮革并用它们为全家人缝制衣服。她们要把皮子缝在一起，用来作船体和帐篷料。她们捕鱼，并将捕到的鱼切成条状晒干。她们要抚养孩子，操持家务，要采集苔鲜作油灯捻，并采集可食用的草莓和海草。

孩子们不断观察年长者的行为并在玩耍中模仿，从而学会他们成年后将要从事的活动。孩子在幼小的时候便渴望按他们文化中的共同伦理行事和承担责任，女孩或许会缝制自己的手套，男孩会为父亲的狗拉雪撬队伍准备挽具。

因纽特人对时间有自己的概念。对他们来说，一天并不是按时分秒划分的。在狩猎的日子，他们不会考虑时间太早或太晚。决定何时狩猎是根据食品的需求。他们没有固定的用餐时间，饿了就吃。的确，如果没有食品也就根本谈不上用餐时间。这种情况常常发生，如果因纽特猎人无法截击迁移中的鹿群，那么所有的人便得不到足够的食物，甚至挨饿。因纽特人所有与生存有关的活动都是按照不同于我们的时间表进行的。他们按照大自然的时间表生活，这个时间表就是季节。

随着暖春季节的到来，冬季的雪屋开始融化，于是因纽特人转移到内陆营地。他们先将换季后用不着的东西收藏起来，因为没有必要携带闲置的设备，这些设备直到晚秋返回时才重新启用。所有成员到达夏季营地后便分为若干小组建营。夏季，一个个家庭在狗队的陪伴下，有时要出走800多公里去寻找食物。

因纽特人经常集体狩猎，而不是单独行动。这不仅是因为狩猎本身就是一种协同活动，而且因为猎获的肉食要在整个群体中分享，大量的其它工作也是由集体完成的。生存有赖于这种集体分工。[①]

## 二、内陆：捕鹿、捕鱼

生活在内地的因纽特人，基本没接触过海洋哺乳动物，主要依赖驯鹿来满足他们的大部分需求。他们的第二种主要食品是鱼。

向北部冻土带漫游的驯鹿群数量非常之大，以致如果你站在河口，昼夜不停地通过的鹿群可持续一周。在鹿群出现的几天之前，因纽特人就知道它们即将到来，因为在远处不断传来雷鸣般的隆隆声响——这是成千上万只驯鹿奔跑时发出的轰鸣。

驯鹿是迁移性动物，它们春季迁到北方繁殖，并靠生长在暂短的北极夏季里的充裕植物养育小鹿。因纽特人捕杀并储存大量的驯鹿肉。其他猎杀发生在9月或10月，因为此时的动物皮毛优良，皮下脂肪丰厚。而且在每年这个时候，肉冻得快，便于储藏，以备冬天食用。储藏物被堆在地上并以石块覆盖，以防其它食肉动物窃食。在北极地区西部，肉食被储存于冰窖中。

驯鹿通常年复一年地沿着同一条路线迁移。因纽特猎人则驻扎在驯鹿必经之地。通常是在河水湍急处，手持弓箭等待着。因纽特人如果没有男性猎手成功地捕猎是无法生存的；若没有妇女的缝制技术他们也无法生存，因为正是这些妇女将驯鹿皮做成因

① 吴金光译：《加拿大的因纽特人》，《世界民族》1993年第2期。

纽特人的冬衣。

猎物的清洗、皮革的加工需付出大量劳动，然后要用大量时间将兽皮缝制成衣服，每年妇女都要为全家每人做一套新衣。靴子、袜子、裤子、被褥、手套都是用鹿皮缝制的。丈夫一冬要穿的5双靴子均由妻子精心加工制作，皮质柔软。

秋天捕获的驯鹿，其皮毛是理想的衣料。男人冬季穿的大衣由数张鹿皮缝制而成，冬季的过膝皮裤要用两张鹿皮缝成。冬季皮大衣和皮裤为双层，内层毛朝里，外层毛朝外。

那些在海面浮冰上过冬的因纽特人忌讳在冰上加工鹿肉或鹿皮。按照因纽特人的信仰，如果违犯了这种禁忌，灾难就会降临。因此，妇女必须在返回冬居之前把所有冬衣准备好。

一只普通驯鹿的可食用肉只占其总重量的一小半，其余部分也能得到充分利用。鹿皮做成皮服、睡袍，或用作帐篷料；驯鹿头颅的硬皮是做靴底的理想材料；肚皮下面的细皮可用来缝制非常柔软的袜子；鹿角可加工成各种工具；鹿筋可用作线。动物脂肪可用作灯油。

冬季，因纽特人将营地扎在他们秋季储存物附近，依靠冻肉维持生计。如果肉食充足，将会有许多人生活在存放地。否则，该群体将分成若干小组去狩猎、宿营。任何一个捕杀驯鹿的机会都是珍贵的，因为新鲜肉食可以换换口味。

捕鱼可终年进行。鱼供人和雪橇狗食用。捕鱼方法随季节变化各异。在温暖的季节，当鱼逆流而上产卵时，在河里用石头筑一个环形低坝，被围困的鱼无法从狭小的入口处逃走，于是被鱼叉叉住。有的鱼马上鲜吃；有的鱼剥皮、晒干、储存起来，以备将来食用。寒冷的冬季，破冰捕鱼是常用的方法。

## 三、沿海：狩猎海豹、鲸鱼

海洋哺乳动物对沿海地区的因纽特人的重要性正如驯鹿对内陆因纽特人的重要性一样。鲸肉和鲸油为人们提供了食物、温暖与光明。鲸须可做弓；鲸骨可做雪橇。

在海洋哺乳动物中，人们捕猎更多的是海豹。冬季时，海豹通过许多冰洞呼吸。一只海豹在水下潜20分钟后，便有规律地来到吸气孔，这样吸气孔不会被冻上。过去都是靠雪撬狗的嗅觉发现海豹的吸气孔。

捕猎海豹同捕鲸一样，需要集体作业，在有若干海豹孔的地方，不可能知道海豹会从哪个孔浮上来。为找到答案，只有监视所有的透气孔，每人守护一个，静静等候。也许他们会搭一道防风小雪墙。在海豹孔放一个装置以显示动物的到来。这个装置可以是个浮标，它能在动物到来时，显示出水的涌动；或是一个十分敏感的装置，它能在海豹浮出之前抖动。这就是猎人安放的信号，他们抱着鱼叉等待着海豹浮出的一刹那。[①]

春天来临时，当海豹躺在浮冰边缘晒太阳时，遭到捕猎。晚春季节，猎人们乘皮筏子在水面上捕猎海豹。

海豹用途广泛。它们的肉含有丰富的热量。海豹的肝含大量维生素A，而且味道鲜美。海豹皮可用于制作大衣、帐篷等。海豹坚韧的胡须可做狗拉雪撬的绳索，骨头可做各种工具。

冬季雪屋通常就盖在冰上，不到一小时的时间就可建起一所这样的小屋。这种房屋可集中盖在未完全冻实的冰上，此时冰下的水可以产生一种隔寒作用从而使冰屋有暖意。盖在陆地的雪屋

---

① 姜芃：《加拿大文明》，中国社会科学出版社，2001年版，第34页。

通常选在积雪覆盖的地面，山脚下是最理想的地方。

雪屋是用硬雪砖搭成的，呈穹窿形。入口是一条通向主屋的地上通道，该通道可防御刺骨的寒风。在圆屋顶一侧有块活动的雪砖，用于调节空气。雪屋的一半是个半圆形的铺着皮革的雪台，可坐在上面，也是睡觉的地方，另一半是厨房。

有时，两个或更多的雪屋可用通道连接起来。因纽特人冬季基本上定居在一处，因此，有更多的闲暇时间开展娱乐活动。住在同一地方的因纽特人在冬季常常盖起一座很大的大雪屋供人们在这里聚会歌舞、讲故事或做游戏。

## 第二节　混合经济模式的形成：从依靠土地到依靠商业再到依靠现金

北极地区原住民的经济模式在殖民侵入和现代文明渗透之后，已经逐步从原来依靠土地获取生存资料的原始经济发展到与殖民者进行贸易换取生产资料的商业经济，再到依靠劳务活动赚取经济收入的现金经济。这种经济模式转变是伴随着殖民化、现代化和环境变化逐步形成的，大体可以归纳为“依靠土地—依靠商业—依靠现金”三个阶段。“依靠土地”阶段即为因纽特人的传统经济阶段，而“依靠商业”、“依靠现金”则为因纽特人混合经济模式形成的阶段。

### 一、毛皮贸易：因纽特商业经济的发轫

因纽特人已经有1000多年的捕鲸历史[①]，但是他们从来没有

① 位梦华：《北极的土著——爱斯基摩人》，《知识就是力量》，2004年第12期。

威胁到鲸的生存。但当鲸须有昂贵的价格之后，捕鲸就变成疯狂的商业行为，好多西方捕鲸者涌到北极去捕杀鲸，他们几乎把鲸捕尽杀净。并且在这个过程当中，他们要雇佣当地的因纽特人，于是因纽特人的社会开始改变，他们原来是游猎的民族，不断地迁移。当捕鲸者到来的时候，因纽特人便集中到捕鲸船的地方，帮助他们捕鲸，从此开始跟西方接触。

这种接触大约是从16世纪欧洲渔民在纽芬兰和拉布拉多岛进行年际性的捕鱼活动开始的①。从此非原住民的经济生产活动就开始改变因纽特文化和社会生活。16世纪早期，欧洲的渔民和捕鲸人每年都会穿越大西洋到达拉布拉多海岸进行渔业活动。尽管那时他们也常常和当地原住民进行交流，但其对因纽特人社会和文化的影响还微乎其微。因纽特人仍然充分支配当地的自然资源，其传统和经济模式也依旧十分稳固。但是已经有部分因纽特人开始在夏天迁移到南部温暖地区与欧洲人做些贸易，交易他们亟需的金属工具、木船和其他先进技术。

在因纽特人与欧洲人接触的早期阶段，因纽特人依靠与诸如哈德逊湾公司（HBC，Hudson's Bay Company）的殖民公司的贸易大大改善了生产生活条件②。因纽特人手中出售的商品一般是毛皮、鲸鱼和其它海洋动物的油脂，还有海象牙、北极鲸（Bowhead）的鲸须等，然后从欧洲人那里得到他们亟需的商品

---

① Jenny Higgins. *Impact of Non-Aboriginal Activities on the Inuit.* Newfoundland and Labrador Heritage Web Site. 4/5/2012：http：//www. heritage. nf. ca/aboriginal/inuit_ impacts. html.

② Fossett，R.. *In Order to Live Untroubled*：*Inuit of the Central Artic*，1550 *to* 1940. The University of Manitoba Press，Winnipeg. 2001：pp. 92 – 113；Burch，E. S. Jr. The Caribou Inuit. In Native Peoples：the Canadian Experience，Edited by R. B. Morrison and C. Roderick. McLelland & Stewart，Toroto，1986：p. 112.

（主要是铁器制品和武器）[①]。故此，因纽特人狩猎的目的逐渐从获得肉食向交易商品转移。尽管与他们的传统经济生活相去甚远，这种趋势仍然愈演愈烈。一旦捕获到可供贸易的动物，那些动物制品很快就会被送到贸易船上。夏季的因纽特营地会建在欧洲人的贸易点附近，以便就近交易[②]。

随着欧洲殖民的扩大，因纽特人与欧洲移民的接触交流渐趋常态化，暴力冲突也日益增多。英国殖民当局为了止息干戈而向冲突激烈的拉布拉多地区派遣了传教士（Moravians[③]），试图在经济和文化两方面温和地同化因纽特人社会。将因纽特人和欧洲人紧密联结起来的传教活动带来了欧洲人与北极原住民的和平相处，但也给因纽特人的生活方式带来了深远的影响。为了便于开展贸易活动，传教士为因纽特人提供宗教、教育和医疗方面的便利和服务。尽管传教团一方面尽力地小心保持因纽特文化原貌——他们将欧洲贸易者与因纽特人相隔离，用依奴提图特文语教读写，提供依奴提图特文语调的译本——依然不可避免地将基督教的行为和思维方式渗透到了因纽特人的信仰系统中去，特别是在经济上将因纽特人从孤立状态纳入到以欧洲为中心的全球经济体系当中。此外，传教团政策还间接地促使因纽特家庭从传统的游牧生活过渡到定居生活，至少半定居在传教点附近。到了19世纪，越来越多的欧洲殖民者移居到因纽特人传教点附近。随着交往的密切，开始有欧洲男性与因纽特女性通婚。这种联姻

---

① Ross, W. G.. *Whaling and Eskimos*: *Hudson Bay* 1860 – 1915. Mrcury Series 10. National Museum of Man, Ottawa, 1975.

② Matthew D. Walls. *Caribou Inuit Traders of the Kivalliq*. University of Calgary. 2008: p. 49.

③ 摩拉维亚系捷克中部的一个地方，是基督教联合兄弟派的发源地，代指基督教联合兄弟派的传教士。维基百科：http：//en. wikipedia. org/wiki/Moravian。

产生的后代在依奴提图特文语中被叫做 Kablunangajuit（意为半白人）。许多梅蒂斯人就把他们的祖先归宗为这些因纽特—欧洲的联姻后代。

之后，资金困难迫使联合兄弟派传教团不得不撤离拉布拉多，转而在 1926 年将其管辖权移交给哈德逊湾公司（HBC）[①]。这使得众多因纽特人第一次直接与大商品经济联系在一起。不同于传教团尽量公平公正、保持因纽特人独特的经济形态的管理方式，哈德逊湾公司在毛皮贸易中极力使利益最大化。他们鼓励因纽特人放弃其它包括捕鱼、捕鲸等生产活动，转而大力扩大毛皮贸易的份额，换取公司支付的经济收入。

对于换取工业品和重要食物的毛皮贸易的日益依赖，在暗中削弱了因纽特经济的自主性，使得因纽特人难以抵御外界势力的侵入。因为他们在最初出现生活转变时，既依靠土地，也依靠外部市场。一旦产品滞销、资源耗尽（如鲸鱼工业由于鲸鱼枯竭而使产业停顿），就会影响到他们的生活。在大萧条时期毛皮价格暴跌就导致了大量的因纽特家庭一贫如洗[②]。并且，由饮食和生活习惯骤变导致的健康问题日益严峻也使得因纽特人民的现状更加雪上加霜。此外，人口的增长也促使他们改变传统经济生活方式，因为他们再也不能完全依靠日益减少的北极哺乳类动物为生了。

随着毛皮贸易的影响日益深入到因纽特人经济生活的方方面面，传统经济模式失去其封闭性和独立性，逐步瓦解了。取而代之的是将原住民纳入到现代经济体系当中去的商业经济。因纽特

---

① Jenny Higgins. *Impact of Non-Aboriginal Activities on the Inuit.* Newfoundland and Labrador Heritage Web Site. 4/5/2012：http：//www. heritage. nf. ca/aboriginal/inuit_ impacts. html.

② 阮西湖：《加拿大因纽特人》，《云南社会科学》，1985 年第 2 期。

人混合经济模式初步形成。

## 二、现金经济：混合模式的正式形成

毛皮贸易将因纽特人的传统经济活动纳入到现代经济体系中，狩猎活动从单纯的衣食之源，转变为用以交易所需商品的谋生手段。而现代产业，特别是矿产的开发则真正使因纽特人的经济生活发生了质变，从早期以物易物的初级商业经济，彻底发展为以现金结算为特征的现代混合经济。

从某些方面来看，因纽特社会仍然是一个以狩猎作为生活主体的社会，大多数因纽特人仍然以野生动物的肉为主要食物，特别是冬季以驯鹿肉为生。但是在对当代因纽特人的田野调查中也发现了以下一些新特征①：1. 野生动物肉食仍然是因纽特人最主要的食物；2. 生活在居住区周围不远的野生动物较易捕捉；3. 工资收入提高了因纽特人的购买力，配备性能更好的雪地车提高了打猎效率；4. 打工之余的休息日正好方便去短途狩猎。

可以看到，现代化的经济生活方式已经有机地嵌合到了因纽特人社会中。虽然狩猎依然占据重要地位，但是务工活动也越来越多。并且由于打工赚取的钱改善了狩猎设备，反而提高了狩猎活动的效率。可以说，打工赚钱已经成为现代因纽特人必不可少的经济补充。初步得到的结论认为，得益于因打工收入购买更加强大的狩猎设备，因纽特社区内的野生动物肉食供应没有因为打

---

① George Kupfer, Charles W. Hobart. *Impact of Oil Exploration Work on an Inuit Community*. Arctic Anthropology. 1978. Vol. 15 (1): p. 62.

工而减少[①]。

1972 至 1973 年冬季，加拿大海湾石油公司（Culf Oil Canada）在马更些河三角洲对因纽特人进行了一项调查，旨在分析石油开采对本地区受雇于石油产业的因纽特人经济、社会和家庭生活的影响[②]。调查发现，为油矿打工期间，务工的因纽特人大致每人可以赚几百到几千美元不等，人均工资达到了 3000 美元[③]。这些居民的工资收入为社区增加了 75% 的流动资金，主要被用于家庭日常饮食开支、住房、健康等方面。

众多其他相关文献也都显示，货币收入在今天的因纽特家庭中扮演了日益重要的角色[④]。这些收入可以有效帮助因纽特人购买那些能够直接解决他们生活可能的商品，例如食物、枪支等。当前北极地区的经济条件依然无法完全保障家庭基本用品供应，尤其食物基本上一直处于仅能满足即时供应的状态。这点在今天也依然是因纽特社会和经济的核心特征。事实上，货币收入，特

① George Kupfer，Charles W. Hobart. *Impact of Oil Exploration Work on an Inuit Community*. Arctic Anthropology. 1978. Vol. 15（1）：p. 62.

② George Kupfer，Charles W. Hobart. *Impact of Oil Exploration Work on an Inuit Community*. Arctic Anthropology. 1978. Vol. 15（1）：p. 58.

③ George Kupfer，Charles W. Hobart. *Impact of Oil Exploration Work on an Inuit Community*. Arctic Anthropology. 1978. Vol. 15（1）：p. 60.

④ Conference Board of Canada.. *Nunavut economic outlook：an examination of the Nunavut economy*. Ottawa：Conference Board of Canada，2001；Myers，H.，S. Forrest. *Making Change：Economic Development in Pond Inlet，1987 – 1997*. Arctic. 2000. vol. 53（2）：134 – 145；Caulfield，R. *Aboriginal Subsistence Whaling in Greenland：the Case of Qeqertarsuaq Municipality in West Greenland*. Arctic. 1993. vol. 46（2）：144 – 155；Knapp，G.，and T. Morehouse. *Alaska's North Slope Borough Revisited*，Polar Record. 1991. vol. 27（163）：303 – 312；Quigley，N.，and J. McBride. *The structure of an Arctic Microeconomy：the Traditional Sector in CommunityEconomic Development*. Arctic. 1987. vol. 40（3）：204 – 210.

别是工资已经在很大程度上改善了因纽特人家庭基本用品短缺的状况[①]。然而，由于北极地区交通运输成本高昂，导致商品价格相应上涨，满足全部家庭用品需求也要相当大数目的金钱投入[②]。目前而言，大部分因纽特家庭仅能满足诸如鱼和肉类等基本家庭用品需求的一部分[③]。

随着产业化的深入，北极地区的经济获得了长足的发展。劳动力市场的发展极大地提高了因纽特人的经济收入。以努纳维克为例[④]，从1972～1983年十年间，因纽特人全职劳务的工资几乎翻了一番[⑤]。此后现金收入依然持续增长，截至20世纪末，现

---

① Condon, R., P. Collings, and G. Wenzel. *The Best Part of Life: Subsistence Hunting, Ethnicity, and Economic Adaptation among Young Adult Inuit Males*. Arctic. 1995. vol. 48 (1): 31-46; Mackey, A., and R. Orr. *An Evaluation of Household Country Food Use in Makkovik, Labrador, July 1980 - June 1981*. Arctic. 1987. vol. 40 (1): 60-65; Wolfe, R., and R. Walker. *Subsistence economies in Alaska: productivity, geography, and development impacts*. Arctic Anthropology. 1987. Vol. 24 (2): 56-81.

② Wenzel, G. Animal Rights, *Human Rights: Ecology, Economy and Ideology in the Canadian Arctic*. Toronto: University of Toronto Press. 1991.

③ Smith, T. G., and H. Wright. *Economic Status and Role of Hunters in a Modern Inuit Village*. Polar Record. 1989. Vol. 25 (153): 93-98.

④ 努纳维克居民62%的收入来自在公共部门的务工报酬，其较高的产业化率为考察因纽特人现金经济的发展提供了绝佳的研究案例。参见：Lefebvre, D., *Jobs in Nunavik in* 1998. Kuujjuaq: ARK. 1999。

⑤ Duhaime, G.. *Revenu personnel, destin collectif: la structure du revenu des Inuit de l'Arctique du Quebec*, 1953-1983. Canadian Ethnic Studies. 1991 vol. 23 (1): 21-39.

金收入已经成为因纽特人最主要的经济来源了①。这种现金收入的增长直接改变了因纽特人的生活。据估算，1983 年因纽特人人均花在私人化商品和服务上的费用超过了 9000 美元，而到 1991 年则骤增到 13000 美元②。

尽管通过打猎获取的乡土食物（country food）依然在因纽特人的饮食结构中占有重要意义，花费在购买食品、杂货上的开销却也在持续增涨，到 1995 年已经达到了平均每户家庭 16400 美元③。这在过去的因纽特社会是不可想象的，因为传统因纽特人尽管生存条件恶劣，还一直是以竭力满足自给自足为首要任务的，从未有过通过从外部购买来解决食物短缺的经历。但是自从货币收入成为因纽特家庭收入的重要来源之后，这种状况得到了极大的改善。

现代因纽特家庭用品主要依靠现金收入和渔猎、采集这两方面获取。一方面劳务活动所赚取的工资提高了因纽特人的购买力，这种购买力不仅用于满足因纽特家庭的日常饮食开销，也用于购置渔猎活动的先进设备，如枪支、雪地机车等；另一方面，因纽特人可以充分利用打工的间歇时间外出狩猎，并且在先进设

---

① Simard, J. -J. , *Tendances nordiques*: *les changements sociaux* 1970 – 1990 *chez les Cris et les Inuit du Quebec*. Quebec: G'ETIC. 1996. 转引自：Marcelle Chabot. *Economic changes*, *household strategies*, *and social relations of contemporary Nunavik Inuit*: http://www.chaireconditionautochtone.fss.ulaval.ca/documents/PDF/97.pdf.

② Duhaime, G. , P. Frechette, and V. Robichaud. *The economic structure of the Nunavik region* (*Canada*): *changes and stability*. Quebec: GETIC, 1999. Universite Laval.

③ Duhaime, G. , M. Chabot, and P. Fr'echette. *Portrait economique des me'nages inuit du Nunavik en* 1995. In: Duhaime, G. (editor). *Les impacts socio-economiques de la contamination de la chaine almentaire au Nunavik*. Qu'ebec: GETIC, 1998. Universite Laval: 17 – 156.

备的帮助下，这些活动的效率相比从前大有提高。

但是现代因纽特人毕竟不再像从前那样全职从事传统渔猎活动了，同时随着环境变化、野生动物数量的下降，因纽特人获取的乡土食物也相对有所下降。然而，无论从口味还是健康角度而言，新鲜的乡土食物对因纽特人而言比进口的食物更加重要。但是因为因纽特人狩猎所得的肉食都是自给自足的，这些食物无法商业流通[①]。

所以，虽然货币经济极大地提高了因纽特人的经济水平，改善了他们的生活条件，传统经济活动依然是必不可少的。混合经济模式是现代因纽特人在北极地区特殊环境下生存的必然选择。

## 第三节　环境变化对因纽特民族经济的影响

近20年来，随着全球变暖的加速，北极海冰的融化，北极航道的可能开通，北极地区越来越成为世人关注的对象，人们迫切需要那里丰富的油汽资源和海运通道。然而很少有人关注这一地区的原住民族，很少关注环境变化到底给他们的经济生活带来哪些影响和困惑？

---

① Collings, P., G. Wenzel, and R. Condon. *Modern food sharing networks and community integration in the central Canadian Arctic*. Arctic. 1998. Vol. 51 (4): 301 - 314.

## 一、传统经济活动：环境变化与现代化夹缝中适应求存

狩猎活动依然是因纽特生活的重要组成部分①。商业性的狩猎为许多家庭提供了不菲的经济收入；而对于偏远地区的因纽特人而言，生存性的狩猎则是他们的衣食之源。狩猎是因纽特人全年的生活主题：春季捕海豹、捉鱼、收集禽蛋；秋季采摘浆果、捕鲸、猎兔子、驯鹿、候鸟等。

但是，随着极地环境变化，特别是在此背景下原住民现代经济的发展，使得因纽特人狩猎等传统的经济活动也在悄然发生改变。这种改变不仅涉及野生动植物种类、数量、习性等自然环境上的变异，同时也是狩猎工具、方式、人力等各方面的大变革。

一项旨在考察加拿大四个因纽特人大居住区努纳维克、努纳武特、伊努维卢伊特定居区（Settlement Region，简称 ISR）、努纳茨伊武特环境变化与原住民生活变迁的大型调研报告②显示，在因纽特人生活区域，植被生长状况和种类已发生了明显的变化。一些原有物种逐渐减少，而原来在本地区无法生长的新品种却越来越多地被发现。调查显示，近年来在拉布拉多的

① Williamson, T. *From Sina to Sikujaluk, Our Footprint: Mapping Inuit Environmental Knowledge in the Nain District of Northern Labrador*, Labrador Inuit Association, 1997.

② Nickels, S., Furgal, C., Buell, M., Moquin, H., *Unikkaaqatigiit-Putting the Human Face on Climate Change: Perspectives from Inuit in Canada.* Ottawa: Joint publication of Inuit Tapiriit Kanatami, Nasivvik Centre for Inuit Health and Changing Environments at Université Laval and the Ajunnginiq Centre at the National Aboriginal Health Organization, 2005. p. 65.

Anaktalâk 湾和附近的内恩已经出现了多类新的野生动物物种，包括不知名的昆虫、鸭子、鸽子等鸟类和驼鹿等[①]。虽然夏天增多的大量蚊虫十分讨人厌，但新出现的猎物品种（如驼鹿等）对因纽特人而言倒是气候变化不错的副产品，因为他们可以换换口味了。

在一些地区，居民认为植物越长越高，比以前更茂盛[②]。植被生长状态的变化对与因纽特人饮食和健康大有关系的浆果（可以提供因纽特人日常饮食中很难获得的植物纤维素和维生素C）的影响尤为显著[③]。由于气候变化导致的风暴天气使得地表侵蚀严重，减少了浆果生长所需的土壤养分。而且夏季温度升高和降水量的增加，又使浆果成熟的更早，但是腐烂的更快，给因纽特人及时采集增加了困难。

对因纽特人生活产生重大影响的植被变化还有作为驯鹿食物的地衣和苔藓。降水量（包含冰雹、雪）的增加导致地衣、苔

---

① Davies, Hilary. *Inuit observations of environmental change and effects of change in Anaktalak Bay, Labrador.* Queen's University (Canada). M. E. S. 2007. p. 112.

② Nickels, S., Furgal, C., Buell, M., Moquin, H., *Unikkaaqatigiit-Putting the Human Face on Climate Change: Perspectives from Inuit in Canada.* Ottawa: Joint publication of Inuit Tapiriit Kanatami, Nasivvik Centre for Inuit Health and Changing Environments at Université Laval and the Ajunnginiq Centre at the National Aboriginal Health Organization. 2005. p. 65.

③ Nickels, S., Furgal, C., Buell, M., Moquin, H., *Unikkaaqatigiit-Putting the Human Face on Climate Change: Perspectives from Inuit in Canada.* Ottawa: Joint publication of Inuit Tapiriit Kanatami, Nasivvik Centre for Inuit Health and Changing Environments at Université Laval and the Ajunnginiq Centre at the National Aboriginal Health Organization. 2005. p. 78.

藓被覆盖得太深，使驯鹿的进食变得困难①。这会严重影响到牲口的肉质和健康，进而给因纽特人的食物安全造成威胁。

一方面是环境变化导致北极野生动物在健康、习性、数量和分布上的具体改变②；另一方面是因纽特人现代化过程中不断更新的器械装备革命：出行快速方便的雪地机车取代了狗拉雪橇，远距离射击的猎枪取代了矛和匕首，GPS 卫星导航代替了经验判断……这种因纽特人传统生活的大变革发生在距离我们千里之外的冰雪世界，对于外部世界而言往往缺少可考的文字资料③，给研究者考察环境变化对于因纽特人传统经济活动的影响提高了难度。

北拉布拉多地区的内恩（Nain）却是一个例外。在因纽特人

---

① Nickels, S., Furgal, C., Buell, M., Moquin, H., *Unikkaaqatigiit-Putting the Human Face on Climate Change: Perspectives from Inuit in Canada.* Ottawa: Joint publication of Inuit Tapiriit Kanatami, Nasivvik Centre for Inuit Health and Changing Environments at Université Laval and the Ajunnginiq Centre at the National Aboriginal Health Organization. 2005, pp. 65 – 66.

② Fox, S. "*These are things that are really happening*": *Inuit perspectives on the evidence and impacts of climate change in Nunavut.* In *The Earth is Faster Now: Indigenous Observations of Arctic Environmental Change*, eds. I. Krupnik and D. Jolly, pp. 12 – 53. Fairbanks, Alaska: Arctic Research Consortium of the United States, 2002.; Krupnik, I., D. Jolly. Introduction. *The Earth Is Faster Now: Indigenous Observations of Arctic Environmental Change.* Fairbanks, Alaska, Arctic Research Consortium of the United States. 2002.

③ Huntington, H. P., *Using Traditional Ecological Knowledge in Science: Methods and Applications.* Ecological Applications 2000 (5): 1270.

应对环境变化影响的过程中，不间断开展的数个田野研究[1]为以之为契机全面了解环境变化对于因纽特人传统经济活动的影响提供了具体研究对象。

环境变化对于因纽特人传统经济活动（主要就是狩猎）的影响是深刻的。剔除野生动物方面的不确定因素，单就人为要素而言，主要包括对天气状况预测的准确性、传统知识传承的困惑、道路出行的安全性等方面。

第一，气候变化导致依靠传统经验无法准确预测天气状况，而现代科技又未臻尽善尽美，给因纽特人出行、狩猎带来诸多不确定性因素和安全隐忧。

关于天气越来越不可预测的问题在整个因纽特地区都在被广泛地讨论[2]。这些年来当地天气预测的困难引起了许多人，特别

① Archibald, L., M. Crnkovich. *If Gender Mattered: A Case Study of Inuit Women, Land Claims and the Voisey's Bay Nickel Project*, Status of Women Canada. 1999; Fenge, T. *Ecological Change in the Hudson Bay Bioregion: A Traditional Ecological Knowledge Perspective.* Northern Perspectives Online March 29, 2012, http://www.carc.org/pubs/v25no1/change.htm; Furgal, C., D. Martin, P. Gosselin, J. Rowell, M. Grey, J. Pouliot and P. Marchand. *Identifying, Selecting and Monitoring Indicators of Climate Change in Nunavik and Labrador.* Quebec City, Laval University. 2003; Ford, J. D., B. Smit, J. Wandel and J. MacDonald. *Vulnerability to Climate Change in Igloolik, Nunavut: What We Can Learn from the Past and Present.* Polar Record 2006, vol. 42 (02): 127; Davies, Hilary. *Inuit observations of environmental change and effects of change in Anaktalak Bay, Labrador* Queen's University (Canada). M. E. S. 2007. Etc.

② Riedlinger, D. *Responding to Climate Change in Northern Communities: Impacts and Adaptations.* Arctic. 2001 (1): p. 96.

是那些积累了多年预测天气经验的老年人的挫败感[①]，带来了诸多不便，比如对于狩猎活动的日程安排。预测天气的能力对于因纽特人而言至关重要，因为这能够保证他们在外出狩猎时的安全和顺利。没有那些天气知识，因纽特人在极地生存的危险性将大大增加；同时又会使他们的生产效率大大降低，因为狩猎时遭遇天气不测也就意味着将要额外再花费更多时间去狩猎以满足食物需求。

由于气候变暖，动物在春天的迁移时间更早了，猎人们就必须每年早早地外出捕猎。然而，冰因为气候暖化而化得更早，使这个时间段的捕猎变得非常危险，有时候甚至根本无法穿越冰原到达传统的捕猎区域。两方面因素的综合作用导致了狩猎时间大大缩减，更糟糕的是可能就没有对这些迁徙动物的狩猎季了[②]。

气候变化同时还导致因纽特人狩猎区域的改变，因为原先传统的猎场可能已经不再那么适合猎物活动了。寻找新猎场又给因纽特人增加了不少困难，在西北准省和育空地区已有报告显示人们因此而出现食物紧张的状况[③]。

第二，环境变化过于急骤，在长期自然实践（狩猎等传统经

---

① Fox, S. "*These are things that are really happening*": *Inuit perspectives on the evidence and impacts of climate change in Nunavut.* In The Earth is Faster Now: Indigenous Observations of Arctic Environmental Change, eds. I. Krupnik and D. Jolly, 12 – 53. Fairbanks, Alaska: Arctic Research Consortium of the United States, 2002.

② Responding to Climate Change in Northern Communities: Impacts and Adaptations. p. 96.

③ Kofinas, G., *Community of Aklavik*, *Community of Arctic Village*, *Community of Old Crow and Community of Fort McPherson. Community Contributions to Ecological Monitoring*: *Knowledge Co-Production in the U. S. -Canada Arctic Borderlands. The Earth Is Faster Now*: *Indigenous Observations of Arctic Environmental Change.* Fairbanks, Arctic Research Consortium of the United States. 2002. p. 55.

济活动）过程中总结得来的因纽特传统知识的可靠性面临挑战，传统文化传承遭受考验。

现在北极的自然环境与之前相比已经发生很多变化：冰化得更早又结得更晚；冬天下雨天多起来了；风向改变了；风暴天更多了。气候急遽变化导致的传统预测天气的知识的失效也使得老年人不能确定将他们的传统生产知识传授给下一代是否合适，因为他们害怕这些不再那么有效的经验知识可能适得其反，遭致“误人子弟”的后果[①]。

现代化文明的普及在一定程度上解决了这一问题，使得北极地区的人们能够更为便捷地利用 GPS、电脑等科技设备出行、狩猎[②]。人们在野外不能确认方向时，使用 GPS 就能精确导航，找到通行路线，无论在陆地还是海上都不至于迷路。此外，上网搜索卫星监控图就可以轻松找到驯鹿等动物的迁移路径，准确定位，为打猎提供便利。

但是，虽然这些技术十分有用，却依然不能解决本质问题，反而造成了传统知识维护派与现代技术拥趸之间的隔阂[③]。这种情绪在老年人中表现得尤为明显。他们担忧由于现代技术的广泛应用，人们会忽视学习传统知识与技能的价值。然而，在这片到处充满生存危机的土地上，任何技术都不是万能的，稍有不慎就有可能自食迷信技术的苦果；传统知识在历经千百年的考验后却依然帮助因纽特人顽强地在这极地生活下来。所以，老一代强烈

---

① Davies, Hilary. *Inuit observations of environmental change and effects of change in Anaktalak Bay, Labrador* Queen's University (Canada). M. E. S. 2007. p. 112.

② Davies, Hilary. *Inuit observations of environmental change and effects of change in Anaktalak Bay, Labrador* Queen's University (Canada). M. E. S. 2007. pp. 113 - 114.

③ Duerden, F.. *Translating Climate Change Impacts at the Community Level.* Arctic. 2004 (2): p. 57.

要求保障因纽特传统文化的传承，因为尽管环境变化无常，因纽特文化才是保障原住民在北极生存下去的根本，而不是作为舶来品的西方文明。比如，那些完全靠 GPS 导航外出的人就会发现，有时候这些设备也并不是那么的可靠，时有谬误，甚至发生因此而误入险地导致死亡的事故[①]。

第三，环境变化和现代化进程交互作用下，对传统经济活动的综合性影响，例如出行方式的改变，狩猎技巧的修正，等等。

北极环境的变化不仅局限于自然环境的改变，同时也涉及社会经济环境的变迁，并且二者在众多方面都表现出互为因果、互相影响的联系。一方面，自然环境的改变造成原住民生存条件的变化，不得不以现代化的方式来应对其带来的挑战；另一方面，现代化的进程也在不断重塑北极地区的自然环境。在这种循环式紧密契合的因果链条中，环境变化的影响不是单独表现的，它往往与各种人为因素综合在一起，共同影响北极原住民的生活。例如，因为冰层越来越薄，现在因纽特人在上面通行时需要更加谨慎。这种变化一部分是由于气候变化，比如气温升高，越来越多的风暴将尘埃吹到冰面上；一部分也是现代经济活动的结果，比如采矿等经济活动导致冰面上的尘埃增加，轮船行驶时破冰，以及道路、机场建设破坏等。

冰层变薄使得出行安全性大大降低，因纽特人不得不避开那些冰层较薄的区域，绕远路，改走一些相对可靠的路线。即使这

---

① Fox, S. 2002. "*These are things that are really happening*": *Inuit perspectives on the evidence and impacts of climate change in Nunavut*. In *The Earth is Faster Now*: *Indigenous Observations of Arctic Environmental Change*, eds. I. Krupnik and D. Jolly, pp. 12 – 53. Fairbanks, Alaska: Arctic Research Consortium of the United States. p. 40.

样，出行安全也是不能得到保障的，出行死亡事故仍时有发生[①]。这种出行安全的不确定就导致人们外出狩猎时常需要绕行，既花费大量的时间，也会增加新的不确定性。

狩猎活动受环境变化的影响还远不仅限于此。由于气候暖化，冰雪消融，北极地区的矿产资源开发更为容易了。在拉布拉多地区，矿场如雨后春笋般迅速崛起[②]。Anaktalâ 湾矿产工业的存在迫使人们避免去这片区域活动或者打猎，尽管这一带曾经是因纽特人传统的狩猎场[③]，出产大量诸如海豹和候鸟之类的动物。但因为采矿和运输的噪音，夜晚的光污染，使动物更警觉，把它们从这片区域吓跑了。此外，不仅陆地上因为采矿而变得“千山鸟飞绝”，而且大量的运输船也使得海上狩猎活动“万径人踪灭”了。

狩猎活动不仅受到自然环境变化和现代经济活动的双重影响，也遭受着现代化进程中的文化冲击。传统上，因纽特人会为了生存花费大量时间在野外捕猎，青少年就可以在这些劳作的过程中从长辈那儿学习知识和技能[④]。然而，工业化导致大量的因

---

① Nickels, S., Furgal, C., Buell, M., Moquin, H., *Unikkaaqatigiit-Putting the Human Face on Climate Change: Perspectives from Inuit in Canada.* Ottawa: Joint publication of Inuit Tapiriit Kanatami, Nasivvik Centre for Inuit Health and Changing Environments at Université Laval and the Ajunnginiq Centre at the National Aboriginal Health Organization. 2005. pp. 74 – 76.

② Davies, Hilary. *Inuit observations of environmental change and effects of change in Anaktalak Bay, Labrador* Queen's University (Canada). M. E. S. 2007. p. 22.

③ Davies, Hilary. *Inuit observations of environmental change and effects of change in Anaktalak Bay, Labrador* Queen's University (Canada). M. E. S. 2007. p. 115.

④ Turner, N. J., M. B. Ignace and R. Ignace. *Traditional Ecological Knowledge and Wisdom of Aboriginal Peoples in British Columbia.* Ecological Applications, 2000 (5): p. 1275.

纽特人平时工作是雇员劳力，而没有像以往那样有足够多的时间去野外打猎[①]（在北极打猎需要在冰原上长途奔波，花费大量时间，甚至数天）。另外，打工赚的钱也使他们有资金购买生活所需，从而间接地减少了传统活动。这种传统交流方式的瓦解导致因纽特文化面临断代的威胁。因为因纽特文化是通过口述传承的，这就使它极易受到快速变化的冲击，特别是当人们发生迁徙或者年轻人认可全新的、与他们祖先截然不同的价值观和生活方式的时候[②]。现在的因纽特青少年在接受了现代化教育后，受此影响已经较少从事传统经济行业了。

## 二、采矿业：民族自决与资源开发的大洪流

北极环境变化对于矿业的影响不是决定性的。因为在目前全世界对自然资源极度渴求的大背景下，即使北极环境不发生改变，这片荒凉的土地下埋藏的丰饶的矿产资源也将不可避免地受觊觎，被开采。但是，环境变化，特别是全球暖化下极地冰雪的融化，给了北极地区矿产开发十分有利的便捷。

北极环境变化对矿场开发最主要的影响在三个方面：

第一，气温上升导致冰层变薄，海面无冰期变长，轮船全年的可航行时间大大增加。

过去 30 年中，北极气温每 10 年上升 0.5℃，现在气温已达到了近 4 个世纪以来的最高水平[③]。一些区域的温度在过去50 年

---

① Duerden，F.，*Translating Climate Change Impacts at the Community Level*. Arctic. 2004（9）：p. 204.

② Grenier，L.，*Working with Indigenous Knowledge：A Guide for Researchers*，International Development Research Centre. 1998：p. 9.

③ *Arctic Climate Impact Assessment*，http：//www. acia. uaf. edu/.

已经上升了2.5℃，如果二氧化碳的排放量继续以目前的速度增加，到2100年，北极温度预计将上升10℃以上①。温度上升加速了北极冰盖及北冰洋海冰的融化。美国国家冰雪数据中心（NSDC）卫星监测数据表明，北极海冰覆盖面积正以每10年3%的速度融化，同时海冰厚度已由20世纪80年代初的4.88米降至现在的2.75米。2007年，北极冰层融化速度加快了10倍，北冰洋海冰面积已减至413万平方公里，比1979—2000年海冰面积平均值低39%，成为观测史上新的最小值。现在，北极夏季冰盖的大小仅有50年前的一半；2008年9月，海冰面积也较前述平均值低34%，仅高于2007年的观测数据；2009年9月，海冰面积同样大幅缩减，也仅高于2007年和2008年观测数据。2009年9月发布的《海冰展望》认为，当年9月泛北极地区的海冰面积为420万—500万平方千米。这个数值几乎都是历史最低值②。

海冰的融化虽然是一场全球自然环境的灾难，却也为北极地区的通航创造了十分有利的条件。原本只有在盛夏有限的时间内才可以通航的轮船货运，现在大大延长了。这就为低成本的大宗矿石运输创造了可能。北极地区的矿产资源再也不是看得见、吃不着的了。

第二，冻土层变薄，冰层软化，方便地下矿石的开采。

根据在北极地区常年的数据纪录发现，冰层已经越来越薄

① Randy Boswell, *Melting Arctic Poses Security Risk: A Report for U. S. Congress*, Canwest News Service, 30/3/2012, http://www.globalsaskatoon.com/world/Melting+Arctic+poses+security+risk+Congress+report/2774860/story.html.

② Norwegian Polar Institute, *Outlook of Ice on Sea*, September 9, 2009, http://npweb.nplar.no/english/subjects/1250776798.55.

了，并且极地原住民的生活感受也佐证了这一点[①]。秋天结冰更晚了，而春天化冰却提前了。而且冻土层在夏天通常不像以前坚固了。显然，这种变化对于矿产开发的便利是十分明显的。

第三，冻土融化，地面道路破坏，运输危险性增加。

过去，在浅水湾（Repulse Bay）、努纳武特（Nunavut）等地区，冰层通常直到六月的第一个星期都是可以安全通行的[②]。而现在，一到春季，冰面的通行就变得不那么可靠了，伤害事故时有发生。所以，虽然冰雪融化更加方便了极地矿物的开采，但另一方面也给建筑在冻土层上的道路带来了破坏，对极地矿物的运输提出了挑战。

总体而言，环境变化导致北极自然条件逐步发生了深刻的变化。传统生活方式显然不足以帮助因纽特人应对当今日益复杂的社会形势。与时俱进，积极融入现代文明已是大势所趋。发展原住民的本土经济是解决当前因纽特人在社会、政治、健康、教育等诸多方面问题的关键。而充分利用大自然赋予原住民的自然资源就成了因纽特人的不二选择。

原住民自决运动的胜利帮助他们重新掌握了支配自己所生活土地的自然资源的权力。《努纳武特土地宣言》是努纳武特地区

---

① Nickels, S., Furgal, C., Buell, M., Moquin, H., *Unikkaaqatigiit-Putting the Human Face on Climate Change: Perspectives from Inuit in Canada.* Ottawa: Joint publication of Inuit Tapiriit Kanatami, Nasivvik Centre for Inuit Health and Changing Environments at Université Laval and the Ajunnginiq Centre at the National Aboriginal Health Organization. 2005. p. 63.

② Nickels, S., Furgal, C., Buell, M., Moquin, H., *Unikkaaqatigiit-Putting the Human Face on Climate Change: Perspectives from Inuit in Canada.* Ottawa: Joint publication of Inuit Tapiriit Kanatami, Nasivvik Centre for Inuit Health and Changing Environments at Université Laval and the Ajunnginiq Centre at the National Aboriginal Health Organization. 2005. pp. 63 – 64.

的原住民与加拿大联邦政府于1993年签署的权利协议[①]。《宣言》结束了长久以来加拿大联邦对原住民土地的殖民占有，让因纽特人重新获得了支配自己土地的权力。这其中对今天的矿场开发最为重要的几项条款是[②]：

> ·赋予明确的土地和土地资源所有权和使用权；赋予因纽特人使用、管理和保存包括海岸在内的土地、水和自然资源的决定权；
>
> ·拨付因纽特人财政补贴，提供参与经济发展的机会；
>
> ·鼓励因纽特人文化和社会的自立……

这样，1999年成立的原住民自治政府努纳武特就有了所有矿产开发所需要的权限：地表与地下矿物的所有权、使用权；矿产项目的审批和复核权；税收权。这些政治上的准备给了今天因纽特人开发矿产资源的积极性，原住民政府更是将矿业视为一种促进本地区社会经济发展的重要途径，将矿产开发作为其经济工作的重点[③]。因此，发展矿产业的议题在努纳武特被广泛地严肃讨论。在一份《努纳武特经济展望》的报告中，加拿大委员会

---

① André Légaré, *The process leading to a land claims agreement and its implementation: the case of the Nunavut land claims settlement*. The Canadian Journal of Native Studies, 1996. pp. 139 - 163.

② James Eetoolook. *Mining and the Nunavut Land Claims Agreement*. From: Nunavut Mining Symposium, Nov. 13, 2000. pp. 1 - 2. http://www.tunngavik.com/files/2011/03/mining_and_nlca.pdf.

③ James Eetoolook, *Mining and the Nunavut Land Claims Agreement*. pp. 3 - 5. http://www.tunngavik.com/files/2011/03/mining_and_nlca.pdf.

会议将矿产业列为发展努纳武特经济最好的方案[1]；《努纳武特经济发展战略》（2003）也认真探讨了开发矿产对于努纳武特经济发展的重要性[2]。这些报告同时强调了与经济项目同步开展社会项目的重要性，以便增加社会—经济综合效益。比如，为了配合矿产业发展，旨在提高居民教育、健康水平以及社区/政府行政能力的社会项目也被提上议程，以便能够进一步创造出经济发展的良好契机。

一般而言，北极地区矿业开发的主要优势在于：显著促进GDP增长，直接和间接地增加税收，带动就业。深远的影响则包括提高居民劳动素质，推动基础设施建设，促进服务业等第三产业的发展。

目前最易于接受的，并且能够最大化增加效益的矿业方案就是可持续开发。这也正是加拿大联邦、原住民政府、各个NGO及为数众多的因纽特原住民团体等各方的共识。可持续开发的方案在理论上基本可以满足各方的利益诉求：原住民与加拿大联邦共同获得经济效益，同时又最大可能地保护环境。但不幸的是，在实际实施中却并不能保证每个项目都遵照可持续的原则如约施行。

以采矿为例，从地下开采矿石就是一个完全不可逆的过程，“循环再开采”可谓无稽之谈。所以怎样才能在一项不可持续的经济活动中植入可持续发展的理念？在不可再生资源的开发项目中，遵循可持续发展原则就是要尽可能避免任何的资源浪费，并

---

① Vail, S. , and Clinton, G. *Nunavut economic outlook: An examination of the Nunavut economy*. Ottawa: The Conference Board of Canada. 2001. http://www.nu.e-association.ca/cim/dbf/Nunavut_Economic_Outlook.pdf? im_id = 3&si_id = 305.

② *Nunavut Economic Development Strategy*, 2003. http://www.lookupnunavut.ca/NUNAVUTE.pdf.

且这种开发要同时做到社会兼容，环境友好，经济盈利[①]。

在已有的矿产开发实践案例中[②]，矿石开采固然带来了丰厚的社会经济效益，但是在资源耗尽之后，诸多社会问题也随之而来。采矿带来的经济效益主要有：

第一，就业与收入。在矿场工作的收入现在是原住民经济收入的一个重要来源。例如在巴芬岛北极湾地区的 Nanisivik 和 Polaris 地区有两座矿，每年为原住民带来 100 万美元的收入，同时也为原住民社区提供了可观的经济效益[③]。并且，在矿场打工的收入都是可支配性工资收入，提高了居民的购买力，能够大大改善因纽特人家庭经济状况。经济条件的改善也为因纽特社区商业的繁荣提供了基础，社区内各种商店也逐渐多起来了，比如打猎设备就卖得特别好，尤其是雪地机车[④]。

第二，航空运输。对于许多极地社区而言，航空运输已经是北极生活不可或缺的一部分了。大部分小社区一般采用小型的涡

---

① Crowson, p. *Sustainability and the Economics of Mining-What Future*? Minerals & Energy, 2002 (2): pp. 15 – 19; Richards, J. P. *The Role of Minerals in Sustainable Human Development*: *Geological Society*, London, Special Publication: *Sustainable Minerals in the Developing World.* In Marker, B. R., Petterson, M. G., McEvoy, F., and Stephenson, M. H. (Eds), *Sustainable Minerals Operations in the Developing World.* Special Publication. London: Geological Society, 2005: pp. 25 – 34.

② 例如：纳尼斯维克铅锌矿（Nanisivik lead-zinc mine）和波拉雷斯铅锌矿（Polaris lead-zinc mine），见：Lea-Marie, Bowes-Lyon. *Comparison of the Socio-economic Impacts of the Nanisivik and Polaris Mines*: *A Sustainable Development Case Study.* Dissertation. University of Alberta, 2006。

③ Brubacher & Associates. *The Nanisivik Legacy in Arctic Bay*: *A Socio-economic Impact Study.* Brubacher & Associates. 2002.

④ Lea-Marie, Bowes-Lyon. *Comparison of the Socio-economic Impacts of the Nanisivik and Polaris Mines*: *A Sustainable Development Case Study.* Dissertation. University of Alberta, 2006. pp. 29 – 30.

轮螺旋桨式飞机，而诸伊卡卢伊特、兰金海峡（Rankin Inlet）和剑桥湾（Cambridge Bay）等大社区还有大型的喷气飞机服务[1]。在北极湾，因为纳尼西维克（Nanisivik）矿场的存在，专门建设了一个机场以供大型飞机起降，那些临近的因纽特人小型社区也借光有了便捷的飞机服务。可以说，许多极地因纽特社区的交通网络就是借助矿石运输的需要从而得以发展起来的。

航空网络的建设对于因纽特人的意义绝不仅仅是沟通与外部世界的联系那么简单。由于地处偏远，并且遍地冰雪，北极地区与外部世界的陆地交通十分不畅，而海运则受限于冬季海冰封阻。可以说空运是极地最为便捷的交通方式。这种便捷对于外界进入因纽特地区的意义更为明显，因为更便捷的往来还意味着商贸、旅游等经济活动的活力。航空服务让原住民不仅有更为便宜快速的货运方式，同时也让他们比其他没有空运的社区有更为快捷的物流。这种优势不仅仅可以惠及当地的商业活动，同时也能有效吸引大量游客前来本地观光，带来进一步的广泛效益。

第三，商业。矿业对于商业的带动作用主要集中在与采矿相关的服务行业上。在纳尼西维克矿开采之前，当地几乎没有商业经济存在，而之后则变得欣欣向荣了，货运、仓储以及食宿等行业如雨后春笋在当地兴起。例如距北极湾 21 公里远的纳尼西维克机场就促生了出租车（雪地机车）业务[2]，方便人货两地往来，为因纽特人带来新的就业渠道。

---

① Lea-Marie, Bowes-Lyon. *Comparison of the Socio-economic Impacts of the Nanisivik and Polaris Mines: A Sustainable Development Case Study*. Dissertation. University of Alberta, 2006: p. 30.

② Lea-Marie, Bowes-Lyon. *Comparison of the Socio-economic Impacts of the Nanisivik and Polaris Mines: A Sustainable Development Case Study*. Dissertation. University of Alberta, 2006: p. 32.

矿产开发给因纽特人的经济发展注入了动力，可是一旦矿区矿石采尽，那些依靠矿场繁荣起来的原住民社区就将举步维艰——投资转移，打工收入没有了，曾经繁华的旅游业和商业也面临考验。目前一些矿场的关闭所造成的影响还是小范围和局部性的。比如铅锌矿关停之后，北极湾地区航班数量已经大不如前，出于节约数额庞大的维护成本的考虑，纳尼西维克机场最终也在2005年停开了[①]。对于原住民而言，机场关闭的影响是深远的，日常货运的开销无疑会大涨，同时当地商业也会因为物流的不便而萧条。更深远的影响在旅游业上，航空费的大涨使得越来越少的游客会选择前往这些社区游玩。那些当地面向游客的商店将面临沉重打击，机场的礼品商店销售额已经减少了一半[②]。游客的减少还会进一步导致为旅游业服务的原住民失去工作，比如从事旅馆服务员、向导等工作的因纽特人就已经度日维艰了。

航空交通的萎缩只是矿业凋敝衍生的二级副作用。事实上，矿石开采殆尽后，所有与之为中心发展起来的行业都会失去活力，遭受不同程度的冲击。以矿业为中心发展起来的原住民经济无助于因纽特人的可持续发展。

环境变化对北极原住民的生存提出了更高的要求。简单的资源开发虽然能为因纽特人在短期内带来丰厚的经济回报，但是从可持续发展的视角来看，环境变化给经济活动带来的边际效益将随着资源的开发殆尽而对因纽特人造成无法估量的影响：冰雪消

---

① Lea-Marie，Bowes-Lyon. *Comparison of the Socio-economic Impacts of the Nanisivik and Polaris Mines：A Sustainable Development Case Study*. Dissertation. University of Alberta，2006. p. 19，p. 23，p. 24，p. 30.

② Lea-Marie，Bowes-Lyon. *Comparison of the Socio-economic Impacts of the Nanisivik and Polaris Mines：A Sustainable Development Case Study*. Dissertation. University of Alberta，2006. p. 31.

融，野生动物资源迁徙，传统经济无以为继；而矿产资源开发殆尽，原住民现代本土经济走向萧条。或许到了那个局面，北极原住民也早已随着经济生活方式的转换演变为“南方居民”多时了。

## 三、旅游业：可持续发展与原住民文化保持的悖论

旅游业在北极发达地区历史悠久，例如挪威的沿海地区。交通工具的改进使那些人烟稀少但经济发展较好的地区也渐渐迎来了远方的游客，并形成了重要的季节性经济[①]，成为北极原住民收入重要来源之一。目前旅游已成为加拿大因纽特民族的第二大产业。

16、17 世纪和 18 世纪早期的欧洲探险家为他们的后人留下了关于因纽特人地区最初的想象。在那些保存下来的文字、图像文献中，因纽特人生活的极地地区被描述为一片冰天雪地的蛮荒世界，一片令人敬畏的土地，需要有强大的生存能力才能存活下来；同时，这里又生活着一群原始野蛮的、亟待欧洲人为其提供发展机遇的原住民族[②]。这些意象被那些前往北极地区的各地游客深深地印入了脑海，形成了刻板印象：白雪皑皑，寒风呼啸，荒无人烟，一群雪域勇士顽强地生存其间——因纽特人。

在当前许多的宣传资料中，因纽特人依旧被描述为和他们的祖先过着类似生活方式的样子。所以许多 21 世纪的现代人在饱

① Charles Emmerson and Glada Lahn, *Arctic Opening*: *Opportunity and Risk in the High North*. p. 31, http://www.chathamhouse.org/publications/papers/view/182839.

② Morrison, William R. True North: *The Yukon and Northwest Territories*, Don Mills, Ontario: Oxford University Press Canada, 1998.

受城市的喧嚣后，就十分渴望前往这片“世外桃源”，一睹这种截然不同的蛮荒文明，探寻那些在图文资料和意象中才会出现的场景，满足其猎奇的心理。

大量观光客的涌入刺激了努纳武特等原住民生活地区旅游业的发展，带来了丰厚的经济效益，显著提高了当地因纽特人的收入。但是这种旅游活动也面临着可持续发展的困境。因为单纯的观光会随着神秘感的慢慢消失而逐渐失去新鲜感。为了拓展旅游产品的层次和吸引力，就需要激发原住民的参与热情，为外来游客展现原汁原味的、独特的本地民族文化活动，满足游客体验那种其意象中粗犷的因纽特人传统生活的旅游目的，而不仅仅是走马观花。

但是那些可以满足游客猎奇心理的因纽特人的传统活动已经随着气候、环境的变化，以及外来文明的冲击而悄然发生了变迁。大多数因纽特人已经不再按照传统的生产方式生活了。环境变化、采矿等经济活动导致了野生动物的数量、活动区域的改变，特别是现代文明的传播大大改进了猎人的装备，因纽特人传统文化最主要的部分——打猎已经发生了质的变化[①]。从前仅凭借有限的石器、骨器等简陋工具在冰天雪地与野生动物斗智斗勇的打猎方式，在今天已经变得相对简洁直接——驾驶雪地机车搜索猎物，然后用猎枪射杀。所以，今天的游客想要参观那种茹毛饮血的原始文明已是难之又难了。

---

① Nickels, S., Furgal, C., Buell, M., Moquin, H., *Unikkaaqatigiit-Putting the Human Face on Climate Change*: *Perspectives from Inuit in Canada*. Ottawa: Joint publication of Inuit Tapiriit Kanatami, Nasivvik Centre for Inuit Health and Changing Environments at Université Laval and the Ajunnginiq Centre at the National Aboriginal Health Organization. 2005. p. 96. http://www.itk.ca/publication/canadian-inuit-perspectives-climate-change-unikkaaqatigiit.

一方面，经济活动的现代化改变了因纽特人的生活方式；另一方面，为了获得经济效益而发展起来的旅游业却在试图劝说原住民回归传统，为游客展示一出“纯粹”因纽特人生活场景的原生态旅行“表演”。可以说，旅游业的发展也正是当代北极原住民社会发展的一个缩影：充满矛盾与悖论——环境变化既导致了困扰，也带来了机遇；经济发展既改善了生活，也消解了传统。

努纳武特作为因纽特人政治独立的象征，也承载着原住民经济自立的梦想①。以努纳武特旅游业的发展为例，旅游业现在已经是本地区的第二大产业②，被视为本地区有重大发展潜力的经济基础。在旅游行业内工作的本地居民数量增长十分迅速，主要从事餐饮、保卫、向导及其他相关职业，或者借游客纷至的机会做点小生意。在2001年努纳武特地区有500人受雇于旅游产业，并且在过去的十年内又增加了250个左右的岗位③。

努纳武特的可持续发展部（Department of Sustainable Development，DSD）是主要负责旅游业开发和监管的部门，它负责管辖本地区观光公园和保护区的设立与养护、旅游许可证的颁发与吊销，同时也监管当地旅游周边产业的发展。DSD与另一由三个地区旅游协会联合形成的政府成员组织协作，共同推进努纳武特地区旅游业的发展。事实上，努纳武特游客数量的稳定增长使得旅

① 潘敏、夏文佳：《北极原住民自治研究——以加拿大因纽特人为例》，《中国海洋大学学报（社会科学版）》，2010年第6期。

② Hornagold, Louise. *Sustainability, authenticity and tourism development in Nunavu*. M. A. Trent University (Canada). 2004. p. 8.

③ Tourism and Parks in Nunavut 2001，转引自Hornagold. Sustainability, authenticity and tourism development in Nunavut. M. A. Trent University (Canada). 2004: p. 8。

游业成为了本地区经济活动最为活跃的中心[1]。

但是旅游业的发展究竟要采取何种形式呢？可持续的旅游业发展是当代人的共同追求，但是很多情况下旅游业也面临经济效益的增加与环境的保护“鱼和熊掌不可兼得”的悖论。尽管需要促进地区发展和自立，当地的因纽特人也在竭力寻找一种既不会对本民族文化和本地区环境造成不可修复损害，同时又尽量满足旺盛的旅游需求的旅游业开展的途径。

DSD 积极地分析每个解决发展问题的议案，以图确保旅游业走向成功。但是，他们的许多热情也仅仅停留在提议阶段，尚未得到实行。甚至是有着最好本意的旅游业可持续发展政策，在实施中都面临挑战。广义上讲，以普遍原则为出发点的政策可能在个别地区不适用，因为那儿可能有区别于其他地方的各自特殊情况。

有争议的一点是，如果没有普遍性的政策，可持续发展的旅游业就会缺乏一个统一的方向。在努纳武特的案例中，一些政策亟需财政拨款才能将之付诸实践，以使本地区在全球旅游市场中处于一个有竞争力的地位。当地居民需要意识到，努纳武特的旅游产业是本地潜在的经济支柱。努纳武特在世界旅游市场的定位需要更准确。商业计划和培训项目需要在与当地居民协商合作的前提下实施，以免排挤传统的经济收入和影响社会公正。如果不这么做，旅游业就很可能得不到当地居民的支持，也不可能真正做到可持续发展[2]。

---

① Hornagold, Louise. *Sustainability, authenticity and tourism development in Nunavut*. M. A. Trent University (Canada). 2004. p. 8.

② Hornagold, Louise. *Sustainability, authenticity and tourism development in Nunavut*. M. A. Trent University (Canada). 2004. p. 104.

虽然绝大多数游客表示他们对在努纳武特游览的经历很满意[1]，但是这其中又有多少人会回来再度游览？并且，在现在的旅游形式下，旅游市场还能够得到拓展吗？努纳武特的地标就是在现代城市化地区所没有的一望无际的荒野以及独特的原住民文明，这也正是它成为一个有吸引力的旅游目的地的原因所在。作为旅行手册上招徕游客的卖点，因纽特传统文化才是这片土地的价值所在。正是冰原，尤其是冰原上诞生的文明史吸引了世界各地的游客来到这片蛮荒之地。可以说除此以外，“现代化”的因纽特人在旅游市场上没有任何吸引力可言。绝大多数游客只会在观光游艇上待个把钟头，其他时候则主要在冰原、湖泊、公园和因纽特社区周边的广阔区域游览。如果他们来努纳武特旅行的出发点就是体验一下这些地标性的风光，那么他们的企望已经达到了。但是从旅游业的可持续发展角度出发，为了不让努纳武特仅仅作为游客中途的歇脚之地，因纽特人就必须成为旅游产品的主体和关键。

生活在北极地区的因纽特人试图大力发展旅游业，以促进其民族经济繁荣。然而，考虑到北极环境的独特性（单调、脆弱），以及孕育于这种环境下的因纽特文化（以艰苦求存为最高宗旨），光怪陆离的现代经济繁荣又是否适合因纽特人的传统呢？一方面，因纽特人竭力呼吁保护其独特的传统文化；另一方面，在极地环境变化的现实下，他们又试图获得经济上的实惠。但是两方面的冲突却是无法回避的。这种矛盾的状态至今没能解决，或许也将持续存在下去。

---

① Hornagold, Louise. *Sustainability, authenticity and tourism development in Nunavut.* M. A. Trent University (Canada). 2004. p. 105.

## 四、结语

环境变化对因纽特人的影响是一个复杂的综合性问题，涉及文化、教育、健康、饮食等方方面面，并且每一方面又都相互联系，彼此制约，共同塑造了今日变迁中的因纽特社会。关于考察环境变化对因纽特人经济影响的命题，也不可能做到将经济要素从因纽特人社会生活中完全剥离出来。故而，本节旨在以经济要素为贯穿研究的主线，全方位考察因纽特社会生活大变迁，从而明晰环境变化对因纽特人经济的影响。

传统因纽特人过着饥食渴饮、自给自足的“原生态”生活。在他们的语言中没有所谓经济的概念，没有货币，没有商品。是西方人将这些现代文明的产物逐步带进了因纽特人的社会生活。在当代，环境和气候条件的改变已经在众多方面影响了因纽特人的生活，我们已经很难区分环境变化与因纽特人生活方式的改变究竟孰因孰果。

但必须明确的一点是，对于因纽特人自身而言，他们不是以特殊的变化为焦点来讨论身边环境变化的。相反，他们努力在气候和环境的变化中作出相应的改变，延续本民族的文化。用因纽特人自己的话来说：“这一代因纽特人正在经历社会和经济的重大变革。我们深切感受到了诸如气候变暖、大范围污染物的扩散、生物遗失等全球环境问题造成的影响……许多我们所面对的全球环境问题是由外界的人类活动造成的，那些活动给南方人带来了经济利益却给无辜的我们带来了环境破坏……我们面对这么庞大的全球性问题束手无策。”①

---

① Violet Ford LL. B.（Vice President，Inuit Circumpolar Conference）. *Global Environmental Change*：*An Inuit reality*. 2003. pp. 2 – 4，http：//www. mcgill. ca/files/cine/Ford. pdf.

为了应对这种环境变化对因纽特人传统经济造成的压力，努纳武特社会经济发展组织（The Nunavut Community Economic Development Organization，CEGO）领导成立了一个因纽特民族经济发展委员会（National Inuit Economic Development Committee，NIC），与加拿大北方事务委员会（Inuit/Indian and Northern Affairs Canada，INAC）展开合作，共同致力于应对因纽特经济发展的挑战[①]。委员会主要关注所有因纽特地区的经济环境和经济需求。

然而，这一切行动都还远远不够解决因纽特人在环境变化背景下所面临的诸多现实问题。特别是当因纽特人在接触了现代西方文明之后，试图借全球极地关注热潮之机大力发展民族经济时，环境保护的压力与经济发展的愿望二者显得格外矛盾重重。在环境变化的客观现实下，因纽特人的传统经济、现代经济都受到了无法避免的影响。有些变化让因纽特人忧心忡忡，有些则让他们欢欣鼓舞。总体而言，环境变化对因纽特人利弊参半，前途莫测。

---

① *Inuit Annual Report* 2008 - 2009, p. 26. http: //www. itk. ca/publication/2008-2009-annual-report.

# 第六章

# 因纽特民族的社会问题

努纳武特自治政府从1999年成立，至今已有13个年头，然而10多年来，因纽特民族的变化并没有达到当初设计者的预期，反而产生了一系列的社会问题，如失业、酗酒、自杀、吸毒、家庭暴力、性虐待等，尤其是年轻男性自杀率高的问题，这些问题给原住民社会、经济的发展造成了极大的障碍。我们在关注北极丰富的自然资源、环境问题以及军事安全的同时，也应该探讨原住民当下所面临的各种社会问题。

## 第一节　人口问题[①]

20世纪下半叶以来伴随着全世界人民开始关注原住民问题，原住民人口开始大幅度增长，加拿大原住民人口也不例外，尤其

① 这部分内容已在《世界地理研究》2009年第31期上发表，题目为《论北极原住民的人口结构与社会问题——以加拿大为例》。

是近30年来，加拿大原住民人口高速增长，人口在短期内快速增长带来了大量社会问题。“2007年北极原住民的生活条件调查”组调查表明，北极原住民认为失业、酗酒、自杀、吸毒、家庭暴力、性虐待是他们面临的六大主要社会问题。近十几年来，这些问题越来越严重，失业率增长、酗酒率、家庭暴力和性犯罪率比例亦有大幅度增长[①]。与非原住民相比，原住民的各项生活指标相对较低。生活指标大体包括收入、住房条件、平均寿命、受教育程度等。原住民人口问题成为学者普遍关注的焦点[②]。

## 一、加拿大因纽特民族人口快速增长

在欧洲人初到之际，加拿大原住民人口发展平稳，如位居原住民人口之首的印第安人约有22万人，主要分布在大西洋沿岸、

① Birger Poppel et al., *SLiCA* [*Survey of Living Conditions in the Arctic*] *Results*, Institute of Social and Economic Research, University of Alaska Anchorage, Anchorage, 2007.

② 梁茂春在《加拿大土著人口的特点及生存状态》一文中作了详细考察，作者认为近十年来，加拿大原住民人口承接了上世纪下半叶以来的态势，持续高速增长，并不断从传统的保留地向非保留地、从乡村向城市转移。从整体上看，原住民在就业、收入、教育水平以及生活质量等方面均远远落后于非原住民，其民族文化也面临日渐衰退的严峻局面。作者主要根据加拿大统计局1996年、2001年人口普查资料数据和中外学者的相关研究文献来统计分析整个加拿大原住民的生存状态，在本节中笔者在这篇文章的基础上，添加2006年的统计数据，重点探讨因纽特人的人口特征（梁茂春：《加拿大土著人口的特点及生存状态》，《世界民族》，2005年第1期）。

圣劳伦斯河谷、大湖区、大平原及太平洋沿岸地区[①]。然而15世纪“新大陆”的被“发现”彻底改变了美洲原住民的历史命运。后来世界人口在大幅度增长，加拿大原住民人口却相对不断萎缩，呈低速增长状态，例如直到20世纪前50年，加拿大原住民人口也就增长29%，而加拿大总人口增长了161%[②]。

但是到了20世纪下半叶，加拿大原住民人口开始大幅度增长，这50年原住民人口增长了7倍，而加拿大总人口只增长了两倍。

**表6—1　1996—2001年加拿大原住民增长情况**

| | 人口数量 | 占总人口比例 | 1996—2001年的增长率 | 平均年龄 |
|---|---|---|---|---|
| 非原住民人口 | 28662725 | 96.71% | 3.4% | 37.7岁 |
| 原住民人口 | 976305 | 3.29% | 22.2% | 24.7岁 |
| 其中：印第安人 | 608850 | 2.05% | 15% | 23.5岁 |
| 梅蒂斯人 | 292305 | 0.99% | 43% | 27.0岁 |
| 因纽特人 | 45070 | 0.15% | 12% | 20.6岁 |

资料来源：Aboriginal Peoples of Canada：Highlight Tables，2001 Census，97F0024X IE 2001007，Aboriginal Identity Population，2001 Counts，for Canada，Provinces and Territories.

如表6—2所示，加拿大原住民人口到2006年已超过100万，达1172790人，占加拿大人口总数的3.8%，与1996年相比，增长了45%，其增速是非原住民的6倍。至此，加拿大原住民在本国人口中的比例仅次于新西兰（毛利人占15%），居世

① 张友伦等编著：《加拿大通史简编》，南开大学出版社，1994年版，第1页。

② Statistics Canada，*Aboriginal People of Canada*：*A Demographical Profile*，p. 18 Catalogue 96f0030x 2001007. http：//www. statcan. ca/.

界第二位[①]。在这100多万人口中，其中印第安人有698025人，梅蒂斯人389785人，因纽特人50485人。这三个民族中，与10年前相比，梅蒂斯人增长最快，达91%，印第安人和因纽特人分别上涨了29%、26%[②]。

表6—2　加拿大原住民人口

| | 2006年 | 所占比例% | 2001—2006年变化情况 | 1996—2006年变化情况 |
|---|---|---|---|---|
| 原住民总人口数 | 1172790 | 100% | 20.1% | 44.9% |
| 北美印第安人 | 698025 | 59.5% | 14.6% | 29.1% |
| 梅蒂斯人 | 389780 | 33.2% | 33.3% | 90.9% |
| 因纽特人 | 50480 | 4.3% | 12.0% | 25.5% |
| 其它原住民 | 34500 | 2.9% | 5.4% | 9.5% |

资料来源：笔者根据Statistics Canada, *Aboriginal Peoples in Canada in* 2006: *Inuit*, *Métis and First Nations*, 2006 *Census*, Ottawa, 15 January 2008, Cat. No.97-558-XIE, (accessed 20 August 2008)制定。

加拿大原住民分布在各省和自治区，如表6—3所示，各省原住民所占比例从1.3%到85%不等，尽管北极地区的三个省努纳武特、西北准省、育空地区三省原住民人口分别高达85%、50%、25%，但原住民人口绝对数量集中在安大略湖省、不列颠·哥伦比亚省、阿尔巴特省、马尼托巴湖省、萨斯喀彻温省、魁北克省等6个省，这6省原住民人口占总数的90%。

① 第三、四位是澳大利亚和美国，原住民差不多都占本国人口的2%。

② Statistics Canada, *Aboriginal Peoples in Canada in* 2006: *Inuit*, *Métis and First Nations*, 2006 *Census*, Ottawa, 15 January 2008, Cat. No.97 - 558 - XIE, (accessed 20 August 2008), http://www12.statcan.ca/census-recensement/2006/as-sa/97-558/pdf/97-558-XIE2006001.pdf。

表6—3　2006年加拿大各省、地区原住民和非原住民人口数

| | 总数 | % | 原住民 | % | 非原住民 | % |
|---|---|---|---|---|---|---|
| 加拿大 | 31241030 | 100 | 1172790 | 3.8 | 30068240 | 96.2 |
| 西北准省 | 41055 | 100 | 20635 | 50.3 | 20420 | 49.7 |
| 努纳武特 | 29325 | 100 | 24920 | 85.0 | 4410 | 15.0 |
| 育空地区 | 30190 | 100 | 7580 | 25.1 | 22610 | 74.9 |
| 不列颠·哥伦比亚省 | 4074385 | 100 | 196075 | 4.8 | 3878310 | 95.2 |
| 艾伯塔特省 | 3256355 | 100 | 188365 | 5.8 | 3067990 | 94.2 |
| 萨斯喀彻温省 | 953850 | 100 | 141890 | 14.9 | 811960 | 85.1 |
| 马尼托巴湖省 | 1133515 | 100 | 175395 | 15.5 | 958120 | 84.5 |
| 安大略湖省 | 12028900 | 100 | 242495 | 2.0 | 11786405 | 98.0 |
| 魁北克省 | 7435905 | 100 | 108430 | 1.5 | 7327475 | 98.5 |
| 新不伦瑞克省 | 719650 | 100 | 17655 | 2.5 | 701995 | 97.5 |
| 新斯科舍省 | 903090 | 100 | 24175 | 2.7 | 878915 | 97.3 |
| 爱德华王子岛 | 134205 | 100 | 1730 | 1.3 | 132475 | 98.7 |
| 纽芬兰和拉布拉多 | 500610 | 100 | 23450 | 4.7 | 477155 | 95.3 |

资料来源：笔者根据 Statistics Canada, *Aboriginal Peoples in Canada in* 2006: *Inuit*, *Métis and First Nations*, 2006 *Census*, Ottawa, 15 January 2008, Cat. No. 97－558-XIE 制定。http://www12.statcan.ca/census-recensement/2006/as-sa/97-558/pdf/97-558-XIE2006001.pdf。

加拿大北极地区地广人稀，每平方公里0.026人；如表6—4所示，三省两地区总共居民为113555人，原住民64655人，占56.9%，其中努纳武特省85%的人口是原住民，西北准省的原住民占该省人口的一半，育空地区也有25%的居民是原住民，努纳维克和努纳茨伊武特两地区更高达91%。因此，尽管加拿大北极地区只居住着很少一部分原住民，占全国原住民人口的5.5%，但三省两地区原住民人口比例却很高。值得注意的是，全国5万多的因纽特人，有78%居住在北极地区，这与印第安人和梅蒂斯人有很大的不同，后者的比例分别只有2.7%和1.2%。

在64655人的北极原住民中，因纽特人比例最高，达

63.1%，印第安人次之，为29.5%，梅蒂斯人最少，为7.1%，其他原住民仅为0.3%。4万多的因纽特人，60%生活在努纳武特省，23.5%生活在努纳维克地区，10%生活在西北准省，5.3%生活在努纳茨伊武特；19065的印第安人，主要分布在西北（66%）和育空（33%）两省；4565人的梅蒂斯人主要在育空地区（79%）。

**表6—4 2006年加拿大因纽特民族人口分布地区**

| | 原住民和非原住民人口总数 | 第一民族 | 因纽特人 | 梅蒂斯人 | 原住民总数 | 原住民占总人口的百分比 |
|---|---|---|---|---|---|---|
| 努纳武特 | 29325 | 100 | 24640 | 130 | 24870 | 84.8% |
| 西北准省 | 41055 | 12640 | 4165 | 3585 | 20635 | 50.3% |
| 育空地区 | 30195 | 6280 | 255 | 800 | 7335 | 24.3% |
| 努纳维克 | 10570 | 45 | 9565 | 15 | 9620 | 91.0% |
| 努纳茨伊武特 | 2410 | 0 | 2160 | 35 | 2195 | 91.1% |
| 合计 | 113555 | 19065 | 40785 | 4565 | 64655 | 56.9% |

资料来源：笔者根据Statistics Canada, *Aboriginal Peoples in Canada in* 2006: *Inuit*, *Métis and First Nations*, 2006 *Census*, Ottawa, 15 January 2008, Cat. No. 97－558－XIE制定。http://www12.statcan.ca/census-recensement/2006/as-sa/97-558/pdf/97-558-XIE2006001.pdf

加拿大北极原住民人口近几十年来迅速增加，原因很多，比如全世界人民对原住民的关注；加拿大政府和一些非政府组织在增进北极原住民的社会福利等方面也越来越有作为，这或多或少改变了原住民的生活条件；而最大的原因则是原住民出生率的快速增长，目前，加拿大原住民的人口出生率大约是全国平均水平的1.5倍[①]；但还有一个不可忽视的原因是对原住民人口普查

① Statistics Canada, *Canada's Aboriginal population in* 2017, Tuesday, June 28, 2005, http://www.statcan.gc.ca/daily-quotidien/050628/dq050628d-eng.htm.

问题。

尽管加拿大每五年就进行一次人口普查，但对原住民人口的统计工作却一直很困难。首先来自于对原住民身份的确认。尽管1982年“宪法法案”第35款第2节明确规定原住民人口包括印第安人、梅蒂斯人和因纽特人，但加拿大统计局却明确规定：具有原住民身份的人是指那些确认自己归属于印第安人、梅蒂斯人或因纽特人等原住民群体的人，也包括那些不报告自己为原住民却报告自己为“有条约地位的印第安人”、“邦成员”或“第一民族成员”的人[①]。按照这一规定，人口普查时，由被访者自己报告所属身份作为人口统计的依据。这就有可能导致被访者谎报自己的身份，使得人口普查的数据难以准确。其次是来自于原住民较为集中的保留地，按理说，集中在一起的原住民应该最好统计，但却往往存在计数不全的情况。例如在2001年的加拿大人口普查中，初步估计就有3万—3.5万名印第安人没有统计。因此原住民人口统计遗漏的情况远比其他人口要严重得多。不过，尽管统计遗漏的情况在某些地区比较明显，但从省级水平或全国水平来看，所占比例还是相对较小的[②]。

为了避免或减少这些问题对相关统计分析造成的影响，自

---

① 历史上，有一部分印第安人的祖先与英殖民政府及以后的加拿大政府签订过出让领地而得到赔偿的条约，这一部分印第安人被称为“有条约地位的印第安人”（Registered or Treaty Indian）。那些没有签约的，就被称为“没有条约地位的印第安人”，因为没有赔偿，所以不能与前者享有同等的权利，多散居在偏远地区。“邦成员”（Band Membership），即为印第安人，亦可称为“第一民族成员”（First Nation Membership），不包括因纽特人和梅蒂斯人。参见 Statistics Canada, *Aborigina l Peoples of Canada: A Demographical Profile*, p. 18, Catalogue, http://www.statcan.ca/。

② 梁茂春：《加拿大土著人口的特点及生存状态》，《世界民族》，2005年第1期。

2001年起，加拿大统计局增加了对“原住民世系”或“原住民血统”人口的统计；与此同时，加拿大统计局还根据某些具体情况采取了一些应对措施，比如在人口统计时将原住民人口分为居住于保留地的人口和居住于非保留地的人口。有些学者的相关研究也往往将原住民人口分为这两部分来进行分析；但由于统计数据的局限，更多的分析和研究只针对非保留地的原住民人口[①]。

原住民的快速增长，导致了人口结构趋向年轻化。例如2006年原住民人口普查显示，因纽特人口比全国总人口年轻得多，大约有56%的因纽特人在24岁以下，而加拿大全国总人口只有31%在24岁以下；14岁以下的因纽特人占35%[②]，加拿大全国这一比例为18%；加拿大全国人口年龄中位数是38.8岁，因纽特人为22岁；在努纳维克地区，人口中位数为20岁，有60%的人在24岁以下（如表6—5所示），有85.6%的人不到45岁；在育空地区原住民中，20—29岁之间的成年人占40%，西北准省这一比例为58%，努纳武特地区这一比例最高，占80%；2008年，育空地区原住民人口达8137人，24岁以下占43%，25—44岁占30%[③]；据有关部门预测，在未来的几年内，这一比例还将进一步增高[④]。

---

① 梁茂春：《加拿大土著人口的特点及生存状态》，《世界民族》，2005年第1期

② Inuit Tapiriit Kanatami, *Inuit Statistical Profile*, Ottawa, August 2007, http://www.itk.ca/sites/default/files/InuitStatisticalProfile2008.pdf.

③ Yukon Bureau of Statistics, http://www.eco.gov.yk.ca/pdf/population_projections_2018.pdf.

④ Statistics Canada, *Aboriginal Peoples in Canada in* 2006: *Inuit, Métis and First Nations*, 2006 *Census*, Ottawa, 15 January 2008, Cat. No. 97-558-XIE, http://www12.statcan.ca/census-recensement/2006/as-sa/97-558/pdf/97-558-XIE2006001.pdf.

表 6—5　2006 年加拿大因纽特人和全国总人口年龄分布对比

| 年龄段 | 因纽特 | | 加拿大 | |
|---|---|---|---|---|
| | 总数 | % | 总数 | % |
| 0—4 岁 | 5875 | 12 | 1690400 | 5 |
| 5—9 岁 | 5800 | 11 | 1808280 | 6 |
| 10—14 岁 | 6035 | 12 | 2078135 | 7 |
| 0—14 岁 | 17705 | 35 | 5576805 | 18 |
| 15—24 岁 | 10555 | 21 | 14207810 | 13 |
| 25—34 岁 | 7095 | 14 | 3987075 | 13 |
| 35—44 岁 | 6635 | 13 | 4794100 | 15 |
| 45—64 岁 | 6640 | 13 | 8600935 | 28 |
| 65 and over | 1845 | 4 | 4074300 | 13 |
| Total-All ages | 50480 | 100 | 31241030 | 100 |

资料来源：Statistics Canada，2006 Census.

表 6—6　2006 年加拿大因纽特人各地区人口年龄分布

| 年龄段 | 努纳茨伊武特 | 努纳维克 | 努纳武特 | 伊努维卢伊特（在西北准省） |
|---|---|---|---|---|
| | 100% | 100% | 100% | 100% |
| 0—14 岁 | 27 | 39 | 38 | 30 |
| 15—24 | 22 | 21 | 21 | 22 |
| 25—64 | 46 | 37 | 38 | 43 |
| 65 岁以上 | 5 | 3 | 3 | 2 |
| 人口中位数 | 26 | 20 | 20 | 24 |

资料来源：Statistics Canada，2006 Census.

## 二、加拿大因纽特人面临的社会问题

近几十年来，加拿大北极原住民人口的快速增长和人口结构的年轻化，对这些地区政府的政策以及社会、经济产生了较大的影响。例如，人口快速增长和人口年轻化趋势，迫使原住民政府在较短的时间设立较多的学校，以便让这些年轻人接受教育；需要增加更多的就业岗位，以便让这些年轻人从学校转移到社会；需要建造更多的住房，满足这些年轻人的需求。但由于原住民政府在短时间内没有实力完成这么多的任务，致使原住民的生活水平与非原住民相比差距较大，而且这些地区还面临着越来越严重的社会问题。

收入低。衡量贫困与富裕最重要的指标就是居民的收入，据相关部门统计，1995 年 18—64 岁的没有登记的因纽特人人均年收入是 18562 加元（没有登记的因纽特人收入高于登记的），而非原住民的人均年收入是 26701 加元，前者只是后者的 69. 5%；因纽特人没有登记的就业人员人均年收入是 17537 加元，而非原住民则是 27188 加元，前者也仅为后者的 64. 5%①；2001 年，加拿大因纽特人的个人平均收入只占全国人均收入水平的 66%，而在因纽特人居住的北极地区食物成本支出却高于加拿大南部的 2—3 倍；2006 年加拿大成人平均年收入为 29769 美元，而因纽特人为 19878 美元，后者是前者的 66. 8%②。在 10 年时间内，两者之间的差距仍然没有发生多大变化③。

住房拥挤。由于联邦政府政策的改变，因纽特人不得不从他

---

① Paul S. Maxmi, Jerry P. W hite, Dan Beavon, PaulC. Whithead, *Dispersion and Polarization of In ome amongAboriginal and NoAboriginal Canadians*? in CRSA / RCSA, 38. 4, 2001, pp. 470 – 472. 转引自梁茂春：《加拿大土著人口的特点及生存状态》，《世界民族》，2005 年第 1 期。

② Inuit Tapiriit Kanatami, *Inuit Statistical Profile*, Ottawa, August 2007.

③ 加拿大北极另外一个省——育空省也是如此，据 2001 年统计，育空省家庭平均年收入是 51930 美元，而原住民家庭只有 39614 美元，后者大约是前者的 76. 3%；育空地区原住民的失业率是该地区平均水平的两倍多（26. 8% vs11. 6%）（（Yukon Bureau of Statistics, "*Profile of Yukon Aboriginals*（Census 2001）"。

们世世代代居住的圆顶雪屋迁移到联邦政府为他们设计的社区中。一方面，这种社区居住的方式改变了原来因纽特人小群体游牧的居住方式，他们将更多的因纽特人聚集在一起，产生了以前从未遇到过的各种社会问题；另一方面，联邦政府虽然致力于改善因纽特人的居住环境，但让他们始料未及的是这种以社区为单位的群居方式实质上更加恶化了因纽特人的居住条件，住房拥挤、房屋潮湿等问题接踵而至。有关健康专家认为住房拥挤往往会导致一系列的健康问题，如会造成病毒和细菌的加速传播，也会增加受伤、家庭关系紧张和家庭暴力等问题的发生。在加拿大，一般来说，一个家庭平均每个房间只居住一个人，超过一个人便被认为是住房拥挤。2001 年，20% 的因纽特人存在住房拥挤的问题，而同时期的加拿大非原住居民的住房拥挤率不到 2%。2006 年，38% 的因纽特家庭住房拥挤，而非原住民只有 5% 的家庭拥挤，前者是后者的 8 倍；有 31% 的因纽特人住房条件需要较大的修补，而非原住民这一比例是 14%[①]，前者是后者两倍多。随着人口的增长，因纽特人的住房越来越拥挤。

教育水平低。社会经济地位与受教育程度是密切相关的，1996 年保留地的 20—24 岁年龄段的因纽特人未完成中学教育的比例是 66%，到 2001 年，这一比例为 59%，下降了 7 个百分点[②]；2006 年因纽特人 25—64 岁年龄段的受教育情况是这样的：有 51% 的男性和女性只接受高中以下的教育，12% 的男性和 14% 的女性接受高中教育，接受职业技术教育的男性有 18%，

① Inuit Tapiriit Kanatami, *Inuit Statistical Profile*, Ottawa, August 2007, http: //www. itk. ca/sites/default/files/InuitStatisticalProfile2008. pdf.

② Statistics Canada-Catalogue No. 89 - 589, *Aboriginal People Survey2001-InitialFindings: Well-being of the Non-Reserve Aboriginal Population*, p. 18, http: //www. statcan. ca.

女性有9%，接受大学教育的男性为15%，女性为19%，获得学位的分别为3%和5%；而20—24岁年龄段的因纽特人受教育情况似乎更不好，有63%高中没有读完，而加拿大全国的平均水平是只有16%的人没有读完高中，前者大约是后者的4倍[①]。因纽特人的教育程度非但不能与非原住民相比较，就是与另外两大原住民印第安人和梅蒂斯人相比，也是小巫见大巫。例如2001年梅蒂斯人20—24岁年龄段的未完成中学教育的比例是42%，而因纽特人却高达59%[②]。

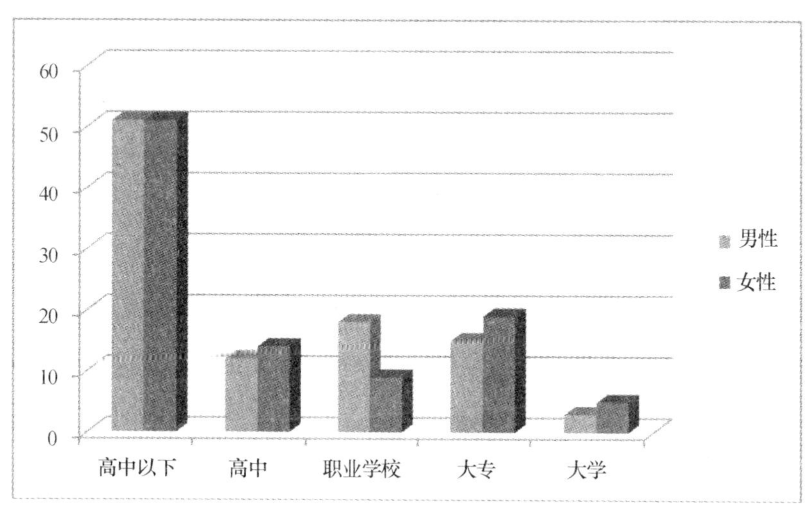


**图6—1　2006年25～64岁之间因纽特人受教育情况**

资料来源：Statistics Canada，2006 Census。

平均寿命。最能反映生活质量的平均寿命指标相差也很大，

---

① Inuit Tapiriit Kanatami，*Inuit Statistical Profile*，Ottawa，August 2007.

② Statistics Canada-Catalogue No. 89 － 589，*Aboriginal People Survey*2001-*InitialFindings*：*Well-being of the Non-Reserve Aboriginal Population*，p. 18，http：//www. statcan. ca.

加拿大人平均寿命为79.5岁，因纽特人的平均寿命为66.9岁，后者比前者低12.6岁。更为严重的问题是1991—2001年间，加拿大国民平均寿命在不断增长，而因纽特人却在不断降低。

失业率高。就业问题也随着因纽特地区社会的转型而愈演愈烈。有学者指出有限的就业机会和较低的受教育程度是因纽特人面临的最为严重的社会问题[①]。20世纪90年代的十年中，加拿大原住民人口的失业率一直在25%左右，一些原住民聚居的社区甚至高达80%—90%[②]；2001年，努纳武特统计局的报告显示，努纳武特地区的平均失业率为28.2%，有些地方甚至高达46%，这与同时期加拿大7.7%的平均失业率形成了鲜明的对比[③]；2006年因纽特人失业情况是这样的，男性为23%、女性为15%，而同年的加拿大非原住民男女失业率仅为5%。这种状况近年来亦没有好转，并有扩大之趋势，2009年，努纳武特地区失业率为12.5%，而2010年增加到15%[④]。传统的因纽特人只需要靠打猎来维持家庭生活，工厂的兴起以及因纽特人对工业产品的依赖使得他们不得不丢掉雪橇去就业，这些地区不仅就业机会少且社会分化十分严重。

---

① Birger Poppel et al., *SLiCA Survey of Living Conditions in the Arctic Results*, Institute of Social and Economic Research, University of Alaska Anchorage, Anchorage, 2007.

② Mendelson, Michae, landKen Battle, *Aboriginal People in Canada's Labor Market*, Ottawa: The Caledon Institute of Social Policy, 1999, www. caledoninst org.

③ L. J. Kirmayer, M. Malus, L. J. Boothroyd. *Suicide attempts among Inuit youth: a community survey of prevalence and risk Factors.* Acru Psychiutr Scand 1996. -94: pp. 8-17.

④ 2011-12 *Budget Highlights*, http://www. finance. gov. nu. ca/.

表6—7　2006年因纽特和非因纽特25—64岁年龄段失业率

| 地区＼种群 | 因纽特人 | | 非因纽特人 | |
|---|---|---|---|---|
| | 男性（%） | 女性（%） | 男性（%） | 女性（%） |
| 加拿大 | 23 | 15 | 5 | 5 |
| 努纳茨伊武特 | 45 | 21 | 21 | 0 |
| 努纳维克 | 21 | 17 | 8 | 4 |
| 努纳武特 | 13 | 15 | 3 | 3 |
| 伊努维卢伊特地区 | 29 | 21 | 4 | 4 |
| 土地声明之外的总数 | 8 | 13 | 5 | 5 |

失业率包括这些人：15岁及以上的、能工作但没有工作正在找工作的人、暂时被解雇或者在不久准备工作的人。资料来源：Statistics Canada，2006 Census.

高失业率和较低的受教育程度导致了酗酒、自杀、吸毒等其他社会问题的产生，由此带来了因纽特人的健康状况欠佳。在下面两节中，笔者具体以青少年自杀、女性问题为例，论述人口快速增长所带来的严重后果。

## 第二节　青少年自杀问题

近几十年来加拿大因纽特青少年自杀问题日益突出。因纽特青少年自杀率远远高于全国水平，且男性自杀率远远高于女性自杀率，这给因纽特社会的发展造成了极大的障碍。20世纪50年代后出现的这些变化与因纽特社会处于转型期密切相关，政府的一些政策在因纽特社会出现适应不良的状况。面对因纽特民族这一严重的社会问题，区域和相关组织已经采取了措施预防青少年自杀并取得了一定的成效，而我们也可以从个人、家庭和社区的层面探讨更为有效的预防自杀的方案。

## 一、加拿大因纽特青少年自杀现状概述

2003年9月10日被世界卫生组织和国际自杀预防协会确定为全球第一个“世界预防自杀日”（World Suicide Prevention Day），自杀问题成为全球关注的热点话题。近几十年来，因纽特民族自杀问题愈演愈烈，学者们开始了对其广泛而深入的研究。

因纽特民族有自杀的传统，但主要集中在中年人和老年人中，他们大多丧失了劳动能力，并为自己逐渐成为家庭或部落群体的负担而感到内疚。传统自杀的动机主要包括疾病、年龄大或丧亲，他们的自杀是清醒时的反应，有时甚至是在与家庭成员协商后得到家庭成员的宽恕或参与的情形下进行的；因此，在因纽特民族的文化中，自杀实际上是一种被认可的积极的行为。[①] 然而，从20世纪下半叶开始，随着北极地区社会发生剧烈的变化后，新的自杀现象产生了。这时自杀的主要对象是青少年，他们的自杀动机模糊不清，通常与激烈的情感状态或酗酒相关联，并以一种突然的、出乎意料的方式出现；[②] 本文将从因纽特社会出现的新的自杀现象入手，分析近年来加拿大因纽特青少年自杀现状，探讨出现这一现象的原因，并试图提出相关的解决之道。

1897年，涂尔干发表了《论自杀》一书，详细地讨论了作为社会现象而不仅仅是个人行为的自杀问题。他认为，凡是当事

---

① Krauss, Robert F., *Changing patterns of suicidal behaviour in North Alaska Eskimo.* Transcultural Psychiatric Research Review 9 (1971), pp. 69 – 71.

② Krauss, Robert F., *Changing patterns of suicidal behaviour in North Alaska Eskimo.* Transcultural Psychiatric Research Review 9 (1971), pp. 69 – 71.

人自己采取直接或间接的、积极的或消极的行动，达到了预期死亡结果的情形都是自杀。[①] 涂尔干还将自杀分为利己型、利他型、失范型和宿命型四种类型的自杀。而在描述因纽特青少年的自杀现状时，笔者更倾向于按照美国国立精神卫生研究所（National Institute of Mental Health）[②] 自杀预防中心的分类，它将自杀分为完全性自杀（Completed Suicide）、自杀企图（Suicidal Attempt）和自杀观念（Suicidal Ideation）这三种类型。之所以倾向于后一种分类方式，是因为自杀企图和自杀观念为将来的完全自杀埋下了隐患，对家庭和社会产生的影响很大。如果想要更进一步或更彻底的做好预防自杀的工作，我们不仅要了解自杀的现状，更重要的是要将自杀的念头扼杀于“摇篮”中。

### （一）因纽特青少年完全性自杀现状

所谓完全性自杀似乎更符合涂尔干关于自杀的定义，是指当事人的行为已经造成了自身死亡这种不可挽回的结果，而自杀率是指每十万人中自杀死亡人数的多少。根据心理学家的研究指出，一个族群或社会，自杀率在10万分之5至10万分之10的区间内是正常的。[③] 然而，据加拿大卫生部称，2001年因纽特人平均自杀率为10万分之135，同期的加拿大全国平均水平是10

① ［法］埃米尔·迪尔凯姆著，冯韵译：《自杀论》，商务印书馆，2001年版，第11页。

② 国立精神卫生研究所（National Institute of Mental Health，简称NIMH）是美国国立卫生研究院（National Institute of Health，简称NIH）27个研究所及研究中心之一，成立于1946年。

③ Goldney, Robert W., *A novel integrated knowledge explanation of factors leading to suicide*. In New Ideas in Psychology 21, 2003:, pp. 141 – 146.

万分之12，前者大约是后者的11倍。[①] 那么，加拿大因纽特青少年完全性自杀会呈现出怎样的特点？

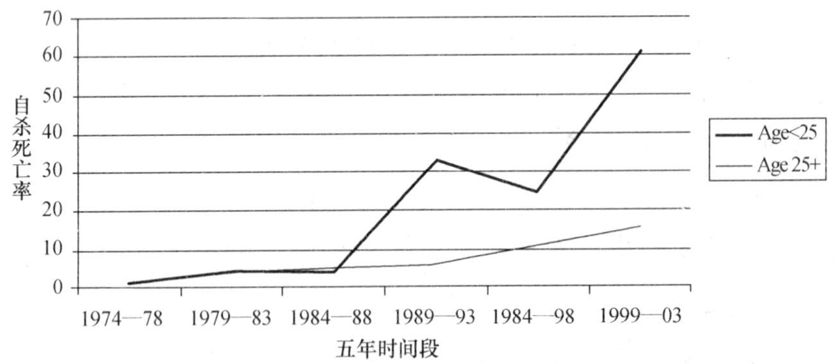


**图6—2　1974—1978到1999—2003年间努纳武特地区因纽特人按年龄分组自杀死亡人数**

资料来源：Jack Hicks, Peter Bjerregaard, The transition from the historical Inuit suicide pattern to the present Inuit suicide pattern, http：//www. inchr. com/Doc/April2006/Hicks-suicide. pdf. [②]

首先，因纽特地区高自杀率集中在15—24岁青少年群体中，且近几十年来自杀率以较快的速度持续增长。结合图6—2、图6—3可知，努纳武特地区自杀率升高的主要原因是25岁以下的因纽特青少年自杀死亡人数的不断增加，且15—24岁因纽特青少年的自杀率相对于20世纪80年代而言增加了6倍多。这种令

① Inuit Tapiriit Kanatami, *Inuit Statistical Profile*, Ottawa, August 2007, http：//www. itk. ca/sites/default/files/InuitStatisticalProfile2008. pdf.

② 图1、图2、图3、图4均为Jack Hicks根据西北准省（1974—1998年）和努纳武特地区（1999—2005年）主要死因裁判官办事处和加拿大统计局人口统计数据分析所得。

人乍舌的情形不仅出现在努纳武特地区的因纽特人身上，努纳维克地区同样面临着这种令人担忧的状况。努纳维克占魁北克省面积的28.8%，且该地区90%的居民是因纽特人。[①] 从1984—1988到1999—2003年间，努纳维克地区因纽特青少年自杀率增加了5倍多，且自杀年龄也集中于15—24岁之间。[②]

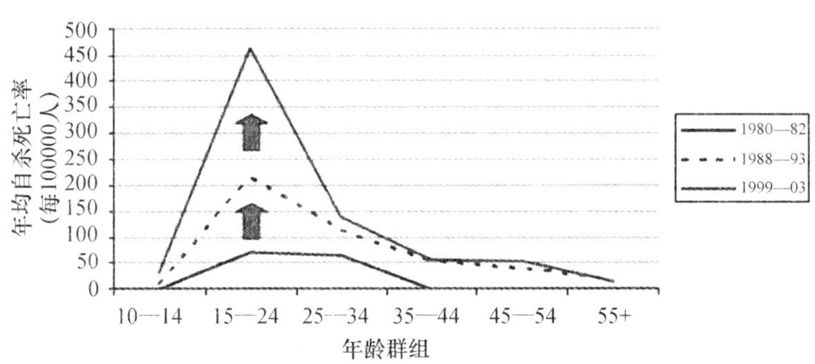


**图6—3 1980—1982到1999—2003年间努纳武特地区25岁以下因纽特青少年自杀率的升高情况**

资料来源：Jack Hicks，Peter Bjerregaard. The transition from the historical Inuit suicide pattern to the present Inuit suicide pattern，http：//www. inchr. com/Doc/April2006/Hicks-suicide. pdf.

① 潘敏、张侠等：《论北极原住民的人口结构与社会问题——以加拿大为例》，《世界地理研究》，2009年第3期。

② Jack Hicks，Peter Bjerregaard. *The transition from the historical Inuit suicide pattern to the present Inuit suicide pattern*，http：//www. inchr. com/Doc/April2006/Hicks-suicide. pdf.

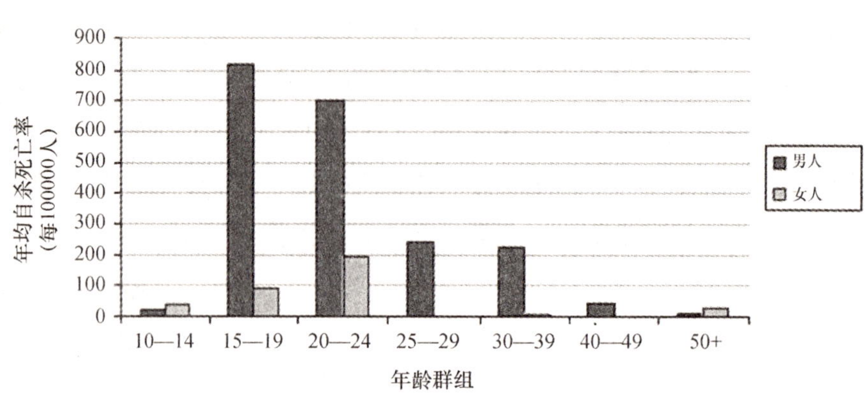


**图 6—4　1999～2003 年间努纳武特地区因纽特人按年龄和性别分组自杀死亡率**

资料来源：Jack Hicks, Peter Bjerregaard. The transition from the historical Inuit suicide pattern to the present Inuit suicide pattern, http://www.inchr.com/Doc/April2006/Hicks-suicide.pdf.

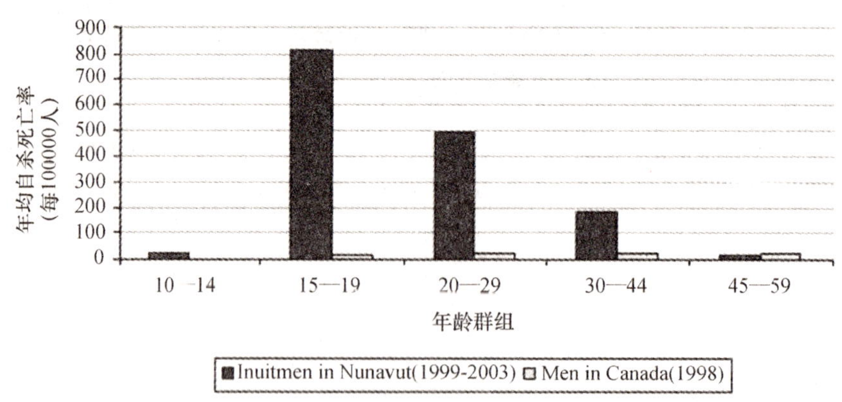


**图 6—5　努纳武特地区因纽特男性以及加拿大所有男性自杀率对比图**

资料来源：Jack Hicks, Peter Bjerregaard. The transition from the historical Inuit suicide pattern to the present Inuit suicide pattern, http://www.inchr.com/Doc/April2006/Hicks-suicide.pdf.

其次，因纽特青少年男性自杀率远高于因纽特地区同龄女性及加拿大男性平均自杀率。结合图 6—4、图 6—5 可知，努纳武特地区85%的自杀者是因纽特男性，且15～24岁因纽特青少年男性自杀者所占的比例高达60%。而与此同时，努纳武特地区因纽特青少年男性自杀率远高于女性自杀率。但不可否认的是，因纽特青少年女性高自杀率也集中于15～24岁之间，远远高于其他年龄组女性的自杀率。此外，努纳武特地区因纽特男性自杀率高于加拿大全国水平38倍左右，15～29岁因纽特男性自杀率高于加拿大同龄男性的65倍左右。同样的情况也发生在努纳维克地区，该地区80%的自杀者是因纽特男性，且15～24岁因纽特青少年男性自杀者所占的比例高达63%①，其情形与努纳武特地区极其相似。

上述这些数据给我们描述了近年来因纽特青少年群体自杀的状况，这些数据让人们触目惊心的同时也让人痛心不已。但是，更令人意想不到的是这些完全性自杀的数据并不能完整地描述因纽特青少年自杀的真实状况，因为这个群体中还隐藏着一群企图自杀或有自杀观念的人，如果对这一群体视而不见或未给予足够的重视，预防自杀的工作也无异于捉襟见肘。

### （二）有自杀企图或自杀观念的因纽特青少年现状

这类自杀行为不同于完全性自杀，当事人可能只存在自杀的念头但并未付诸行动（即自杀观念）或者是付诸行动了但自杀未遂（自杀企图），但毋庸置疑的一点是他们是最为危险的自杀群体。相对于完全性自杀而言，关于企图自杀或有自杀观念的因纽特青少年的相关调查较少，但也有学者在这方面做过很大的

---

① Jack Hicks, Peter Bjerregaard. *The transition from the historical Inuit suicide pattern to the present Inuit suicide pattern*, http://www.inchr.com/Doc/April2006/Hicks-suicide.pdf.

努力。

1989 年，美国印第安人健康调查发现，阿拉斯加原住民青少年企图自杀的比例为 23.1%，而与之相比的其他美洲印第安群体的同龄自杀比例为 16.1%。此外，有学者在魁北克省北部因纽特人居住的一个社区进行过相关调查，调查对象为 14 ~ 25 岁的因纽特青少年。在接受调查的 99 人中，共有 34% 的受访者表示曾经有过一次自杀企图，20% 的受访者曾尝试过多次的自杀，其中 11% 的受访者因企图自杀而受伤；调查还发现 43% 的人表示曾经有过自杀观念。在这个社区内，存在自杀观念和自杀企图的青少年群体比例非常高。从总体而言，魁北克省 15 ~ 24 岁因纽特青少年男性和女性曾有过自杀观念和自杀企图的比例分别为 27.6% 和 25.3%。[①]

通过上述分析，我们发现 20 世纪 50 年代后因纽特青少年自杀现象愈演愈烈，而我们的数据也只能被动地描述这些令人痛心的现状，并不能告诉我们为什么这些风华正茂的年轻人会选择走上自杀的道路。下面笔者将集中讨论加拿大因纽特青少年自杀的原因，并从中找出最佳的预防自杀的途径。

## 二、加拿大因纽特青少年自杀原因探析

如果要探讨因纽特青少年群体高自杀率的原因，我们首先需要明确的是个人自杀事件与自杀率之间的关系问题，这也是涂尔干在研究自杀时一直强调的问题。显然，自杀是一种个人行为，

---

① L. J. Kirmayer, M. Malus, L. J. Boothroyd, *Suicide attempts among Inuit youth: a community survey of prevalence and risk Factors*, Acru Psychiutr Scand 1996 - 1994: pp. 8 - 17.

导致自杀的直接原因可能是个人的动机、性格和遭遇等等。而自杀率是指自杀者在社会中所占的比例，它是一种以群体为基础的社会事实。二者的关系实质上是个人与社会的关系，因此我们在分析原因时关注的不应该是个人自杀的形形色色的具体原因。在涂尔干看来这是心理学的任务，社会学的任务是从整个社会的层面出发来寻找人们自杀的原因；澳大利亚精神病学家 Robert Goldney 指出，任何社会都会存在自杀现象，任何社会的自杀率都是“基础比率”（base rate）[①] 与社会决定因素导致的实际自杀率相结合而形成的；“基础比率”和实际比率之间存在的差距甚至后者远远高于前者，主要是由社会因素决定的。[②] 涂尔干和 Robert Goldney 的论述为我们探究因纽特青少年高自杀率的原因提供了分析视角，即我们应从社会的层面来寻找原因。那么，近百年来因纽特社会到底发生了什么，竟然导致青少年群体自杀率如此之高？

在传统社会中，因纽特人过着以狩猎为主，以鱼、海洋哺乳动物和陆地上的动物为食的生活，他们虽然艰苦但却享受着这平静、自由和自得其乐的生活。19 世纪以前，由于北极地区的天气、交通等原因，外界很难直接与因纽特地区接触，因纽特人几乎过着与世隔绝的日子。政治上，1867 年加拿大联邦政府成立，同年制定的宪法涉及的原住民只是印第安人，而且仅限于有着身份的“印第安人”，并没有提及因纽特民族，因纽特社会在政治上一直处于自治状态，他们安排和管理着自身的事务。由于北极

① 澳大利亚精神病学家 Robert Goldney 指出所有人类社会都存在一个每年 10 万人中有 5～10 人自杀这样一个“基础比率”，主要是由人类生存条件中的生物因素和其他因素导致的。

② Jack Hicks, *The Social Determinants Of Elevated Rates Of Suicide Among Inuit Youth*, Indigenous Affairs, 2007 (4), p. 35.

地区气候恶劣，不适宜生长农作物，因纽特人一直过着游牧散居的生活，人们为了生存紧密联系在一起，依靠集体的力量抵抗恶劣的自然环境。然而，因纽特民族没有书面语言，靠言传身教来传承本民族的文化。但正是通过这种方式，因纽特民族的下一代不仅从长辈那里学习到了生存的技巧，也培养了应对紧急事务的能力，面对困难和挫折能游刃有余地处理。传统的因纽特社会，虽然条件艰苦，但却呈现着一幅和谐融乐的画面。

然而，由于飞机等交通工具的发明，使得欧洲人开始频繁地与因纽特人互动。20 世纪初，外来者大量涌入北极因纽特人居住地区，他们的入侵为因纽特民族带来了许许多多的工业制成品，因纽特人在与其交易的过程中逐渐对工业品产生依赖，他们需要通过捕到更多的猎物才能换取足够的生活必需品。久而久之，在这种被动的交易关系中，因纽特人不仅严重破坏了北极地区的生态链，也从根本上改变了他们传统的生活方式。因纽特社会的传统经济遭到严重的破坏，他们再也无法控制自己的土地并导致了因纽特地区资源的严重流失。

20 世纪初，加拿大政府开始开发北方后，才对因纽特人进行首次人口普查，并发给每个原住民一个圆盘号码（disk number），以区别名字相同的因纽特人。早期只有领有圆盘号码的人才是“法定”的因纽特人，但后来也渐渐将无号码的人纳入管理之中。但在这一过程中，加拿大政府并未与因纽特人签署协议或条约。因此，在 1939 年前，加拿大联邦政府对因纽特人的统治完全没有法律依据。[①] 直到 1939 年 4 月，联邦政府在“Re Eskimo”中裁定，1867 年宪法中“印第安人”一词，应包含爱斯

① Jack Hicks and Graham White, *Nunavut: Inuit Self-determination Through a Land Claim and Public Government*, p. 19, http://www.anu.edu.au/caepr/system/files/Seminars/.../HicksJ_ WhiteG_ 2000. pdf.

基摩人，即今所称的因纽特人，这项裁定使因纽特人正式列入联邦政府的管辖权内[①]。但这个“裁定”没有与因纽特人协商，只是单方面的行为，而且，欧洲殖民者或欧裔加拿大人也没有动用武力对因纽特人进行军事征服。因此，没有战争、没有协议、没经过因纽特人的同意，加拿大政府就这样莫名其妙地控制了因纽特人的土地和资源。失去了土地和资源的控制权，因纽特民族传统社会的自治和社会管理模式也就失去了基础[②]。

加拿大联邦政府还从文化上对因纽特人施行同化政策。大约从 19 世纪中期开始，加拿大联邦政府有计划对原住民施行同化政策，主要表现在教育方面。1849 年，联邦政府与教会合作，计划设立寄宿学校，将 8～14 岁间的印第安、梅蒂斯和因纽特孩童集中接受教育，1894 年的《印第安法案》增列相关规定，强制原住民父母将其子女送至寄宿学校就读；1920 年，政府又规定父母若不将子女送往寄宿学校，应受到法律制裁；大概在 1960 年前后，这种强制寄宿制度才宣告结束。寄宿学校是把儿童与其家庭、部落分开，进入全英语、法语的学习环境，目的是将原住民的孩子教化成“文明人”，取得高等教育证书、从事较高阶层的工作。同化政策还包括改变原住民的宗教信仰。这一阶段接受义务教育的原住民后代，对其母文化几乎一无所知，并产

① 邹佾妮：《加拿大原住民自治体制与教育政策研究》，（台）国立政治大学民族研究所 2005 年硕士论文，第 73 页；笔者在另一份材料中看到，关于因纽特人到底是不是印第安人，根据“Re Eskimo”，因纽特人是印第安人，但根据加拿大 1985 年宪法第四章第一款“印第安法”，因纽特人不是印第安人（www. yorku. ca/igreene/nov1805. ppt）。

② Jack Hicks and Graham White, *Nunavut: Inuit Self-determination Through a Land Claim and Public Government*, p. 19, http: //www. anu. edu. au/caepr/system/files/Seminars/. . . /HicksJ_ WhiteG_ 2000. pdf.

生了极为严重的文化和信仰认同危机。

近代以来，欧洲文明向外扩张的历史，也就是其他文明被边缘化的过程。然而，一个民族的文明就是一个民族的软肋，哪怕是最轻微的破坏也会对社会或群体产生巨大的影响，民族自信心也会逐渐丧失。不幸的是，因纽特社会正是被边缘化的民族之一，在这个过程中因纽特社会出现了严重的社会问题，青少年群体也表现出适应不良的状况，诸多因素相互作用，形成了恶性循环，最终导致了青少年自杀率居高不下的状况。

对于因纽特青少年自身而言，他们更是徘徊在传统文化与现代文化之间，处于失范状态。因为，当生活在某一种文化中的人初次接触到另一种文化模式时会产生思想上的混乱与心理上的压力，这被称作文化震惊（Culture Shock）[①]。生活在因纽特传统文化中的青少年群体接触到西方文化时表现出了强烈的文化震惊，他们渐渐地失去了理解生命和生活的信心。

与此同时，加拿大政府一系列政策的实施对因纽特人而言是一次“大地震”，他们不断经历着这些“地震”带来的伤痛。因纽特人失去了对于祖祖辈辈生活的土地的所有权和发言权，在原本属于他们的土地上没有了应有的归属感和认同感。整个社会出现了严重的问题，如前文所述的贫困率高、住房拥挤、教育水平低、缺少就业机会以及生活设施不足、人口快速增长等等，这些又加剧了社会失范。近几十年来，因纽特地区的家庭和社区结构随着加拿大联邦政府的政治和经济政策的变动发生了很大的改变，因纽特人从原来的散居变成了在社区中的聚居。生活方式的转变使得因纽特人不得不定居在较大规模的社区，人与人之间的

① 郑杭生主编：《社会学概论新修（第三版）》，中国人民大学出版社，2003年版，第74页。

关系变得松散且社会问题层出不穷。对于因纽特青少年而言，这种变化和影响已经渗透到了生活中的各个方面。因纽特青少年不仅要学习传统的技能知识，还要适应联邦政府的要求学习西方文化。在这种冲突的过程中，青少年得不到家庭成员的理解和支持，加之传统价值标准的逐渐消失和现代文明标准尚未内化于青少年群体，使得他们迷失了方向。在当今社会中，因纽特青少年群体的归属感不强，甚至会产生他们是谁、他们属于谁的疑问，这种自我认知和集体意识的缺乏对青少年的心理产生了极大的压力。他们没有统一的道德标准和价值观来约束和指导自己的行为。在遇到上述种种困难时，因纽特青少年往往无法通过正常的渠道解开内心的疑惑并得到帮助，而更多的是选择酒精、毒品来释放内心的压力。在加拿大西北准省的一次自杀死亡调查中发现，78 个死亡案例中有 61 人（相当于 78% 的比例）的血液中检测到有酒精，47% 的人在死亡之前使用过毒品。

此外，家庭和社区环境对青少年的行为选择有很大的影响。最早受到现代化影响的实际上是因纽特家庭的父母或长辈，他们见证和感受了因纽特地区现代化的进程。然而，在这个过程中，也是他们最先暴露了适应不良的问题。不难发现，现代化导致了父母一些不良的行为，诸如酗酒、吸毒和暴力倾向，这些负面因素反过来又导致了家庭功能的失调，产生了儿童早期不良的生活经验。据心理学家的研究显示，人们的行为选择在很大程度上与儿童时期的经历相关，因为不管是正面还是负面的儿童早期经验都会在心理上和行为上明显地影响人们的儿童期、青少年期和成年期。所以，在这种存在不良情绪、酗酒和暴力倾向的家庭环境中成长的孩子更容易产生自杀的念头和自杀的行为，从某种程度上来说它们之间已经形成了一种恶性循环。除此之外，在新的社区模式中，因纽特青少年必须面对的还有新的人际关系问题。他们除了要面对家庭成员以及更大社区中相对比较陌生的邻居外，还要面对寄宿学校中陌生的同学和老师，复杂的人际关系让他们应接不暇，也更容易出现人际关系破裂的状况。然而，频繁地与家庭成员和朋友产生冲突的人最有可能用自杀来结束生命。当身边有亲属或朋友采取自杀手段来逃避现实时，因纽特青少年则更愿意效仿此种做法。

上述从加拿大政府对因纽特社会经济、政治、文化实施的政策入手，分析了其对因纽特社会生活等方面产生的严重影响，探讨了因纽特青少年高自杀率的现象。这一现象实质上反映了一个核心的问题，那就是当传统的社会制度、生活方式和文化遭到破坏时，自杀现象就像一面镜子一样反映出了社会中存在的种种问题。虽然加拿大政府极力在因纽特地区推行改造，但是当这些地区暴露出严重的问题后他们还是采取了积极的措施来应对，因为这不仅仅是因纽特青少年群体的问题，也是整个社会结构出现的严重问题。在预防因纽特青少年自杀的道路上，政府和学者们都作出了相关的努力，而我们也仍在不断地探索更为行之有效的办法来结束因纽特社会的悲剧。

## 三、因纽特青少年自杀问题的防治

近年来因纽特青少年自杀率居高不下，得到了社会各界的关注。因纽特社区也在积极地与因纽特人组织、政府和非政府组织进行通力合作，提高因纽特人应对事务的能力，让他们在遇到困难时可以寻求帮助，避免选择自杀这种极端的行为。同时，社会各界也开展各种活动来帮助因纽特人特别是青少年重拾生活的信心，增强归属感。下面将简要介绍加拿大地区预防自杀的实践并探讨如何更加全面地开展青少年自杀防御工作。

加拿大因纽特民族居住区域在预防青少年群体自杀问题上做了非常大的努力。加拿大因纽特人主要分布在西北准省、努纳武特地区、努纳维克地区、努纳茨伊武特等地区，这些地区都试图通过各种途径开展与预防自杀相关的活动。

在西北准省，自2005年以来一些区域公司就赞助了国际“黄丝带”运动，这一运动表明青少年在遇到困难时进行求助是被允许和鼓励的。那些遇到困扰的青少年可以凭借一张特殊的卡片在被值得信任的成年人那里寻求安慰和帮助，直到他们解决了面临的困扰这一关系才能解除。这项运动正在实施当中，有助于缓解因纽特青少年的压力，使他们在遇到困难时可以通过其他途径而不是自杀来解决。

在努纳武特地区，Isaksimagit Inuusirmi Katujjiqatigiit组织，也就是拥抱生活协会联合因纽特人社区、区域政府以及其他合作伙伴一起开展相关活动，提高人们对于自杀的认识，并极力筹集预防自杀的资金。该协会还在社会工作者和教育者的帮助下举办了青少年自杀专题讨论会，为预防青少年自杀作出了很大的贡献。

在努纳维克地区，成立了Saputit青年协会，该协会为因纽特青少年连续举办了三届皮划艇比赛。该活动的目的在于帮助因纽特青少年重拾“人生在世”的理念，并在当今社会中找到自信心和成就感。该协会组织的一系列活动在因纽特社会影响巨大，因纽特杂志还对此活动进行了专题报道。

在努纳茨伊武特地区，创办了“精神击鼓小组”，该群体引导人们不断思考并让人们学会宽容。在努纳茨伊武特的一个社区中，该小组还创建了“记忆墙”，用来存放那些因为自杀、意外事故、疾病或自然灾害而死亡的亲人的记忆，为因纽特人的悲伤和压抑提供了释放的渠道。

此外，在因纽特地区，卓有成效的预防自杀的因纽特人和原住民组织也起到了关键的作用。

加拿大因纽特团结组织（Inuit Tapiriit Kanatami，简称为ITK），是代表加拿大因纽特人的全国性组织，该组织的卫生部门同因纽特人组织、自治政府和其它利益相关者一起制定了关于因纽特人健康发展问题相关的计划和政策，其中包括预防自杀的草案。该草案涉及面广、包含的方面非常完善，能够确保在各个方面都能够达到预防自杀的效果，在很大程度上都使因纽特人成为受益者。

加拿大因纽特妇女协会（Pauktuutit Inuit Women of Canada），该协会成立于1984年，是一个全国性的组织。该组织支持因纽特妇女参与地方、区域和国家的事务，它所提出的预防因纽特社区虐待事件的国家战略计划也已得到了具体的实施。该组织旨在提高因纽特妇女的地位和知识水平，因为妇女对子女的教育是至关重要的，在预防青少年自杀工作中起着十分关键的作用。

国家因纽特青年理事会（National Inuit Youth Council），这是一个志愿者组织，以加拿大因纽特青少年的利益为出发点。最近，该组织在全国原住民青少年预防自杀策略的指导下与因纽特区域组织以及加拿大卫生部进行了合作，旨在提高因纽特青少年的技能以及激发他们表达自我的勇气。

国家原住民健康组织（The Ajunnginiq Centre at the National Aboriginal Health Organization，NAHO），该组织的重点在于改善因纽特人的健康状况，并在原住民中提倡一种健康的生活方式。该组织的最大特色在于善于利用榜样的作用，让他们在原住民社区中分享他们的成功经验，使原住民受到激励并通过开展一系列的活动找回原住民的自尊和自信心。[1]

上述这些因纽特地区组织的预防自杀实践都取得了一定的成效，得到了加拿大政府和因纽特人的认可。但是，如果要从长远的角度来预防因纽特青少年的自杀则需要更多的努力，需要社会各界全方位的参与。笔者认为，主要可以从个人、家庭和社区三个层面着手进行青少年自杀防御工作。

### （一）个人层面

因纽特青少年是自杀的主体，在对自杀进行有效预防时，首先应当从青少年个体这个层面入手。在急剧变化的因纽特社会中，青少年丧失了传统中因纽特人所特有的应对事务的技巧和韧性，他们不仅忙于处理各种人际关系，也在面对未来的道路上步履维艰从而失去了方向感。在学校里，他们得不到老师和同学的认可，学习成绩表现不佳；在家庭中，他们长期处于不良的氛围中，亲子关系不够融洽；在社会中，缺乏专业技能面临失业的压力。总之，大部分因纽特青少年处于焦虑情绪中不能自拔，自尊心受到重创。他们往往感觉无路可走，认为自杀才是最好的解决办法，才能让自己得到解脱。

因此，不管是因纽特青少年个人、家庭成员或是社会组织都应致力于帮助个体认识自己、接纳自己、肯定自己和表达自己。在认识自己的过程中，因纽特青少年需要清楚地知道“我是谁”，青少年不仅要认识自身的多重角色，还需要在传统文化和现代文化交锋的过程中找到相处的方式；在接纳和肯定自己的过

---

① *Inuit Approaches to Suicide Prevention* , World Suicide Prevention Day 2007. https：//www. itk. ca/system/files_ force/20080903-World-Suicide-Prevention-Day-Backgrounder. pdf? download = 1.

程中，因纽特青少年要善于发现自身的优点，发现生活中积极向上的一面；在表达自己的过程中，因纽特青少年在遇到困扰时应及时寻找适当的途径释放内心的无助与压抑，试图通过其他的方式而不是自杀解决问题。不管是家庭或社区，亦或是社会所作的努力最终都必须通过青少年个体发生作用。因此，青少年个体的心理健康问题不容忽视。

### （二）家庭层面

家庭是青少年最先也是最频繁接触的小社会，家庭成员对于青少年的支持至关重要。20 世纪 50 年代开始，联邦政府对因纽特民族的“再安置”使得因纽特青少年不得不离开传统的文化去接受新的文化的洗礼，包括学习新的技能、新的语言和新的生活方式。

首先，在面对这些改变时，因纽特家庭需要积极地引导和支持青少年的学习和工作，帮助青少年形成正确的价值观和人生观。与此同时，因纽特传统文化中应对事务的技巧和韧性也是青少年能力中不可缺少的部分。其次，家庭成员应该营造良好的家庭氛围，避免青少年长期在不良情绪环境中成长。家庭中父母所遭受的历史性创伤以及酗酒、吸毒的不良影响易传染至下一代。同时，多次参加社区活动或宗教活动有利于帮助青少年建立社会关系网络，缓解因纽特青少年人际关系压力。

### （三）社区或社会层面

预防自杀是整个社会的共同责任，需要个人、家庭和社区全方位的参与。然而，在面对整个因纽特社会青少年自杀问题时，社区的责任显得尤为重要，因为无论是何种组织或活动都需要通过社区这个最基层的组织进行开展。在预防青少年自杀这条漫长的道路上，社区应该制定出长期的应对策略。笔者认为，主要可以从以下几个方面着手：

社区自治。社区的自治对于因纽特人而言至关重要。据钱德勒（Chandler）和拉伦德（Lalonde）1998 年的调查显示，因纽特地区有自治权的社区中青少年的自杀率是最低的。自治权之所以重要是因为在社区中的事务大都可以按照因纽特人的文化价值观来考虑，尊重了因纽特社区的传统文化。青少年在社会化的过程中面对的社会环境相对比较简单，冲突较少，能够按照因纽特社会的文化发展。

教育方面。教育不仅关系着因纽特青少年的文化知识水平，也直接影响着他们的就业形势。在联邦政府实行的学校寄宿政策中，在加拿大南方统一教学系统下因纽特青少年在学校取得成功的机会少，辍学率高，导致了因纽特人教育水平低下。他们不仅没有接受西方模式的文化，也与本土的文化脱节，处于“真空地带”。因此，在制定教育政策时，需要结合因纽特当地的文化价值观和生活方式，而不是将西方模式生搬硬套到因纽特地区。

心理健康咨询中心。社区的心理健康咨询中心为因纽特青少年提供了释放压力和不良情绪的端口，它们扮演的角色是不容忽视的。据调查显示，大约有 13% 的自杀者在自杀死亡的这一周咨询过相关的专业人士。因此，心理健康咨询中心人员需要经过严格的选拔和培训，将因纽特人的自杀念头扼杀于摇篮中。

拥有当地发起的项目或活动。在预防因纽特青少年自杀的过程中需要建立可持续发展的战略，拥有适合当地的长期的项目或活动，如前文提到的连续几年举办皮划艇比赛活动。因纽特青少年在不断参与社区项目或活动时，能够获得自尊和自信，拓展个人关系网络。

近年来，随着国际社会和加拿大政府的关注，因纽特青少年自杀现象有所好转。但从总体而言，因纽特地区的自杀率还是远远高于国家平均水平且男性自杀率远远高于女性，对因纽特社会的影响是十分重大的，甚至威胁着整个民族的生死存亡。国际社会和加拿大政府以及社会各界应立足于因纽特传统的文化价值观，制定关于因纽特社会的政治、经济和教育等政策。只有找到根源，青少年自杀才能很好地遏制，但是不管对于加拿大还是因纽特人而言这条路依然很艰辛。值得注意的是，加拿大因纽特社会的经验不管是对于其他原住民还是对于转型时期的民族而言都具有重大的借鉴意义。

## 第三节　女性健康和家庭暴力问题

从 20 世纪下半叶开始，受加拿大政府同化政策的影响，因纽特地区的生活方式和文化习俗都发生了剧烈变化。作为对于因纽特群体的生死存亡有着至关重要的女性群体而言，她们自然也在经历着巨变。然而，变化总会夹杂着伤痛，因纽特女性在这一潮流中面临着前所未有的机遇，但更多的是伴随着永无止境的挑战。在这些挑战中，健康问题和家庭暴力现象让她们处于弱势地位，成为她们获得幸福生活的最大障碍。本节探讨了近几十年来加拿大因纽特女性的健康状况，发现从预期寿命、婴儿死亡率等方面而言，因纽特女性身体健康状况堪忧，与非原住民女性相比存在较大差距。而且，心理健康是因纽特女性面临的最主要的健康问题，成为她们在适应现代化过程中最大的障碍。针对这一现象，本文将从族际互动、性别和政治正确性三个视角，揭示出因纽特社区暴力循环模式的产生以及两性关系的失衡。同时，出于女性主义、多元文化政策和国家统一的压力，加拿大联邦政府将这一问题提上日程。

## 一、因纽特女性的健康和家庭暴力状况

### （一）因纽特女性的身心健康

对于因纽特地区而言，“一般很少有专门关于因纽特人健康的数据，尤其是专门关于因纽特女性的。但是，女性在因纽特家庭和社区及传统经济中发挥着不可或缺的重要作用。因此，从一开始确定健康优先顺序时就应当把女性健康放在重要位置上”。[①] 按照世界卫生组织对健康的定义，健康应该是指身体、精神和社会适应能力均达到良好的状态，而不仅仅只是无疾病和虚弱现象；且在衡量一个国家或地区的国民健康水平时一般采用3项指标，即人口平均预期寿命、孕产妇死亡率和婴儿死亡率。这就是说，在飞速发展、变化万千、压力无处不在的社会条件下，健康是一个综合的指标。[②] 它既要有良好的身体素质，也要有乐观的精神面貌，还要有能够积极适应各种瞬息万变的环境的能力。因此，在考察因纽特女性健康状况时一般会从身体健康和心理健康两方面入手。

从20世纪90年代早期以来，在已发表的有关极地地区因纽特群体健康问题的研究中，讨论因纽特女性健康问题的文章不到

---

① Gwen K. Healey, Lynn M. Meadows, *Inuit women's health in Nunavut, Canada: a review of the literature.* International Journal of Circumpolar Health 66: 3. 2007, p. 211.

② 韩历丽：《妇女健康与妇女权益研究结果分析》，《北京妇幼保健》，2005第21期。

50篇，且集中关注妊娠、分娩时因纽特女性的健康状况①，如助产医疗技术与环境、胎儿酒精综合症、营养不良等问题。从本文的研究出发，因纽特女性的身体健康状况主要体现在预期寿命、婴儿死亡率、女性分娩及其他方面。

预期寿命。因纽特地区的预期寿命远远低于加拿大整体水平，因纽特女性与非原住民女性之间的差距更是在逐年加大。具体而言，由表6—8分析可知，从1991~2001年，因纽特地区的平均预期寿命呈下降趋势，由1991年的67.8岁下降至2001年的66.9岁。与此同时，加拿大地区的整体预期寿命却在逐年上升，由1991年的77.8岁上升至2001年的79.5岁。10多年来，因纽特地区的预期寿命远远低于加拿大地区的整体水平，且二者之间的差距正在不断扩大，由1991年相差10岁扩大到2001年的12.6岁。值得注意的是，因纽特地区女性的预期寿命在1994~1998年间有所增长，却在1999~2002年间下降至1991年的平均水平，维持在69~70岁之间。在此10多年间，因纽特女性的预期寿命与加拿大女性整体水平的差距也在逐渐加大，从1991年的11.3岁增加至2001年的12.2岁，前者远远低于后者。因纽特女性2001年69.8岁的平均预期寿命仅仅相当于1946年加拿大女性的整体水平。因纽特女性的预期寿命落后于加拿大女性整体水平50余年。除此之外，在同一时期内，因纽特地区女性的预期寿命低于发达国家和部分发展中国家女性预期寿命的整体水平，与其他原住民女性间也存在一定的差距。

① Gwen K. Healey, Lynn M. Meadows, *Inuit women's health in Nunavut, Canada: a review of the literature.* International Journal of Circumpolar Health. 66: 3. 2007. p. 203.

表 6—8 因纽特人居住区和所有加拿大地区按性别和年份出生时的预期寿命

| 地区/年份 | 男女预期寿命 | 男性 | 女性 |
|---|---|---|---|
| 因纽特人居住地区 | | | |
| 1991（1989—1993） | 67.8 | 66.0 | 69.6 |
| 1996（1994—1998） | 67.7 | 64.8 | 71.3 |
| 2001（1999—2002） | 66.9 | 64.4 | 69.8 |
| 全加拿大 | | | |
| 1926（1925—1927） | 61.4 | 60.5 | 62.3 |
| 1931（1930—1932） | 61.0 | 60.0 | 62.1 |
| 1936（1935—1937） | 62.5 | 61.3 | 63.7 |
| 1941（1940—1942） | 64.6 | 63.0 | 66.3 |
| 1946（1945—1947） | 66.7 | 65.1 | 68.6 |
| 1951（1950—1952） | 68.5 | 66.4 | 70.9 |
| 1956（1955—1957） | 70.1 | 67.7 | 72.9 |
| 1961（1960—1962） | 71.1 | 68.4 | 74.3 |
| 1976（1975—1977） | 73.8 | 70.3 | 77.7 |
| 1981（1980—1982） | 75.4 | 71.9 | 79.1 |
| 1986（1985—1987） | 76.4 | 73.0 | 79.7 |
| 1991（1990—1992） | 77.8 | 74.6 | 80.9 |
| 1996（1995—1997） | 78.3 | 75.4 | 81.2 |
| 2001（2000—2002） | 79.5 | 77.0 | 82.0 |

资料来源：Russell Wilkins, Sharanjit Uppal, Philippe Finès, Sacha Senécal, Éric Guimond and Rene Dion. Life expectancy in the Inuit-inhabited areas of Canada, 1989 to 2003①。

① 表 6—8、表 6—9 均为 Russell Wilkins, Sharanjit Uppal, Philippe Finès, Sacha Senécal, Éric Guimond and Rene Dion 根据加拿大死亡率数据库和加拿大 2001 年人口普查数据分析所得.

**表6—9 国际间按性别和年份出生时的预期寿命**

| | 年份 | 预期寿命 | | |
|---|---|---|---|---|
| | | 男女预期寿命 | 男性 | 女性 |
| 加拿大北极地区与第一民族 | | | | |
| 加拿大因纽特人居住地区 | 1991（1989—1993） | 68 | 66 | 70 |
| | 1996（1994—1998） | 68 | 65 | 71 |
| | 2001（1999—2003） | 67 | 64 | 70 |
| 加拿大第一民族 | 2001（计划） | 73 | 70 | 76 |
| 格陵兰岛（总人口） | 2001（1999—2003） | 67 | 64 | 70 |
| 阿拉斯加原住民 | 1996（1994—1998） | 69 | — | — |
| 发达国家 | | | | |
| 日本 | 2001 | 81 | 78 | 85 |
| 加拿大 | 2001 | 79 | 77 | 82 |
| 葡萄牙 | 2001 | 77 | 73 | 80 |
| 美国 | 2001 | 77 | 74 | 80 |
| 墨西哥 | 2001 | 74 | 72 | 77 |
| 土耳其 | 2001 | 69 | 67 | 71 |
| 发展中国家 | | | | |
| 阿美尼亚 | 2001 | 70 | 66 | 73 |
| 尼加拉国 | 2001 | 70 | 67 | 72 |
| 泰国 | 2001 | 69 | 66 | 72 |
| 多米尼亚共和国 | 2001 | 67 | 64 | 71 |
| 埃及 | 2001 | 67 | 65 | 68 |
| 各地马拉 | 2001 | 66 | 64 | 69 |
| 孟加拉国 | 2001 | 62 | 62 | 62 |
| 巴基斯坦 | 2001 | 61 | 61 | 61 |
| 冈比亚 | 2001 | 59 | 56 | 61 |
| 尼泊尔 | 2001 | 58 | 58 | 58 |

资料来源：Russell Wilkins, Sharanjit Uppal, Philippe Finès, Sacha Senécal, Éric Guimond and Rene Dion. Life expectancy in the Inuit-inhabited areas of Canada, 1989 to 2003。

婴儿死亡率。婴儿死亡率指的是每千名活产婴儿的死亡人数，这个比率经常被用来作为一个国家的健康水平标准[①]，是反映一个国家和民族的居民健康水平和社会经济发展水平的重要指标，特别是妇幼保健工作水平的重要指标[②]。近年来，因纽特地区的婴儿死亡率有所下降，但相对于加拿大整体水平而言仍然较高。据加拿大人口普查资料显示，1991 年、1996 年和 2001 年因纽特地区的婴儿死亡率分别为 25.6‰、21.9‰和 18.5‰，高于加拿大婴儿死亡率整体水平 4 倍多。

女性怀孕与分娩。在由 Gwen K. Healey 和 Lynn M. Meadows 对因纽特社区女性的访谈研究中发现，早产、少女怀孕、性病、分娩习俗和助产方式的转变等问题成为影响因纽特社区女性健康的重要因素。

Muggah 等人对 1999～2000 年间伊卡瑞特地区的巴芬区域医院的 938 名出生婴儿的相关数据进行了研究，其中 95% 的母亲是因纽特女性。在此次研究中，他们发现因纽特女性的早产婴儿比率为 18%，高于加拿大全国水平近三倍，[③] 主要与年龄小、药物滥用、未婚生育及营养不良因素有关。其中未婚生育、少女怀孕现象逐年增多，也渐渐被因纽特社区所接受。2000 年，15～19 岁的因纽特女性的怀孕率高于加拿大其他地区同龄女性四倍。同年，巴芬地区女性生育第一胎的平均年龄低于 16 岁。然而，未婚生育或少女怀孕现象产生的显著后果是其正在改变因纽特地

---

① 维基百科，http：//zh.wikipedia.org/wiki/%E4%B8%96%E7%95%8C%E5%A9%B4%E5%84%BF%E6%AD%BB%E4%BA%A1%E7%8E%87%E5%88%97%E8%A1%A8。

② 百度百科，http：//baike.baidu.com/view/1348187.htm。

③ Muggah E，Way D，Muirhead M，Baskerville B. *Preterm delivery among Inuit women in the Baffin region of the Canadian Arctic.* Int J Circumpolar Health 2003；63（Suppl 2）：pp. 242－247.

区传统的领养制度。在传统的因纽特习俗中，由于北极环境恶劣，一些家庭无力抚养较多孩子，便会将其送给经济条件较好的家庭。在因纽特社会中，这种做法不会产生像加拿大主流文化或其他文化中那样的罪恶感和羞耻感，因为父母期望被收养的孩子在最好的家庭中成长，也会与其保持密切联系。领养习俗增强了因纽特社区间的联系，也确保了因纽特家庭得以继续维持。然而，近年来，这种领养习俗正在成为一种处理意外怀孕的方法，正在为少女怀孕、未婚先孕买单，也促使这种情形继续恶性循环，影响因纽特女性的健康状况。

资料显示，因纽特女性患性病的比例也明显高于加拿大非原住民女性，前者比例为3623.4∶100000，后者为211.8∶100000，其中最严重的疾病为携带 HPV 肿瘤与子宫癌等妇科病。在一份关于 1992～2001 年间努纳武特地区的癌症率的分析报告称，女性子宫癌占癌症病发率的 30%，其中 75% 的女性患者平均年龄在 20～39 岁之间。①

此外，因纽特女性的助产与分娩也是值得关注的议题。传统中，因纽特女性都是在营帐或因纽特社区中分娩生产。但根据加拿大相关政策规定，现今怀孕的因纽特女性必须在分娩前几周离开自己居住的因纽特社区前往更大的社区或医疗技术设施更完善的南部城市医院生产。加拿大政府推行这一政策的目的在于及时处理原住民女性在怀孕期间出现的不良妊娠反应，但这一“产科疏散”措施并未取得理想效果。在一次关于公共卫生观念的调查研究中，因纽特社区护士指出，努纳武特地区女性并不愿意离开自己的社区前往南部城市医院生产，其原因主要可归纳为四个方面：第一，妇女们无法带上她们的伴侣或孩子，缺少产前培

① Healey SM, Plaza D, Osborne G. *A ten year profile of cancer in Nunavut: 1992－2001*. Nunavut Department of Health and Social Services, 2003.

训教练；第二，妇女们通常对自己在何处分娩没有自主权和决定权；第三，妇女们不接受为期数周的产前教学或娱乐活动；第四，离开家庭和家乡的妇女在陌生环境中分娩使她们倍感孤独与寂寞。[①] 因此，从加拿大政府对因纽特地区实施的一系列措施来看，忽略传统习俗和传统文化的影响，政策只会对原住民产生持续性的伤害，例如寄宿学校制度、定居政策等。

其他方面。酗酒、吸烟和食品污染等严重影响了因纽特女性的健康状况。酗酒在因纽特地区是极为严重的社会问题，它不但会引起肝病、精神疾病和胎儿综合症，还会导致凶杀和自杀率的增加。在对200名阿拉斯加地区住民的调查中发现，49%的女性表示遭受了某种形式的暴力行为，一般都是由自己饮酒或肇事者饮酒所致。[②] 而在2004年努纳维克的健康调查报告中显示，44%的女性表示有酗酒行为。[③] 在此次调查中，65%的女性每天都会抽烟，其中17%的女性偶尔在怀孕期间会抽烟，魁北克省因纽特女性的这一比例分别为22%和11%。[④] 此外，由于生态环境变化、工业污染严重，加拿大北极地区食物链受到严重影响，各种看得见的空气污染和水污染及看不见的野生动物体内存在的污染物，通过毒品、酒精和食物对人体产生严重危害。据加拿大相关研究表明，在对努纳维克地区492位成年人血液测试中发

---

① Roberts A, Gerber L. *Report on Nursing Perspectives on Public Health Programming in Nunavut.* Department of Health and Social Services, Government of Nunavut. 2003. p. 61.

② Hesselbrock, VM, Hesselbrock MN, Segal B. *Alcohol dependence among Alaska Natives and their health care utilization.* Alcohol Clin Exp Res 2003. 27 (8): pp. 1353 – 1355.

③ 酗酒是指一次饮酒超过5瓶，一年饮酒超过12次的行为。

④ Mélanie Anctil, Louis Rochette. *Nunavik Inuit health survey* 2004. http: //www. inspq. qc. ca.

现，26%的18~44岁因纽特女性血液中含铅和汞，成为因纽特女性健康的隐形杀手。

心理健康（mental health）在女性的整体健康中处于十分重要的位置，然而此前加拿大地区因纽特女性健康问题的研究却忽视了其重要性。从广义上讲，心理健康是指一种高效而满意的、持续的心理状态；从狭义上讲，心理健康是指人的基本心理活动的过程内容完整、协调一致，即认识、情感、意志、行为、人格完整和协调，能较快适应社会并与社会保持同步。也就是说，个体在生活实践中能够正确认识自我、自觉控制自我，正确对待外界影响并保持心理平衡和协调。对于因纽特地区而言，心理健康问题主要体现在自杀、压力、暴力等方面。由于关于因纽特女性心理健康方面的具体数据较少且较为零散，故本文对此仅作简要介绍，意在引起各界对此问题的重视。

在由Lavallee和Bourgault主持的一项研究中发现，努纳维克地区的因纽特女性比魁北克省南部非原住民女性更容易产生自杀念头（前者的比例为13.9%，而后者为8.4%），且因纽特女性尝试性自杀的比例为14.4%，高于非原住民女性的4.5%。[①] 根据加拿大社区健康调查数据显示，努纳武特地区21.2%的18岁以上的因纽特女性表示“生活压力很大”，而对此持肯定回答的因纽特男性的比例为15.6%。[②] 除此之外，家庭暴力是世界各地女性共同面临的一个严重问题，对于因纽特女性而言更是如此。暴力行为及其产生的无家可归的后果不仅影响了因纽特女性的身

① Lavallee C, Bourgault C. The health of Cree, *Inuit and southern Quebec women: similarities and differences.* Can J Public Health 2000. 91 (3): pp. 212 - 216.

② Langoise S, Nowdlak M. *Selected statistics related to the social determinants of health (presentation)*. 2005. Nunavut Bureau of Statistics, Government of Nunavut.

体健康，更重要的是造成了因纽特女性严重的心理问题。因此，家庭暴力和无家可归问题作为本文的重点，接下来将对其进行详细论述。

通过上述分析，我们发现尽管传统因纽特社会中女性占据重要地位，在家庭和社会中扮演重要角色，得到社会的认可和尊重。但随着殖民者的入侵、加拿大政府的介入，因纽特女性处在传统与现实的夹缝中艰难地生存，身心健康状况令人堪忧。

### （二）因纽特地区的家庭暴力和无家可归

暴力和虐待现象是因纽特社区面临的严重问题。根据《中国大百科全书》法学卷的定义，所谓暴力，是指对被害人实施殴打、捆绑、禁闭等强暴行为。[①] 相关学者认为：“家庭暴力有广义和狭义之分，广义的家庭暴力是指所有家庭成员之间的暴力行为，包括夫妻之间、父母子女之间的暴力；狭义的家庭暴力，主要是指家庭中对妇女的暴力，即夫妻之间以武力或胁迫手段，侵犯妇女人身权利，致使肉体和精神造成一定程度损害的强暴行为。”[②]

据加拿大 Pauktuutit 女性组织[③]介绍，大多数因纽特人要么是性虐待、身体或情感虐待的受害者，要么是曾经亲眼目睹了家庭成员被虐待、殴打或杀害，而这些虐待经常发生在社区、家庭或住宿学校。在这些暴力事件中，女性往往是最常见的受害者，出于恐惧和羞耻感，她们对所受伤害保持沉默，使得暴力行为在因纽特社区中大肆横行。不难发现，因纽特社区暴力行为的存在对

① 中国大百科全书总编辑委员会：《中国大百科全书（法学）》，中国大百科全书出版社，1984 年版，第 468 页。

② 陈苇：《中国婚姻家庭立法研究》，群众出版社，2010 年版，第 463 页。

③ 该组织自 1984 年成立以来，代表加拿大所有女性的利益，后文将对该组织作详细介绍。

因纽特女性、儿童、家庭关系和社区健康都具有破坏性，甚至会威胁到因纽特人的未来。因此，披露因纽特社区存在的暴力行径的需求迫在眉睫。

从总体上而言，根据2009年加拿大综合社会调查（GSS）报告显示，原住民女性比非原住民女性更容易遭受家庭暴力的侵害。在调查实施的前五年中，原住民女性遭受配偶暴力行为的比例是非原住民女性的近三倍。根据图6—6可知，2009年度15岁及以上的包括因纽特女性在内的原住民女性，每千人中经历暴力侵害（包括配偶暴力）的人数为279人，而非原住民女性为106人。在此次综合社会调查中，几乎2/3的原住民女性受害者的年龄位于15～34岁之间，而这一年龄群体的女性占整个原住

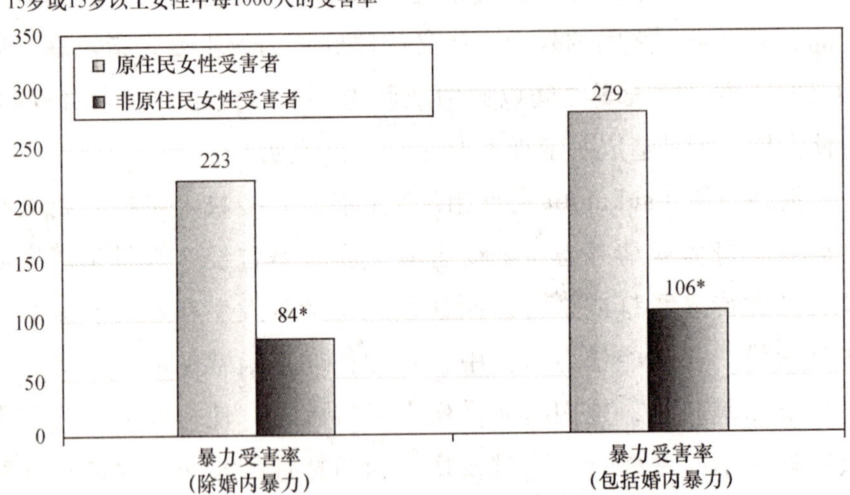


**图6—6　2009年加拿大各省原住民女性自报的暴力受害情况**

注：本图表是通过不同的方法收集西北准省、育空地区和努纳武特地区的数据汇总而来。

资料来源：夏农·布伦南根据加拿大统计局2009年综合社会调查（GSS）得来，见于 Violent victimization of Aboriginal women in the Canadian provinces, 2009.

民女性的47%。由于气候恶劣、地势偏远等原因，加拿大原住民女性比非原住民女性所能接触的资源较少，不管是就加拿大社会而言还是在原住民社区内部，原住民女性的社会地位都比较低，家庭暴力的频繁正是这一事实的有力写照。

就因纽特地区具体情况而言，家庭暴力的受害者主要是女性。分析图6—7可知，虽然因纽特地区家庭暴力的女性受害者与男性受害者的比例从1993的10:1下降为1997年的8:1，女性受害者的比例下降了8%，而男性受害者的比例上升了18%。但不可否认的是，家庭暴力基本模式趋于平稳状态，女性受害者比例远远高于男性，女性在家庭暴力中仍处于极度弱势的地位。此外，Pauktuutit组织的调查显示，2004年努纳武特地区家庭暴力的比例是加拿大整体水平的八倍。同年，在加拿大皇家骑警队（RCMP）报道的家庭暴力的案例中，498起案例的受害者是女性，而男性只有58起。[①] 在很多因纽特社区，家庭暴力事件有增无减，越来越多的女性和儿童沦为男性的“阶下囚”。

在一般情况下，大部分的家庭暴力事件并未引起警方的关注，69%的女性受害者也并未向警方报案。在遭受暴力侵害后，她们几乎不会像正式组织（如妇女收容所）寻求帮助，而更愿意向朋友、家庭成员、同事或邻居倾诉。所谓“家丑不可外扬”，在因纽特女性的观念中，家庭暴力属于个人事件，她们希望通过其他非正式的渠道解决而不希望警方介入。此外，也有女性表示处于对配偶的恐惧她们不敢向外界寻求帮助，且当地政府和社区对施暴者的惩罚力度不够，受害者往往也面临着求助无门

① Pauktuutit Inuit Women of Canada, *National Strategy to Prevent Abuse in Inuit Communities and Sharing Knowledge*, *Sharing Wisdom: A Guide to the National Strategy*, http: //nnapf. com/wp-content/uploads/2012/02/2006-national-strategy-prevent-abuse-inuit-communities. pdf.

的境地，这无疑为因纽特地区的家庭暴力提供了“肥沃”的土壤。

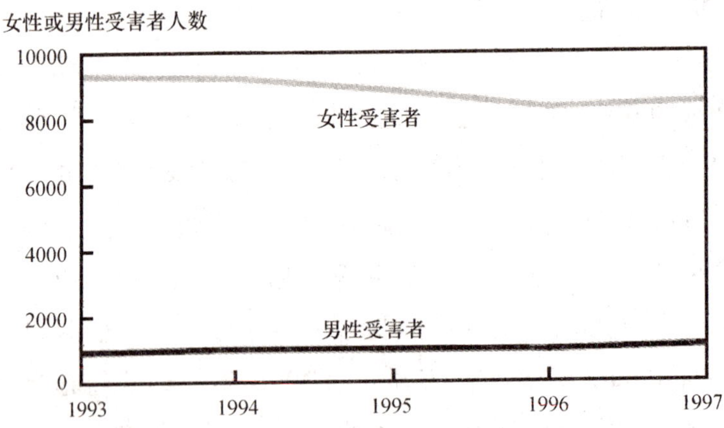


**图 6—7　1993～1997 年因纽特地区报道的遭受配偶殴打的男性和女性受害者人数**

资料来源：Robin Fitzgerald 根据加拿大司法统计中心修订的统一犯罪调查报告而来，见于 Family Violence in Canada：A Statistical Profile 1999。

在因纽特地区，家庭暴力的形式除了常见的身体虐待和性侵犯，还包括情感或金钱上的虐待。超过 1/3 的女性表示曾经遭受过情感或金钱虐待，这一比例是加拿大非原住民女性的两倍。情感虐待的形式多种多样，例如因纽特地区男性禁止女性与其他男性或女性交流，更为严重的是限制她们与家人和朋友接触；而金钱虐待一般是指因纽特男性不允许女性知晓家庭中的各项收入，家庭财产归男性独有等。遭受各种形式的家庭暴力的因纽特女性身心受到严重伤害，她们被迫离开家庭，居无定所，遭受着种族和性别的双重歧视。

无家可归是因纽特女性面临的又一问题。“我想要支付自己的账单，我想要租住自己的房子。我知道我可以，但是要让我的生活回到正轨，我却得不到一点点帮助。”① 这是基督教女青年会（YWCA）在对西北准省无家可归的女性的调查中听到的声音。在加拿大北部地区，几乎所有的因纽特女性都面临着无家可归的危险。由于家庭暴力等因素的影响，北方无家可归问题已经成为至关重要的课题，环境中任何微小的变化都会威胁到她们原本就十分脆弱的生活结构。

根据基督教女青年会的调查，31%的因纽特女性处于无家可归的状态。② 然而，在因纽特地区，女性的无家可归呈现出多种形态。一般包括显性或绝对的无家可归，指那些居住在紧急招待所和避难所的女性，也指那些被迫寄宿于不适宜人类居住的地方，例如公园、废弃建筑物等。相对的无家可归，主要是指居住在不符合基本卫生条件和安全标准地方的人，在因纽特地区，住房拥挤、住房条件差是所有家庭都面临的问题，因纽特社区还需建造3000套房屋设施才能等同于加拿大标准的住房规模③。从表6—10中可以看出，2006年因纽特地区21%的房屋需要进行大范围的修补，加拿大其他地区的这一比例仅为7%；除此之外，因纽特地区住房拥挤的比例为30%，远远高于加拿大其他

① YWCA Yellowknife. *Being homeless is getting to be normal: a study of women's homeless in the Northwest territories.* March 2007. http://ywcacanada.ca/data/publications/00000011.pdf.

② YWCA Yellowknife. *Being homeless is getting to be normal: a study of women's homeless in the Northwest territories.* March 2007. p. 4. http://ywcacanada.ca/data/publications/00000011.pdf

③ Manon Tremblay and Jackie F. Steele. *Paradise Lost? Gender parity and the Nunavut experience*, in *Representing Women in Parliament: A comparative study*, eds. M. Sawer, M. Tremblay, and L. Trimble, Routledge, New York, 2006, pp. 221－35（p. 222）.

地区的5%。隐蔽的无家可归，如前所述，因纽特地区的女性在面临家庭冲突或家庭暴力时很少会求助于正式机构和组织的帮助，而是选择暂居于亲人或朋友家，这类女性实质上已经处于无家可归的境地，只是以极其隐蔽且不易被发现的形式而存在。面临无家可归的危险，是指面临着破产、失业或家庭分离的人，环境的变化导致这类人群随时会流落街头。

**表6—10　因纽特与加拿大其他地区社会经济特征的比较（2006年）**

（百分比）

| | 加拿大其他地区（%） | 因纽特地区（%） |
|---|---|---|
| 儿童（15岁以下） | 18 | 32 |
| 老年人（65岁及以上） | 14 | 3 |
| 大学毕业 | 25 | 15 |
| 没有高中文凭 | 20 | 45 |
| 住房需要大范围修补 | 7 | 21 |
| 住房拥挤 | 5 | 30 |

资料来源：Mathieu Charron，Christopher Penney and Sacha Senécal. . Police-reported Crime in InuitNunangat. http：//www5. statcan. gc. ca/bsolc/olc-cel/olc-cel? catno = 85-561-MWE2010020&lang = eng

基督教女青年会的这份报告描述了因纽特地区女性的脆弱，她们随时面临着沦为无家可归的危险。在女性的生活中，家庭暴力、失业、疾病等苦难使她们的生活失去平衡，产生多米诺骨牌现象，将其置于绝望的边缘。在这个过程中，因纽特男性无疑成为了显性或隐性的推手，他们常常会对女性实施身体、精神或性虐待，每个毛孔都渗透着他们对女性的控制。因纽特女性被迫离开家庭，她们或迁移至更大的中心城区谋求安定生活，但多数只是在其他地区继续遭受种族和性别的双重歧视；或求助有限的支持系统，如紧急避难所或收容所。就前者而言，被迫迁移的因纽特女性离开一个社区到达另一个社区，往往会造成一种无人管辖的尴尬境地。她们不仅会失去原有因纽特社区纽带关系的支持，也没有资格获得新社区的支持，除非存在同时适用于两个社区的政策和规定。因此，一般而言，离开原来社区的因纽特女性几乎无法重新回到家庭，她们成了政府和社区管辖的空白地带。就后者而言，加拿大统计局最近一项调查显示，努纳武特地区为受虐儿童和女性提供的收容所数量大幅增加。在2001～2004年间，该地区的收容所比例上升了54%，而加拿大其他地区仅上升了4.6%。[①] 这类收容所主要是为受虐女性和儿童提供服务，为受害者提供住宿和短期的辅导。然而从总体上而言，因纽特地区相关的支持系统十分薄弱，并不能满足当地女性受难者的需求。

毫无疑问，无家可归对因纽特女性造成了严重的影响，并形成了难以打破的、恶性循环的怪圈。在因纽特地区，无家可归面临的共同挑战就是家庭分离，她们被迫离开家庭、造成家庭结构的破裂。这不仅影响了子女的健康，对她们自身而言更是一种摧残。为了满足基本的生存需求，无家可归的因纽特女性常常走上卖淫或犯罪之路。据调查显示，处于无家可归状态的女性更容易导致抑郁症，甚至会产生自杀念头，自尊心和自信心受到严厉打击。因纽特女性的无家可归正严重地影响了因纽特地区婚姻家庭的稳定和社会秩序的安定。

针对上述因纽特女性健康和家庭暴力问题，并最终导致因纽特女性处于无家可归的境地的现象，学者们存在下列三种不同的解释：第一，一些分析家认为因纽特社区配偶虐待、家庭暴力是由于文化、种族、心理方面的原因造成的，也就是说，当我们视

① *The Arctic: Gender Issues*, http://www.parl.gc.ca/Content/LOP/ResearchPublications/prb0809-e.htm.

家庭暴力为一种社会问题时，必须将其放置在独特的文化视角下进行思考。第二，女权主义者则认为上述的解释框架忽略了暴力问题与性别相关这一事实，并坚持主张因纽特社区的家庭暴力与其他社区的同类行为并没有本质的区别，都是由于两性关系的失衡所引起的。第三，也有学者认为因纽特地区深受殖民主义和家长式作风的影响，造成对因纽特人深深的压迫，导致性别的不平等。[①] 从根本上而言，这三种观点对于因纽特地区出现的社会问题都具有一定程度的解释力，而且这些观点之间也存在一定的重合性，主要是从社会、文化、历史和性别等角度认识因纽特社会。因此，在这些研究的基础上，下文将从族际互动、性别和政治正确性三个视角来阐释因纽特女性面临的健康和暴力问题。

## 二、族际互动：暴力循环模式的产生

19 世纪以前，由于北极地区的天气、交通等原因，外界很难直接与因纽特地区接触，几乎与世隔绝。在传统社会中，他们以狩猎为生，以鱼、海洋哺乳动物和陆地上的动物为食，过着游牧散居且自给自足的生活。政治上，他们也一直处于自治的状态，安排和管理着自身的事务。最初，因纽特社会没有文字，更没有正规的学校教育，一直靠着言传身教来传递和保持因纽特地区的传统文化。通过这种方式，因纽特民族的子孙后代从长辈那学习生存的技巧，培养应对紧急事务的能力，游刃有余地面对北极地区的严寒冰雪，整个社会呈现出井井有条的繁荣景象，一幅以皑皑白雪为背景的图画呈现于眼前，不免令人震撼和神往。

---

① *The Arctic: Gender Issues*, http://www.parl.gc.ca/Content/LOP/ResearchPublications/prb0809-e.htm.

然而，正如西方社会的船坚利炮打开中国大门一般，和谐宁静的北极地区也打破往日的沉寂，"迎来"大批欧洲传教士和贸易者。20 世纪初，现代人及现代工业产品涌入北极地区，打破了因纽特地区传统的经济模式。从此，因纽特人不仅在经济上走上了依附现代工业的道路，政治上也逐渐失去自治权，"无声"地处在了殖民者的统治之下。1939 年之前，加拿大联邦政府对因纽特人的统治完全没有法律依据。① 在没有战争、没有协议、没经过因纽特人同意的情形下，加拿大政府便控制了因纽特人的土地和资源。

因纽特社会并没有因此而重拾安宁，相反，这个民族的命运发生了翻天覆地的变化。在没有充分考察因纽特民族传统的前提下，从 19 世纪中期开始，加拿大联邦政府便开始了其同化之路。在过去的 100 多年中，对因纽特地区影响最大的同化政策当属联邦政府在因纽特社区实施的寄宿学校制度和"再安置"计划。一方面，联邦政府强迫因纽特儿童进入全英语、法语的正规学校进行学习，意图将因纽特人的后代培养成真正的"现代人"；另一方面，联邦政府将游牧散居的因纽特人聚居起来，形成现代社区的定居模式，彻底改变因纽特人的居住方式。殊不知，加拿大政府的一系列同化政策不仅使因纽特后代割断了其与传统文化的联系，造成了身份认同的困境，也出现了种种适应不良的症状，导致因纽特地区性别关系的失衡，并因此产生了种种影响因纽特地区稳定和发展的社会问题。那么，在面对如此暴风骤雨式变迁的因纽特社会，到底是什么因素导致了家庭暴力的怪圈，这一作用机制到底是如何形成的？想要回答这一问题，我们必须从族际

---

① Jack Hicks and Graham White, *Nunavut: Inuit Self-determination Through a Land Claim and Public Government*, p19, http://www.anu.edu.au/caepr/system/files/Seminars/.../HicksJ_ WhiteG_ 2000.pdf.

互动理论中寻找根源。

所谓族际互动，顾名思义，就是不同的族群之间通过冲突、合作、融合等形式而形成的一种复杂的社会联系。虽然学术界对“族群”（ethic group）的定义众说纷纭，但大多数学者都赞同这一核心思想，即“族群”是“现代社会中有着共同的背景与认同（出身、文化或故乡等）的人口集团”①。与“种族”和“民族”的概念相比，“族群”更多的强调了群体的文化特征和心理认同。因此，这种以文化为基础的族群自然会产生不同程度的族群认同。这种族群认同不仅要从自我肯定的角度来理解，也就是“自我认同”，更重要的是，这种认同是存在于与“他者”的关系中，即“外部认同”。总而言之，由族群而产生的族群性是人类最基本的社会属性之一。

毫无疑问，世界上的每个人都处在一定的族群中，在居住条件、经济生活、语言文化、政治环境、宗教信仰等方面都有自己的归属。因此，“人类不同的种族、民族或族群在任何一个时间点上都处在不对称的发展水平中，而他们之间的族际关系，混杂着征服与被征服、对土地与人口的争夺、宗教的传播和血缘与文化的融合”②，即使在某个国家的内部，不同群体或族群之间的互动也会时时刻刻存在着这种利益与立场的对立。一般而言，在这个过程中，弱势族群会采取接纳和抗拒并存的方式加以应对，寻求适合族群发展的模式。

加拿大作为一个多民族的国家，主体民族和少数民族，或被称之为主族群和亚族群的互动并未一帆风顺。当加拿大政府在进行殖民扩张和文化输出的时候，在工业化进程中处于被动态势的

① 关凯：《族群政治》，中央民族大学出版社，2007年版，第2页。
② 关凯：《族群政治》，中央民族大学出版社，2007年版，第38页。

因纽特族群先后经受着政治思想、社会观念、文化思潮的洗礼。也就是说，这种现代化的过程是族际互动产生冲突的根源。当处于弱势的族群文化与强势族群带来的现代性差距较大时，在转型过程中就会出现适应不良的症状。因纽特人一方面会对本土的群体关系、群体结构、群体认同的意识体系产生质疑，在某种程度上失去本族群的文化特殊性，另一方面又会对加拿大主流族群文化感到陌生和恐惧。处在痛苦边缘挣扎的因纽特人在这种接纳和抗拒的矛盾中产生了诸多社会问题。从根本上而言，诉诸暴力也是他们应对族际互动的无奈之举，暴力循环模式的产生是他们对主流文化的实质抗议。

虽然很多人都感受到了问题的严重性，但就目前的情形而言，因纽特社区缺乏相应的资源和知识来解决这一问题。很多受害者面对家庭暴力时选择了沉默，因为她们不确定自己是否会得到帮助。长此以往，没有有效的制止、没有及时的帮助，因纽特社区便形成了暴力循环的怪圈。从图6—8的分析模型可以看出，当前因纽特地区存在的暴力循环现象有两个主要的根源：一是因纽特社会传统与文化的丧失；二是因纽特人对个人和集体的命运失去控制。这样的历史导致了因纽特人家庭破裂、心理创伤，酗酒和吸毒的比率有增无减，产生对现实和未来的无力感。生存在这种环境中的因纽特人，恐惧和猜疑成为性格中不可磨灭的一部分，他们目睹或经历着家庭和社区中的暴力和虐待行为，并创造了一个人人可以成为施虐者和受虐者的暴力循环。正如因纽特地区的长者所言："这是一个关于人的教养的问题。如果一个儿童早期遭受过性虐待或身体虐待，那么这将是他所知晓的所有事实，并且会继续实施虐待。现在已经到了社区必须用教育来提高人们认识虐待行为的意识的时候了。问题的根源来自于羞耻心、罪恶感以及在青少年时所学习到的。”① 从最深层次的根源而言，导致因纽特社区文化传统的丢失无疑是欧洲殖民者的入侵及加拿大联邦政府在该地区的“肆意妄行”。

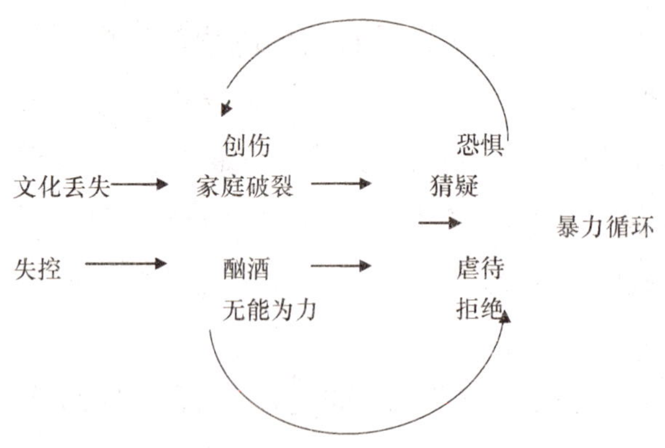


**图 6—8 因纽特社区暴力循环模型图②**

自加拿大联邦政府统治以来，因纽特地区的社会和经济急速变迁。因纽特维持生计的方式由狩猎、捕鱼转变为参加有薪劳动，因纽特语言也逐渐被英语和法语所取代，传统文化和技能失去了生存的土壤，传统文化被现代文明侵蚀殆尽。在因纽特社区成长起来的几代人处在传统文化和现代文化的夹缝之中，既想了

① Pauktuutit Inuit Women of Canada, *National Strategy to Prevent Abuse in Inuit Communities and Sharing Knowledge*, *Sharing Wisdom*: *A Guide to the National Strategy*”, p. 3. http://nnapf.com/wp-content/uploads/2012/02/2006-national-strategy-prevent-abuse-inuit-communities.pdf.

② 2005 年加拿大国家预防虐待委员会根据因纽特地区的暴力循环现象制作，参见 Pauktuutit Inuit Women of Canada, “National Strategy to Prevent Abuse in Inuit Communities and Sharing Knowledge, Sharing Wisdom: A Guide to the National Strategy”, p. 3. http://nnapf.com/wp-content/uploads/2012/02/2006-national-strategy-prevent-abuse-inuit-communities.pdf。

解又无法了解传统文化，既想适应却又无法适应现代社会。在这种情形中，很多因纽特人出现了身份认同危机，他们不知道自己到底是谁，到底来自哪里。一方面，他们认为自己是因纽特人，但他们却连一句完整的因纽特话语都不会说；另一方面，他们认为自己是现代人，但他们却又深深的打上了因纽特人的烙印，经受着种族歧视的折磨。由于生活方式和语言的差异，因纽特年长者作为因纽特传统文化的承载者和幸存者，几乎与因纽特年轻一代切断了联系。因纽特年轻人被迫接受非因纽特社会的价值观和生活方式，渐渐失去了对自己命运的控制。当他们无法对自己的生活产生影响时，便会选择虐待和暴力的形式，通过支配他人的命运重拾控制感。因此，传统文化的丢失使得因纽特人丧失了民族自尊心和自信心，他们在现代社会无法找到文化归属感。

此外，在暴力循环模式中，曾经遭受或目睹过虐待行为的人极易产生恐惧、猜忌或愤怒的情感。由于因纽特地区资源和相应的服务十分有限，他们经受的心理创伤未能得到及时处理，只能通过实施新一轮的虐待和暴力加以宣泄。因纽特地区的心理治疗师和咨询员指出，施暴者往往对他们曾经遭受的疼痛和创伤绝口不提，也拒不承认其具有破坏性的暴力行为。

不难看出，暴力循环模式环环相扣，想要预防和制止因纽特社区的暴力现象必须从外部到内部逐层深入，找出其中最薄弱的环节。如今，因纽特人正在逐步恢复对自己领土和社会生活及经济发展的控制权，学习因纽特语言，搭建因纽特传统文化与现代文化的桥梁，在族际互动中寻求平等的发言权，使因纽特人重拾对因纽特生活方式的尊重和文化自豪感。

## 三、性别：两性关系的失衡

在传统的因纽特文化中，女性的职责同男性一样重要，因此也会得到与男性同样的尊重。在因纽特人的社会生活中，女性扮演了多重角色，成为因纽特文化中不可或缺的部分。

北极地区气候极其恶劣，严寒、冰雪、极昼和极夜包围着因纽特人。为了适应这种恶劣的气候环境，因纽特男性和女性彼此依赖，只有共同协作才能生存下去。因此，对于因纽特人而言，婚姻不是一种选择，而是一种必然。为了确保家庭可以长存，她们的婚姻在出生时就已被安排妥当，因为有资格的合适的搭档在这种社会中极难寻找。一般而言，因纽特女性在青春期后即可成婚，而男性必须在拥有足够的能力去打猎并且可以维持家庭的生存时才可结婚。[①] 在因纽特传统社会中，一夫一妻制和一夫多妻制并存，但后者较为罕见，男性往往无力负担较为庞大的家庭。[②] 尽管男性一般被视为一家之主，但在家庭中二者具有近乎相同的权力和影响力。离婚在因纽特人的观念中是不明智之举，从整体上而言，这会对家庭和社区产生负面影响，因此往往会以买卖或交换妻子的形式代替离婚。[③]

倘若没有妻子或母亲的角色，任何家庭都将不复存在。在因纽特文化中，灯或火炉具有重要的象征意义，它代表了一个家庭，而这盏灯正是因纽特女性的财产，她们负有保管这盏灯的责任。由此，传统中因纽特女性在家庭中的地位可见一斑。[④] 具体

① McElroy, Ann. *Canadian Arctic Modernization and Change in Female Inuit Role Identification.* American Ethnologist. 1975. pp. 662 – 686.

② Morrison, David. *Inuit Culture.* In The Oxford Companion to Canadian History. Oxford University Press. 2004.

③ Billson, Janet Mancini and Kyra Mancini. *Inuit Women: Their Powerful Spirit in a Century of Change.* Maryland: Rowman & Littlefield Publishers, Inc. 2007.

④ LeMoine, Genevieve. *Woman of the House: Gender, Architecture, and Ideology in Dorset Prehistory.* Arctic Anthropology 40 (1). 2003. pp. 121 – 138.

而言，因纽特女性的重要职责主要体现在衣食住行各个方面。

狩猎和捕鱼是因纽特人最重要的食物来源，常见的目标有海豹、海象、鲸和驯鹿等，这是因纽特男性的传统职责。女性不仅要收集其他食物如鸡蛋和浆果，还需将猎人带回的猎物进行宰杀、剥皮和烹饪。每当需要的时候，因纽特女性还需将食物或其他资源在社区中共享，她们掌握着资源分配的权力。[①] 利用兽皮制作衣服是因纽特女性世代相传的必备技能。北极地区气候寒冷，利用兽皮和毛皮制作保暖、轻便耐穿的衣服是因纽特人最伟大的发明，它们能抵御极地酷寒，即使是现代服装也无法与之匹敌。这是一项十分艰巨的任务，在制衣前需要将兽皮刮平、拉长和软化，并用象牙将兽皮缝制起来，而这些过程都是由因纽特女性完成的。[②] 此外，生儿育女也是因纽特女性最为重要的职责。她们抚养孩子长大成人，并负责教授女孩学习特定的技能，如烹饪和缝纫等，而男性负责教授男孩特定的技能，如狩猎和捕鱼等。在因纽特社区中，女性除了操持家务，还会适时的辅助男性完成其他工作。她们会帮助建造和修葺房屋，了解较为复杂的建筑知识，与男性一起共同建设自己的家园。

如前所述，狩猎一般被认为是男性的主要职责，而缝制衣服、准备食物及照顾家庭等任务则由女性承担。但这并不意味着因纽特社会中进行了男女分工，有的只是男性技能和女性技能之分，仅仅体现了传统中工作是如何分配的。两性之间互帮互助，他们的精诚合作使得因纽特社会得以良性运转，因纽特传统文化

---

① Gwen K. Healey, Lynn M. Meadows. *Inuit women's health in Nunavut, Canada: a review of the literature.* International Journal of Circumpolar Health 66: 3. 2007. p. 203.

② Billson, Janet Mancini and Kyra Mancini. *Inuit Women: Their Powerful Spirit in a Century of Change.* Maryland: Rowman & Littlefield Publishers, Inc, 2007.

得以世代相传。如果没有女性制作保暖的衣物男性无法外出狩猎，如果没有男性狩猎带回肉食也无法维持生存。不同的技能意味着承担的主要职责不同，但所有工作都没有高低贵贱之分，因纽特女性的工作同样得到了与男性工作同等的尊重。因此，在传统社会中，根据工作性质和工作量而言，因纽特文化中的性别分工是对等的①，女性在社会中得到了充分的肯定和尊重。

然而，在与西方文明接触后，因纽特社会引进了新的技术和现代化建设，极大的改变了他们的生活方式。如今，因纽特人像其他原住民一样已逐渐被同化为现代人。正如一些学者指出，加拿大因纽特人的最大特点就在于，他们在过去50～70年间发生的变化相当于其他原住民群体在过去漫长的几个世纪中发生的变化。② 因纽特女性的角色和地位更是发生了惊人的变化。

加拿大联邦政府对因纽特地区实施了一系列政策措施，使他们从游牧迁徙转变为定居社区的生活方式，他们像现代人一样生活且从事有偿劳动。起初，因纽特男性开始了同化进程，但由于教育程度不高，就业困难，失业率高。此时，因纽特女性却抓住机遇，开始从事一些现代化工作，如佣人、店员、医院援助者及口译员等，逐步领导着因纽特同化之路。因纽特女性开始寻求更多的教育和就业机会，成为家庭中唯一的薪资获得者，越来越多地接替男性的角色。相关统计表明，在教育和就业方面，因纽特女性比男性更容易获得成功。尽管因纽特地区两性的高中毕业率均低于加拿大整体水平，但在1999～2000年间，努纳武特地区

---

① Billson, Janet Mancini and Kyra Mancini. *Inuit Women: Their Powerful Spirit in a Century of Change*. Maryland: Rowman & Littlefield Publishers, Inc, 2007.

② Gwen K. Healey, Lynn M. Meadows. *Inuit women's health in Nunavut, Canada: a review of the literature*. International Journal of Circumpolar Health 66: 3. 2007. p. 202.

女性的这一比例高于男性，前者为43%，而后者为27%。[①] 此外，加拿大2001年的人口普查数据显示，努纳武特地区女性的年收入超过加拿大其他地区女性974美元；而同一时期该地区男性的年平均收入低于加拿大其他地区男性7099美元。[②] 面对这些变化，因纽特女性同样可以保持他们传统的照顾家庭和子女的活动。

与此同时，北极地区的发展对男性而言似乎更具破坏性，他们难以追求传统中以男性为主导的活动。除此之外，在某种程度上，他们还不得不承担传统女性的那部分责任，如抚养孩子、维持家庭秩序等。[③] 这就使得因纽特男性和女性之间的关系变得错综复杂。也就是说，在现代因纽特社会中，男女两性对性别角色期待的差异产生了冲突。有关婚姻家庭的研究表明，性别角色态度是婚姻调适的不可或缺的社会环境变量。帕森斯把家庭看成一个社会系统，这个系统由通过合作性互动和互相依赖而维系在一起的丈夫、妻子、子女组成。家庭中的角色按年龄和性别分类，形成四个基本的角色定位：一是高权力——工具性领袖（Instrumental Leadership）角色，由丈夫（父亲）担任；二是高权力——表意性领袖（Expressive Leadership）角色，由妻子（母亲）担任；三是低权力——工具性随从角色，由儿子（兄弟）

① *The Arctic: Gender Issues*, http://www.parl.gc.ca/Content/LOP/ResearchPublications/prb0809 - e.htm.

② *The Arctic: Gender Issues*, http://www.parl.gc.ca/Content/LOP/ResearchPublications/prb0809 - e.htm.

③ Billson, Janet Mancini and Kyra Mancini. *Inuit Women: Their Powerful Spirit in a Century of Change*. Maryland: Rowman & Littlefield Publishers, Inc, 2007.

担任；四是低权力——表意性随从角色，由女儿（姐妹）担任。[①] 工具性角色为家庭提供物质生活保障，是挣钱养家的人，表意性角色维护家庭内部关系和家庭成员之间的感情联系，承担抚养子女和满足家庭成员各方面需要的责任。帕森斯的理论是以男女性别分工为前提的，性别分工是家庭稳定和发展延续的基础，进而也是社会稳定和发展延续的基础。但是，在社会变迁、社会观念剧变的时代，定型化的性别角色期待必然受到冲击而孕育着转变，在两性对性别角色期待不同时，也会引发频繁的冲突。

在传统的因纽特社会，男性无疑扮演的是高权力的工具性领袖角色，而女性扮演的则是典型的表意性领袖角色。在这种“男主外、女主内”的模式中，两性关系达到平衡、各司其职，维持着家庭和社区的稳定。根据社会性别理论[②]，性别作为生物的构成，指的是与生俱来的男女生物属性；而社会性别则是一种获得的地位，这一地位是通过心理、文化和社会手段构建的[③]，是通过社会实践的作用发展而成的女性和男性之间的角色、行为、思想和感情特征方面的差别。而社会成员又是在漫长的日常生活中逐渐学习和接受他们的社会角色和社会地位，成为一个拥有社会性别的人。在这个过程中，女性气质和男性气质逐渐被建构，形成了男性统治女性的男权制度，男性权力和男性特权得以继承和保持，成为社会中毋庸置疑的合法统治。从这一层面而

---

① 沈娟：《女性社会地位的提高与家庭关系的稳定的哲学思考》，《昌吉学院学报》2005 年第 4 期。

② 社会性别这一概念形成于 20 世纪 60 年代第二次女性主义浪潮时期，是女性主义理论的中心概念。

③ Humm, Maggie (ed.). *The Dictionary of Feminist Theory*. New York, Prentice Hall/Harvester Wheat sheat. 1995.

言，男性与女性的社会构成，实际上形成了“性别阶级”，一种相比于其他阶级形式更隐蔽、更能得到社会认可的阶级。从因纽特民族的发展历程来看，这是一个不断强化男权制的社会，男性总是凌驾于女性之上，拥有绝对的统治权利，女性从事的日常生产活动都服从于男性。

然而，在现代社会的变迁过程中，女性从家庭走上社会，逐渐“抢夺”着本该属于男性的角色，两性关系失去了平衡，因纽特民族传统的社会性别结构遭遇前所未有的挑战。在因纽特社会“角色逆转”的过程中，打破原有的“性别阶级”模式，注定会对这个民族产生一定的震荡。总体而言，社会性别角色的“本末倒置”主要产生了两方面的影响：一是因纽特男性对现代社会适应不良，怨恨女性“窃取他们作为一家之主的地位”[①]，酗酒与吸毒成为逃避现实的常用手段，导致家庭婚姻的失稳和冲突，女性遭受暴力和虐待行为与日俱增，无家可归逐渐成为常态；二是女性连接着因纽特社会的传统和现代，在角色转换的过程中，面对陌生的现代化社会，她们产生了前所未有的压力，身心健康面临着极大的威胁。从表面上看，因纽特女性在社会生活和其他领域中获得了更多的自主权，但不容置疑的是，在因纽特文化遭受现代化的挑战时，在一定程度上她们既是受益者也是受害者。

## 四、“政治正确性”

从20世纪80年代开始，美国社会就掀起了一场所谓“政治

① Billson, Janet Mancini and Kyra Mancini. *Inuit Women: Their Powerful Spirit in a Century of Change.* Maryland: Rowman & Littlefield Publishers, Inc, 2007.

正确”的运动。所谓“政治正确”，简单的说，就是在多元文化中，为了维护不同种族、性别、文化、阶层等之间的平等，所应修正、反省以及必须保持的正确观念。[①] 这一概念最早出现于18世纪美国的法律体系中，由于其旨在维护妇女、少数民族和其他弱势群体的权益，践行“人人生而平等”的宪法精神，符合社会发展的潮流，该词很快变成了全球性的语言。“政治正确”不仅在语言方面取得了显著的成效，即用最中立的字眼，防止歧视或侵害任何人，也在政治和外交等方面有所建树。

加拿大宪法承认三类原住民群体，即印第安人、因纽特人和梅蒂斯人。作为历史悠久的少数民族，他们的名称都有一段历史，如今也都存在着“政治正确性”问题。因纽特人原本被称为爱斯基摩人，但自20世纪70年代，加拿大远北活动家则宣布“爱斯基摩人”这个词具有侮辱性。他们声称，该词最初是阿岗昆印度单词，原意为“吃生肉的人”。自此，加拿大努纳武特领地的官方手册就明确表示：“请不要称因纽特人为爱斯基摩人。”[②] 虽然，加拿大政府这一决定的实施，给予了因纽特人更多的尊重，明确了“爱斯基摩人”政治正确的术语，但这仅仅只是开端而已。

因纽特民族作为加拿大原住民的一支，一直生活在北极偏远地区，常年冰霜雪冻以及政治环境的变化多端致使因纽特地区气候环境恶劣、政治经济水平落后、社会问题层出不穷。在这个千疮百孔的族群里，生活着一群弱势群体中的弱势群体，即因纽特女性。依据前文分析，因纽特女性的健康状况和家庭暴力事件存

---

① 詹姆士·芬·加纳著，蔡佩宜译：《政治正确童话：不具歧视和偏见的童话故事》，晨星出版社1996年版。

② Steve Sailer. *The Name Game-Inuit or Eskimo*? UPI（United Press International）. 2002. 6.

在已久，但近几十年才逐渐被加拿大联邦政府高度重视提上日程并引起国际社会的关注，这一事件背后不免存在着更深层次的动机。除去话语层面的“政治正确”，加拿大政府更是将其渗透进国家政策，为其政治统治服务。

从女性主义视角而言。女性主义最早出现在法国，一直是西方社会的敏感词汇。最初，女性主义被称为女权主义，主要是追求男女平等，为女性争取选举权。到了20世纪二三十年代，西方国家的妇女基本上都争取到了平等的政治权利。但在社会生活与人们的观念中，女性仍与男性不平等。女权主义者开始认识到，性别关系、男女权力架构才是女性主义的落脚点。从19世纪中叶到20世纪八九十年代，围绕这一主题女性主义运动先后经历了三次浪潮，男女平等的观念在全球蔓延和渗透，对女性生存状况的关注也逐渐成为“政治正确”的题中之义。因纽特女性从传统家庭中举足轻重的中心角色演变为家庭暴力的受害者，她们所遭受的痛苦与其所处的社会地位势必遭到全球女性主义者的批判和抗议。加拿大联邦政府为了美化其在国内和国际社会的形象，不得不加大力度关注因纽特女性的遭遇，从政府到民间组织，努力为因纽特女性所经受的健康状况和家庭暴力寻求解决之道。

从多元文化视角而言。加拿大是一个多民族国家，有100多个族裔，民族多样性是加拿大的特色之一。[①] 其中，来自英国和法国的移民及其后裔构成加拿大人口的绝大多数，因此人们常将加拿大的多元社会比喻为“马赛克”、“大花园”甚至“拼缝被”。[②] 为了使各民族能够和睦相处，加拿大政府不断调整国内

① 王红艳：《加拿大的多元文化政策》，《异域风情》，2010年第6期。

② 高鉴国：《加拿大多元文化政策评析》，《世界民族》，1999年第4期。

的文化政策，主要经历了三个阶段。1867 年加拿大建国后，一度实行盎格鲁化政策，即把所有外来文化逐渐同化为盎格鲁——撒克逊民族的白人新教徒文化，但这一做法严重损害了加拿大另一“建国民族”——法裔集团——的利益，导致了法裔族群分离主义情绪的暴动。因此，1963 年，加拿大联邦政府成立了“双语与二元文化皇家委员会”，以维持英裔和法裔加拿大人之间平等合作的关系。“二战”后随着加拿大移民政策的松动和变化，大批不同民族、不同文化背景的移民涌入加拿大，“二元文化”政策已无法适应加拿大多民族的现状。在这一背景下，加拿大政府最终于 1971 年开始实行在双语框架内主张各民族文化平等共存的多元文化政策。① 多元文化政策使得加拿大各少数族群可以克服文化方面的障碍，全面参与国家的各项事务，为促进加拿大各民族的文化交流和团结产生了深远的影响。因此，在多元文化的影响下，“政治正确性”已成为加拿大各民族之间如履薄冰的准则。不管是英裔族群、法裔族群还是其他少数民族，都成为了加拿大政府处理多元文化问题、建立良好的族群关系的重要变量。在此背景下，因纽特民族被视为加拿大的瑰宝，他们的艺术品和文物装点着加拿大的画廊和博物馆，已然成为加拿大传统文化中重要的组成部分。因纽特女性所面临的健康和暴力问题无疑暴露和揭示了因纽特社会在全球化和现代化的浪潮中所面临的困境。加拿大联邦政府高度重视这一社会问题，其更深层次的目的在于力求维护国家的稳定，保存近几十年来多元文化政策所取得的成果。

从国家统一视角而言。自 1867 年建国以来，加拿大曾经历过魁北克省的两次分离运动。魁北克省的居民主要是法裔加拿大

① 王红艳：《加拿大的多元文化政策》，《异域风情》，2010 年第 6 期。

人，历史上就与英裔加拿大人矛盾冲突不断，在加拿大联邦体制下总是感到政治经济地位低于后者。因此，为了保持本民族的传统和魁北克省的政治地位，魁北克人先后于1980年和1995年就独立问题在省内进行了两次公民投票。第一次以59.5%对40.5%之比，取得了联邦主义对分离主义的胜利，从而暂时结束了历经20年的关于魁北克省政治地位的争论[①]；第二次独立派以49.4%对50.6%再次败北，加拿大一分为二的政治险象仅以毫厘之差得以度过，魁北克15年来追求独立的期望又一次破灭。[②] 魁北克分离运动是加拿大历史发展的沉淀物，虽然两次公投均以独立派的失败而告终，但这一问题如何解决、何时解决、是否能够按照加拿大联邦政府的意愿得到解决都难以预知。因此，对于加拿大而言，国家的统一成为了重中之重。在原住民福利等方面加大力度也是其维护稳定的手段之一，从这一角度而言，重视因纽特女性的健康和暴力问题已不再是社会问题，而早已上升为政治问题。

## 五、小结

加拿大作为民族结构多样化的国家，自建国以来便开始了不同族裔群体的互动。虽然20世纪70年代以来的多元文化政策逐渐改善了族际关系，但这并不能真正地消除由主客观条件产生的族际之间的差异。因纽特民族作为加拿大的原住民群体，在与其

① 杨令侠：《加拿大魁北克省分离运动的历史渊源》，《历史研究》，1997年第2期，第110页。

② 杨令侠：《加拿大魁北克省分离运动的历史渊源》，《历史研究》，1997年第2期，第111页。

他族群进行不对称互动的过程中产生了种种冲突，引起了族群内部的适应不良，导致社会问题丛生，由酗酒等原因导致的家庭暴力循环模式的产生和女性健康状况堪忧便足以窥见一斑。在现代社会的变迁和族际互动的过程中，因纽特传统的社会性别结构被打破，女性开始从家庭走向社会，代替男性扮演着家庭中的"工具性"角色。"本末倒置"的格局必将打破因纽特社区的宁静，遭受压迫和虐待的因纽特女性的地位日益下降。然而，加拿大联邦政府对此并未坐视不理，出于女性主义、多元文化政策和国家统一的压力，逐渐将这一问题提上日程，使因纽特女性得到了更多的关注，逐步踏上追求解放的道路。虽然这并不能预卜因纽特女性的未来，但在政府、组织和社区以及因纽特女性的共同抗争下，必然会改善其境遇。

# 第七章

# 因纽特民族与北极治理

本章讨论的因纽特民族与北极治理，重点不是关注因纽特人在当下的北极治理机构（如北极理事会）中的作为，而是研究因纽特民族及其他北极原住民的传统治理原则以及这种治理原则在当下的运用，首先界定“治理”以及“原住民治理”，并讨论原住民知识的重要特征即实践性以及原住民文化的高语境特征；接着探讨了因纽特人的治理原则，选择了领导的产生、一致同意的决策原则以及与环境融为一体等三个方面；然后探究这三项治理原则在当下的运用：因纽特人是如何感知近年来气候变化的，他们是怎么使用和管理资源的以及努纳武特自治政府的建构中如何体现因纽特人的治理原则；最后探讨北极理事会设置对北极原住民参与北极治理的局限。

## 第一节 “治理”及“原住民治理”的界定

### 一、什么是治理

治理（govemance）一词源于古典拉丁文和古希腊语中的“掌舵”一词，原意是控制、引导和操纵的行动或方式，主要用于与国家公共事务相关的宪法或法律的执行问题，或指管理利害关系不同的多种特定机构或行业①。从这个意义上讲，“治理”与国家政府的“统治”（government）内涵和外延差别不大。但20世纪90年代以来，伴随着全球化以及经济、政治的综合性发展，治理的概念逐渐超出了传统上的意义，被广泛运用于各种领域。与此同时，学者及有关机构对有关治理的范围、手段、目标以及与“统治”的差别也展开了深入细致的研究。

在国际关系和国际政治领域，罗伯特·基欧汉和约瑟夫·奈对治理是这样下定义的：治理是指导并限制一个团体集体行动的正式的和非正式的程序和机制②；奥兰·扬则认为，治理一方面是一种社会功能、制度或体制，另一方面也是能够促进这种功能实现的机制。和统治相比，治理是一种对社会的把舵或指导，用以避免大家都不想要的结果出现，促进实现大家都希望的结果；

① 卢晓辉：《应对气候变化的全球治理模式研究——以〈联合国气候变化框架公约〉及其后续谈判的发展为例》，暨南大学2009年硕士学位论文，第44页。

② ［美］约瑟夫·S. 奈、约翰·D. 唐纳胡主编，王勇等译：《全球化世界的治理》，世界知识出版社，2003年版，第10页。

他认为治理“可能具有法律约束力，也可能没有”[①]；1994年，全球治理委员会提出了具有代表性治理的定义：“治理是各种公共的或私人的个人和机构管理其共同事务的诸多方式的总和。它是使相互冲突的或不同的利益得以调和并且采取联合行动的持续的过程。”

从这三个定义中我们可以看出，治理的范围既包括个人也包括机构，既包括政府也包括社会，既包括集体行动也包括个人行为，从这个意义上讲，“幕后操纵者、习惯、模式化的行为、文化内容，及其它种种事实，都可视作治理者”[②]；就治理的手段而言，它既包括政府的正式机制，同时也包含非正式的、非政府的机制[③]，也无须依靠国家的强制力来实现；治理的目标是促进社会和人类的整体发展，各色人等和各类组织得以借助这些机制满足各自的需要，并实现各自的愿望[④]，而不仅仅是统治阶层利益的协调。在这个意义上，治理指的是一系列被多数人接受，至少被它所影响的最有权势的人接受，才会生效的规则体系，尽管它们没有被正式赋予权力，但在其活动领域内也能够有效地发挥作用[⑤]，治理指的是一种有共同的目标支持的活动。与政府的统

---

① ［美］奥兰·扬著，陈玉刚、薄燕译：《世界事务中的治理》，上海：上海人民出版社，2007年版，前言第2页。

② ［美］詹姆斯·N. 罗西瑙主编，张胜军、刘小林等译：《没有政府的治理：世界政治中的秩序与变革》，江西人民出版社，2001年版，第34页。

③ 参考［美］詹姆斯·N. 罗西瑙主编，张胜军、刘小林等译：《没有政府的治理：世界政治中的秩序与变革》，江西人民出版社，2001年版。

④ ［美］詹姆斯·N. 罗西瑙主编，张胜军等译：《没有政府的治理：世界政治中的秩序与变革》，江西人民出版社，2001年版，第5页。

⑤ James N. Rosenau, *Governance, Order, and Change in World Polities.* in James N. Rosenau and Ernst Otto CzernPiel (eds.), Governance without Government, New York: Cambridge University Press, 1992, pp. 4 – 5.

治相比，显然治理的内涵更加丰富，可以说包括政府的治理。

从本质上讲，治理是一种决策，一种对某些人或团体或国家的行为作出限制的决策，限制其过多占有社会资源，避免人类社会出现强者恒强、弱者恒弱的局面，从而达到稳定、有序、健康发展的状态。治理是结构、过程和传统的相互作用来决定权威是如何贯彻、决策是如何作出的，以及公民或相关利益群体是如何发出他们声音的，治理实际上就是政府、公民和社会组织之间的互动；本质上，治理可以运用到任何的集体活动中，治理更多是从战略上把握方向，不仅要指导如何前进，而且还决定谁将参与①。这样我们就可以给治理下个简短的定义，治理就是在一个团体或组织内部，合法性权威作出的关于资源使用和分配以及社会管理、个体的社会活动及其相互间的合作的决策。这个定义中的几个要素是：1. 权威；2. 治理目标；3. 制度和决策规则；4. 权威性的决定、行动和强制能力（限制行动范围）。需要指出的是，这里的制度和决策规则，既包括正式的制度和规则，也包括非正式的习惯、习俗等；强制能力既包括军事等武装力量，也包括传统和模式化的行为等文化力量；治理的结果取决于该权威人物或团体对其周遭环境知识的掌握程度以及如何在实践中展示这种知识的能力，在原住民治理中，这种知识和能力尤为重要。

## 二、什么是原住民知识

正如上文所言，治理离不开知识，在谈论原住民治理之前，我们先讨论原住民的知识。原住民知识的话题一直倍受争议，事

---

① Tim Plumptre & John Graham, *Governance and Good Governance: International and Aboriginal Perspectives*, http: //iog. ca/.

实上，就连统一的名称都很难达成一致，目前有关原住民知识的词汇有：传统知识、传统环境知识、传统知识和智慧、地方和传统知识、原住民知识以及大量的关于这些词语的组合，有的人还直接用萨米人知识或因纽特人知识①。这里的“原住”含有“土生土长”的意思，其不包括长时间内居住在北极地区但不是原住民后代的人，同时暗示所有原住民都拥有这些知识，而且还过分强调祖先经验的重要性；“传统”隐含着静止的和过去的，而这种知识在当下还起作用，且是动态的。“地方”不能反映知识的连续性特征，也不能反映其实践是依赖于先祖所学的；“知识”遗漏了从经验和实际应用中而来的洞察力，这或许叫智慧更恰当。所有这些术语都忽略了宗教层面的知识，而这对于与环境密切联系的人而言，是非常重要的。有些组织，如世界知识产权机构（the World Intellectual Property Organization），将原住民知识作为传统知识的子集②。

阿拉斯加原住民科学委员会（Alaska Native Science Commission）是这样描述原住民知识的：“千百年来，世界各地的原住民与大自然密切接触，因此他们拥有大量的环境知识。由于他们以丰富复杂的各种生态系统为生，他们对动植物的属性、生态系统的功能了如指掌，利用和管理它们的技能也炉火纯青。在发展中国家的农村地区，许多甚至是所有生活资料（食物、药物、燃料、建筑材料等等）都依赖于当地的物种。同样，人们的知

① Huntington, H. P., 1998. *Observations on the utility of the semi-directive interview for documenting traditional ecological knowledge*. Arctic, 51 (3): 237 - 242; Alaska Native Science Commission, *What is Traditional Knowledge*? http: //www. nativescience. org/issues/tk. htm.

② WIPO, *Intellectual property needs and expectations of traditional knowledge holders*. World Intellectual Property Organization, Geneva, 2001.

识、对环境的感知以及人与环境的关系，往往是文化认同的重要元素。”[①] 这个关于原住民知识的描述道出了原住民知识的来源，来源于人们与自然界的亲密接触，来源于人们对自然界的认识，它是原住民关于生活的认识，它是原住民生活有机组成部分，离开这种知识，原住民将无法生存下去。

原住民是这样定义他们的知识的：“它是通过一代又一代人的教诲和经验为基础的实用常识”；“它熟知土地，涵盖环境知识，包括雪、冰、天气、资源及其之间的关系”；“它是整体的，不能分割为条块，不能与其持有者分离，它根植于人们的文化、语言以及宗教，它是一种生活方式”；“传统知识是一个权力系统。它规定了资源的利用规则：尊重和共享的义务。它是动态的，累积的和稳定的。它是真理。”“传统知识是一种生活方式，是用好方法使用传统知识的智能。它综合运用心智。它产生于一种为了生存的精神。”“它给人以可靠性和可信性。”[②] 研究因纽特民族文化的专家埃伯利（Abele）这样定义因纽特人的知识：知识或价值标准是通过对土地或前人传授的知识的反复观察或实践而获得的，并且能够从一代传给另一代[③]。

本章综合前人研究成果，从广义和本质上来理解“原住民知识”。从广义上而言，原住民知识涵盖各种各样从经验中得来、在一个社区成员和代际中传承的知识、实践、信仰等。与通常意义上的知识相比，这种知识最本质的特点是其实践性，在实践中

① Alaska Native Science Commission, *What is Traditional Knowledge*? http: //www. nativescience. org/issues/tk. htm.

② Alaska Native Science Commission, *What is Traditional Knowledge*? http: //www. nativescience. org/issues/tk. htm.

③ Abele, F. , *Traditional ecological knowledge in practice.* Arctic, 1997, 50v: 4, piiiv.

获得，在实践中运用，在实践中传承。没有证据表明，因纽特人或其他北极原住民通过设置一系列条件做实验而获取知识，也不强调数据的精确性。他们的知识不会越过其文化的边界来了解广泛的宇宙世界，他们从来也不会为解释而解释，他们的知识从来不会与道德或实践知识分开。[①] 认真观察再给予各种各样的解释是获得原住民知识的基本原则，观察能力的增长依赖于对危险、风险、机会和变化的预感和反映。例如知道驯鹿在哪里可能与跟踪它们一样重要；辨别海冰能安全行走是将一头海豹带回家的必要条件。这种知识的正确性和可靠性是通过最严格的反反复复的检验而得来的，丝毫的差错就意味着死亡，即使对经验丰富的人来说亦是如此；原住民知识的积累是依赖异常现象的发生，这样才能在意外事情发生时不会惊惶失措。当一定数量的异常现象积累到某种程度时，这种现象就发生质的变化。原住民知识随着社会、技术和环境的变化而改进[②]。因此，这种特别的生存之道和知识是无数代原住民结合自身和先祖的经验教训，经过无数次的评估和提炼而得来的[③]，其价值当然也是不言而喻的。

因纽特民族依靠他们的知识和技能在北极地区生存数千年，这包括社会组织能力，即在群体内部和紧密团结的群体间通过劳动分工和维持强有力的社会支持和相互联系而形成的独立小群体的能力；他们非常了解周围的环境，了解动物活动和聚散的方

---

① Ellen Bielawski, *Inuit Indigenous Knowledge and Science in the Arctic*, http://www.carc.org/pubs/v20no1/inuit.htm.

② Krupnik, I. and N. Vakhtin, *Indigenous knowledge in modern culture: Siberian Yupik ecological legacy in transition.* Arctic Anthropology, 1997, 34 (1): 236-252.

③ Huntington, H. P., *Observations on the utility of the semi-directive interview for documenting traditional ecological knowledge*, Arctic, 1998, 51 (3): 237-242.

式，这是获得食物必备的知识；在寒冷气候里成功生存和自如行走需要有能力在冰雪环境中识别细微的信号；社会形态和环境条件的缓慢变化决定这种学习和适应是持续不断的过程。历史上，物理环境的突然变化，如气候的急剧变暖或变冷，导致了原住民对大面积土地的放弃，这在因纽特人的传说中屡见不鲜；而且那些保留至今的知识是正确的。很多原住民知识远远不是现代科学所能解释清楚的，如各种动物的习性，生态系统的相互作用，尤其是在北极，科学探究还是一个相对晚近的事，在那里，研究者常常依赖原住民向导的知识和技能。

原住民知识在北极地区中扮演着必不可少的角色，对该地区在未来继续存在下去也至关重要；对关心北极生态系统和全球生态环境的科学家来说，原住民知识是丰富的信息资源；在全球气候变暖的背景下，这些知识对人类社会而言是一笔不小的财富。然而，历史上，北极地区以外的人类社会并没有认识到或尊重这些知识的价值，在 20 世纪中后期以前，人类只是偶尔表现出对这种知识的兴趣，甚至一些地区的原住民知识正在被侵蚀和同化，对原住民知识的尊重也每况愈下，这对原住民的情感和实践都产生较大的影响。但是，最近 20 多年来，北极原住民的知识越来越受到重视；整个北极地区，利用原住民知识的热情正在不断增长，但是对如何正确得到这些知识却束手无策。

近年来，由于全球气候变暖，原住民知识已经成为学术界研究的热点。北极地区内外的学者都表现出强烈的兴趣，他们的研究问题涉及：原住民知识的特性怎样？如何用恰当的方法来研究？如何来理解原住民知识？这种知识又如何与其他认知方式，例如科学等联系起来的？如何运用原住民的知识来治理北极地区乃至地球的环境？等等。很多人赞同原住民对于其周围的生态环境有深刻的见解[①]；同时也有很多学者认识到，获得和利用这些知识必须尊重原住民生活区域的权利和利益，了解这种知识产生的文化背景[②]；成功研究取决于研究者和研究对象之间的相互信任和理解，让这些知识的拥有者原住民感觉舒服，研究者才能很好地理解和解释他们的所见所闻，并且让原住民和研究者一样也理解这些知识的意义和目的，故而这不是在短时间内所能完成的。

## 三、什么是原住民治理

如前文所述，治理实际上就是在一个组织或群体内部确立一个合法性原则，用于指导资源的分配、个体与个体间的相互关系。治理这个概念既指原则、机制、体系，也指实践活动，一个团体就是用这些原则和机制来指导社会资源的分配、规范其成员间的社会关系及其与外界的交往。但不同的社会和文化中的这些原则、机制、体系的表述却有很大的不同，有的具有详细明了的规章制度、森严且不可跨越的等级制度（科层制）、复杂繁多的法律条文，在这种文化中，人们依赖于书写和阅读规则来进行社

① Berkes, F., *Indigenous knowledge and resource management systems in the Canadian subarctic.* in F. Berkes and C. Folke (eds.). Linking Social and Ecological Systems, pp. 98 - 128. Cambridge University Press, 1998; Berkes, F., *Sacred Ecology: Traditional Ecological Knowledge and Resource Management.* Taylor & Francis, 1999; Freeman, M. M. R. and L. N. Carbyn (eds.), 1988. *Traditional Knowledge and Renewable Resource Management in Northern Regions.* Boreal Institute for Northern Studies, Alberta, p. 124; Mailhot, J., 1993; *Traditional Ecological Knowledge: The Diversity of Knowledge Systems and Their Study.* Great Whale Public Review Support Office, Montreal.

② Wenzel, G., 1999. *Traditional ecological knowledge and Inuit: reflections on TEK research and ethics.* Arctic, 52 (2): 113 - 124.

会治理；而在另外一些社会中，人们却用社会文化语境来进行交流，没有诸多的明文规定和法律契约，其对社会的管理与前者有很大的不同。爱德华·霍尔（Edward Hall）在《超越文化》一书中，将前者定义为低语境文化（low-context culture），后者为高语境文化（high-context culture）。大多数原住民都属于典型的高语境文化社会，因纽特民族也不例外；而德国、瑞士、美国、瑞典、挪威、芬兰、丹麦、加拿大等国属于低语境文化。

高语境文化亦译为强环境文化，低语境文化亦译为弱环境文化。根据霍尔的观点，在高语境文化中，人们在交流时，大多数信息或存在于物质环境中，或内化在人的身上；需要经过编码的、显性的、传输出来的信息却非常之少，人们对高语境的种种微妙之处较为敏感；人们深刻介入彼此的生活，信息得到广泛的共享，意蕴丰富的简单讯息自由流动；因此，高语境交流时经济、迅速、高效、令人满意，且寿命长、变化慢。相反，在低语境文化中，人们在交流时，大量的信息编入了显性的代码之中[①]，隐性的环境传递出相对少量的信息。也就是说，在低语境文化中的人们，习惯借助言语的力量来交流；人们相互介入的程度相当低；不稳定、过时和快速的变化是低语境交流的一个典型的特点；在这种文化中，人们越来越像自己使用的机器[②]。

---

① ［美］爱德华·霍尔：《超越文化》，北京大学出版社，2010年11月中译本，第82、90页。

② 胡超：《高语境与低语境交际的文化渊源》，《宁波大学学报（人文科学版）》，2009年第4期。作者在文章还指出：古迪肯斯特等国际一流的专家学者研究结果显示，属于低语境文化的国家有：德国、瑞士、美国、瑞典、挪威、芬兰、丹麦、加拿大。这些国家的文化都是重视具体细节安排与精确的时间表，不注重环境的作用。他们的行为系统源于亚里斯多德的逻辑与线形思维。同时具有高语境文化与低语境文化特点的国家有：法国、英国、意大利。属于高语境文化的国家有：中国、日本、韩国、美洲土著、美洲墨西哥以及拉丁国家。

高语境文化与低语境文化各自的特点，路斯迪格（M. W. Lustig）等学者曾加以概括如下：高语境文化：（1）内隐、含蓄；（2）暗码信息；（3）较多的非言语编码；（4）反应很少外露；（5）圈内外有别；（6）人际关系紧密；（7）高承诺；（8）时间处理高度灵活。低语境文化：（1）外显，明了；（2）明码信息；（3）较多的言语编码；（4）反应外露；（5）圈内外灵活；（6）人际关系不密切；（7）低承诺；（8）时间高度组织化①。

高语境文化与低语境文化最大的区别在于他们的思维模式。前者是综合性思维模式，其典型特征是多元时间观念；后者是线性思维模式，其典型特征是一元时间观念；一元时间和多元时间，代表着两种不同的解决问题的办法，“一元时间着重时间的安排、切割和快速行事。多元时间的特征是同时进行几件事，其着重点是人的参与和事务的完成，而不是僵守事先安排的日程表。多元时间的处理不如一元时间那样具体实在。一元时间往往被看作一个时刻，而不是一条带子或一条道路；而且这一时刻是神圣的”②。

体现在社会管理和治理方面，一元时间的文化表现出对时间表的强烈依赖性。一元时间是任意的、强加于人的，生活中的一切都必须符合时间表的强制性要求，工作与生活脱节。长此以往，会使人们观察视野狭窄，无法感知广阔的语境；一元时间将时间分割成一段一段的，在规定的一段时间里只能做一件事，另外一段的时间里则会安排另外一件事，这样会导致条块的、分割

---

① 《高语境与低语境交际的文化渊源》，《宁波大学学报（人文科学版）》，2009 年第 4 期。

② ［美］爱德华·霍尔：《超越文化》，北京大学出版社，2010 年 11 月中译本，第 17 页。

切割、彼此隔绝的思维模式，崇尚使经验隔绝的局部事务；在社会治理中，专注于特定问题的解决[①]，而不能全面考虑各种事情，也不能根据一个共同利益的系统来权衡轻重缓急的顺序，例如人类为了粮食增长而无限制地使用化学肥料，但却带来严重的环境破坏，解决一种问题却引发另外一种问题的现象比比皆是，似乎还要无限制地延续下去；而且，一元时间的文化中，在解决问题时过分依赖于技术，然而人类面临的大多数问题，是不可能靠技术手段解决的，因为很多问题是人的问题，只有人类超越了自己的技术、哲学和文化加之于自己的精神局限，那些用来解决环境问题的技术手段，才能得到合理的利用[②]。

多元时间里的人们，不能理解一元时间的人工作和生活为什么需要时间表来控制，例如在阿拉斯加州一座鱼类加工厂做工的因纽特人认为，工厂的汽笛是荒唐可笑的，人干不干活全凭汽笛声，这是十足的疯狂念头。对他们而言，海潮决定着该干什么，什么时候干活。退潮决定着一套活动，涨潮决定着另一套活动[③]。他们的生活和工作是融为一体的，生活即工作；在社会组织方面，多元时间系统要求更大程度的集中控制，其原因在于，权威人物连续不断地同时与许多人交往，其中的大多数人对眼前发生的事情都始终了解[④]；他们都生活在共同的空间范围内，而

---

① ［美］爱德华·霍尔：《超越文化》，北京大学出版社，2010年11月中译本，第5页。

② ［美］爱德华·霍尔：《超越文化》，北京大学出版社，2010年11月中译本，第1页。

③ ［美］爱德华·霍尔：《超越文化》，北京大学出版社，2010年11月中译本，第20页。

④ ［美］爱德华·霍尔：《超越文化》，北京大学出版社，2010年11月中译本，第21页。

不是囿于条块分割、拥挤狭小的空间内。这样他们在解决问题时就能全面考虑、通盘计划，进行综合性的治理，不会顾此失彼，更不会治愈好一个问题，另一些更为严重的问题可能会接踵而至。此外，线性思维模式有一个典型的缺陷，它使人审视观念，而不是事件，它妨碍相互理解，把人的注意力不必要地转向无关的方面。

北极原住民属于高语境文化、是多元思维模式，他们与北极地区生态系统是融为一体的，对他们而言，北极环境是他们生活的有机组成部分，且深知只有北极生态系统良性运转，他们才能在这一地区生存下去。北极原住民的社会组织模式不是金字塔式的科层制，权力不是集中于上层，而是分散于领导群体之中，实行真正意义上的集体领导；重大问题的决策采取一致同意的原则。由于每个人都与周边环境密切互动，与其他人密切接触，因此，他们对彼此、对环境都非常了解，非常熟悉，北极环境的细微变化，他们每个人都能感知到；作出决策时不是关在办公室里纸上谈兵；在解决问题时能全面计划，通盘考虑，可以多管齐下，多头并进，而不像低语境文化的人在一段时间内只能处理一件事。如果撇开北极原住民来谈论和实施北极地区生态环境的保护，将会隔靴搔痒，北极环境也不可能得到有效保护。

但是目前主导北极治理的组织机构大多是低语境文化、线性思维的人们，在北极治理中他们依赖的是制度化的组织机构、复杂繁琐的法律条文、尖端的科学技术、单一明确的目标，而且参与治理的人对北极生态系统非常陌生。他们忽视北极地区是一个复杂的生态系统，只是头痛医头、脚痛医脚，不能全面计划、综合治理，往往是一个问题解决，另一个问题随之产生；更为重要的是，他们忽视人与环境之间的互动，过分强调人类社会的短期利益，将自然作为人类征服的对象；与此同时，排斥北极原住民文化在治理中的作用。这些特征对北极地区的治理存在着严重的影响。

## 第二节 因纽特民族的治理原则

前文论述现代社会的治理要素有四，即权威、治理目标、制度和决策规则以及权威性的决定、行动和强制能力，而关键是权威的产生和决策机制。在北极治理工程报告中将原住民的治理原则归纳为六条，即通过实践获取知识，权威来源于功绩、协商一致的决策、属于环境的一部分、为共同利益明智使用资源、尊重物种多样性[①]。本节根据这六项原则，分别与当下环北极国家治理北极的原则进行对比，结合高语境和低语境文化的特点，从领导的产生和决策的形成两个方面来阐释因纽特民族的治理特征和原则。

### 一、领导的产生

实际上，治理可以运用到任何团体的集体活动中，更多是从战略上把握方向，不仅要指导如何前进，而且还决定谁将参与其中的活动[②]。我们将把握方向的人称之为“领导”，世界各地的

---

① Gail Fondahl & Stephanie IrlbacherFox, *Indigenous Governance in the Arctic*, http：//www. arcticgovernance. org/indigenous-governance-in-the-arctic. 4667323 – 142902. html.

② Tim Plumptre & John Graham, *Governance and Good Governance*：*International and Aboriginal Perspectives*, http：//iog. ca/.

民族在治理中都需要领导，因纽特民族也一样；但是领导产生的方式及其权利和义务却不尽相同。领导应具备渊博的知识、娴熟的技能、丰富的经验以及智慧、公正、德行等品质。在因纽特民族中，最重要的莫过于知识和技能。

领导必须具备丰富的知识，这是世界各地的民族所具有的共同特征。传统的原住民领导都是知识渊博、见多识广的，他们知道怎样把人们聚集起来、通晓动植物的生活习性，清楚动物如何迁移、知道怎样应对社会和经济的挑战。那么这些丰富的知识是如何得来的？与其他民族又有什么不同？

简单而言，在原住民社会中，一个有知识渊博和专门技能的领导是通过学习口头表达能力来获取有关地区、人民和资源的历史知识以及目前信息的，他们获取的是直接经验和第一手知识。这与低语境文化中的人们大相径庭，后者花费大量的时间在学校里接受教育来获得一张文凭，以资证明自己是知识渊博、具备领导候选人的资格；在学校教育制度中实际上是重视理论知识，而把经验在获取知识的重要性中最小化。

如前文所述，原住民知识涵盖各种各样从经验中得来、在一个社区成员和代际中传承的知识、实践、信仰等；这种知识最本质的特点是其实践性，在实践中获得，在实践中运用，在实践中传承，同时还能在实践中得到检验，也就是说，原住民的知识都是直接从日常生活中获得的。原住民知识被称为“连续多样的知识”、“广泛的观测知识”、“整体综合知识”，以及“社会和文化可持续发展的知识”。这些概念都体现了知识来源于实践并在实践中运用的特征。

历史上，因纽特民族每个小群体的领导人物正是通过在狩猎和生存活动中展示各种知识来获得人们的认可的。在因纽特民族中，知识以及在实践活动中这种知识的展示能力是决定一个人在群体中社会地位高低的关键指标。捕捉驯鹿的领导是根据他们的技能以及他们对驯鹿习性的了解来决定的。

在因纽特民族中，知识渊博等同于经验老道，因此年长者的社会地位很高，往往多数领导者都由年长者担任。长老们都积累了广博的知识，在实践活动中获取的深厚而详尽的知识也是他们获得尊重的重要原因。一个成为领导的人，从小就得跟随父母和年长者接受直接的指导和训练，尤其有关土地方面的知识非常重要，是每个领导必须具备的；对因纽特人而言，一个好的领导不仅需要具备熟练的技能和能力，并且在决策过程中时时要有与年长者协商的精神。例如，如果几个家庭在一段时间内居住在同一个营地，捕猎驯鹿一定会与最好的驯鹿猎手商议，采集果实一定会向最有经验的老妇人请教。

在因纽特民族中，所有的领导都是某一方面的专家，而不是通才。在捕猎中需要这个领导，在与敌人战斗时需要另一个领导，而在滑雪时又需要其他领导；也有可能一个人足智多谋、力大无比、技能娴熟，这样的人可以充当一个部落的领导；这与以选举而来的领导不同，后者选出来的都是“权威”而不是某一方面的专家。在因纽特民族，领导就是某次探险中“走在最前面的人”，印第安民族的领导也是这个意思。领导被敬重是因为他有一系列正确的行为，有能力做出正确的决策。如果一个领导缺乏经验，经常让他的族人漫无目的地徘徊，可能会被杀死的。领导没有权力将自己意志强加于人，否则人们会选择其他领导。在因纽特民族中，领导不是来评判族人，也不是用来制造法律的，而是事必躬亲，身先士卒，带领族人在狂风暴雪中战斗的人①。

---

① Tim Plumptre & John Graham, *Governance and Good Governance: International and Aboriginal Perspectives*, http://iog.ca/.

财富在因纽特领导的产生中也起着重要的作用。某个人能聚集大量的财富，说明此人能力非凡，智慧、勤奋而且技能熟练，具备领导的素质。但是领导却不能只为聚集财富，他必须放弃私人的财富，一个领导通过给予他人物品而赢得其声誉，因此他有可能是他团体里最穷的人。一个领导要有牺牲精神，为了其成员的幸福，宁愿放弃自己的财富①。

解决分歧的能力，是一个领导必备的素质。如果某个人能在人们之间出现分歧时能引导他们，并告诉他们如何做，那么他或许能成为一个领导。甚至其他部落的人们出现争论时也找他来解决，告诉他们如何行动。之所以成为领导，是因为他能帮助别人。

在因纽特民族的传统中，领导与其团体的关系是前者自始至终被后者所控制。领导必须意识到他的权威来自于其团体，来自于团体成员的尊重，领导的强大是依赖于团体的强大。领导的被尊重是因为他对其团体负责，乐于为团体奉献，并在与团体的互动过程中保持谦逊的态度。如果领导强迫族人服从，他将不被尊重，族人也会扬长而去。反观当今的官僚制度，领导的权威来自于上级的任命，不是来自领导与成员之间的互动，因而这种领导只需对上级负责，不需要对团体成员负责。

但是因纽特民族选择领导的传统方式在现今受到了严重的挑战。因纽特民族取得自治后，引进了官僚制度的选举制度。有人对此极为担忧：选举的结果是所有原住民族社区都经历了各种形式严重的分裂，这样说是客观的。选举不仅使族人各为其主，分裂为不同的派别，而且选举还使家庭产生分裂，兄弟反对兄弟，

---

① Gail Fondahl & Stephanie IrlbacherFox, *Indigenous Governance in the Arctic*, http://www.arcticgovernance.org/indigenous-governance-in-the-arctic.4667323-142902.html.

姐妹反对姐妹，父母反对他们的孩子，老人反对老人。年轻人在选举活动中见证这些卑鄙、令人讨厌的勾当，难以置信、迷惑彷徨、义愤填膺[①]。

当今因纽特政府在社区层面上失去了族人的拥戴。社区中的少数精英人物被雇佣进社区委员会，充其量代表社区三分之一人口的利益和要求，他们根本不被认为是社区的真正代表。这些人与大多数居民相比，他们依靠失业保险金和其他各种社会资助。社区也就相应地分化为贫富两极。这种阶级和权力的二元结构，实际上是殖民模式的再版。慢慢地这些政治人物就会有权得到土地、房屋和薪水。社区大部分成员，被排除在政治过程之外，依赖这些精英来促进社区的社会、经济发展。这种分裂至少可以部分归咎于原住民领导在复制官僚制度的罪孽[②]。

因纽特民族政府必须在其社区建立合法性，唯一的成功之道在于摈弃选举政治，重建民族政府以适应传统的决策模式、协商制度和争端解决方式[③]。

## 二、一致同意的决策原则

在北极原住民社会，决策的制定是建立在族人意见一致的基

---

① John Graham and Jake Wilson, *Aboriginal Governance in the Decade Ahead: Towards a New Agenda for Change, A Framework Paper for the TANAGA Series*, 2004, http://iog.ca/.

② Tim Plumptre & John Graham, *Governance and Good Governance: International and Aboriginal Perspectives*, http://iog.ca/.

③ John Graham and Jake Wilson, *Aboriginal Governance in the Decade Ahead: Towards a New Agenda for Change, A Framework Paper for the TANAGA Series*, 2004. http://iog.ca/.

础上。通常的步骤是他们在一起讨论各种问题，直到所有的参与者都发言，达到解决问题的一致意见后，才做出决定。所有的决定都是与族人商议后才做出决定的，这里的族人是指社区里所有的人，包括妇女、年轻人和老人。建立在一致同意原则上的政体体系，议会政治中的“忠诚的反对党”这一概念就不存在了，一致同意通常是达成一种思想，问题是一点一点在没有对抗的情况下解决的①。

很多原住民认为，一致同意的决策原则是他们传统的基本部分。一致同意的原则运用到不同层面的决策中，从大家庭到地方、地区直至整个国家。在因纽特民族，讨论首先在家庭层面展开，妇女、儿童等都有可能贡献出自己的观点和思想；然后讨论在更大的层面上进行，所有的家庭、家族发言人以及宗族领袖或酋长代表其成员发言；只有在特殊情况下，社区所有成员才会聚集在一起参与讨论。经过很长时间的反复讨论，一致意见渐渐形成，它融合了所有人的观点。②

一致同意的决策原则，使所有成员都参与到有关社区利益的讨论过程中。这需要具备一定的条件，比如成员之间的面对面接触，而且还需要大量的共享知识（如对领袖品质、历史、思想等等的认识）。也就是说，成员之间必须有紧密的联系纽带，就如大家庭内部的密切互动一样。实际上一致同意的决策原则是建立在所有成员之间互相信任、互相理解、互相尊敬的基础上。面对各种挑战和问题，因纽特民族第一反应是在自愿和包容的基础上达成高水平合作的解决方法，为难以沟通的对话创造安全空

---

① *Report of the Royal Commission on Aboriginal Peoples*, VOLUME 2 Restructuring the Relationship, Chater3 Governance, http://www.collectionscanada.gc.ca/.

② *Report of the Royal Commission on Aboriginal Peoples*, VOLUME 2 Restructuring the Relationship, Chater3 Governance, http://www.collectionscanada.gc.ca/.

间、并制定综合全面的解决方案。他们应对风险的根本措施是建立族群内以及与族群外的其他所有政府的合作。[①]

一致同意的原则在传统因纽特社会有各种表现形式，比如治理模式的去中心化，这通常是依赖家庭和内部自治做出决策的。在当今较为复杂的因纽特社区，除家族的自治外，广泛的公共机构在因纽特自治政府中也扮演相当重要的作用；再如，在与临近部落发生争端时（狩猎），采取协商的解决方式，最后达成一致意见；一般情况下，临近的部落会定期集会。

因纽特人运用过去的知识来为当下的决策服务，尽管在“知识”前面用“历史的”来修饰，但并不表明他们与过去割裂；而现代西方社会很多决策者却不是这样的，他们完全忘记了历史。因纽特民族的领导们渴望了解他们的过去以知晓当下的情形，即使过去和现代之间有很大的差异。

在因纽特民族的传统治理体系中，普通族人在决策中也起着很大的作用，那些选择跟随某个领导者的族人有责任运用他们专门的知识来帮助领导，并且时刻提醒领导要关心族人的利益。如果一个领导人忽略了族人的权益，那么他在下一次选举中将会下台。反观当今所谓的民主社会，普通公民在选举中的作用是非常有限的，他们只是每隔几年进行一次投票，选择领导人为他们决策。因纽特民族称这种行为为不负责任，他们时时监督他们的领导者。拉布拉多地区的因纽特人持之以恒地监督他们的狩猎领导，西北和育空两个省的原住民监督他们领导的一切活动：狩猎、贸易、谈判等等，族人们认为其跟随的领导是最有能力的，

① *Report of the Royal Commission on Aboriginal Peoples*, VOLUME 2 Restructuring the Relationship, Chater3 Governance, http://www.collectionscanada.gc.ca/.

能解决小群体的问题也能实现族群自治。[①]

如果领导者误入歧途，族人将毫不迟疑地指出其缺点。一个曾担任领导的人说道："如果我在分配肉的时候，欺侮一个寡妇或其他不幸的人，立即有人就会忠告我，即使我在族人中的形象极高；如果一个年长者觉得他们的领导犯了错，他立即会与其他年长者商议如何处理这个领导；在过去，当我们还完全依靠野生动物生活时，由我作出狩猎决定。但如果决策不好，我妻子也有义务指出我的错误，尽管狩猎不是她的事；如果一个较大年龄的人作出决定时，你认为不对，你就有义务指出来告诉他们。"[②]

这种建立在家庭基础上的一致同意原则现在已经被民主制的选举制度的多数原则所取代，这就改变了社区中妇女、年长者等的角色，使他们的作用式微。选举制度容忍了不同的观点，离间了社区成员之间的关系，滋生了对领导和官员的不信任，而且还使社区被为数极少的几个家庭所统治。观察如今的因纽特社区，在选举中获得职位的就是那些人数众多的家庭。一些人呼吁原住民政府应该恢复传统的一致同意的决策原则，民族政府和领袖必须是整个族人的代表，决策应融合社区、家庭和个人的观点和思想。[③]

---

① Joanne Barnaby, *Indigenous decision making processes: what can we learn from traditional governance?*, http://iog.ca/.

② Joanne Barnaby, *Indigenous decision making processes: what can we learn from traditional governance?*, http://iog.ca/.

③ *Report of the Royal Commission on Aboriginal Peoples*, VOLUME 2 Restructuring the Relationship, Chater3 Governance, http://www.collectionscanada.gc.ca/.

## 三、与环境融为一体[①]

因纽特民族以及北极地区其他原住民都将自己看作是环境的一部分，与环境融为一体而不是在环境之外。这可从两个方面来理解。第一就是统一性，人类和其他物种都是生态系统中默默无闻的一个组成部分。在这个生态系统中，人类、动物和其他物种必须相互尊重、和谐相处，共同生活于其中，人类与地球上其他动植物一起构成生态系统的整体，万物融为一体于自然，地球是自然万物的共同世界。第二就是平等性。即人类与其他各种生物是平等的，而不是把自己看作凌驾于环境和其他生物之上，或者优越于周边环境；在这个共同世界中，各种物种之间是相互平等地服务于对方；各种物种不管高低大小，都平等地拥有各自的运行法则。

因纽特人认为“造物主创造万物皆有目的，即服务于他物，我们来到这个世上并不是为我们自己而是服务他物，就如创造驯鹿是为了人类、熊以及其他植物，人类的生生死死都是为了他物”；各种物种不管高低大小，都平等地拥有各自的运行法则，

① 在处理人与自然关系的传统中，无非有人类中心主义和生态中心主义两种倾向。人类中心主义是一切以人为中心，一切以人为尺度，一切从人类的利益出发，一切为人的利益服务。自然界只不过是服从或满足人类需求的工具。人类对于自然来说，不但享有至高无上的统治权，而且可以毫无限制地向自然界索取。与此相对应的生态中心主义，主张自然界的一切存在和人类一样，都有其内在的价值和意义，人类同其他动物的生存权利是平等的；物种和生命形式多样性是自然界赖以存在的基础，人类没有权利破坏这种状况；现代人类对自然界的过度索取和干预是生态破坏的主要原因。北极原住民与环境融为一体的特性与生态中心主义大体相当。

“世界万物都有律条。地球上有成千上万个动物，每个动物都有它们的律条；种类繁多的植物也都有它们各自的律条；当我们在灌木丛中行走时，就会感知到它们的存在。这就是我们向所有生灵学习的方式。我们不知道的事情，我们设法了解。这也是造物主创造万物于地球上以及它们相互依赖的原因所在”。[①] 因此，当它们在河边时，不允许对着河里大吼大叫；当它们在大地行走时，它们讲述或倾听某个地方的故事以及辨别地貌的变化；在努纳维克地区，因纽特人觉得万物都具有人类的品格，也有社会关系。有的原住民认为捕猎的动物来生就可能变成人，把动物的骨头悬挂在树枝上，它们就可以再投胎[②]。

因纽特民族尊敬组成生态系统的每个部分、每个物种，因此他们尽力避免与自然界的物种发生冲突和紧张关系；由于与其他物种无法取得一致的意见，而且分歧也无法协商解决，因纽特民族通过迁移来避免与其他物种的矛盾；因纽特民族以及其他北极原住民绝不会为了自身利益将某个动物赶尽杀绝，相反当其中某个物种面临数量减少或其他状况时，他们会采取一系列的保护措施；同样与其他民族发生冲突时，比如同在一个区域狩猎，矛盾不可避免，但他们不是通过战争来解决矛盾，而是在“无条件分享”（ethos of unconditional sharing）、充分尊重对方和保护狩猎动物的前提下协商解决。欧裔白人称这种行为是“明智使用自然资源”（Using Resources Wisely）。

因纽特民族以及北极原住民特别强调环境知识的重要性。根

---

① Joanne Barnaby, *Indigenous decision making processes: what can we learn from traditional governance?*, http://iog.ca/.

② Gail Fondahl & Stephanie IrlbacherFox, *Indigenous Governance in the Arctic*, http://www.arcticgovernance.org/indigenous-governance-in-the-arctic.4667323 – 142902.html.

据动植物的特性来给某个地方命名，最能体现他们的环境知识。在地方命名时，经常用描述性的术语，这对安全、行走以及狩猎极为重要。例如在努纳武特的福克斯半岛（Foxe Peninsula），从事人类学研究的亨肖（Henshaw）在开普多赛特（Kinngait）地区记录了300多个地名。很多地名是表示环境变化的特征或现象，例如Ullivinirkallak用来表示过去是储藏海象的地方，现在不是了，可能是表示冻土层改变了。Qimirjuaq是冰雪覆盖的高原，即使在夏季也是如此，这一地区现在出现了冰雪融化而带来的大片水域，由此出现了丰富的浆果，因此，现在密切监控这片雪地的大小和状况。拣浆果的人立即就意识到这种持续不断的变化和雪地特征的改变；迁移路线的季节变化也被命名，来表示水流和海冰运动方式。记录这些名称及该地区发生的变化，能提供监控和辨别未来环境变化的方法[①]。

因纽特民族以及其他北极原住民对环境的看法与《圣经》中传达的圣谕有所不同，后者强调人类是上帝派来的作为上帝的代表来治理和管理地球上其他生命、海洋和大山，这样人类的地位就在其他众生之上，人类和众生是不平等的。这两种不同的文化决定了他们对待环境不同的态度。北极原住民敬畏环境，在环境面前只能卑躬屈膝，他们只会适应环境，而不会想到改变环境；信仰《圣经》文化的民族把地球乃至地球上所有的其他动植物看作是自己谋求利益的工具，人类有权利牺牲其他物种来获得自身的利益，《圣经》实际上赋予了人类统治地球的合法性[②]，

---

① ACIA, Chater 3, *The Changing Arctic: Indigenous Perspectives*, p. 66, http: //www. acia. uaf. edu/PDFs/ACIA_ Science_ Chapters_ Final/ACIA_ Ch03_ Final. pdf.

② 参考［美］丹尼尔·贝尔：《环境社会学的邀请》，北京大学出版社，2010年中译本，第六章。

最终导致了人类中心主义的形成[①]。

在人类中心观的指导下，现代人类一味崇拜对于自然的征服，得意于从自然界无止尽的攫取，将自己的“强”凌驾于自然的“弱”，再这样下去，强弱之势将会发生转移，自然界会惩罚人类的胡作非为。北极原住民的环境观能够有效地帮助现代人厘清现代社会盲目的价值观，从而不再片面追求所谓的经济高速发展、物质财富极大丰富等机械指标，给一再遭受无休止压榨的自然以喘息之机。这可能是解决工业革命以来环境问题[②]丛生并

---

① 在早期的原始社会，面对天雷地火等天威，受困于人类认识能力的局限，神秘主义得到了充分的宣扬。各种神话自然、膜拜自然的原始自然中心观念开始产生。随着人类社会文明的发展，人类认知能力和改造自然的能力不断突进，对自然的敬畏之心逐渐淡化，人类中心主义开始萌生。到了近现代工业革命之后，生产能力大爆炸，人类陶醉于自身强大的实力，上天入地、翻江倒海、无所不能，人类中心观空前膨胀。然而在当代，我们终于意识到，人类一味地膨胀自身欲望，向自然无止尽地攫取，最终遭受了自然的报应；资源枯竭、环境污染、生态破坏等等一系列环境问题愈演愈烈。人类中心主义遭到了学界和舆论的大批判，自然中心观又重新获得了市场，自然中心—人类中心问题成为国际学术界，尤其是生态哲学界讨论的热点问题（舒玲：《人类中心主义问题研究述评》，《中共天津市委党校学报》，2012 年第 1 期；夏文佳：《古代中国的环境思想，以道家为中心的考察》，同济大学 2012 年社会学系硕士论文）。

② 所谓环境问题是指由于人类的生产、生活活动，使自然界遭到破坏，失去平衡，最后直接或间接影响到人类的生存或发展的一切客观存在的问题。许多西方学者将当代环境问题的根源归结为民主制度未能有效地进行人类利益格局的分配，试图通过完善民主制度的全球应用，以期实现环境问题的全球合作与解决。超脱出人类自身范畴，环境问题就无从谈起。因为这个问题本身就是人类自己提出来的（并且在当代，很大程度上也是人类造成的），也只有人类在讨论环境问题。离开人类社会，这个问题也就无从讨论，动物、植物、非生物是绝不会计较于环境问题的。从将人类特殊化之后，环境问题就不仅仅是一个自然问题了。如果将人类归为自然的一分子，不再特殊化处理，那么环境问题也就是人类自己切身的问题而已，归根结底，环境问题就是人类自己的问题（夏文佳：《古代中国的环境思想，以道家为中心的考察》，同济大学 2012 年社会学系硕士论文）。

且不断恶化的根本途径[①]。否则，物极必反，环境危机就是原本“柔弱”的自然对于“强大”的人类最有利的反击。

领导所具备的素质和品质以及产生方式、一致同意的决策原则、与环境融为一体以及由此派生出的对物种多样性的尊重被认为是因纽特民族乃至北极原住民文化的根本原则，这些原则在当今的北极治理中如何运用，通过这些原则反思现代官僚主义在北极治理以及全球治理中的弊端，这可能是我们最为关注的。

## 第三节　因纽特民族与北极治理

以上治理原则在因纽特民族治理中占据核心地位，其权威和权力的执行处处体现出这些原则。如今这些原则在环境治理、资源管理和使用以及因纽特民族和联邦政府合法关系的建构中得到广泛执行，比如努纳武特地区设置公共政府目的是服务于该地区的所有人；为了下一代驯鹿的成长，牧民们采取各种方法保护牧场，比如让驯鹿轮流吃草、不让闲杂人等进入牧场、限制驯鹿的大小、定期迁走等等。本节中将从环境治理、资源使用以及自治政府的设置等三个方面，来探讨因纽特民族的治理原则在北极治理中的运用。

① 当代西方的环境思想研究学界在处理自然—人类两个中心二元对立时，普遍采取两种策略。环保党倾向于回归自然中心的传统，而理性派则认为人类不可能回归无知无识的社会状态了，主张在人类中心主义不可逆转的现实情况下，更多地发掘环境保护的有益动因。

## 一、因纽特民族对北极环境变化的观察

北极原住民与其周边环境融为一体，并能适应环境的巨大波动、寒冷、连续的黑夜以及气候和地势变化的挑战，但北极气候变化无常，尤其是当下北极地区正在快速变暖，适时反映这些变化对北极地区的居民尤其是北极原住民的影响是非常重要的，因为北极原住民的生活方式与其生活的环境紧密联系。更为重要的是，这些原住民如何感知和观察北极地区正在发生的气候和环境变化，这对于人类理解正在变化的北极地区的风险非常有益。

记录原住民观察气候变化主要集中在最近几十年，然而北极环境变化无常在很久以前就被观察到了，气候学家、物理学家、社会学家和考古学家收集了大量有关北极过去环境变化的证据。他们经常用人类维生之道的快速转变、移居地的变化、大量人口搬迁、某种迁移方式等代表性的资料表明北极生态环境的快速变迁。

实际上，因纽特民族在北极地区的扩展与北极环境变化有很大的关系。因纽特文化快速传播与北极露脊鲸（bowhead whaling）的扩张相关，鲸的活动区域在北冰洋西北海域，因纽特文明分布在从阿拉斯加北部到加拿大的拉布拉多、巴芬岛，大约在1000年前到达格陵兰岛。根据最近的研究，这次人口和经济巨大转变大概经历了200年时间，部分原因就是海冰和气候条件在北极中西部发生了快速变化。北极气候转变到寒冷期，因纽特人被迫放弃加拿大中部大部分地区的捕鲸活动。这次寒冷期一直延续到400~500年前，导致许多因纽特人活动区域荒芜，人口减

少，某些生存的技能和相关的知识流失[①]。

在小冰川期，格陵兰岛西北部的伊努钴伊特人（Inughuit）【被称为极地爱斯基摩人（The Polar Eskimo）】丧失了皮划艇、弓、箭和鱼叉，他们与其他因纽特人的区域隔绝，结果，在水域捕猎海豹和海象的活动衰退了，彻底放弃捕猎驯鹿，甚至认为驯鹿的肉不适合人类食用。当猎物被标上“不干净”或“不可得”时，有关动物习性、观察实践、追赶和捕捉动物、屠宰猎物和储藏肉的技能便随之急剧下降或者彻底丧失。气候变化影响北极地区人类生活、地方经济和人口分布。这些变迁以及环境变化带来的艰难困苦，在原住民口述文化、民间故事和神话中保留下来。然而运用原住民知识来追踪历史上或史前史北极气候变化的情况几乎没有系统地尝试过[②]。

近30年来，北极地区环境又一次发生变化，大多北极原住民注意到这种现象。西北省伊努维卢伊特地区萨琦港（Sachs Harbour）的因纽特人[③]观察到，这里出现了诸如知更鸟和燕子等新的鸟类，而且鸟类的数量也有变化，如雪鹅的数量增多了，且春天里在那儿停留的时间缩短了；而有些小鸟过去在冬天里飞走，现在整个冬天都在这里了；他们还观察到海洋动物种类和数

① ACIA, Chapter 3, *The Changing Arctic: Indigenous Perspectives*, p. 67, http://www.acia.uaf.edu/PDFs/ACIA_Science_Chapters_Final/ACIA_Ch03_Final.pdf.

② ACIA, Chapter 3, *The Changing Arctic: Indigenous Perspectives*, p. 67, http://www.acia.uaf.edu/PDFs/ACIA_Science_Chapters_Final/ACIA_Ch03_Final.pdf.

③ 该港口大约有100多个因纽特人居住于此，至今他们仍然过着捕猎生活，从大海里捕鱼，从冻土带猎取动物，他们与北极环境保持着紧密的关系。*Inuit Observations on Climate Change*, Trip Report 1, http://www.iisd.org/casl/projects/inuitobs.htm.

量也发生了变化，鳕鱼的数量变少了，海里出现了一些模样很难看、他们以前从未见过的鱼类。由于海冰减少，这里的因纽特人捕猎的海豹越来越少，而北极露脊鲸数量增多了；陆地上的驯鹿个头越来越小，数量也越来越少了；犀牛的数量增加，但畸形的也增多了；狼的数量增多了，但兔子的数量却下降；红色和黑色的狐狸出现了，以前多是白狐[①]。

从1995年开始，Shari Fox在努纳武特地区开始了一项研究工程，记录了因纽特人有关环境变化的观点和言论。研究地点先在伊卡卢伊特和伊格卢利克（Iqaluit and Igloolik）地区，2000年，Qamani'tuaq［贝克湖（Baker Lake）］和Kangiqtugaapik［克莱德河（Clyde River）］也列入了这项研究计划[②]。在这项研究的四个社区中都注意到：从20世纪90年代初期始，北极地区的天气不稳定性和不可预测性增大，很多其他社区观察到这种现象，天气变得反复无常，异常极端，年长之人不能用他们传统的知识来预测了。例如，他们预测可能有大风，可大风并没有来临；常常天气看上去很稳定，没有风，可突然大风就疯狂而至。他们的预测不再灵了，根据他们所见所闻进行的预测已不起作用了。

我小时候对气候变化特别敏感，我父母亲能预测天

① *Inuit Observations on Climate Change*, Trip Report 1, http://www.iisd.org/casl/projects/inuitobs.htm.

② 长时间、分阶段的研究方法促使研究者采用各种研究技术，如访谈、音像、绘制地图等等被用来收集、分析各种资料。与个人和社区的密切合作是这个研究的中心点，这个个案研究将试图展示努纳武特地区的因纽特人是如何观察和经历气候和环境变化的，以及这种变化对他们的冲击及其带来的灾难。ACIA, Chapter 3, ACIA, Chapter 3, *The Changing Arctic: Indigenous Perspectives*, p.82, http://www.acia.uaf.edu/PDFs/ACIA_Science_Chapters_Final/ACIA_Ch03_Final.pdf.

气情况，他们根据云的形状，能告诉我们当天的风向……现在，90 年代或更早，天气很像发生了很大的变化。观察天空，尤其是对云、星星进行预测，往往与实际情况相反，我跟父亲打猎时所接受的训练与现在的一切好像都相反。现在风速相当块，不可预测，风向变化迅速，转眼间南风就变成东南风。然而在我正在成长为一名猎手的 60 年代，我们都能成功地预测到。

贝克湖是努纳武特地区唯一的内湖。很多因纽特人聚居在那里，他们的生存与河湖有着密切联系。例如，Harvaqtuurmiut 依靠驯鹿为生，秋季他们在河边专门捕捉驯鹿；20 世纪四五十年代他们可以毫无困难地乘着小船在贝克湖上通行；60 年代，居民们发现水位开始缓慢下降；90 年代起，急速下降；1998 ~ 2002 年期间，由于水位太低，水上已无法通行，猎手们很难捕捉到驯鹿了[①]。

在努纳武特的伊格卢利克（Igloolik），这是一个沿海的因纽特人居住区。2004 年春，人们发现海冰突然莫名其妙地很快破裂，顷刻间，一整块冰全破了，接着迅速融化。正常情况下，冰是不会先破裂后融化的，而是直接融化[②]。

因纽特人运用传统的方法已很难预测天气的变化，这本身说明气候越来越变化无常；尽管因纽特人并没有觉得气候变化是个

① ACIA, Chapter 3, *The Changing Arctic: Indigenous Perspectives*, p. 83, http: //www. acia. uaf. edu/PDFs/ACIA_ Science_ Chapters_ Final/ACIA_ Ch03_ Final. pdf.

② Gita J. Laidler etc. , *Travelling and hunting in a changing Arctic: assessing Inuit vulnerability to sea ice change in Igloolik, Nunavut*, http: //www. springerlink. com/content/yww8268wn5783307/.

迫在眉睫的、非常严重的问题，但大多数地方的因纽特人或其他北极原住民已经注意到气候正在发生变化，关心这种变化对他们、他们的社区及其未来的影响。

近年来，北极气候越来越变化无常，现代科学技术也不能精准预测，人们开始尝试北极原住民知识与现代科学知识结合起来的方式进行北极环境治理，但没有人确切地知道该怎么做。这项工作已在加拿大开始摸索中，西北省政府设立了“传统知识工作组”（The Traditional Knowledge Working Group）[①]；波佛特海大海洋管理区（Beaufort Sea Large Ocean Management Area）也设立了传统和地方知识工作组（The Traditional and Local Knowledge Working Group），目的是为了当代和未来几代人，来促进传统和地方知识的价值、可信度以及使用，目标是运用 TK 和 LK 对敏感地区的资源、物种进行管理、监控和识别[②]；“北极环境评估”项目中也充分认识并记录了因纽特人对环境变化的观察[③]。这些机构派出研究小组收集研究因纽特人及其他北极原住民的观察结果，来弥补科学的不足。

## 二、因纽特民族的资源使用和管理

长期以来，北极地区的生态系统处于稳定状态，北极原住民与这里的动植物和谐相处，没有环境污染，没有发生某些物种灭绝的现象。这与地球其他地方形成鲜明的对比，后者环境破坏、

---

① Ellen Bielawski, *Inuit Indigenous Knowledge and Science in the Arctic*, http://www.carc.org/pubs/v20no1/inuit.htm.

② http://www.beaufortseapartnership.ca/knowledge.html.

③ ACIA, Chapter 3, *The Changing Arctic: Indigenous Perspectives*, http://www.acia.uaf.edu/PDFs/ACIA_Science_Chapters_Final/ACIA_Ch03_Final.pdf.

生物多样性减少、资源枯竭，居住在那些地方的人们正在遭到生态系统的惩罚，人们在为如何生存下去而殚精竭虑。为什么北极原住民与其他地方的人类有如此的差距，可能是因为他们没有强烈的物质欲望、明智使用生态圈的资源，我们可以简单用六个字来概括："寡欲"、"知足"、"知止"。

人类学家研究发现，北极原住民帮助所有需要帮助的人，向他们赠与食物、劳动力、设备等等，而且不期望立即得到回报，这种"冻土地带的法则"无处不在。历史上，因纽特人愿意让其他人享用他们珍藏的食物、衣物、雪橇，有时甚至毛皮。无论谁，只要他们迫切需要，都可以使用，当然他们也期望，有朝一日当他们处于困境时，也能得到其他人的慷慨解囊。共同分享是在严酷环境中生存下来的关键要素。对北极原住民而言，共享是他们的行为准则。实际上北极原住民正是以他们热衷于共享的特质与外面人的贪婪成性形成鲜明的对照，后者小气吝啬、拼命扩大个人财产，不愿意与他人分享，而前者是无条件地与他人分享自己的东西[①]。

无条件与他人分享自己的劳动成果，物品或商品不为个人所积累，而是在社会中公平分配，为社会成员共同持有，长此以往可能就不容易养成自私贪婪的特性，也不会花费那么多时间、消耗那么多资源、像现代人那样拼命积累、占有物质财富。或许是现代社会资源的稀缺才导致人类积聚财富的欲望[②]，从这种意义上来说，也许其他地区的人类没有北极原住民富有。他们对物质

---

① Gail Fondahl & Stephanie IrlbacherFox, *Indigenous Governance in the Arctic*, http：//www. arcticgovernance. org/indigenous-governance-in-the-arctic. 4667323-142902. html.

② 参考［美］迈克尔·贝尔：《环境社会学的邀请》，北京大学出版社，2010 年中译本。

产品抱着一种漠视的态度，下面是一位人类学家关于南美洲雅甘印第安人对财产态度的描述，可能也适用于因纽特人以及其他北极原住民：

> 事实上，没有人会守着不放这些少得可怜、同时也是经常容易丢失的物品和财产，除了用于交换时。……一个欧洲人可能会对这些漠视财富的人摇头不止，他们把崭新的物品、珍贵的衣服、新鲜的食物和无价之宝都埋在厚厚的泥土里，或者将它们随意丢弃，听任孩子们和狗随意破坏。……他们只是出于好奇心才将贵重之物珍藏数小时；在那以后，他们便会很随意地任由每样东西在泥土和潮湿中变质①。

当代社会奉行西方意欲向前追求的文化传统②，人类在满足一个欲望时又产生新的欲望，整个人生的价值追求就是在不断的填补欲壑。正是人的欲望——渴求财富的欲望，才会带来战争、烧杀抢掠；也正是这种渴求财富的欲望，导致了对自然资源的大量消耗，从而形成了当前自然资源被耗竭、环境被污染的困境。要维系人与自然的可持续发展，人类就必须有“知足”的思想觉醒。正是由于北极原住民的“无欲则刚”，他们才能在丝毫不

① ［美］迈克尔·贝尔：《环境社会学的邀请》，北京大学出版社，2010年中译本，第46页。

② 梁漱溟先生曾在《东西文化及其哲学》中对西方、中国、印度三者的文化做了一番独特的比较，认为“西方文化是以意欲向前要求为其根本精神的；中国文化是以意欲自为调和执中为其基本精神的；印度文化是以意欲反身向后要求为其基本精神的”（梁漱溟：《东西文化及其哲学》，商务印书馆，1922年版，第24页）。

损害北极资源、不破坏北极环境和生态系统的情况下生存下来。

在北极原住民中，尽管食物等可以供大家分享，但牧场、猎场等则限制使用，不仅限制其他人也限制自己使用。北极原住民根据习惯，决定在什么情况下谁使用这块土地的资源，他们会在社区内部以及区域甚至民族之间达成这种使用协议；饲养驯鹿的人为保护地衣，以便日后能生长出来养育更多的驯鹿，会采用限制在牧场上过度放牧、轮休、迁移或者控制饲养数量等措施①；加拿大育空地区的甸尼族（Dene）人②，当面临驯鹿群减少时，他们会自动取消捕猎计划；甸尼族人的行为也刺激了育空地区的政府，后者也开始采用类似方法保护驯鹿③。这种“知止”的利用资源的态度，或许解决了人的欲求与环境供给发生冲突时应如何面对的这一环境社会学的一大核心议题。

在北极原住民的世界观中，将自然界的万物赋予人格，人类与动植物之间互惠互敬，这是人类与环境可持续发展的关键因素。可持续的人类与环境关系是指在继续保持和提高人类福祉的

① Gail Fondahl & Stephanie IrlbacherFox, *Indigenous Governance in the Arctic*, http://www.arcticgovernance.org/indigenous-governance-in-the-arctic.4667323-142902.html.

② 甸尼族是一支住在加拿大北方温带气候区域和北极地区的原住民，甸尼是由甸（De）和尼（Ne）组成的，分别代表着流动和大地，其对家乡的称呼Denendeh更是指造物主的精神流过的土地，显示出土地对其的重要性。甸尼族的语言属于阿撒巴斯卡语系，和纳瓦霍（Navajo）的语言是亲戚。他们住在马更些河村里，但也分布在努纳瓦特的西方。另外，在西育空、卑诗省的北部、亚伯达省、萨斯喀彻温省、马尼托巴省、阿拉斯加和美国等地都能发现他们的足迹。此外，他们是第一个住在西北领地的民族。在加拿大北部，因纽特人和甸尼人曾是历史上的世仇。甸尼族人目前在加拿大最大的社区是西北领地的Rae-edzo。

③ Gail Fondahl & Stephanie IrlbacherFox, *Indigenous Governance in the Arctic*, http://www.arcticgovernance.org/indigenous-governance-in-the-arctic.4667323-142902.html.

同时，不损害生态系统的多样性、环境的承载力和生产力，因为后者是人类依存的对象。可持续的人类与环境关系，在任何情况下都是如何管理好人类自身行为的问题，这正是因纽特人的名言：我们无法控制环境，但我们可以约束我们自己的行为。但反观当下的人类行为，可持续这一概念似乎是对人类最大的嘲笑。自从1987年联合国发表了《我们共同的未来》一书、首次提出了可持续发展概念始，如今这个概念已家喻户晓，人人耳熟能详，但是地球的生态系统、环境状况、生物多样性等问题却越来越突出。如果人类再不像北极原住民那样约束自己的行为，可能真会发生像电影《2012》那样的惨剧。

## 三、努纳武特自治政府的成立与设置

因纽特民族的治理原则在努纳武特自治政府的成立以及机构设置中得到了很好的体现。首先自治政府的成立是以谈判协商、非暴力的、团结合作、通过民主投票的方式而建立的。在这一过程中，因纽特民族本着相互尊重、一致同意的原则，先与因纽特民族内部协商，一致通过成立努纳武特自治政府的决议；然后再与联邦政府进行无数次协商、谈判，来解决彼此间存在的各种问题，最终与加拿大联邦政府、西北准省政府达成了一个实质性的有关土地所有权问题的协议，该协议包括建立努纳武特准省和政府，划界问题留待公民投票表决，并详细规定了努纳武特自治政府组建的时间表。经过26年的酝酿、谈判、提案、投票、立法，理想终于变成了现实。

在建立努纳武特政府的过程中，是“从民众来”，那么政府成立后，唯一目的就是为民众服务，“到民众去”。有学者总结如下：将民众放在第一位；代表所有公民、对他们负责任、公平公正；政府职员是努纳武特地区民众的公仆；从民众中汲取智慧；为努纳武特地区民众所创造并属于他们；用全面的和历史的方式设置服务项目和服务机构；推动民众和谐相处；将有关民众福祉交到个人、家庭和社区手中；诚信、公开；鼓励杰出人物欢迎创新思想；努纳武特政府融合了因纽特民族和当代政府体系最好的方面[①]。它可能是当今世界上最健全的政府。

在努纳武特自治政府的设置中同样体现了因纽特民族的治理原则，首先自治政府采取了公共政府而不是民族政府的形式，就是充分尊重和考虑居住在努纳武特地区 15% 的非因纽特人，保证这些人有充分的选举权和被选举权，有享受政府的各种补贴的权利。努纳武特自治政府由 10 个部门组成，分别分布在努纳武特省府易魁洛外的 10 个社区中，并且在努纳武特境内的基吉柯塔鲁克、基瓦里奇以及蒂克美奥特等三个地区也设有地区办公室。这种去中心化的设置目的是尊重努纳武特各地区的平等，这不同于民主政治中的官僚体制设施，但是总体而言，努纳武特自治政府与现代民主政治的官僚制度有更多的相似点而不是相异点。

## 第四节　原住民与北极理事会

当代世界对于北极地区的治理早已不是白纸一张[②]，1920 年

① Tim Plumptre & John Graham, *Governance and Good Governance: International and Aboriginal Perspectives*, http://iog.ca/.

② Oran R. Young, *The future of the Arctic: cauldron of conflict or zone of peace?* International Affairs, Volume 87 Issue 1, 2011, pp. 185 - 193.

《斯瓦尔巴条约》是当时国际社会“北极治理”的典范，冷战期间，即使在美苏冷战对峙的“尖峰时刻”，也不乏东西方之间围绕北极环境保护和科学研究等方面的国际合作与交流。自20世纪70年代以来，挪威和俄罗斯就巴伦支海渔业捕捞和联合管理等方面进行了一系列的合作。冷战结束之后，针对北极事务的国际治理进一步制度化。其标志性的事件就是1991年环北极八国签署《北极环境保护战略》，承诺为保护北极地区的环境而进行合作，并确定了联合行动的优先领域为治理持久性有机物、石油、重金属、放射性物质以及酸化等引起的环境问题。①

目前则主要集中在国际政治层面的各国协作机制建设上。这些机制试图建立起北极环境保护制度以及领土、资源的分配标准和纠纷的协调原则。北极理事会就是这种努力下最重要的产物，是北极地区首要的治理机构。但是这种机制是从环北极国家的国家利益视角出发的，对于北极地区土生土长的原住民而言则未必合适。其中最尖锐的矛盾就是在北极理事会的现行机制中，原住民没有成为北极资源利益的最大受惠主体而获得应有的对待，却作为北极环境变化最直接的受害者承受了最大的威胁；而北极原住民的治理原则也没有充分获得重视和运用。

## 一、北极理事会在北极地区事务中的地位

面对北极地区环境变化、资源纠纷等日益复杂的局势，国际社会的反应虽然强烈，但是行之有效的解决措施却依然乏善可陈。迄今为止，无论是在国际层面还是区域层面，基于北极复杂

① 孙凯、郭培清：《北极治理机构变迁及中国的参与战略研究》，《世界经济与政治论坛》，2012年第2期。

的地缘政治局势和法律体系，都还没有能对北极环境问题、主权和资源分配等事务产生刚性规范的国际条约。在这种情况下，在国际法领域日益活跃的软法[①]（soft law）规范发挥了相应的补充作用。其中影响力最大、最具代表意义的就是在1991年第一届保护北极环境部长会议上通过的“北极环境保护战略”（AEPS）[②]。

之后在此基础上，1996年8月6日，八个北极国家的代表在加拿大渥太华举行会议，发表了《关于建立北极理事会的宣言》，成立北极理事会。北极理事会是一个高层次国际论坛，主要关注临近北极的政府和原住人口所面对的问题，其宗旨是致力于北极地区的环境、社会与经济的可持续发展。其成员包括芬兰、瑞典、挪威、丹麦、冰岛、加拿大、美国、俄罗斯八个环北极国家。六个北极本地社群代表在北极理事会中有永久参与的议席，这些代表包括阿留国际协会、北极阿撒巴斯卡议会、哥威迅国际议会、伊努伊特北极圈会议、俄罗斯北方土著人民协会和萨米理事会。北极理事会还有一些永久观察员，包括六个非北极国家：法国、德国、荷兰、波兰、西班牙和英国；几个国际组织：如北极议会人、世界自然保育联盟（IUCN）、国际红十字会、北欧理事会、北方论丛、联合国环境规划署、联合国开发计划署和一些非政府组织：如世界驯鹿人协会、北极大学和世界自然基金会北极规划小组。

---

① ［美］马克·W. 贾尼斯（Mark W. Janis）：《国际法概论（An Introduction to International Law）（影印版）》，中信出版社，第53页。

② Arctic Environmental Protection Strategy, http: //arctic-council. org/filearchive/artic_ Environment. pdf, pp. 1631 - 1655. 2011年9月23日。

**表 7—1　北极理事会组织结构与成员①**

<table>
<tr><td colspan="2">成员国</td><td>美国</td><td>俄罗斯</td><td>加拿大</td><td>丹麦</td><td>挪威</td><td>芬兰</td><td>瑞典</td><td>冰岛</td><td></td><td></td><td></td></tr>
<tr><td colspan="2">永久参与方</td><td>阿留申国际协会</td><td>北极阿萨巴斯卡会</td><td>哥威迅国际协会</td><td>因纽特人北极圈大会</td><td>俄罗斯北方土著人民协会</td><td>萨米理事会</td><td></td><td></td><td></td><td></td><td></td></tr>
<tr><td rowspan="3">观察员</td><td>国家</td><td>法国</td><td>德国</td><td>荷兰</td><td>波兰</td><td>英国</td><td>西班牙</td><td></td><td></td><td></td><td></td><td></td></tr>
<tr><td>国际组织</td><td>北极地区议员常设委员会</td><td>红十字会国际联合会和红新月会</td><td>国际自然保育联盟</td><td>北欧理事会</td><td>北欧环境金融集团</td><td>北大西洋海洋哺乳动物委员会</td><td>联合国欧洲经济委员会</td><td>联合国环境署</td><td>联合国开发计划署</td><td></td><td></td></tr>
<tr><td>非政府组织</td><td>海洋保护咨询委员会</td><td>世界驯鹿牧民协会</td><td>北极圈保护联盟</td><td>国际北极科学委员会</td><td>国际北极社会科学联合会</td><td>北极圈国际卫生联盟</td><td>原住民事务国际工作组</td><td>北极大学</td><td>世界自然基金会全球北极项目组</td><td>环北极之路</td><td>北方论坛</td></tr>
</table>

北极理事会在组织形态上除了肯定环北极八国是当然成员国之外，还对组织成员进行了分类，不同类型的组织成员被赋予了不同的地位和权利（具体参见表 7—1）。北极理事会把原住民组织、非政府组织、政府间国际组织以及非北极国家分成了三类：正式成员、永久参与方和观察员（又分为正式观察员和临时观察员）。正式永久性成员是环北极八国，这也意味着其他非北极国家或非国家行为体不可能成为正式成员。理事会所有决定都需要八个正式成员的一致同意。一些原住民组织被授予了永久参与

① 陈玉刚、陶平国、秦倩：《北极理事会与北极国际合作研究》，《国际观察》，2011 年第 4 期。

方的地位，条件是[①]：第一，组织的主体必须是北极地区的原住民；第二，应该是居住在一个北极国家以上的原住民；第三，或者是一个国家内有两个或两个以上的原住民团体。永久参与方可以参与理事会的所有活动和讨论，理事会的决议也应事先咨询他们的意见，但他们没有正式投票表决权。观察员可以是非北极国家，也可以是全球或区域的政府间国际组织、议会间组织以及非政府组织。观察员可以出席会议和参与讨论，但没有表决权，并且理事会的决议也不需要一定事先咨询他们的意见。

这种等级差序的结构形态是北极八国在北极理事会主导地位的真实反映。在这种权力结构下，成员国垄断在北极事务上作决策的权力，身为永久参与方的北极原住民只有受咨询的权利，而作为观察员的其他国家和组织则仅有参与讨论的资格，无任何表决权力。

同时，北极理事会也向区域外国家和非国家行为体开放有限的参与权。那些获得观察员资格的国家和非国家组织可以参与北极理事会的讨论和活动，但是没有任何表决的权力。实际上，区域外国家或非国家行为体的参与在一定程度上也等于是承认和衬托了北极理事会在讨论北极事务上的主导地位。

总体而言，北极理事会的成立提升了北极地区国际治理的制度化程度，促进了北极地区国家之间的合作、科技交流与可持续发展，是当前国际社会北极治理的核心组织。

## 二、北极原住民在北极理事会中的成果

依据《渥太华宣言》的规定，目前在北极理事会中，六个

---

① 陈玉刚、陶平国、秦倩：《北极理事会与北极国际合作研究》，《国际观察》，2011 年第 4 期。

有资格代表北极地区原住民的组织作为永久参与方参与理事会的各项工作。与此同时，北极理事会成立之初还接管了由北极环境保护战略（AEPS）设立的原住民秘书处。原住民秘书处最主要的功能是为永久参与方参加北极理事会提供便利条件；提高原住民组织参与北极理事会活动的各项能力；为原住民组织提供语言和沟通的便利，将北极理事会会议文件的英文文本翻译成当地语言；协助永久参与方完成与原住民相关的可持续发展项目。[①]

一定程度而言，原住民组织获得永久参与方的地位，是北极理事会希望突出北极的地方性色彩，以尊重原住民权利的名义，制约其他国家和地区参与北极的活动空间，抵制北极事务管辖权的国际化。但是不可否认，这也在事实上使得北极理事会开始正视北极资源开发利用与原住民的关系问题。毕竟北极不是无主之地，只要在有人的区域，任何经济开发活动都必须要获得当地人的支持和参与。

在现有制度结构下，北极地区原住民组织的地位得到了正式确认与显著提升，使得原住民的诉求在北极理事会的决策中得到了更为充分的考虑。可以说在此框架下，理事会就代表着北极原住居民和北极社会，是北极极地国家政府和区域组织的合作伙伴[②]。

不得不说，北极理事会成立这些年以来，为北极地区的原住民健康福利做出了卓越的贡献。2007～2008 年的国际极地年

---

① *Arctic Council Indigenous Peoples' Secretariat Terms of Reference and Procedural Guidelines*, *part of Terms of Reference Preamble*, http://arctic-council.org/filearchive/IPS%20Terms%20of%20Reference%20and%20Guidelines.pdf. 2011 年 9 月 23 日。

② 2002 *Inari Declaration on the Occasion of the Third Ministerial Meeting*, p.1, http://arctic-council.org/filearchive/inari_Declaration.pdf. 2011 年 9 月 23 日。

(IPY) 就认为人口健康已经是北极议题的重要内容之一了[1]。北极地区居民健康现在是北极理事会可持续发展项目组（SDWG）的一项中心议题。新近又成立了北极人类健康专家组（AHHEG）作为可持续发展工作组（SDWG）的一个附属专家团队，将工作重点放在确定人类健康的优先事项，这将极大地提高北极原住民过往堪忧的健康状况。[2]

除了健康、福利等民生方面的改善，北极原住民也在其他许多方面因为在北极理事会中的特殊身份而获益。其中最重要的一点就是他们成功地将北极各地区的原住民联合起来，结成了强大的联盟[3]。这就保障了原住民能够作为国际社会的正式一员，在国际会议发出原住民独立的声音。原住民开始有能力影响北极理事会的政策走向，在作出与原住民相关的决议时，尊重他们的传统文化，充分考虑并保障他们的正当利益。一个典型的例子就是在2009 年4 月召开的北极理事会部长级会议中，《北极近海油气指导方针（the Arctic Offshore Oil and Gas Guidelines)》、《北极海军船舶评估（the Arctic Marine Shipping Assessment)》两个涉及军事和政治的决议文件都是在原住民组织的影响下通过的，都

---

① Hassi, Juhani. "*Arctic Council, an important instrument to improve human health and wellbeing in the Arctic*", INTERNATIONAL JOURNAL OF CIRCUMPOLAR HEALTH vol. 65, pp. 282 – 283, Sep. 2006.

② Parkinson, Alan J. "*Improving human health in the Arctic: the expanding role of the Arctic Council's Sustainable Development Working Group*", INTERNATIONAL JOURNAL OF CIRCUMPOLAR HEALTH vol. 69, pp. 304 – 313, Jun. 2010.

③ Timo Koivurova, "*The Status and Role of Indigenous Peoples in Arctic International Governance*", p. 180, from The Yearbook of Polar Law, Martinus Nijhoff Publishers, 2011.

借助了原住民的传统知识[1]。

可以说，原住民现在在北极理事会中的永久参与方的身份，已经是多年来原住民自决运动在跨区域层面取得的重大突破。它让原住民作为一个整体登上了北极国际政治博弈的舞台，充分肯定了原住民作为北极地区主人翁的身份地位，极大地争取了原住民的环境安全、生存权利和北极资源的经济利益。作为永久参与方，北极原住民组织有了在国际层面发表他们独立观点的权利，享有在北极事务上受咨询的权利和参与议题讨论的权利。并且理事会的框架限定了任何北极国家都不能绕开他们而单方面作出有关北极事务的决议。

## 三、北极理事会架构对原住民的局限

虽然在北极理事会的现行架构中，北极原住民组织取得了永久参与方的身份，可以参与理事会的所有活动和讨论，并且理事会的决议也应事先咨询他们的意见，但是，表决权只限于作为成员国的北极八国内部，原住民没有正式投票表决的权利。这种等级化的内部格局虽然象征性地将北极原住民纳入到北极共同治理的框架中，但不过是强化了北极八国对北极事务的支配权，并且将北极原住民的从属地位合法化。这种明文规定的身份、权利差异彻底将原住民和其他国家及组织在北极事务中边缘化。

对于原住民而言，在北极事务上有参与权利是理所应当的，没有决定权利则是有欠公允的。作为生活在北极这片土地上的主

---

① 参见：Chapter1. 2. of the Guidelines document, at http://arctic-council. org/filearchive/Arctic% 20Offhsore% 20Oil% Gas% 20Guidelines% 202009. pdf. 2012年9月24日。

人，原住民参与北极的管理是毫无异议的；然而，不能决定自己家园的发展与未来，对原住民而言绝对是于理有亏的。

因纽特民族作为生活在北极地区的原住民，北极真正的主人，理论上是北极跨区域管理的当然主体。原住民理应获得北极事务的表决权，这是基于天然的道德正义的考量。北极原住民是北极气候变化过程的体验者和观察者，他们目睹着气候和冰川的变化，见证着气候变化所引起的生物物种迁徙路线和群落大小的改变。他们也是北极传统知识的来源：为适应气候变化，他们改变了自身聚居群落的大小；在进行打猎等维持生计的活动时，被迫采取一种更为灵活的方式来适应不断变化的气候和地理状况。①

然而即使这样，在国际环境对话和磋商中，北极地区原住民依然缺乏足够的话语权来表达他们在气候变化问题和北极事务上的观点和诉求。事实上，处于气候变化关键地区的北极原住民，理应得到经济发展的权利，和参与有关环境议题尤其是涉及到气候变化议题的国际对话的权利。原住民缺乏表达其诉求渠道的这样一个事实，已经造成了在北极气候变化议题中某些事宜上的权重失衡。例如在当前背景下，北极熊的保护就被过度地强调了，对于因纽特人文化的存续性保护和他们以捕食北极熊来维持生命存续的事实，却得不到充分有效的关注②，有关地方性知识的文

① 刘惠荣、陈奕彤：《北极法律问题的气候变化视野》，《中国海洋大学学报(社会科学版)》，2010 年第 3 期，第 1 -5 页。

② 在当代北极环境保护议题中，北极熊的保护是其中一项重要的内容，获得了全球环保主义者的关注；但是，作为珍稀动物被严格保护的北极熊同时也是北极原住民因纽特人重要的生存来源，这一点作为一种传统知识也必须得到正视。具体参见：Jesper Jansen. *Hunting Polar Bears is Not the Problem*, ARCTICCOUNCIL, Feb. 5, 2008, [EB/01]. http://arctic-council. org/article/2008/2/hunting_ polar_ bears_ is_ not_ the_ problem, 2010/2/22。

化遗产保护也没有得到足够的重视。

我们可以看到，当前北极理事会关注的热点问题有北极气候变化问题、北极海洋环境、北极能源问题、污染物治理问题、保护生物多样性问题、北极安全问题等，[①] 涉及气候、环境、资源、安全等方方面面，却唯独缺乏对于原住民生存现状的直接关怀，以及对他们在北极的未来的充分考虑。这种现状既是长期以来对北极原住民族殖民统治的延续，也是北极原住民缺乏在当代北极事务中话语权的真实反映。要扭转这种局限，原住民就必须在北极理事会中有更多的话语权以及决定权。

## 四、余论

北极变暖在给北极地区及其原住民带来新的发展机会的同时，丰富的资源和重要的战略地位也吸引了全球的瞩目，给整个地区的国际治理提出了重大考验。

从北极原住民的视角来看，北极理事会的治理模式相较于以往，更加充分地考虑到原住民在北极地区的生存权利和经济利益，也更多地承认了原住民在北极事务中的参与权利。但是，北极理事会等级差序的模式架构在强化了原住民参与者身份的同时，也变相地规避了原住民作为北极这片土地主人所理应享有的北极事务表决权。这种从属地位导致原住民依然不能作为一支政治独立力量来决定北极事务国际治理的走向。

尽管目前北极原住民及其治理原则逐渐被一些北极治理机构所借鉴，原住民也被吸纳进这些治理机构，但这远远不够。当前

---

① 李伟芳、吴迪：《东亚主要国家与发展中的北极理事会关系分析》，《国际展望》，2010 年第 6 期，第 81—97 页。

迫在眉睫的任务是将北极原住民的治理原则运用到北极地区的环境、资源治理和管理中，北极治理应以北极原住民为主角，以他们的治理原则为主导，也应该以他们及其文化保存为主要任务，这样北极地区才能走上真正意义上的可持续发展道路。

如要进一步推进北极治理，相关机制安排就必须尊重那些与该地区自然环境保持独特而长久关系的原住民的利益；必须考虑子孙后代的利益；必须充分利用传统与主流的科学知识；必须以负责任和可持续的方式利用北极资源并将整体化或系统化的方法（如基于生态系统的管理方法、空间规划、全面环境影响评估等）作为相关决策的基础。

目前，相比于其他北极国家的北极政策依然更注重国家主权和资源开发利益的倾向，加拿大已经朝这个方向作出了更为人性化地调整，提出了以保护北极地区生态环境和原住民文化作为其北方战略的首要任务。《加拿大的北方战略》中提出：北方地区对于我们共享遗产和民族命运是多么的重要；加拿大北方地区首要的是人民，我们处理北方地区当前面临的机遇和挑战的能力将决定我们的未来。[①]

这种发展走向或许可以促成未来北极治理摆脱当前一味纠缠于领土、主权纠纷的泥淖，将促进原住民在北极地区的可持续发展作为出发点，进而实现保护北极生态环境、维护地区和平与稳定的长远目标。

---

① *Canada's Northern Strategy* [R/OL], http://www.northernstrategy.ca/gov/index-eng.asp, 2012 年 5 月 12 日。

# 第八章

# 北极原住民：中国参与北极事务的合作伙伴

中国是个近北极国家，北极地区的生态和环境变化关乎全球环境的安危，更危及中国的气候、经济、能源等安全。作为安理会常任理事国之一，中国有义务有责任保障北极地区的生态环境不受破坏，维护北极地区的和平与稳定。所以，推行积极参与的北极政策势在必行。目前中国参与北极事务可以说是喜忧参半，有利因素与存在的障碍并行。

## 第一节　中国参与北极事务的有利因素

主要表现在以下几个方面：

第一，中国开展北极活动有法理依据。中国是《斯瓦尔巴德条约》的成员国之一。1920 年 2 月 9 日，英国、美国、丹麦、挪威等 18 个国家签订了《斯瓦尔巴德条约》。该条约是迄今为止北极地区第一个也是唯一一个具有国际性的政府间非军事条约。条约规定挪威“具有充分和完全的主权”，北极斯瓦尔巴德群岛“永远不得为战争的目的所利用”。中国与其他缔约国一样，其公民可以自由进入和逗留，只要不与挪威法律相抵触，就可以在这里从事生产、商业、科考等一切活动。1925 年，当时的段祺瑞临时政府签署《斯瓦尔巴德条约》，中国因而成为该条约的成员国之一。根据这一条约，中国公民有权利自由出入北极圈内的斯瓦尔巴德群岛。这是中国正式以官方形式与北极发生联系。

中国政府于 1996 年 5 月加入了《联合国海洋法公约》，按照公约规定：中国有权分享“区域”及其资源的权利，有权进入北极公海地区行使包括海洋科学研究在内的公海自由。中国虽然不是北极国家，但也要争取在北极的权利，因为北极是全人类的北极，不是环北极国家的北极，更不是少数国家的私有财产。

第二，中国得到了北欧北极五国的支持。北极八国中有五个为北欧国家，即挪威、瑞典、芬兰、丹麦、冰岛。为了得到这些国家的支持，中国在外交上进行了一系列的努力。

挪威是北欧北极五国中与中国关系较为复杂的一个，双方关系可谓一波三折。2010 年 8 月，挪威外交大臣约纳斯·加尔·斯特勒在北京访问期间表示支持中国获得北极理事会观察员身份。但是 2010 年 10 月，诺贝尔奖委员会决定将本年度的和平奖授予中国持不同政见者刘晓波，这一事件引起了中方的强烈不满，中挪关系随之降至冰点。一位不愿透露姓名的欧盟高层外交人士表示：“只要中国当局仍拒绝与挪威政府对话，挪威就很难同意中国成为北极理事会永久观察员国。”①

---

① *Norway May Halt China's Arctic Council Ambitions*, www.2point6billion.com/.../norway-may-halt-chinas-arctic-council-ambitions-10742.html.

但是2011年1月24日在挪威北部召开的“北极前沿”会议上，挪威外交大臣斯特勒重申支持中国成为北极理事会观察员国。他指出中国和挪威处在政治交往的低潮，双方还没有安排具体的会晤日程，挪威方面比较关注中国对此番表态的反应。① 颁奖事件之后，奥斯陆还多次向北京解释，诺委会是由挪威议会任命的，独立于政府之外。挪威政府这一系列主动示好的举措明显是向中国传递改善关系的讯号，只要中方把握住时机，两国关系会走出低谷，这对中方能否获得北极理事会永久观察员的资格较为重要。

另一个北欧国家瑞典对中国参与北极事务持比较明确的态度。中国外交部副部长宋涛在2012年4月16日表示，瑞典支持中国成为北极理事会的永久观察员。② 瑞典国际发展合作部部长嘉妮拉·卡尔森（Gunilla Carlsson）2012年4月25日接受《21世纪经济报道》记者采访时证实了这一观点。③

丹麦因对格陵兰岛拥有主权而使其成为北极国家之一，丹麦对中国加入北极理事会也持欢迎态度。据英国媒体报道，丹麦驻华大使裴德盛2011年10月28日表示，中国对北极地区有着自然、合法的经济和科学利益，因此丹麦政府希望中国成为北极理事会的正式观察员。对此，加拿大的北极问题专家分析认为，丹

---

① *Norway Supported China Participate In The Arctic Resource Development*, http://www.yugler.com/Article/Norway-Supported-China-Participate-In-The-Arctic-Resource-Development/68175.

② *China, Seeking a Voice in Arctic Affairs, Says it Has Swedish Support for Arctic Council Role*, http://www.washingtonpost.com/world/asia_pacific/china-seeking-a-voice-in-arctic-affairs-says-it-has-swedish-support-for-arctic-council-role/2012/04/16/gIQAnv69KT_story.html.

③ “嘉妮拉·卡尔森：瑞典支持中国为北极理事会永久观察员”，中国网，http://ml.china.com.cn/html/renwu/ssrw/20120427/19261.html。

麦人想借此提升自己在北极理事会的影响力，吸引中国投资帮助其开发位于北极的格陵兰岛。[①]

2012年4月，国务院总理温家宝对冰岛进行了友好访问，两国签署了北极合作框架协议。在这个协议中，中冰两国表示双方争取明年率先建成中欧之间第一个自由贸易区。中方愿同冰方认真落实达成的共识，在投资、清洁能源、科技、教育等领域扩大交流合作，在北极事务中加强协调配合，携手应对挑战，共享发展机遇，造福两国人民。在会见冰岛总理西于尔扎多蒂时，两国总理表示双方将密切北极事务磋商，开展极地海洋航运等合作。冰岛方面表示支持中国积极参与北极事务，参与北极地区的和平开发和利用，冰岛愿意同中国在现有基础上加强合作。[②]

中国同芬兰的关系随着双方经贸往来的扩大而得以进一步的提升。国务院总理温家宝在结束对冰岛的访问之后，邀请芬兰北极大使访问北京，并就委托芬兰方面为中方建造新的破冰船达成合作意向。中国将采购第2艘破冰船实现同时对北极和南极的科考，并通过向芬兰公司订货来加强与芬兰的关系，以此换取芬兰对中国申请成为北极理事会永久观察员资格的支持。

第三，北极国家之间的矛盾与分歧，客观上有利于中国参与北极事务。虽然北极国家在对待非北极国家时表现出了罕见的“同仇敌忾”，但是这并不能掩盖它们彼此之间的矛盾与分歧。如何善于利用它们之间的矛盾以达到为我所用的目的，这是扫清中国参与北极障碍的有效方法之一。

北极理事会要求各成员国和平协商，解决各自主权争议问

---

① *Canada, Denmark may split Arctic island*, http://dl1.yukoncollege.yk.ca/agraham/newsItems/departments/circumpolarMatters.xml.

② “国务院总理温家宝与冰岛总理西于尔扎多蒂会谈”，中华人民共和国人民政府网，http://www.gov.cn/ldhd/2012-04/21/content_2118800.htm。

题，但其中一些成员国间仍存在尖锐的主权纠纷和矛盾，主要为俄罗斯、美国、加拿大、挪威和丹麦5国。其中比较突出的有俄罗斯和加拿大、挪威等国间的罗蒙诺索夫海岭问题，加拿大和丹麦间的汉斯岛主权问题，以及加拿大和美国间的西北航道主权问题。

俄罗斯认为，罗蒙诺索夫海岭是俄罗斯西伯利亚北部地区大陆的自然延伸，应当属于俄罗斯的大陆架，它从新西伯利亚群岛穿过北极点附近一直延伸到格陵兰岛北岸。如果这一主张成立，则意味着俄罗斯领土将增加120万平方公里，还将与丹麦的格陵兰岛、加拿大或许还有美国的水下管辖区交界，对此加拿大、丹麦公开表示异议。

汉斯岛是加拿大和丹麦两国位于北纬80°加拿大埃斯米尔岛与丹麦领地格陵兰间内尔斯海峡上一个长3公里、宽仅1公里的小岛，此岛虽小却位于海峡中央，岛屿归属哪方，哪方就会凭空多出200海里专属经济区。因此两个北约盟国为此差点刀兵相见，并多次爆发所谓“酒瓶战争”（各自派军人登岛，并埋下一瓶本国产烈酒作为给对方的“礼物”以声明主权）。[①]

西北通道又称西北走廊，指自北大西洋经加拿大北部努纳武特、西北、育空三个地区的北极列岛进入北冰洋，再由白令海峡进入太平洋的航道，它是连接大西洋和太平洋的捷径，战略位置十分重要，如果船队经由这条通道往来北大西洋和远东地区，就能将原本漫长的航线缩短6000公里至8000公里。这条通道大部分穿越加拿大控制的北极列岛和北冰洋海域，加拿大一向认为主权属自己，美国虽对此有异议，但以往由于冰层未化，通道不

① “北极八国要垄断北极 主权纠纷日趋白热化”，凤凰网，http://news.ifeng.com/mil/4/detail_2012_05/16/14564377_1.shtml。

通，争之无益，故表态不多。近年来随着北冰洋海冰以每年10多万平方公里的速度消退，西北通道的价值逐渐体现，美国公开提出“北冰洋航道公海论”，引发加美关系一度紧张。[①]

北极国家之间的矛盾与分歧为中国在北极发挥应有的作用预留了空间。在解决彼此之间分歧过程中，它们为增加胜利筹码，不约而同地把目光注意到中国身上。除前文所说俄罗斯、丹麦之外，美国和加拿大也有拉拢中国以对抗其竞争对手的意愿。

2010年4月10日，由多家基金会支持的“美国北极治理项目”组出台了一份研究报告，《大变革时代的北极治理：重要问题、治理原则与未来进程》更进一步建议：“应该对重要的非北极力量如中国……在北极理事会中的永久观察员地位予以认可。”[②] 美国著名的极地研究学者奥兰·R. 杨（Oran R. Young）在《海洋与海岸法国际学刊》上发表的《北极大势：急剧变化时代的治理》一文中认为：在“全球环境变化对北极带来挑战的大框架下，对北极事务的有效治理必须吸纳包括中国在内的北极圈外围国家或国家集团的参与，并且北极八国将不得不承认这些国家在北极作为重要利益相关方的合法权益”。[③] 美国政府对中国参与北极事务也多次口头表达不排斥，欢迎中国参与北极事务。双方认为中美在维护现行海洋制度方面有更多的共同点。通过多层面的对话，中美两国在宏观层面上取得共识的基础上，进一步推动微观层面极地问题的合作。目前在微观合作层面，中美

---

① “北极八国要垄断北极 主权纠纷日趋白热化”，凤凰网，http：//news. ifeng. com/mil/4/detail_ 2012_ 05/16/14564377_ 1. shtml。

② *Arctic Governance in an Era of Transformative Change*：*Critical Questions*，*Governance Principles*，*Ways Forward*. http：//www. arcticgovernance. org/.

③ *The Arctic in Play*：*Governance in a Time of Rapid Change*，The International Journal of Marine and Coastal Law，24：1 – 20.

之间在一些领域中已有所进展，尤其在全球气候变化、环境保护等领域。鉴于中国在北极地区同美国没有实质性冲突，美国国内有人主张借重中国力量抗衡其他两个北极大国俄罗斯和加拿大的北极影响。

作为北极地区大国的加拿大，虽然是北极理事会创始国，却与俄罗斯、美国、丹麦等国一直存在着海疆纠纷，如今面对俄罗斯咄咄逼人的北极攻势和盟友美国盛气凌人的海洋政策，加拿大努力寻找一种以合作为主、以斗争为辅的北极政策。为了扭转在北极争夺中的不利局面，加拿大邀请中国加入北极理事会，力图促进北极地区集体行动。加拿大表示，鉴于当前和未来中加两国在北极的利益，加拿大应采取积极行动让中国成为北极群体中的一个新的、负责任的成员，而不是坐等中国以后闯入而引发冲突。正如当年加拿大率先承认新中国一样，如今加拿大也是第一个向中国敞开北极大门的国家。当然，商业关系是焦点。中国驻加拿大大使章均赛在加拿大总理哈珀访问中国前夕表示，中国希望、也应该成为北极理事会观察员国。① 2013 年加拿大担任北极理事会轮值主席国，如果加拿大同意中国的请求，这对中国成为北极理事会的永久观察员国应该是极为有利的。

## 第二节 中国参与北极事务存在的障碍

前文分析了中国参与北极事务存在的有利因素，事实上北极八国的关门主义政策也决定了中国参与北极事务的艰辛，可以说

① “加媒猜中国可能向哈珀提北极要求”，http：//news. xinhuanet. com/energy/2012 -02/04/c_ 122656062. htm。

有利因素与障碍并存。

第一，中国遭到了北极八国“门罗主义”的阻挠。

北极的海域划分、科研价值、环境生态变化、自然资源开发、未来航道的使用、潜在的地缘战略价值都关系到中国的未来，但中国最关注的还是北极气候变化及其科考价值，在北极的活动也主要集中于科研。尽管如此，还是引发一些北极国家的抵制和无端猜疑。

2011年，中国商人黄怒波计划在冰岛购地建设旅游设施，结果遭到拒绝。有分析认为，黄怒波购地遭拒反映了北极国家对区域外国家染指北极的高度戒备，这种戒备以及北极国家奉行的门罗主义，正是中国进军北极面临的最大障碍。①

目前，世界上还没有专门关于北极的国际条约。相关国际法的缺失，导致北极国家有机会采取各种手段跑马圈地，试图控制更多的北极领土和海域，以便将来开发那里的资源。北极八国试图利用它们所处的地理优势，既不愿制定新的国际条约来约束自己在北极的行动，也不希望区域外国家染指北极。尽管这些国家围绕领土、外大陆架存在争端，面对试图染指北极的区域外国家它们却联手一致对外，企图将北极变成它们独享的“领地”。

2008年5月，北极沿岸五国——加拿大、丹麦、挪威、俄罗斯、美国召开会议并发布共同宣言，强调没有必要制定新的国际法来治理北冰洋。2011年，北极理事会举行外长会议，通过了有关北极理事会接纳观察员的标准以及观察员权限和义务的文件，会议还决定强化北极理事会的地位和作用。这次会议被认为是北极八国企图独享北极，从而引发各国高度关注。本次会议决

① “中国走近北极 俄美等宣布对其北极利益寸步不让”，凤凰网，http://news.ifeng.com/mil/4/detail_2012_05/16/14564436_0.shtml。

定在挪威成立北极理事会总部和秘书处。八国还达成协议，认为北极理事会不仅要提出建议，还应制定具有法律约束力的文件。有舆论认为，这些国家试图将北极理事会变成主管北极事务的“政府”。①

更引人注目的是会议通过的有关北极理事会观察员的文件，该文件对北极理事会接纳观察员的条件、观察员义务和权限做了相当苛刻的规定。一个国家要想成为观察员，就必须承认北极沿岸国家在北极的主权和管辖权，只有北极八国可以确定世界各国在北极的行为准则，其他国家必须遵守这些准则。而且观察员的权益则只限于拨款保护北极生态、科学考察，如想在北极进行资源开发，必须得到北极理事会八国同意。八国还确定了灾害发生时各自责任区。有分析认为，北极八国今后有可能按照责任区来分割整个北极。这次会议出台的文件标志着北极版“门罗主义”的出笼，北极国家等于向全世界宣布：只有北极国家才有权享有北极。这将限制区域外国家参与北极事务的权利，被广泛认为是“阻止中国插手北极”的举动。②

正因为对区域外国家染指北极事务的担心，不少北极国家对中国介入北极事务保持警惕。即便是中国在该地区正常的投资和商贸活动都会引起它们的猜疑，这正是西方和北极国家媒体纷纷炒作黄怒波冰岛购地事件的原因。所以说北极国家的“门罗主义”成为中国参与北极事务的极大障碍。

第二，俄罗斯对华政策的两面性。

作为北极大国的俄罗斯，其对华政策尤其是在北极方面体现

---

① “中国走近北极 俄美等宣布对其北极利益寸步不让”，凤凰网，http://news.ifeng.com/mil/4/detail_2012_05/16/14564436_0.shtml。

② “中国走近北极 俄美等宣布对其北极利益寸步不让”，凤凰网，http://news.ifeng.com/mil/4/detail_2012_05/16/14564436_0.shtml。

出两面性。一方面是希望拉拢中国以摆脱其在北极的孤立局面，另一方面是对中国在北极的意图充满高度戒备，俄罗斯对华政策呈现出两面性的特征。因此俄罗斯对中国参与北极事务的态度也具有一定的不可预测性。

首先，中国经济的发展，引起了俄罗斯政界和学界的莫名担忧。同时西方的衰落，让中国和俄罗斯显现出在多极世界发展趋势中的作用。俄罗斯开始调整外交方向，现在中俄“同盟关系”不时呈现疏远之象，相反，美俄却在靠近，冷战结束之后的多极格局正在形成。

其次，中国的武器系统逐渐独立于俄罗斯之外，这客观上增强了俄罗斯的忧虑。中国最近十年的时间，基本上吸收了几乎所有俄罗斯先进武器的关键技术和俄罗斯武器专家的智慧。研发的武器，正在逐渐地脱离俄罗斯的族谱，成为一只单独的、独立于美国和俄罗斯之外的又一个武器系统。[①] 加上中国和以色列、乌克兰的接近，更让俄罗斯感受到了中国在武器方面即将“抛弃”俄罗斯。

鉴于此，俄罗斯开始对涉及中国利益的问题大做文章。俄罗斯支持印度，是印度最大的武器供应商；俄罗斯支持越南，是越南先进性进攻武器的最大提供者。这些活动既让俄罗斯获得可观的经济利益，又迫使中国分散精力于南方，等于减轻了自身的压力。虽然俄罗斯副总理谢尔盖·伊万诺夫于2011年7月声明俄罗斯不反对中国以观察员国的身份加入北极理事会[②]，但是在2012年5月第七届北极理事会会议上（在格陵兰的努克召开），

---

① “后美国时代 要提防俄罗斯一百八十度大转向”，http：//www. xilu. com/2011/0819/news_ 610_ 183651. html。

② “俄罗斯突然改变态度 声称不反对中国进军北极”，http：//junshi. xilu. com/2011/0709/news_ 48_ 172421. html。

俄罗斯成为阻挠中国进入北极的急先锋。因此，俄罗斯对华政策的两面性使中国在中国参与北极事务上对其不能寄予太高的期望。

第三，美国对华的遏制战略。

任何国家的区域战略往往都服从于其全球战略。当前背景下，美国在其他地区收缩势力，集中精力于中国周边，构筑阻挠中国发展的环形包围圈，美国将遏制中国发展列为头等要务，任何使中国获利、有利于中国发展的举措，都在美国的反对之列。美国政府希望借助中国势力抗衡俄加的同时，也对中国因此获利深感不安，担心中国因此坐大。所以美国对中国参与北极事务是“有限度”的欢迎，坚持中国在北极事务的参与以及与中国在北极地区的合作必须服务于美国的整体战略利益。[1] 美国对中国的北极介入持不支持态度。有些西方学者认为，中国利用美国与加拿大、俄罗斯在北极的矛盾，特别是北极航道问题上的分歧谋求加强在北极的存在，而美国则予以“默认”，似乎是“纵容”中国在北极的活动。事实是，美国一方面对中国的北极活动不置可否，但同时却悄悄构筑阻挠中国进入北极的壁垒。

为了在北极问题上遏制中国，首先，美国积极支持另一非北极大国印度的北极追求，并加强了与冰岛、挪威和丹麦等北欧国家的合作，堵截中国的北极“入口”。在2012年5月的努克会议前夕，美国负责海洋与渔业事务的助理国务卿大卫·巴顿（David Balton）宣称，印度在北极地区有重要利益，可望成为北极理事会的观察员国。[2] 努克会议之后不久，美国与冰岛两国外

---

① 郭培清：《中美北极关系探讨》，第43页。

② *India might become observer of Arctic Council*, http://content.ibnlive.in.com/topics/arctic.

长在华盛顿签署了北极合作协议[①]。美国加强与冰岛的协调，不免让人联想到这根源于西方媒体对中国与冰岛北极关系的热炒——中国驻扎雷克雅未克使馆被列为最大使馆，中国商人黄怒波的一件普通购地商业合同被渲染上了浓厚的政治色彩。在此背景下美国和冰岛的北极合作不能排除含有排斥中国的色彩。2011 年 10 月 20 日，美国总统奥巴马在白宫会见挪威首相斯图尔腾，北极合作是双方会谈的重要议题。11 月 10 日挪威和美国签署了一项有关两国在北极地区石油和天然气资源可持续开发上进行合作的协议[②]。同时加强同丹麦和格陵兰的协调，也是美国北极外交中的重要内容。

其次，加强与俄罗斯的能源合作。2010 年 8 月 30 日，俄罗斯最大的石油公司——由政府控制的俄罗斯国家石油公司与美国能源巨头埃克森美孚公司签署了一项具有战略意义的合作协议，俄罗斯总理普京出席了该协议的签字仪式。两家公司将共同勘探开发北极油气资源。这项合作协议的价值高达 32 亿美元，用于北极喀拉海和黑海的勘探。它们还计划向圣彼得堡的一个研究中心投资 4.5 亿美元。预计埃克森美孚和俄罗斯石油公司的协议将在 10 年内实现价值 2000 亿至 3000 亿美元的直接投资。这项能源合作协议是美俄北极接近的重要标志，对于北极地缘政治影响深刻。[③]

---

① *Secretary Clinton and minister Skarphéðinsson agree on further cooperation in the Arctic*, http://www.mfa.is/news-and-publications/nr/6304.

② 《挪美两国签署北极油气可持续开发合作协议》，中华人民共和国商务部网站，http://www.mofcom.gov.cn/aarticle/hyxx/fuwu/201111/20111107830792.html。

③ “俄石油与埃克森美孚战略牵手 开发北极油气资源”，人民网，http://mnc.people.com.cn/h/2011/0831/c227933-884892814.html。

北极石油合作，打开了美俄合作新篇章。同美俄能源合作的顺利程度和合作规模相比，中俄能源合作则显得路途坎坷。自20世纪90年代以来，中俄石油天然气谈判屡屡搁浅。俄罗斯利用能源问题，已经不止一次对中国举起了大棒。美俄加强能源合作的同时，双方也加强了军事协调，开始联合军演，两国飞机可以相互进入对方领空并着陆。

美国学者安德鲁·埃里克森和柯林斯·加布（Andrew Erickson and Gabe Collins）在《华尔街日报》撰文指出，经济杠杆将成为中国进军北极的利器。[①] 美国精英们呼吁政府应该重视北极投资，以抗衡中国。

当前和今后一段时期的中美北极问题上的合作大都局限于环保、科考等“低政治”领域，美国不会允许中国实质性地参与北极治理。因此在中国是否被允许成为北极理事会观察员的问题上美国不会作出任何的妥协和让步。

## 第三节 中国的应对策略：与北极原住民合作

从以上分析中可以看出，中国参与北极事务的前景可谓喜忧参半。中国在把握有利因素的同时，要对困难有着清醒的认识，不可盲目乐观。

由于种种因素，中国对北极事务的参与度还很低，在众多北极国际机构中也只参加了北极理事会、国际北极科学委员会等少数几个。对北极问题的研究也才起步，在北极论坛和相关国际会

---

① *China's New Strategic Target*: *Arctic Minerals*, http://blogs.wsj.com/chinarealtime/2012/01/18/china%E2%80%99s-new-strategic-target-arctic-minerals/.

议上很少能看到中国人的身影。

在北极棋盘上，越来越多的国家希望占据一席之地。除了北极国家外，一些非北极国家如日本、韩国纷纷新建了极地考察破冰船，印度紧随中国在北极建立了考察站。此外，欧盟、印度、日本、韩国等均要求成为北极理事会永久观察员，以期更广泛深入地参与国际北极事务。

随着各国围绕北极的争夺趋于白热化，环北极国家也提高了政治要价。表面上，“北极国家”均声称欢迎国际合作，但事实上，它们都想把其他国家拒之门外。想成为观察员的国家必须首先承认理事会成员国对北极地区拥有主权，观察员的权利也限制在只能参与科学研究或是某些项目的财政资助等。如果国际社会一旦同意北极理事会成员国的主权要求，北冰洋的国际海底将缩小为现在的1/9左右，即从288万平方公里缩小到34万平方公里，这将严重侵犯了全球包括中国在内的公共资源。[①]

北极理事会的这一主权标准实际上是彻底将中国等非北极国家排除在永久观察员的门外。但是北极理事会并非是中国参与北极事务的唯一途径，大多数国家被排除在北极理事会外，反而会降低其作用，使之难以成为磋商北极事务的主要机构。[②] 所以说即使中国没有获得北极理事会永久观察员的资格，中国仍可在北极事务中发挥应有的作用。中国目前可以采取“静观其变”的策略，因为过于积极的姿态反而会引起其他国家的警觉，这是由中国快速增长的经济以及作为新兴全球大国的地位给其他国家造成的无形压力导致的。

① “中国离北极有多远”，新华网，http://news.xinhuanet.com/tech/2011-07/20/c_121694947_3.htm。

② “中国离北极有多远”，新华网，http://news.xinhuanet.com/tech/2011-07/20/c_121694947_3.htm。

事实上在北极事务中，中国更适合走“曲线路径”①。中国是《海洋法公约》、国际海事组织的成员，可以通过发挥在这些国际组织中的作用，参与国际制度、规则的制定，从而引导北极问题向合理公正的方向发展。同时，中国需要开展多边和双边外交，尤其是北极地区的一些原住民，在北极事务中其实具有很大的发言权，中国应加强与这些地区的合作。此外，中国也可以借鉴一些其他国家参与开发北极的经验，如韩国就已经得到了北极国家不少造船的订单，还通过收购加拿大能源公司北极地区油气田的股份，为开发北极圈准备了跳板。

客观地说，北极地区的发展需要中国的参与。北极地区只有30多个行政区，1000多万人口，远落后于北极国家的其他地区。北极地区要发展，必须加大基础设施建设，中国的劳务和资金对它们具有较强的吸引力。北极国家对中国的态度也非常关注，很希望了解中国的北极利益诉求。因此，北极国家也不希望中国被完全排斥在北极之外，2008年“北极地区议员会议”召开之前，美国等国主动邀请中方派员参加会议，同时也有一些北冰洋国家向中国伸出了橄榄枝。所以中方在成为北极理事会观察员的问题上不应操之过急，应先从基础性工作做起，加强与北极各国的经济交往以及北极环境保护、科考等方面的合作，通过这种方式逐渐加大对北极各国的影响力，待时机成熟之际，一切便水到渠成。

具体而言，我们可以与北极地区的原住民合作。加拿大因纽特民族的聚居区——努纳武特，也是本书的研究对象，近年来从加拿大联邦获得了经济、政治、科教等领域的众多自主权力，正

---

① “中国离北极有多远”，新华网，http：//news. xinhuanet. com/tech/2011－07/20/c_ 121694947_ 3. htm。

加快基础设施建设，积极吸纳经贸合作，招商引资，推动矿产资源开发；同时确保生态环境稳定，保障和促进原住民生存和发展的权利，有望成为北极地区开发利用的典范。[①]

承载着数万因纽特人改变民族闭塞落后面貌，繁荣民族文化教育事业，发展民族社会经济任务的重担，努纳武特自治政府具有强烈的区域发展愿望。然而，由于众多历史遗留问题，长期遭受掠夺、压迫、不平等待遇，几乎没有现代经济基础，并且自然生产条件恶劣，努纳武特社会发展的内在活力十分薄弱，主要以加拿大南部的经济注入为命脉，以原生矿产资源开采为支柱。但是加拿大联邦的投资毕竟是有限度的，所以，自身经济发展活力的不足注定了努纳武特的社会发展政策在选择面上十分狭窄。

在经济上，努纳武特主要采取租赁商业不动产—综合政策（Leasing of Commercial Real Property-Consolidated Polic）。[②] 该政策声明，努纳武特地区政府提供办公空间，并提供其他设施的支持以保证政府的方案和服务到位。所以只要满足能源效率指标，遵从环境标准的的企业都可以参与竞标，租赁努纳武特地区的不动产进行商业开发活动。努纳武特政府这种开放性的招商政策为中国参与到北极地区的开发活动提供了可能。2010 年夏，中国所有的吉恩加拿大矿业有限公司（Jien Canada Mining Ltd.）正式注资 1.124 亿美元开发位于康吉克苏华克（Kangiqsujuaq）以西 90

---

① 本部分内容已在《国际观察》2011 年 4 期上发表，题目为《近年来的加拿大北极政策—兼论中国在努纳武特地区合作的可能性》。

② Department od Community and Government Services, Leasing of Commercial Real Property-Consolidated Policy [EB/OL], http: //www. gov. nu. ca/policies/lpcgs. pdf, 2010/9/5.

公里、斯特拉塔（Xstrata）南部的拉格兰（Raglan）镍矿[①]。这是努纳武特地区的第二大镍矿。目前已经在开展的工程有燃料储存罐的预制，365个工人进行的道路工程、预住宿建设、混凝土基础和工程研究。整个项目将在2012年正式建成投产，预计将为因纽特人创造大量的就业机会。虽然加拿大联邦在努纳武特的投资项目才是这片土地经济活动的主体，国外项目目前还很少，但是随着努纳武特经济政策的开放性不断扩大，中国参与该区域开发的阻力将逐步减小。在努纳武特不断建成项目将为其区域发展做出巨大贡献，也为中国积极参与北极发展提供了基础，增强在北极事务中的发言权。

虽然努纳武特的经济在大量外部资金注入后，特别是全球旺盛的矿物原材料和能源需求刺激下，获得了初步的发展，许多矿产开发项目投入生产，但也存在许多掣肘因素。除了基础设施薄弱外，劳动力素质偏低也是一个不可忽视的重要原因。由于长期的殖民政策，生活在努纳武特地区的因纽特人文化断层严重[②]，而新式的西方文明又未能及时融入因纽特传统文化中去，导致因纽特劳动力素质普遍跟不上经济发展的需求。所以发展文化教育事业，提高本地人口的素质与技能一直是努纳武特文化部门和教育部门的重中之重。尽管小学、中学等原住民学校的兴办取得了一定的成果，但是针对劳动人口的技能培训政策却面临巨大的困

① Nunavik's second nickel mine to start in 2012［OL］. http://www.nunatsiaqonline.ca/stories/article/180810_Nunaviks_second_nickel_mine_heads_for_2012_opening/，2010/9/4.

② Nancy A. Morgan. "If not now, then when?" First Nations Jurisdiction Over Education: A literature review, A Report to The Minster's National Working Group on First Nations Education. Minister's of Indian and Northern Affairs, 2002: p. 15.

境，主要原因就是积极性的匮乏[①]。最新的一次针对矿业从业人员的培训计划就因为报名人数太少而被迫取消[②]。劳动力素质偏低，不能胜任工作，是许多在努纳武特从事经济活动的企业亟待解决的问题。但对中国却恰恰是能够较为容易克服的难关，中国以举世瞩目的庞大的高素质劳动力占据优势。虽然不能否认的是，由于严酷的生存条件，企业雇佣劳工去努纳武特工作的成本远较其他地区高，但出于战略投资的角度考虑，这也未尝不是一种高瞻远瞩、未雨绸缪的尝试。

中国加入 WTO 后，中加之间的经贸合作日益蓬勃，以此带动的科研、教育等众多领域的合作也日趋深入。2009 年 12 月，加拿大总理哈珀率团访华，双方就气候变化、矿产资源、文化、农业教育等领域双边合作签署了文件。虽经曲折，中加两国双边关系终进入新的转折，向合作互利迈进。2011 年哈珀总理再次访华，来自中加两国的 20 余家公司签署了 23 项商业合同协议，涉及金额将近 30 亿加元。这些协议覆盖行业包括航空、金融、轨道交通、矿产、电信、建筑规划、农畜、环保、教育等，而且中加在矿产与能源领域存在合作潜力。

中国若要推行积极的北极政策，参与北极事务，增加对北极的发言权与事实存在，通过与努纳武特政府的合作不失为一块有效的跳板。努纳武特幅员辽阔，资源丰富，具有广阔的开发前

---

① 主要是由于努纳武特食利性经济给人口带来了众多福利保障，助长了惰性，参见：Frances Widdowson. The Political Economy of Nunavut：Internal Colony or Rentier Territory?［DB］，http：//www. cpsa-acsp. ca/papers-2005/Widdowson. pdf，2010/9/4。

② Mine training program cancelled because of low enrollment［OL］，http：//www. nunatsiaqonline. ca/stories/article/020910_ mine_ training_ program_ cancelled_ because_ of_ low_ enrolment/.

景。并且出于其原住民自身强烈的发展意愿，自治政府开放的政策环境，可以作为中国参与北极的最佳跳板。通过经济开发活动扩大在努纳武特地区的影响力，由点及面，中国可以逐步更加强硬地全面参与到整个北极事务中去，为中国在未来的发展争取生存空间。结合加拿大联邦和努纳武特自治政府的各项政策，中国在参与努纳武特以及整个北极事务时，需要发挥优势，规避纠纷。

首先，针对加拿大的北极主权主张，强调搁置争议，共同开发，充分发挥联合国作用，不失为一项可行的策略。当然，现阶段，我们首先要做到的是进一步加强对北极地区政治与法律等问题的研究，在尊重国际法的基础上为国家利益争取主动地位。目前国内许多国际法专家就认为，国际海底区域是属于全人类的共同财产，应由国际海底管理局代表全人类进行管理，为整个国际社会所共有。[①] 北极地区国际海底区域开发的利益由世界各国共享，我国对此也应明确本国的权利主张。

其次，针对加拿大的北极生态环境保护政策，我国的首要工作是加大研究投入，加强国际交流合作。目前我国的IPY项目计划也正是以科学研究考察为主[②]。国际极地年期间，中国科学家将牵头在北极太平洋和大西洋扇区等关键海域，连续两个夏季航次开展多国联合考察，并参加其他国家的航次考察，系统观测海洋、海冰和大气变化，充实我国北极研究的数据来源；探寻北极海洋、海冰和大气主要变异现象和规律，研究这些变异过程与全球和区域气候变化的因果关系；研究北极海洋和海冰快速变化对

---

① 王翰灵:《依法维护国家海洋权益》，中国法学网：http：//www. iolaw. org. cn/showArticle. asp? id = 1503，2010/9/5。

② 国际极地年中国行动委员会：《国际极地年（IPY）中国行动计划简介》，《极地研究》2007年第1期，第76—77页。

我国及全球气候系统的影响。

再次，针对努纳武特的社会经济政策，中国应积极参与，扩大在当地的投资和影响力。这项政策不仅关乎我国未来的能源和矿物原料来源安全，而且也能增强我国在北极事务上的发言权。鉴于努纳武特的经济基础薄弱，中国在参与努纳武特开发时，除了投资矿产资源，特别是油气资源开发外，可以注重发挥我国的基建工程优势，着力进行基础设施建设项目，既造福当地，也为进一步投资开发铺平道路，可谓一举多得。

通过与努纳武特地区的北极原住民合作不失为一条有效的途径，那么阿拉斯加和格陵兰地区的因纽特人，北欧的萨米人以及俄罗斯北极地区的众多原住民，是不是也是积极的合作伙伴，这是学术界需要进一步研究的课题。

# 附录一

# 《努纳武特土地声明协议法案》

## （有关资源部分）

王　薇[①]　潘　敏　译

## 第五章　野生生物

### 第一部分　综述

#### 定义

5.1.1 在本章中：

“调整后的基本需求水平”代表5.6.26至5.6.30因纽特人的收成水平；

“基本需求水平”代表5.6.19至5.6.25中因纽特人的收成

① 王薇，同济大学政治与国际关系学院社会学系2012年级硕士研究生。

水平；

“big game”代表 Schedule 5—1 中所列出的物种；

“有毛动物”代表 Schedule 5—2 中所列出的物种；

“国际协议”是指加拿大政府与一个或多个其他国家，或外国组织就野生生物达成的有关协议；

“市场营销”是指以原始或加工过的形式进行的促销或其他种类的商业部署，但不包括餐馆零售；

“候鸟”是指 Schedule 5—3 中所涉及的鸟类；

“博物学家会所”是主要为观察、研究自然或文化特征而设立的场所；

“非配额限制”是指在总的可允许捕猎量之外的各种限制，包括捕猎季节，野生生物性别、大小、年龄，以及捕猎方式；

“努勒维特野生动物捕猎研究”是指 Part 4 中的捕猎研究；

“其他居民”是指努纳武特协议地区因纽特人之外的其他居民；

“地区”是指巴芬岛区，基瓦丁地区或基蒂克美奥特区；

“物种”是某些特定物种或某一物种内部截然不同的子群；

“捕猎小舍”是指为捕猎野生动物而建立的设施；

“研究”专指努纳武特野生生物捕猎研究；

“盈余”是指当既不存在调整后的基本需求水平，又不存在基本需求水平与可许的捕猎总量时，调整后的基本需求水平与可许的捕猎总量之间的差额；

某一种群的“可许捕猎总量”是指依据 5.6.16 至 5.6.18 中 NWMB，野生动物的合法捕猎量。

**原则**

5.1.2 本法案承认并反映以下原则：

(a) 因纽特人是野生动物传统的和当前的消费者；

（b）因纽特人传统与当前对野生生物资源的利用赋予其捕猎野生动物的合法权利；

（c）因纽特人口数量在逐渐增长；

（d）长久看来，健康可持续的能源经济是切实可行、可取的；

（e）一个有效的野生生物管理体系迫在眉睫，该体系应强调因纽特人捕猎的权利与优先权，并承认有利于野生动物与野生动物栖息地保护的因纽特野生生物管理系统；

（f）需要能为可持续能源经济提供最佳保护的野生动物管理体系与土地管理体系；

（g）野生动物管理体系与因纽特人捕猎权利取决于保护原则，并受其控制；

（h）因纽特人在野生生物管理的各个方面（如研究）有必要发挥有效作用；

（i）政府保留野生生物管理的最终责任。

**目标**

本法案寻求达到以下目标：

（a）创立一个捕猎权利、优先权与特权体系，这一体系应该：

（i）反应因纽特人捕猎的传统与当今水平、模式与特点，

（ii）取决于可用度，并由保护原则决定，同时考虑因纽特实际与未来人口增长因素，赋予因纽特人捕猎足以满足其基本需求的野生生物的权利，且与环境相适宜，

（iii）给予DIOs建立、运作与捕猎有关的（包括体育与其它商业投资）风险投资的优先权，

（iv）提供捕猎特权，并准许因纽特人之外的其他人（尤其是长久居民）持续捕猎，

（v）避免捕猎权利、优先权与特权实施过程中不必要的干扰。

（b）野生生物管理体系的建立：

（i）受制并执行保护原则，

（ii）全面承认并反映因纽特人在野生生物捕猎中的主要角色，

（iii）服务并促进因纽特捕猎者的长期经济、社会、文化利益，

（iv）尽可能务实，融合所有野生生物物种的管理，

（v）邀请公众参与，提高公众信心（尤其是在因纽特人之中），

（vi）授权 NWMB 自主决定与野生生物管理有关的事宜。

**保护**

5.1.4 鉴于 5.1.2 与 5.1.3 提出的原则与目标，以及本文所设定的权利与义务，保护原则应被理解与应用。

5.1.5 保护原则是指：

（a）努纳武特协议地区内维持生态系统的自然平衡；

（b）保护野生动物的栖息地；

（c）维持充满活力的、健康的野生动物种群，使其能持续满足本文所定义的捕猎需要；

（d）修护损耗的野生动物种群与野生动物栖息地，并使其恢复活力。

**综述**

5.1.6 加拿大与因纽特人政府意识到因纽特人在野生生物管理的各个方面需要处于有效地位。

**应用**

5.1.7 本文中有关野生生物捕猎的各项权利不适用于努纳武

特协议以外地区。

## 第二部分 努纳武特野生生物管理委员会的建立

### 会员构成

5.2.1 协议签署之日成立一个由九位成员组成的公共管理机构，即努纳武特野生生物管理委员会（NWMB），成员构成如下：

（a）DIOs 的四方，每方指定一位成员；

（b）委员会理事：

（i）根据负责渔业与海洋哺乳动物的建议，任命一名成员代表公共利益，

（ii）根据负责加拿大野生生物服务的部长建议委派一名成员，

（iii）根据印第安事务与北部发展部长和专员执行理事会的联合建议，任命第三名成员常驻努纳武特协议地区；

（c）专员执行理事会应指定一名成员；

（d）根据 NWMB 的提名，委员会理事应指定一名主席。

5.2.2 当某一部长提名的 NWMB 成员不是政府文官时，该部长有权委派其部门的一名职员作为没有投票权利的观察者参加 NWMB 的所有会议。

5.2.3 DIO 指定成员参加 NWMB 的同时，有权委派一名技术顾问作为没有投票权利的观察者参加所有会议。

5.2.4 每一成员在其表现良好的情况下任期四年并可以被再次任命就职。

5.2.5 成员能被其任命者撤职。

5.2.6 每一成员在由官员依法授权进入其职责义务前，应依

照 Schedule 5—4 中设定的方式宣读誓言。

5.2.7 与具体联邦、地方之间利益冲突相关的条例适用于每位成员，因纽特成员不应因其民族而受到歧视。

5.2.8 当空缺出现时，5.2.1 中的原始任命主体能指派替代人员。

5.2.9 除主席外的 NWMB 所有成员各有一张选票，主席只有各方票数相同时才能行使投票权。

5.2.10 NWMB 的所有决议应由多数票决定。

5.2.11 每一成员可能为其他成员充当一般或特别代替人。

**会议**

5.2.12 NWMB 中人数的空缺不影响其他成员行使权力。

5.2.13 NWMB 的总部应设在努纳武特协议地区。

5.2.14 NWMB 至少每两年召开一次会议，并认为在需要召开的时候随时开会。

5.2.15 主席应在四位成员中任意一方提出召开会议之书面申请的 21 天之内召开 NWMB 会议。

5.2.16 在可行条件下，NWMB 应在努纳武特协议地区召开。

5.2.17 根据法律与政策要求，NWMB 开展活动应使用因纽特语和加拿大官方语言。

5.2.18 除非在紧急情况下 NWMB 通过合法的电话会议或类似设施修改出席人数相关要求，五位成员出席即构成法定人数。

5.2.19 NWMB 的费用由政府承担。NWMB 应准备年度预算接受政府审查与批准。

5.2.20 NWMB 的所有成员有权接受公平、合理的酬劳。

5.2.21 根据财政委员会的关于旅费与生活费的相关方针，每名成员有权报销在其工作期间产生的旅行与生活费用。

5.2.22 无投票权利的观察员的费用应由委派该观察员的个

人或组织承担。

**章程**

5.2.23 NWMB 应制定以下方面的章程和条例：

（a）会议的召集与 NWMB 的召开；

（b）NWMB 会议中的事务处理，NWMB 特殊委员会与永久委员会的成立，与会法定人数的设定；

（c）NWMB 工作的开展，内部事务的管理以及其官员与雇员的职责；

（d）向 NWMB 提出申请、陈述与申述的程序；

（e）收集信息与意见的步骤，包括公共听证会的开展和程序；

（f）总之，NWMB 之前所有事务的开展方式。

**官员与雇员**

5.2.24 NWMB 正常运转所需的官员与雇员可由 NWMB 任命，并由 NWMB 发放报酬。

5.2.25 这些官员与雇员应对 NWMB 负责并服从其指挥与管理。

**听证会**

5.2.26 NWMB 可能针对一些需要其做决定的议题举办公共听证会。

5.2.27 NWMB 可制定规则，以区分听证会正式成员和其他各阶层的职责。

5.2.28 加拿大政府或领地政府的任何代表或代理人，任何一个伊努克（Inuk）或 HTO 或 RWO 将被赋予听证会上的正式成员，在一个特定的听证会上，NWMB 在符合其规则的情况下可以自行决定其他任何人是否被赋予正式成员的身份。

5.2.29 在任何申请、诉讼或事宜中的特别重要问题在未解决之前，如果 NWMB 的意见涉及到急需的公共利益，NWMB 可以聘请律师指导或辩论该案件、或者任何申请、诉讼或事宜中的特定问题。

5. 2. 30 NWMB 与根据 Inquiries Act, R. S. C. 1970, c. I－13 中 Part I 任命的委员长享有同等权力。但 NWMB 不能传唤王国部长出庭。

**机密信息**

5. 2. 31 在获取信息与公布信息时，NWMB 应同政府部门一样遵守保密与信息获取的相关法律。

5. 2. 32 当政府决定向 NWMB 透露信息，或者 NWMB 决定向民众公布信息时，应考虑到有关协议。

**权力、职责与功能**

5. 2. 33 鉴于政府对野生生物管理保留最终责任，NWMB 应成为努纳武特地区野生生物管理的主要机构和野生生物捕猎量的主要调控者，并对协议中的行为负主要责任。因此，NWMB 主要履行以下功能：

(a) 参与研究（5. 2. 37 至 5. 2. 38）；

(b) 开展努纳武特野生生物捕猎研究（Part4）；

(c) 据需驳回假定（5. 6. 5 至 5. 6. 11）；

(d) 设立、修改或取消捕猎限令（5. 6. 16 至 5. 6. 18）；

(e) 确定基本需求水平（5. 6. 19 至 5. 6. 25）；

(f) 调整基本需求水平（5. 6. 26 至 5. 6. 30）；

(g) 分配资源给其他居民（5. 6. 32 至 5. 6. 37）；

(h) 分配资源给现有机构（5. 6. 39）；

(i) 处理优先级申请（5. 6. 39）；

(j) 提出建议以分配其余盈余（5. 6. 40）；

(k) 设立、修改或取消非配额限制（5. 6. 48 至 5. 6. 51）；

（l）设置奖金（5.7.41）；

（m）本部分未特别指出的协议要求 NWMB 行使的其他功能。

5.2.34 除了 5.2.33 中列出的主要功能，NWMB 还应执行以下有关野生生物以及野生生物栖息地管理与保护的相关功能：

（a）为推进野生生物的管理与保护，批准保护区的成立、撤销以及边界变动；

（b）确立野生生物管理区与生物高产区，为 NPC 提供有关这些地区的计划建议；

（c）批准某一特定野生生物栖息地的管理与保护计划，包括保护区以内的地区、地方公园与国家公园；

（d）批准有关以下情况的计划：

（i）管理、分类、保护、补充与繁殖、栽培或饲养某一特定野生生物，包括濒危物种，

（ii）外来物种引进控制与野生生物种群迁移（/移植）管理；

（e）就损害野生生物栖息地的商业、工业行为向部门、NIRB、其它有关机构和适合人选提供改善或补偿建议；

（f）批准稀有、濒危物种的分配；

（g）提出一系列要求建议，如普及野生生物信息、加强相关教育，以及训练因纽特人的野生生物管理能力；

（h）建立资格指南（5.6.4）；

（i）5.2.33 之外的协议指派的其他功能。

5.2.35 NWMB 可能经 NWMB 与政府允许，承担其他努纳武特地区野生生物管理与野生生物捕猎控制活动。

5.2.36 与 NWMB 在野生生物事务上的职责相一致，栖息地管理与保护是野生生物管理中不可或缺的一环，土地（包括植物群）管理的主要责任应由适当的政府机构和其他协议设立的

实体承担。

**研究**

5.2.37 有效的野生生物管理体系是必要的。高效、协调合作的研究工作是该体系有效的前提条件。为了实现其管理功能，NWMB 需要在野生生物研究与监控中发挥信息灵通、有效的作用。在本章中，加拿大政府和地方政府继续发挥其研究作用的能力与权利不会受到影响。因此，NWMB 应当：

（a）确定研究要求，发现野生生物管理方面的不足，合理利用野生生物资源，提倡与鼓励正在进行的旨在达到要求克服不足的基础研究；

（b）确定相关人员与机构开展野生生物研究；

（c）审查研究提议与申请，对批准提出合理建议，或向相关政府机构拒绝此类提议；

（d）收集、分类、发布野生生物相关数据与信息，并维护相关数据库；

（e）发挥预期义务相关的其他研究功能。

5.2.38　5.2.37 中，NWMB 的责任还包括：

（a）建立并维护一个涵盖公共的资料系统，该系统应涵盖所有原始与处理过的数据，以及所有来源的信息；

（b）推广鼓励因纽特人在野生生物研究与管理各个领域的训练；

（c）促进和鼓励在政府与私人研究和技术职位上聘用因纽特人以及因纽特组织；

（d）在开展研究之前，与努纳武特当地居民以及可能受影响的 DIO 交流、咨询与合作。

**NWMB 的义务**

5.2.39 在善意履行职责或行使权利的过程中，NWMB 不对

其可能产生的损失与伤害对任何自然人或法人负责。

## 第三部分 决定

### 司法审查

5.3.1 经受害人或受到重大影响的人提议，在《联邦法院法》的第28章（1）（a）或28章（1）（b）（RSC1985，c. F-7）基础上，应对NWMB的决定做出司法审查。

5.3.2 除Section5.3.1中的情况之外，NWMB的所有决定、命令或指示都不应遭到任何法庭的质疑与审查，不得用任何强制的、宣告式判决、移审令、训令等方式下达命令或者向法庭提起诉讼，不得禁止或者质疑、审查、阻止或限制NWMB或者它的任何诉讼。

### NWMB与部长的决定标准

5.3.3 NWMB或部长根据Part6做出的决定只有在必要时才能限制因纽特人的捕猎活动：

（a）实现有效保护的目的；

（b）落实本章提出的分配系统以及本章与第40章中的其他条款；

（c）保障公共健康与公共安全。

5.3.4 大量努纳武特地区的野生动物跨过边界被其他地区的人捕捉。因此，NWMB与部长在根据Part6行使其职责时，应考虑到努纳武特地区外的捕猎活动以及有关野生动物的国内跨管辖区协议与国际协议。

5.3.5 NWMB根据需求假设、调整后的基本需求水平或5.6.39做出决定时，部长只有在认为该决定与NWMB之前的依据相冲突时才能将其拒绝或驳回。

5.3.6 在做出涉及公园、禁猎区或保护区的决定时，NWMB与部长应充分考虑这些区域的特殊用途与相关政策。

**决定的法律效力（地方政府管辖区）**

5.3.7 NWMB 在根据 5.2.34（a）、（b）、（c）、（d）、（f）或 Article40 中 Part4 至 Part6 做缔属地方政府管辖的决定时，应依照 5.3.8 至 5.3.15 中设定的方式。

5.3.8 NWMB 所做的决定应呈交给部长。NWMB 不应将其决定公开。

5.3.9 部长在收到 NWMB 根据 5.3.8 做出的决定后，可能：

（a）接受；或

（b）依据 5.3.11 给予驳回。

5.3.10 当部长接受 NWMB 的某一决定或未根据 5.3.11 驳回该决定时，部长应随即为实行该决定做必要准备。

5.3.11 当部长决意驳回 NWMB 的某一决定时：

（a）部长应在收到该决定的 30 日内或经部长与 NWMB 商议延长的期限内提出异议；

（b）部长应就意见的驳回对 NWMB 给出书面原因。

5.3.12 当部长依照 5.3.11 驳回 NWMB 所做决定时，NWMB 应该根据部长给出的书面理由重新考虑，并做出最终决定呈交给部长。NWMB 可能将其最终决定公布于众。

5.3.13 根据 5.3.14，部长在收到委员会依照 5.3.12 做出的最终决定后，可能：

（a）同意最终决定；

（b）驳回最终决定；或

（c）修改最终决定。

5.3.14 部长在驳回 NWMB 根据需求假设、调整后的基本需求水平或 Section5.6.39 做出的最终决定的同时需提交执行委员会，执行委员会可能：

（a）接受最终决定；

（b）拒绝最终决定；或

（c）修改最终决定。

5.3.15 当部长（或执行委员会）依据5.3.12决定接受或修改最终决定时，部长应就最终决定或修改后的最终决定的实施做出必要准备。

5.3.16 NWMB根据5.2.34（a）、（b）、（d）、（f）或Part4至Part6，或Article40做出的所有受加拿大政府管辖的决定应按照5.3.17至5.3.23中设定的方式。

5.3.17 NWMB所做决定应呈交给部长，而不能将其向大众公开。

5.3.18 部长应在在收到NWMB根据5.3.17所做决定的60天或经部长与NWMB协商延长的期限内：

（a）接受决定并书面通知NWMB；或

（b）向NWMB给出拒绝的书面理由。

5.3.19 在以下情况中，部长被视为已经接受了NWMB之所做决定：

（a）部长对NWMB发出书面同意通知；或

（b）部长未能在5.3.18规定的时间期限内给予拒绝。

5.3.20 当部长被认为在5.3.19所述情况下接受了NWMB的决定时，部长应为实施决定做出必要准备。

5.3.21 当部长根据5.3.18拒绝NWMB所做的决定时，NWMB应依据部长给出的理由重新考量做出最终决定并呈交部长。NWMB应公开其最终决定。

5.3.22 在受到NWMB根据5.3.21做出的最终决定后，部长可能：

(a) 接受这一最终决定；

(b) 拒绝这一最终决定；或

(c) 修改这一最终决定。

5.3.23 当部长依据5.3.12决定接受或修改最终决定时，部长应就最终决定或修改后的最终决定的实施做出必要准备。

**临时决定**

5.3.24 当出现紧急、特殊情况需要对捕猎活动进行立即修改时，部长或部长代理机构可能制定、实施合理的临时决定。NWMB随后应尽快对其进行全面审查。

**部长管理自主权**

5.3.25 部长在任何情况下都有权自主将管理事务转交给NWMB。NWMB应迅速有效地处理其接手事务。NWMB将及时作出决定以响应部长，并助其完成国家与国际责任义务。

## 第四部分 努纳武特野生生物捕猎研究

5.4.1 一项努纳武特野生生物捕猎研究（以下简称研究）正在努纳武特三个地区进行。该研究相关研究术语在Schedule5—5中给予列出。

5.4.2 该研究在三个地区分别开始于协议批准一周年之日或之前。研究应在NWMB的指导下进行。

5.4.3 该研究的研究工作、数据收集以及田野调查应在NWMB监管下由适当的DIO进行，并应有最大化捕猎者参与。

5.4.4 该研究时间跨度为五年以上，并应由政府全面资助。NWMB应为研究准备预算，该研究将受到政府审查。

5.4.5 此项研究目的为提供数据、设定当前捕猎水平、协助NWMB设定允许捕猎总量水平，总之，是为了加强合理管理与理性使用努纳武特地区野生生物资源。为达成这一目的，此研究应该：

（a）记录因纽特人使用野生生物的水平和模式以确定基本需求水平；

（b）收集、审查、分析现有的涉及努纳武特地区野生生物管理的生物、生态、以及捕猎数据。

5.4.6 研究产生的原始数据和经解读的数据应全面自由地提供给加拿大政府、地方政府以及因纽特人。

5.4.7 未经 DIO 和受影响的群众书面许可，通过研究获得的有关个人的证据在该个人可能承担民事或刑事责任的诉讼中不可采纳。

5.4.8 NWMB 应发布研究进程年度报告。在研究完成后，NWMB 应发表研究结果的全面总结。

## 第五部分　因纽特弓头鲸研究

5.5.1 本世纪早期，非因纽特人出于商业利益对弓头鲸的捕捉使努纳武特地区弓头鲸数量大幅减少。政府认可因纽特人的这一观点，商业捕捉叫停后，努纳武特地区弓头鲸的数量在近几十年内有所增加，在部分地方，因纽特人自发地减少捕捉行为以恢复弓头鲸的数量。

5.5.2 为进行对因纽特知识的研究，NWMB 将记录努纳武特地区弓头鲸的出现、位置以及主要活动区域。这个研究将在该协议批准后的五年之内完成。NWMB 为此项研究预计投入 50 万美元。

## 第六部分　捕猎

### 因纽特人捕猎权利

5.6.1 依照条约的5.6.16与5.6.17，NWMB并未明确规定允许范围内的野生动物捕猎限额，一个因纽特人有权利捕捉努纳武特地区的野生生物，以充分满足其经济、社会及文化需求。

5.6.2　5.6.1中提到的最大的需求水平是指最大捕猎额。

5.6.3 依照条约的5.6.16和5.6.18，NWMB已经明确规定允许范围内的野生动物最大捕猎限额，根据条约，因纽特人有权捕捉努纳武特地区的这些物种。

5.6.4 可捕捉野生动物数量的限额在NWMB批准该协议之日起立即生效，并且除非遭到废除或董事会更改，其内容持续有效。

### 关于需求的假设

5.6.5 根据5.6.6，NWMB应假设（即使没有更为深入的证据）因纽特人需要其认可以下生物的捕猎限额：

（a）熊；

（b）长毛麝牛；

（c）弓头鲸；

（d）秋季（每年九月一日开始）Schedule5—3的Part1中所列出的候鸟及其鸟蛋（除正在迁徙中的鸟类之外）；

（e）包括猫头鹰在内的猛禽；

（f）绒鸭巢中的鸭绒。

5.6.6 除非野生生物种群有了意料之外的大幅增长，否则NWMB在协议批准生效的20年之内无需重新审查5.6.5中所设定的假设。

5.6.7 NWMB 在 20 年期限到期之后每隔五年重新审查这一假设。

5.6.8 除非加拿大政府、地方政府、HTO 或 RWO 中的一方提出要求，否则 NWMB 无需重新审查其所定假设。

5.6.9 在评估因纽特人的经济、社会、文化需求时，NWMB 应该考虑以下因素：

（a）实际捕猎水平；

（b）野生生物的可获取性；

（c）因纽特人总的经济、社会、文化环境条件。

5.6.10 在重新审查假设时，NWMB 应当视每一野生生物种群自身情况而定。

5.6.11 NWMB 批准的需求假设不应成为政府野生生物官员与研究者科学研究、喂养肉食动物、疾病控制的障碍。

**有毛动物**

5.6.12 除 5.6.13 中所提的其他人无权在努纳武特地区捕猎有毛动物。

5.6.13 根据本章条款，允许以下人员在努纳武特地区捕猎有毛动物：

（a）因纽特人；

（b）在 1981 年 10 月 27 日拥有一般捕猎许可，确实在努纳武特地区有捕猎有毛动物行为，并希望在本协议生效后继续捕猎有毛动物，且符合 Sub-section 中资格的人；

（c）其捕猎有毛动物的申请被 HTO 批准并推荐，并遵守 HTO 所颁布的条件与条款的人。

5.6.14 Sub-section5.6.13（b）与 Sub-section5.6.13（c）中所涉及的人应当遵守一般申请法律。

5.6.15 为达成 5.6.13，非因纽特人所持有的一般捕猎许可证只适用于个人，且不能转手或传承。

**允许捕猎总量**

5.6.16 根据本章条款，NWMB 独家享有根据时期与环境变化设立、修改、取消努纳武特地区总捕猎限额的权利。

5.6.17 某一种群的允许捕猎总量可用数字、重量或其他 NWMB 认为合适的方式表达。在以下两种情况中，允许捕猎总量应给予表达：

(a) 就地区允许捕猎总量，HTO 中的某一单方成员正常捕猎某一物种；

(b) 就地区允许捕猎总量，HTO 中多方成员正常捕猎某一物种。

5.6.18 根据 5.3.3 至 5.3.6，并结合研究结果以及其他信息出现的可能，到 Part5 中的研究一周年纪念日时，NWMB 应确立努纳武特地区因纽特人的允许捕猎量（起码包括一头弓头鲸）。更为肯定的是，NWMB 有关允许捕猎总量的决定取决于 5.3.16 至 5.3.23。此后，鉴于研究结果与新信息出现的可能，NWMB 应在 5.6.16 与 5.6.17 的要求下不时调整允许捕猎总量。

**基本需求水平**

5.6.19 NWMB 根据 5.6.16 与 5.6.17 确定允许捕猎总量的同时，NWMB 还应根据本部分制定基本需求水平。

5.6.20 基本需求水平应包括对允许捕猎总量的第一需求。允许捕猎总量等于或少于基本需求水平，因纽特人对允许捕猎总量保留所有权利。

5.6.21 对于在本研究开始阶段受到允许捕猎量限制的所有种群而言，NWMB 应根据以下几点计算出基本需求水平：

(a) 研究过程中任意一年最大捕猎量的总数、研究中五年以上平均年捕猎量；

（b）HTO 在研究结论中确定的研究过程中任意一年的捕猎量（选定的这一年应适用于在研究开始阶段受制于允许捕猎总量的所有物种）。

5.6.22 除非 HTO 在研究开始的六个月内选择使用 5.6.21（b）中描述的计算方式，否则 5.6.21 中应采用 5.6.21（a）中的方法。

5.6.23 决定某一此前尚未确定允许捕猎量的物种的捕猎限额时，NWMB 计算基本需求水平高于：

（a）根据 5.6.21（a）中描述的方式或 HTO 先前选定的 5.6.21（b）中的方式基于最初五年捕猎研究数据计算出的总量、某一特定年份内某一种群的捕猎水平；

（b）允许捕猎总量与年平均捕猎量实施前的五年之中的任意一年最大捕猎量的总和（因此该总数分为两个部分）。

5.6.24 根据 5.6.23（b）做计算时，NWMB 应依据其可能获得的关于因纽特人在允许捕猎总量确立前的五年内捕猎水平的最佳证据。

5.6.25 由于白鲸、独角鲸和海象在某些地区数量稀缺，因纽特人对其捕猎量低于需求量，因此这并不能反映他们的真实需求水平。NWMB 应在 12 个月内确定这些物种的需求量。

**调整后的基本需求水平**

5.6.26 NWMB 应当定期审查每一种群的基本需求水平，并决定是否需要增加额外配额以满足以下情况：

（a）因纽特人增长的消费使用量；

（b）跨区域贸易；

（c）消费市场营销或努纳武特地区自身使用。

5.6.27 在做出决定时，NWMB 应考虑以下因素：

（a）某一群体和地区人口增长或人口变化，包括新社区的成立；

（b）消费、分配和其他用途模式的转变，包括跨区域贸易的调整、努纳武特地区的市场营销；

（c）野生生物对因纽特人在营养价值与文化上的重要性；

（d）考虑范围外的其他物种在可获取性上的变化；

（e）其它居民根据其居住年限对野生生物的个人消费。

5.6.28 NWMB 的重审意味着调整需要的存在。NWMB 应设立调整后的基本需求水平。

5.6.29 调整后的基本需求水平可能被推广应用至允许捕猎总量。在数年内，调整后的基本需求水平可能出现上下浮动，但不应下降至最初基本需求水平以下。

5.6.30 在相关部长、HTO 或 RWO 成员或 NWMB 某一成员的要求下，NWMB 应不时对各种种群的需求水平进行检查。

**盈余**

5.6.31 NWMB 应以以下顺序与优先权分配决定盈余分配：

（a）应对如 5.6.32 至 5.6.37 中所述的其他居民个人消费；

（b）应对现有捕猎与 5.6.38 所述的其他商业活动的持续进行；

（c）应对 5.6.39 中有 HTO 或 RWO 赞助的商业投资；

（d）应对 5.6.40 所述的各种其他用途。

**其他居民**

5.6.32 NWMB 应从盈余中首先抽出一部分分配给其他居民的个人消费。

5.6.33 其他居民的个人消费代表努纳武特地区其他居民或其附属物的消费。

5.6.34 给予其他居民的分配额应占基本需求剩余量的百分之十四。

5.6.35 NWMB 在满足 5.6.39 中所述的 HTO 与 RWO 赞助的经济投资需求后，可能补充增加对其他居民个人消费的分配额。

5.6.36 对其他居民的配额计算出来后，这些配额的分发由合适的政府机构决定和管理。

5.6.37 非因纽特人的捕猎行为应遵守本章与一般申请法律。

**现存的捕猎与其他商业运作**

5.6.38 在对其他居民进行分配后若有盈余，NWMB 应分配一部分给捕猎以及其他商业运作的持续。这类分配进行时，具有法律效应的权威机构存在并发挥作用。

**因纽特组织的优先捕猎权**

5.6.39 从对现有捕猎以及其他商业运作进行分配后的盈余中，NWMB 应分配一部分资源支持可行的经济投资的建立与持续运营（包括捕猎与其他旨在使因纽特人收益的商业投资）。这些风险投资项目必须由 HTO 与 RWO 赞助。

**剩余部分的分配**

5.6.40 鉴于对资源需求的多样性以及当地经济的利益，如果还有盈余存在，NWMB 将在商业、商业捕猎、娱乐等多种用途中对剩余部分进行分配。分配给商业用途的那部分盈余将受制于 Section 5.6.45 至 Section 5.6.47 中所述的商业捕猎限入体系。

**因纽特向导**

5.6.41 大量捕猎的非因纽特人必须：

（a）持有由相关政府机构颁发的有效许可证；

（b）依照 NWMB 确立的资格条件，在获得许可证的两年内由 HTO 批准的因纽特向导陪同。

5.6.42 Sub section 5.6.41（a）中所提及的向导需求在 HTO 宣布放弃此需求或 HTO 未批准向导时无效。

**迁移至努纳武特地区**

5.6.43 移民法案范围内的满足以下条件的每位加拿大公民与长期居住者：

（a）在协议批准生效前在努纳武特地区居住18个月以上；或

（b）在协议生效前在其他西北地方居住18个月以上，并在协议生效的五年内成为努纳武特地区的常驻民，

除非一般性法律取消其资格，否则无需永久居住权可享有在努纳武特地区捕猎与捕鱼的特权。

**一般捕猎许可证持有者**

5.6.44 对于5.6.13（b）中所提及的必须离开陆地捕猎有毛动物的人而言，必须获得许可。因此，NWMB也将尽最大努力满足这一要求。

**准入限制系统**

5.6.45 商业许可证将优先发给以下人群：

（a）提交申请之前在努纳武特地区居住连续18个月以上的人（所指的“居住”必须是真实的，而不是名义上的）；

（b）能通过雇佣当地居民、开发当地资源等方式为努纳武特地区经济带来直接利益的申请。

5.6.46 准入限制系统不意味着排斥因纽特人申请商业机会，因纽特人与其他资质合格的人一样拥有同等申请权。

5.6.47 在准入限制系统下颁发的商业许可证有效期不能超过三年。

**非配额限制**

5.6.48 根据本章条款，NWMB独家享有随环境需要不时设立、修改与取消对努纳武特地区捕猎的非配额限制的权利。

5.6.49 在设立或取消非配额限制时，NWMB应区分因纽特

捕猎者与其他捕猎者，但对因纽特人捕猎者的非配额限制不应比对其他捕猎者的限制更为严厉。

5.6.50 对因纽特人的非配额限制不得过分或不合理地限制其捕猎活动。

5.6.51 在协议批准日开始生效的非配额限制应由 NWMB 设立，除非委员会依据本章条例取消或修改，限制持续有效。

**紧急杀害**

5.6.52 除本章所言情况之外，人们可能出于保护自身性命或财产杀害野生生物。

5.6.53 人们也可能出于极度饥饿杀害与消费野生生物。

5.6.54 5.6.52 和 5.6.53 不应为一般应用规则下的管理不当造成的野生生物屠杀提供法律借口。

5.6.55 5.6.52 与 5.6.53 情况下被杀害的珍惜野生生物应由 NWMB 做出倾向于 RWO 的处理。

## 第七部分 因纽特人捕猎特征

**捕猎者组织（HTOs）与地区野生生物组织（RWOs）**

5.7.1 除了赋予 NWMB 的功能职责，因纽特人的捕猎活动应接受 HTOs 与 RWOs 的检查。

5.7.2 每一个倾向于独立组织的社区与边远村落都应成立其自己的 HTO。HTO 成员资格应向这一社区中所有因纽特居民开放。依照法律，各个 HTO 可能提供无投票权的成员席位与特权，可能通过血统与习俗分辨出未被吸收进第 35 章的因纽特人与其他民族。现存的捕猎者组织可能与 HTOs 一样，遵守本章条款。两个或更多的 HTOs 可能出于在共同基础上对部分或所有野生生物承担责任的目的联合协作。

5.7.3 HTOs 的权利与功能应包括以下几个方面：

（a）管理成员捕猎活动与技术（包括采用非配额限制）；

（b）社区基本需求水平的分配与实行、调整成员中的基本需求水平；

（c）无论是否有价值的考虑因素与条件，分派部分社区基本需求水平与调整后的基本需求水平给非成员；

（d）总体而言，管理成员捕猎活动。

5.7.4 每一地区都应该有 RWO 组织。基蒂克美奥特野生生物联合会、基瓦丁野生生物联合会以及巴芬地区捕猎者协会与 RWOs 一样，遵守本章条款。

5.7.5 每个 RWO 的管理委员会应由本区内 HTO 代表组成。

5.7.6 RWOs 的权利与功能包括：

（a）管理本区 HTO 成员的捕猎活动与技术（包括采用非配额限制）；

（b）本区 HTO 中地区基本需求水平与调整后基本需求水平的分配与实施；

（c）无论是否有价值的考虑因素与条件，分派部分地区基本需求水平与调整后的基本需求水平给 HTO 之外的个人或实体；

（d）总体而言，管理区域内 HTO 成员的捕猎活动。

5.7.7 两个或更多的 RWOs 可能出于在共同基础上对部分或所有野生生物承担责任的目的联合协作。

5.7.8 根据本章内容，每一个 HTO 与 RWO 应建立并采用章程指导其运作。

5.7.9 根据 5.7.10，NWMB、RWOs 与 HTOs 应制定关于每个 HTO 应遵守本区内 RWO 章程与决定的义务大小的指南。

5.7.10 HTO 有义务服从 RWO 关于地区基本需求水平与调整后的基本需求水平分配的章程与决定。

5.7.11 HTO 与 RWO 的所有章程、决定都不能无理阻止因纽特人出于满足其个人与家庭基本消费需求的捕猎活动。

5.7.12 HTO 与 RWO 的所有成员都应遵守组织章程。每一个 RWO 与 HTO 都应建立自己的章程（包括处分其成员违反规章制度的章程）。

5.7.13 HTO 与 RWO 的运作资金应由 NWMB 提供。

5.7.14 HTO 与 RWO 不应以与其他管理捕猎活动与技术的规章相冲突的方式行使 5.7.3（a）或 5.7.6（a）中的权利。

**诉讼方式保护因纽特人利益**

5.7.15 当某一位因纽特人产生诉讼权时，其所在的 HTO 在经过当事人同意后可代表其提出诉讼。

**因纽特人的可入权**

5.7.16 根据 5.7.18 所有因纽特人在努纳武特地区的陆地、水域以及海洋享有自由、无阻碍的可入权。上述权利的普遍性在所有官地（包括公园、保护区）以及市属企业土地上不受限制。

**可入权范围之外的土地**

5.7.17 Section5.7.16 中所批准的准入权不覆盖到：

（a）满足以下条件的地区：

（i）用于军事或国家安全、或依据《国家防御法案》暂时用于此目的的地区；

（ii）具有普通采邑权，而不属于市属企业的土地；

（iii）在协议批准之后被承认采邑权小于一平方英里的土地；

（iv）在协议批准之时已同意出售的土地；

（v）受到 1981 年 10 月 27 日表面租赁潮影响，租契未经重新商议，不能提供 Section5.7.21 中所预期的准入权的土地；

（b）已签订表面租赁、出售协议的、世袭所有的建筑或其他设施半径一英里之内的土地。

5.7.18 Section5.7.16 所认可的准入权服从：

（a）为公共安全制定的一般性应用法规；

（b）NWMB 出于保护目的设立的限制；

（c）（在公园或保护区中）受影响的因纽特人与公园或保护区管理方达成的双边协议；

（d）与适当要求相一致的任何已授权土地的使用活动，包括 Articles 11 and 12，只要与土地使用活动不一致，或者在必要时，土地使用被执行。

5.7.19 在伊努克或 DIO 不同意的任何违背狩猎活动，但根据 5.7.18（d）规定有权使用土地的利益相关方，应依据第 38 条来解决。

5.7.20 根据 Sub-section5.7.18（b）与 Sub-section 5.7.18（c）采取的措施出现不一致或冲突时，按照 Sub-section 5.17.18（c）所采取的措施占有优势。

**政府关于表面租赁的许诺**

5.7.21 在协议批准之时或之前已存在的努纳武特土地表面租约在协议生效之后应：

（a）得到更新；或

（b）在政府许可下转移，

政府在更新或转移的租约中应加入以下情况：

“该租约受到因纽特人在其最终申明协议下进入西北地方陆地追捕、杀害或切取野生动物、切取野生动物器官或制品的权利的影响；协议中有关准入权的条款应构成这一租约的一部分。”

5.7.22 当租赁土地面积为一公亩（少于一英亩），或在加入此类情况后政府可能招致法律责任时，不适用 Section5.7.21 中所设定的义务。由代理司法部长签名盖章的证书足以作为此类事实的证据。政府应就表面租赁的申请和批准通知 DIO。

**准入权与捕猎权的限制**

5.7.23 合同中任何旨在限制因纽特人雇员闲暇时间准入或捕猎权利的条款都被视为无效。

5.7.24 处于保护目的制定的限制以及在协议批准之时已实行的对因纽特人进入公园与保护区的准入管理，在 NWMB 根据 Part3 或通过管理机构与受影响的因纽特人之间的双边协议取消或修改之前将一直持续有效。

**航海权**

5.7.25　5.7.16 所承认的准入权不应阻碍航海权的运用。

**许可证的颁发**

5.7.26 根据本章条款，因纽特人不需任何形式的许可，也无需交纳任何税款或费用便可依照其调整后的基本需求水平捕猎。

5.7.27 按照商业捕鱼的法律惯例，因纽特人需从相关管理机构获得商业捕猎证，凡在 1981 年 10 月 27 日之前的 12 个月内领到的贝类动物和海洋鱼类商业捕捞的许可证，不应被无理扣留或收取任何不合理费用。

5.7.28 Section5.6.39 中所涉及的经济投资依据本章条款得到许可时，相关部长应即刻依据一般性法律收取合理费用并颁发许可证。

5.7.29 因纽特人需要从有关管理机构获得在 1981 年 10 月 27 日之前 12 个月内未捕捞过鲸类的捕猎许可证。这类许可证不应被无理扣留或收取不合理费用。

**猎物处理**

5.7.30 根据 Section5.6.26 至 5.6.30 以及 5.7.31 至 5.7.33，因纽特人有权自由处理其合法捕猎的野生生物。自由处理权包括在努纳武特地区内外出售、易货贸易、交换、赠予的权利。

5.7.31 有关政府机构要求因纽特人持有将野生生物运往努纳武特地区外的许可证。如果这一许可证被要求使用，除非有好的拒绝理由，否则联邦及地方政府应按需颁发。这一许可证可能包含一般应用法律中的条款与条件。除非所涉及的野生生物是从盈余份额中捕获的，否则不应对此许可证征收任何费用。

5.7.32 尽管5.7.30提供了自由处理权，淡水鱼销售公司可能在努纳武特地区外的淡水鱼市场发挥影响。因纽特人不满该公司目前的运作。NWMB有义务核查因纽特人的担忧，并对部长提出措施建议。

5.7.33 因纽特人对于候鸟、候鸟蛋以及候鸟器官的交易或交易价格受制于一般应用法律的管理。

**分配**

5.7.34 除5.7.35中的情况之外，根据5.7.3与5.7.6，因纽特人、RWO或HTO可能：

(a) 将捕猎权分配给：

(i) 因纽特人；或

(ii) 因纽特人配偶或同居对象，

在所有诸如此类的案例中，捕猎权的分配也必须自行包含于分配中可允许的总狩猎份额。

(b) 将其允许捕猎量的部分或全部分配给在一般性法律下有资格捕猎的人。

5.7.35 除5.7.34之外，

(a) 未来某一年份的三月十日至九月一日之间候鸟及候鸟蛋的允许捕猎总量；和

(b) ArticleII、Schedule to the Migratory Birds Convention

Act, R. S. C. 1985, c. M-7, 中 Section 3 授权的捕猎，除非一般性法律允许，否则不应分配给5.7.34（b）中涉及的人员。

5.7.36 5.7.34（b）承诺的分配中，不应以出身或惯例为由，无故扣留因纽特受让人的许可证。此类许可证的颁发不应收取任何费用。

5.7.37 5.7.34（a）中提及的受让人应与转让人受到同等约束限制。

5.7.38 根据5.6.39或5.6.45至5.6.47获得的允许捕猎总量配额，应遵守获取分配的条款与条件。

5.7.39 因纽特人分配的捕猎权即使在续期后期限也不应超过一年。期限超过一年的分配被视为无效。

5.7.40 HTO或RWO分配的捕猎权即使在续期后，期限也不应超过三年。期限超过三年的分配被视为无效。

5.7.41 努纳武特地区对捕猎的野生动物征收的任何费用都应由NWMB决定。

**捕猎方式**

5.7.42 根据6.7.34（a），因纽特人或受让人可能采用任何符合本章以下条件形式、方式或技术进行捕猎：

（a）不与NWMB根据5.6.48至5.6.51出于保护目的确定的捕猎形式、方式或科技的非配额限制冲突；

（b）不与有关野生动物的人道宰杀、公共安全以及火器控制的一般性法律相互冲突；

（c）不会对环境造成有害改变。

**信息条款**

5.7.43 有关政府机构规定，因纽特人有义务提供关于捕猎活动或捕猎相关活动的信息，一般性法律要求因纽特人之外的捕猎者在同样条件下提供信息。

### 执行

5.7.44 对因纽特人违反协议进行捕猎施加的任何惩罚应公平、公正，且不应重于同等情况下对因纽特人之外的其他捕猎者做出的惩罚。

## 第八部分　优先购买权和使用政府土地的权利

### 捕猎小舍与博物学家会所

5.8.1 DIOs 在努纳武特地区拥有建立新的捕猎小舍和博物学家会所的土地优先购买权，需遵守以下几点：

（a）政府无义务公开要求保密的申请的任何细节；

（b）所有政府部门提供的、独立于申请本身、但相关的重大环境和经济信息，DIO 将有优先取舍权；

（c）目前实践所同步的总体程序与时间要求，以及 Schedule 5—6 中具体采用的步骤应被严格遵守；

（d）如果 DIO 中的一方行使了优先购买权，但在无正当理由的情况下未能随后依据 Schedule 5—6 建立新的捕猎小舍或博物学家会所，部长有权宣布撤销其优先购买权；在这类情况下，这片地区可以向其他申请开放，且该 DIO 在获得部长授权前也不再对此类申请具有优先权。

5.8.2 在 DIO 提出建立捕猎小舍与博物学家会所的要求时，政府应当以通常价格向其出租足够面积合适的土地。

5.8.3 Section 5.8.1 中所提及的所有捕猎小舍与博物学家会所应遵守一般申请规则。

### 繁殖、养殖与畜牧

5.8.4 为了本地野生生物与驯鹿的繁殖与饲养，DIO 有权优先建立与运作除政府官方以外的其他设施。该条适用于 5.8.1

(a) 与 (b) 中与捕猎小舍、博物学家会所相关的情况。也适用于与目前实践以及 Schedule 5—6 一致的程序与时间期限。

5.8.5 在接到请求后，政府应当保证 DIO 以象征性的低价获得足够面积、适宜为野生生物与驯鹿建设繁殖、驯养的场所。为实现 5.8.4 与本章目的，可采用有价方式租赁、颁发占用许可证或其他方式得到实现。

5.8.6，5.8.4 与 5.8.5 所涉及的所有旨在繁殖饲养本地野生生物与驯鹿的活动都必须服从于关于一般申请的法律规则。

## 第九部分 国际与国内跨行政区协议

5.9.1 任何法律实施国际或国内跨行政区协议时应将因纽特人与其他加拿大土著民族一视同仁。

5.9.2 在涉及因纽特人在努纳武特地区捕猎权的相关政府职位选拔讨论中，加拿大政府吸收因纽特代表意见。这一类讨论可能会延伸拓展至非政府组织。

5.9.3 5.9.2 中提及的因纽特人代表应由 DIO 提名。

5.9.4 依据 5.9.1，努纳武特地区所有捕猎活动取决于在该协议生效之日已存的国际协议条款的法律实施。

5.9.5 鉴于 NWMB 在努纳武特地区野生生物管理上的地位与责任，政府承认其在谈判或国内跨行政区协议中的作用。

# 第九章　保护地

## 第一部分　定义

9. 1. 1 在本章中

“保护区”特指 Schedule 9—1 中的协议批准之日就已存在的保护区，以及以下依法成立的地区：

（a）国家野生动物保护区；

（b）候鸟保护区；

（c）国际生物计划生态区/生态保护区；

（d）人与生物圈保护区；

（e）世界遗产大会/自然与文化遗址；

（f）野生动物保护区；

（g）濒危野生动物保护区；

（h）国家历史遗址；

（i）国家历史公园；

（j）作为水禽栖息地的重要国际湿地（Ramsar）；

（k）加拿大地标；

（l）加拿大遗产河；

（m）历史古迹；

（n）其他对生态、文化、考古、研究具有重要意义的地区。

## 第二部分　综述

9. 2. 1 除公园之外，其他对于生态、文化、考古、研究等具有重要意义的地区需要特别保护。因纽特人应充分享有关于这些地区的特殊权利与利益。

## 第三部分 保护与管理

9.3.1 政府应与因纽特人协商后开展研究，以确定是否需要对现有选定、管理努纳武特地区陆地保护区的立法做出修改或是重新立法。这一研究应在协议批准之日起的两年内完成并由政府公开发表。

9.3.2 涉及野生生物以及野生生物栖息地管理与保护的保护区的建立、废除或边界更改，应得到 NWMB 依据 5.2.34（a）做出的批准。根据 9.3.7 保护区应由政府与 DIO 共同管理。

9.3.3 在 2.12.1 的运用不受限制的情况下，在协议批准之日即在保护区内的 Schedule 9—2 中确定的因纽特人所属土地除非边界改动，否则仍应被视为保护区的一部分并受到《候鸟公约法》或《野生生物法》限制。

9.3.4 在 2.12.1 的运用不受限制，且意识到政府可能在 Schedule 9—3 的条款中确定的一般土地上建立保护区（其中包括 Schedule 9—3 的因纽特人所有土地）后，因纽特人与政府达成协议：如果这样的保护区得以建立，其中 Schedule 9—3 中确定的因纽特人所有土地应受制于《候鸟公约法》与《加拿大野生生物法》。

9.3.5 Article 11 与 Article 12 应被应用于保护区。但 Article 11 对国家历史公园（一旦成立）、国家历史遗址（由加拿大公园服务处管理时）不适用。

9.3.6 Article 13 与 Article 20 应被运用于保护区。

9.3.7 除非在建立保护区的过程中未达成 IIBA，一般情况下

8.4.11 与 8.4.12 应运用于保护区。若政府或 DIO 提出相关要求，这些部分中提及的委员会应当成立起来。

9.3.8 根据 9.5.2，8.4.13 与 8.4.14 应运用于保护区。

## 第四部分　因纽特人的影响、利益协定以及其他事项

9.4.1 8.4.2 至 8.4.10 应应用于保护区以及对保护区负责的政府机构。尽管存在 Section 8.4.2 至 8.4.4，在紧急情况下（如濒危野生生物保护区的成立）IIBA 仍可能立即以保护区的成立结束。

9.4.2 尽管存在 8.4.2 至 8.4.4，要就保护区问题达成 IIBA，应：

（a）只要保护区不会对因纽特人造成不利影响或给因纽特人带来极大的利益，就不应将其应用于保护区；

（b）对于建立于协议批准之前且在此之后继续存在的保护区，有义务在协议批准十五周年纪念日之前达成 IIBA。

（c）适用于当一个保护区重建目的与其原始目的不符，且重建目的可能对因纽特人产生不利影响或给其带来极大利益时的情况。

9.4.3 8.4.16 与 8.4.18 应运用于保护区以及对保护区负责的政府机构。

## 第五部分　德隆河禁猎区

9.5.1 协议批准第二周年纪念日起，因纽特人所有的土地 BL—44/66C 应不再是德隆河禁猎区的一部分。除非在纪念日之前，NWMB 决定该区是德隆河禁猎区不可分割的一部分。

9.5.2 地方政府应在协议批准五年之内协调管理计划准备工作，以共同保护、管理德隆河禁猎区。这包括在该禁猎区的努纳武特部分运用8.4.11与8.4.12中的程序方法，以及将这一程序方法与该禁猎区非努纳武特部分运用的程序协调起来。德隆河管理计划应以DIO与受影响的人群的意见为基础。在该禁猎区管理计划通过联邦政府与地方政府批准前，德隆河禁猎区地位与边界不应发生任何改变。该禁猎区管理计划的批准、德隆河禁猎区边界修改、撤销或身份更改提议应经过NWMB与对野生生物以及该禁猎区非努纳武特部分野生生物栖息地拥有管理、保护权的机构的联合审查。9.3.2适用于NWMB所有关于该禁猎区努纳武特部分的决定。

### 第六部分 应用

9.6.1 当本章与Article 5发生冲突时，Article 5具有优先权。

9.6.2 本章适用于保护区的海洋区域。

9.6.3 DIO与管理保护区建立的政府部门一致同意：因纽特人对保护区的规划与管理的参与还需从地区与地点类别层面进行讨论。

## 土地及资源管理机构

### 第一部分 进度安排

10.1.1 加拿大政府将依据协议按时间安排开展以下公共政府机构的设立：

(a)协议修订后六个月内或更早，建立地上权法庭（the Surface Rights Tribunal）；

(b)以及在协议修订两周年纪念日之前建立以下机构：

(i)努纳武特审查委员会（NIRB），

(ii)努纳武特计划委员会（NPC），

(iii)努纳武特水利局（NWB）。

10.1.2 在不限制加拿大政府义务的情况下，10.1.1 条款中提及的机构必须获得立法议会司法权批准设立。

## 第二部分　设立方法

10.2.1　10.1.1 条款中提及的机构所享有的权力、职责、目标和任务必须由法律明确设定。其他则按相关规定实施，但不能超出 10.6.1 和 10.7.1 所规定的权力范围。

## 第三部分　其他义务

10.3.1　10.1.1 中提及的法规可适用于第 Article 11、12、13 和 21，并可分配其他权力给已提及机构。

## 第四部分　与相关机构合作

10.4.1　10.1.1 中提及的机构有法定权利与努勒维特附近其他类似机构合作，分配其权力、职责或义务。

## 第五部分 信息发布

10.5.1 在获取与发布信息时，10.1.1 中所提到的机构应像政府机关一样遵守信息保密与获取的一般法律。当政府打算向机构透露信息或某一机构意图向公众公布信息时，他们应充分考虑协议目的。

## 第六部分 整合与重新分配

10.6.1 尽管协议还有其它条款，加拿大国会或立法议会可能依法使用其权力，整合或重新分配 10.1.1 中所涉及的机构的职能，或是合并这些机构举行的听证会。但是任何此类法令条例都不该减小损害以上机构的联合权力、功能、目标与责任，或是无限增加政府权力。这些法令条例应做到以下几点:

（a）保存以下各项分立职能:

（i）制定政策职能,

（ii）土地使用规划职能,

（iii）审查职能,

（iv）发展影响检阅职能,

（v）水域准用职能，除非这些职能不必与发展影响检阅职能区分;

（b）不应更改项目计划需与土地规划一致的要求。或者在决定对其进行审查之前，该项目计划已免除了诸类要求;

（c）除非协议允许，否则不应更改，项目计划需在得到批准或授予许可证与项目证书之前经过审查与检阅的要求;

（d）不应降低对协议的监管级别;

(e) 不应影响以上机构获取相关信息的能力或使用协议赋予的传讯权力;

(f) 不应降低公共参与程度或影响公共成员参与以上机构事务的能力;

(g) 不应更改公共成员向因纽特地区的以上机构表达意见的权力或以上机构在因纽特地区运作的义务;

(h) 维持机构的会员比率。

10.6.2 10.6.1 与重新分配中所述的权力的整合应在 10.1.1 中相关机构成立的三年之内开始生效。在此之前,此类整合与重新分配应事先得到 DIO 的书面批准。

## 第七部分 不同特定行政事务

10.7.1 尽管存在协议其他条款,加拿大国会或立法议会可能行使权力,依照法令在以下行政事务方面修改协议。关于 10.1.1 中机构的条款:

(a) 成员总数,假设 DIO 的提名根据成员比例与地区代表机会指派成员;

(b) 办公室职员任期以及成员的重新任命,假设成员有一定的连续性;

(c) 根据 10.6.1 (e) 设定的限制提供给机构的信息;

(d) 某一机构职员与专家的权威;

(e) 关于 Article12 中的条款:

(i) NIRB 批准后行动期限的延长与缩短,

(ii) NIRB 的法定人数,

(iii) 由 12.5.3 以及 12.2.23 中 NIRB 所制定的法规管理的、受制于 10.6.1 (e)、(f)、(g) 所设限制的事务,

（iv）NIRB 在审查项目计划时应列入考虑的事务清单，假设与 NIRB 执行力相关的考虑事务的能力未受损害。

10.7.2 尽管有协议的其他条款，但加拿大国会或立法议会允许 10.7.1 中的行政事务由内阁总理或执行委员长管理时，其规章条例既包括协议中 10.7.1 关于行政事务的条款又包括该章的具体限制。

10.7.3 10.7.1 和 10.7.2 中涉及的修订权力应在 10.1.1 中相关机构建立一年后生效。在此之前的此类修订需得到 DIO 的书面批准。

## 第八部分　磋商

10.8.1 政府在依据 10.6.1、10.7.1 或 10.7.2 采取任何行动前，应与 DIO 以及 10.1.1 中涉及的有关机构密切磋商。作为磋商的一部分，有关 DIO、机构与部长的意见都应得到听取。

## 第九部分　介入者资助

10.9.1 协议不能对因纽特人不时从介入者资助项目中获利的能力抱有偏见。

## 第十部分　立法延迟

10.10.1 当关于建立 10.1.1 中所提机构的立法到其预期成立的第一周年还未生效时，

（a）对于法庭，部长应指定一人作为法庭成员；

（b）对于 NIRB、NPC 或 NWB，协议中关于任命该机构成员

的条款应在此周年日生效，

出于法律目的，在其任命后，这些成员应享有协议中所有权利与义务。

10.10.2 在不限制 10.2.1 或协议中其他相关条款的情况下，某一机构依照 10.10.1 成立，虽然在其权利与义务范围外，政府仍然可能依据规章或指示为与该机构相关的事务提供运作便利。

10.10.3 政府可能在任何时候依照本章中其他部分重建 10.10.1 中的任意机构。

# 第十九章　因纽特人土地所有权

## 第一部分　定义

19.1.1 在本章中：

“土地所有权办公室”是指登记员办公室；

“自然边界”是指依据自然特征状况界定的边界；

“地产描述”是指：

（a）根据 19.3.1 授予的土地、Nos. 1 至 237 系列中标注着“因纽特人所属地”或“所有权地图”的地图，或是根据 19.8.4 或 19.8.12 更换地图的计划；

（b）根据协议其他章节授予的土地、这些土地的地图或其它描述；

“重要矿藏”是指由 DIO 认定适合因纽特人根据 19.9.2 与 19.9.7 行使权力的雕刻石矿藏；

“测量总监”是指根据法律认可方式任命的加拿大土地测量

总监或联邦能源、矿产、能源部长授权的人员，他执行监测总监的部分或所有职权。

## 第二部分 所有权形式

19.2.1 因纽特人所有土地有以下两种形式：

（a）土地范围内、地表或地下发现的矿山、矿物等不动产权；

（b）土地范围内、地表或地下可能发现矿山与矿物的不动产权与开采权（包括对所有具体物质的权力）。

19.2.2 19.2.1（b）中所言的矿物开采权不包括允许某人在因纽特人所有土地地面或地下勘探、开发、生产或运输矿物的权力（除 Article12 中情况之外）。

19.2.3 第三方从王国政府获得土地矿产利益，而根据 19.2.1（a）或（b）土地所有权归因纽特人所有时，第三方有权在不可避免的情况下行使其利益权力转移、开采和利用在此土地中某一所有或具体物质。第三方不必为某一具体物质向 DIO 支付补偿，以下几种物质除外：

（a）第 21 章的第七部分中给出的物质；

（b）这一具体物质的利用与矿产利益的运用无直接关联。

19.2.4 关于应支付赔偿数额与 19.2.3 中应支付赔偿的条件的任何争论可由 DIO 或第三方提交特别法庭予以解决。

19.2.5 除非地产描述另有说明，因纽特人所有土地应包括除以下几种情况之外的水域：

（a）江河、溪流、湖泊的堤岸，或构成因纽特人所有土地边界的其他水体；

（b）因纽特人所有土地不包括湖泊或其他水体。

19.2.6 因纽特人所有土地不应包括地图中为补充信息而展示的地区、Schedule 19—1 中的地区以及海洋地区。

19.2.7 尽管 19.2.5 对因纽特人所有土地予以说明，但政府有权根据协议保护与管理水域和水体覆盖地区，并有权在努纳武特地区出于公共目的利用水资源。这些目的包括：

（a）管理、研究野生生物与水生栖息地；

（b）保护与管理航海运输、建设航海辅助设施与疏浚可航行水域；

（c）保护水体不受污染；

（d）防洪与灭火。

## 第三部分　协议签署后因纽特人所有土地的权利

19.3.1 在协议签署后，因纽特人所有土地面积总量不少于 Schedule 19—2 至 19—7 所示。No. 1 至 237 系列中因纽特人所有土地地图与所有地图中展示的因纽特人土地应按地图中的描述与形式归属于 DIO。

19.3.2 19.3.1 中所涉及的地图为 1993 年 4 月 15 日各方联合向登记员提交的地图。

19.3.3 在 19.3.2 中的递交行为之前，一份 19.3.1 中提及的经各方认同为真实准确的地图的副本应交予各方。

19.3.4 登记员应在协议签署后尽快记录根据 19.3.1 因纽特人所有土地的 DIO 的授权事宜。

## 第四部分　未来因纽特人所有土地

19.4.1 政府需以 19.2.1（b）的方式向 DIO 保证，Schedule

19—8 中 PartI 或 II 条款描述的土地为因纽特人所有土地：

（a）针对 Schedule 的 PartI，在协议签署的两年之内许可发布或租约终止的条件下，应在以下最先发生情况的 6 个月之后：

（i）DIO 向政府提供那一条款中涉及的承租人的同意其租赁位于因纽特人所有土地内的信函；或

（ii）条款提及租约终止；

（b）针对 Schedule 的 Part II，当政府宣布土地超过需求，DIO 向政府支付公正的市场价格时。

19.4.2 Schedule 19—8 中 Part III 的条款所描述的土地应以 19.2.1（b）提及的方式作为因纽特人所有土地授予 DIO。

## 第五部分 未来因纽特人所有土地地位

19.5.1 当 DIO 未向政府支付任何费用即获得 Schedule19—9 条款中所述的 Pangnirtung 的土地的所有权时，此片土地应以 19.2.1（b）中的形式变为因纽特人所有土地。

## 第六部分 给予政府的未来承诺

### 北方预警系统微波终点站

19.6.1 DIO 应在收到政府关于土地与附属建筑物的地点更为具体的描述后向政府承诺：将不使用政府资金建设微波中继器设备作为北方预警系统的一部分。政府应勘察 Sub—section（a）中的土地：

（a）其在因纽特人所有土地内的全部利益在 Schedule 19—10 的 PartI 有具体说明；

（b）因纽特人所有土地两类地役权在 Schedule 19—10 的

PartII 有具体说明。

**北方预警系统补给**

19. 6. 2 Schedule 19—10 中 PartIII 的条款所涉及的因纽特人所有土地应在不对政府产生花销的情况下遵守地役权，作为条款中所提地点间冬季北方预警系统补给的通道。条款是建立在以下几点之上的：

（a）政府与 DIO 达成协议授予政府地役权；

（b）仲裁小组根据 Article 38 决定地役权的位置以及使用地役权的条件。

**公共地役权**

19. 6. 3 Schedule 19—11 条款中所述的因纽特人所有土地应遵守条款中描述的地役权，但地役权更为精确的位置以及其使用条件可能决定于：

（a）政府与 DIO 间的协议；或

（b）依据 Article 38，在政府与 DIO 要求下，由仲裁小组决定。

## 第七部分　因纽特人所有权的让渡

19. 7. 1 根据 19. 7. 2，因纽特人所有土地不能转让或转移或交予 DIO 处理，除非是转让给另一 DIO、加拿大政府或其它协议中认可方。

19. 7. 2 在同一市内，因纽特人土地所有权能转让、转移给加拿大政府、地方政府或合适的市办企业，或交予 DIO 处置。

19. 7. 3 19. 7. 1 与 19. 7. 2 不应被理解为 DIO 试图阻止租约、许可证的颁布以及小于因纽特人所有土地内外不动产所有权的其他利益的授予。

## 第八部分 地产描述、勘定与边界

### 描述性地图计划

19.8.1 对于所有根据19.3.1或19.4.1（a）授予的、尚未依照19.8.8（d）进行勘定与被要求勘定的因纽特人所属土地而言，政府应该在协议签署的两年内准备并完成描述性地图计划，且不应花费DIO任何费用。

19.8.2 根据19.8.3，依照19.8.1准备的描述性地图计划应包含国家地貌地图系列的图片。这些地图以不小于1:250000的比例详细描绘了因纽特人所有土地的边界状况。

19.8.3 为了实现19.8.1中的描述性地图计划，市级因纽特人所有土地的边界应在1:2000比例尺的市级地图或国家地貌地图上予以描述，并附带不小于1:50000比例尺的细节图。

19.8.4 在通过DIO与政府认可后，根据19.8.1准备的描述性地图计划应由多方联合提交至登记员（此过程不应引起任何DIO花费），并在协议签署之时成为因纽特人所有土地的地产描述，以取代最初的地产描述。

19.8.5 如19.8.4所述，提交某一根据19.3.1或19.4.1（a）授权的因纽特人所属土地的描述性地图计划后，部长应通知登记员此片因纽特人土地已授给DIO。该通知应被登记员接收并在多个方面得以处理，包括所有权证明的发放。

19.8.6 19.8.5中提及的通知应具体说明所有权遵守协议规定的条件。

### 勘定

19.8.9 大部分因纽特人所有土地无需勘定即可确定边界，然而：

（a）当 DIO 与政府一致同意为了避免或解决与另一所有权或利益拥有者的纷争时，需要对边界或部分因纽特人所属土地的边界进行勘定；

（b）因纽特人所有土地的边界或部分边界可能由政府意愿开展勘定工作；

（c）Schedule 19—12 中除因纽特人所属土地之外的土地边界应在协议签署的一年之内由政府勘定；

（d）Schedule 19—13 中市级边界范围内的因纽特人所有土地边界应在协议签署的三年之内由政府进行勘定。

19.8.9 某人土地毗邻因纽特人土地需对其进行勘探时，只要没有条款阻止政府对其征收费用，加拿大政府就应承担每次依照 19.8.8 进行的法律勘定的费用。

19.8.10 政府不应承担因纽特人所有土地的出租或再次分割进行勘定的费用。

19.8.11 依照 19.8.8 进行的每一次边界勘定都应根据勘定总监与《加拿大土地勘定法案》的指示树立界碑，以表明这仍然为王国土地。

19.8.12 当某一次因纽特人所有土地边界或部分边界的法律勘定完成后，由 DIO 交于政府签字并递交给登记员的勘定计划书，在协议签署之日将取代之前的地产描述成为那一边界（或部分边界）新的地产描述。

**自然边界**

19.8.13 除非在地产描述中另有说明，一般情况下因纽特人所有土地的临水的自然边界应界定在高水位处。

19.8.14 更为肯定的是，尽管有 19.3.1、19.8.4 与 19.8.12，因纽特人所有土地的自然边界（包括偏置的自然边界）应随着自然侵蚀与沉积过程（包括沿海地区均衡反弹以及其他在不知

不觉中逐渐发展的影响边界的自然运动）而移动。

19.8.15 根据 19.8.12，当因纽特人所有土地的某一段边界模糊不清从而进行勘定时，勘定总监有权在预期边界的近似位置安放界碑。

19.8.16 除非河岸或湖泊构成了这一段努纳武特地区边界且能够明确地界定出努纳武特地区内因纽特人所有土地，否则努纳武特地区边界内 100 英尺范围的土地不为因纽特人所有。

**地下边界争端**

19.8.17 有记录的矿藏所有权持有者之间的边界之争中，其中一方（或多方）：

（a）在协议签署之日已存在；或

（b）在协议签署之后才记录在案，但在协议签署之日已存在潜在许可条款，并且依照 19.2.1（a）整个或部分位于因纽特人所有土地时，争端应根据在协议签署之日已存在的《加拿大采矿管理条例》中的条款予以解决。

19.8.18 19.8.17（a）或（b）中有记录的矿藏所有权持有者与 19.2.1（a）中因纽特人所属土地 DIO 所创造的利益所有者之间的关于边界的争端，应依照协议签署之日已存的《加拿大采矿管理条例》予以解决。

19.8.19 在根据 19.8.17 或 19.8.18 做出的决定被存入土地所有权办公室后，登记员应在办公室记录的文档中反映这一决定。

## 第九部分　雕刻石所有权

19.9.1 在协议签署之后，政府应就王国领土内雕刻石矿产的发现通知 DIO。

19.9.2 在协议签署之后，根据政府对于第三方的义务，DIO 有权：

（a）获得重大雕刻石采石场的独家租约；

（b）获得蕴藏重要雕刻石矿藏的土地所有权并以其交换其他因纽特人所有土地。

通过 19.9.2（b）获得的土地应为因纽特人所有土地。

19.9.3 如果政府与 DIO 无法就 19.9.2（b）中土地交换达成一致，应根据 Article38 将其提交仲裁。

19.9.4 一名因纽特人有权不经允许从王国土地上运走 50 立方米雕刻石。此项权利在以下情况下可能在还有其他利益相关的王国土地上得到行使：

（a）没有造成重大损害；并且

（b）不会对利益拥有者使用与享有土地造成重大干扰。

19.9.5 持有雕刻石采石场许可证或租约的 DIO 与拥有勘探、开发或生产除某一特定物质之外的矿产权利的个人之间的冲突应由法庭解决。

19.9.6 除 DIO 之外，任何个人不得获得王国领土内雕刻石采石场的许可证或租约，也不得将雕刻石用于雕刻目的。

19.9.7 在努纳武特国家公园成立之前，负责建立公园的机构应在受影响的社区中的因纽特人请求下开展一次详尽的研究，以决定该公园预期边界内雕刻石矿场的地点、藏量以及质量。应因纽特人要求，重大雕刻石矿场以及到达路线应被排除在公园边界以外，这一排除行为不会明显减损公园的目的与目标。

19.9.8　19.9.1 至 19.9.6 不适用于国家公园。根据 Article8 中 IIBA 关于科技、产量、交通可达性、环境保护、公园整体性等其他条款与条件，因纽特人有权在国家公园内搬运雕刻石。除非经负责机构允许，因纽特人禁止在国家公园内使用带电工具或炸药开采雕刻石。

19.9.9 在地方公园和保护区范围内，因纽特人 19.9.2 与 19.9.4 中的权利必须依照在 Article8 或 Article9 中 IIBA 规定行使。

## 第十部分　市政土地开发成本

19.10.1 DIO 应向地方政府补偿 Schedule19—14 中所列出的费用，这些费用产生于协议签署之日前，用于 Schedule 中具体说明的因纽特人属地的开发。费用应在此片土地的开发许可证颁发之时予以支付。

## 第十一部分　归属条件

19.11.1 根据 19.3.1，涉及以下两种情况时的所有权归属：

（a）协议签署之前，梅尔维尔半岛上的土地 RE—28/46，受到由北欧勘探有限公司带来的地表干扰或改建；

（b）协议签署之前，52 号土地、737 方案（之前的 RCMP post）、湖港受到由加拿大皇家骑警带来的改建；

政府不对因纽特人或 DIO 的任何相关损失、损害或由干扰与改建造成的花费负责。

# 附 录 二

# 《加拿大北方地区战略》

张 侠[①] 译

## 一、引言

加拿大遥远的北方地区是加拿大十分重要的组成部分——它是我们的遗产、我们的未来和我们国家认同的区域。北方地区正在经历快速的变化，这种变化从气候变化的影响一直到北方原住民政府和机构的增长。同时，国内外对北极地区的兴趣不断上升，更突出强调了加拿大对北极地区国内外事务实施有效领导的重要性，以符合加拿大利益和价值观的方式促进北极地区的繁荣和稳定。

① 张侠，中国极地研究中心战略研究室研究员。

### 1. 加拿大政府对北方地区有清晰的构想

个体自力更生地健康生活，充满活力地社团管理他们自己的事务，构筑他们自己的目标。

对土地和环境的重视是北方地区至关重要的传统，负责任何可持续发展的原则驱动所有的决策和行动。

认真的、负有重大责任的政府为北极地区充满活力和繁荣的未来努力工作。北极地区的人民和政府都是构建充满活力的、安全的加拿大联邦的重要参与者。

加强在北极陆地、海洋和天空的存在，巡视和保护我们的领土主权。

通过提供一个综合的北方战略，我们正在完成上述构想。该战略基于四个同等重要和互为补充的优先领域：实施我们的北极主权；促进社会和经济发展；保护我们的环境遗产；改进和加强北方地区管理。

政府认识到，为了所有加拿大人的幸福，必须捍卫加拿大北方地区的未来，并正在采取具体的行动将上述愿景付诸实现。我们正在更进一步地、越来越快地准备好迎接21世纪的机遇和挑战。

2008年哈珀总理在西北领地Inuvik视察时说："我们是北方国家，为了我们的探险者，为了我们的企业家，为了我们的艺术家，正北（True North）就是我们的命运。我们不要醉心于正北的前途，现在就做我们加拿大人能够决定的事情。"

北方地区是加拿大国家认同的核心。因纽特人、其他原住民和探险者、研究者的后代长期居住于此。我们处理北方地区当前面临的机遇和挑战的能力将决定我们的未来。

加拿大北方地区首要的是人民，因纽特人、其他原住民和以北方地区为家的北方人，以及其他地区的加拿大人认识到北方地区对于我们共享遗产和民族命运是多么的重要。

因纽特人，意指说 Inuktitut 语的人，占据着在北极土地和水道达千年之久。远在欧洲人到来之前，因纽特狩猎者、捕鱼者及其家庭季节性移居于此，并发展出一种扎根在这片巨大土地上的独特文化和生活方式。我们国家今天在北极地区的强大存在很大程度上归功于一直居住在北方地区的因纽特人的贡献。

北极圈附近的南部地区在长达数千年里一直由今天原住民的祖先（包括 Dene 人、Gwich'in 人、Cree 人和 Métis 人）居住着。原住民部落今天生活在育空领地、西北领地南部和加拿大主要省份的北部边界地区。在过去的两千年里，来自加拿大南部和世界其他地方的非原住民居民也选择北方作为他们的家。

## 2. 在变化中的北极

就在几十年前，联邦政府任命的总督负责决定北方地区居民生活的所有方面。今天，联邦政府和地区政府的工作关系以及管辖权力和责任与其他省份相类似。

围绕获得更多的对于管理机构和资源的自主权，北方地区原住民已经完成了土地所有权和自治协议的谈判。北方地区逐渐成熟的政治和政策确定性有助于鼓励私人企业勘探和开发该地区巨大的自然资源，使区域经济多样化。

从世界级的钻石矿产和巨量油气资源开发，到渔业的成长，再到吸引全球旅游者的旅游业的兴旺，北方地区巨大的经济潜力正逐渐被释放出来。急需关注的领域，如基础设施、住房和教育正在得到发展，以确保北方地区居民能够抓住这些前所未有的机会。

由于北方地区资源开发的潜力、新运输通道的打开和日益增长的气候变化的影响，国际兴趣已经大大增强了。2007 年 9 月，卫星图象证实西北通道上的海冰覆盖面积低于 10%，按照通航标准定义，西北通道在数周时间里处于完全畅通状态，这大大早于大多数预测。虽然西北通道在不久的将来很难成为安全可靠的运输航道，但是，海冰继续减少和通航时间继续加长将导致以旅游、自然资源勘探或开发为目的的船舶数量的增加。

### 3. 加拿大北方地区

气候变化的影响，如冻土层迁移和融化、消融的冰川、退缩的海冰和冰上道路缩短使用时间，将对北方地区居民以至整个加拿大民族造成显著的文化和经济后果。与此同时，新的开发计划增加污染，威胁北方居民的健康和该地区脆弱的生态系统。

很少国家会像加拿大一样受到北极气候变化如此直接的影响。以加拿大北极地区巨大的资源和发展潜力，我们在不断加强的管理中扮演一个重要角色。

## 二、加拿大北方战略

### 1. 实施我们的北极主权

加拿大的北极主权是悠久的、完整的，建立在其历史称谓上，部分奠基于从远古时代以来因纽特人和其他原住民在该地区的存在基础上。然而，在一个动态和不断变化的北极地区行使我们的主权，包括维持在北方地区的强大存在，增强地区管理，确定我们的权力范围，增进我们对区域的知识非常重要。

### 2. 加强我们的北极存在

加拿大政府正在坚定维持在北方地区的存在。确保我们有能力保护和监视我们北极领土主权范围内的陆地、海洋和天空。

哈珀总理2008年说："北方地区地缘政治的重要性和国家利益对于加拿大从未像现在这样大。这就是为什么政府制订一个雄心勃勃的北方议程的原因，它基于如国歌中所精确表达的永恒责任——保持正北地区强大和自由。"

在北方地区新设施上大量投资，包括在西北航道岸边的坚决湾（Resolute Bay）建立一个军事训练中心，扩大和现代化加拿大巡逻队，一支为加拿大北部沿岸遥远偏僻的社区提供军事存在、巡逻和搜救的预备役部队。

在海上，我们正在Nanisivik建立一个深水泊位和加油设施，建造一艘新的极地破冰船，它将成为加拿大海岸警卫队舰队中最大和最强的破冰船。该船将用已故总理约翰G. 迪芬贝克的名字命名，以示纪念。我们将通过投资建造新的能在冰中持续航行的巡逻舰，进一步提升加拿大北极地区舰队的能力。这些船将能够在西北航道通航期间全航道上巡逻，并做到可全年接近该航道。Polar Epsilon，国防空基广域监视和支持计划，将利用RADARSAT II向加拿大军方提供更大的监视加拿大陆域及其海洋边界的能力。

加拿大军方与联邦其他部门和机构合作，将继续在北方地区开展行动，如以监视和安全为目的的定期巡逻（NANOOK行动），并作为北美空间防御司令部（NORRAD）的组成部分监视和控制北美空域。在世界上人类最北的永久性居住地区加拿大军事警报站（CFS Alert）维护信号情报接受设施。

### 3. 加强管理

加拿大正在采取具体措施来保护海洋环境，如通过引入新的压载水管理规定，以减少船只释放有害水生物和病原体到我们水域的风险。我们还修订了北极水域污染防治法，使该法的适用范围从距海岸线100海里延长至200海里，完整覆盖了《联合国海洋法公约》规定的我国专属经济区范围。这次修订，使我们增加了50万平方公里水域的污染防治执法管辖权。此外，我们正在根据《加拿大航运法》（2001）制订新法规，要求所有船只进入加拿大北极水域时，向海岸警卫队加拿大北方交通管理系统（NORD REG）报告的制度。最后，加拿大正在与北方地区社区和政府协同工作，以确保其搜救能力满足北方地区不断变化的需求。

### 4. 确定我们的领域和加深我们对北极的了解

加拿大北方地区是一个至今仍未被完整测绘和研究的广袤区域。由于《联合国海洋法公约》的批准，加拿大一直在开展科学研究，以按照《联合国海洋法公约》的定义确定我国大陆架的边界范围。这项研究将确保加拿大在2013年底前向联合国大陆架界限委员会递交大陆架外部界限划界案申请时，取得对加拿大北冰洋和大西洋大陆架最大范围的承认。这个过程是漫长的，但不是对抗性的，也不是一场比赛。相反，它是一个以共同认可的国际法为基础的合作进程。加拿大正在与丹麦、俄罗斯和美国合作开展这项科研工作。

加拿大对北极地区土地和岛屿的主权是无可争辩的，汉斯岛（也是丹麦主张领土）是个例外。关于汉斯岛的争端是在加拿大与丹麦2005年9月联合声明的基础上进行外交斡旋的。这一争端范围仅仅是岛，不包括水域、海底、航道控制权。美国和加拿大之间存在的分歧在波弗特海的海洋边界划分问题上。加拿大和丹麦的海洋划界分歧在林肯海部分海域。美国和加拿大在诸如西北航道等水道的法律地位问题上存在分歧。所有这些分歧都在良好的管理范围内，不构成对加拿大主权或者国防的挑战。事实上，它们并没有影响到加拿大与美国、丹麦或者其他北极邻国在处理重要现实问题方面的合作。加拿大将继续管理这些零散的纠纷，未来将在国际法下寻求解决途径。

### 5. 人类因素

北方居民在形成区域优先领域和措施中发挥重要作用。例如在北极理事会，加拿大与6个拥有理事会永久性成员身份的原住民国际组织密切合作。这6个组织中有3个其主体部分在加拿大，它们是：北极阿萨巴斯卡理事会、哥威迅国际理事会、因纽特环北极理事会。

### 6. 促进社会和经济发展

北方地区经济和社会发展有助于确保以可持续方式发挥北极地区的巨大潜力，有助于北方居民参与并受益于发展。北方战略与北方居民致力于共同建立一个自给自足、充满活力和健康的北方社区。

## 7. 支持经济发展

经济发展取决于高效运作的机构、透明和可预期的规则。新的投资正被用于建立经济发展的关键机构，改善经济发展所必须的监管环境。为了加强对经济活动的支持，新的北方经济发展机构正在建立之中。该机构的一个核心任务就是将提交新的北方经济发展战略投资计划。

加拿大政府正在采取措施，确保北方地区规管制度以可预期、有效和充分的方式保护北方环境。如北方地区规管制度改进计划这样的努力有助于解决发展项目的复杂审批程序，以确保新项目可以迅速而又有效地启动和运行。

采矿活动以及诸如麦肯齐天然气项目这样的主要项目是北方地区可持续经济活动的基石，也是建设繁荣的原住民和北方社区的关键。北方地区的钻石开采现在是一个年产值 20 亿美元的产业，这几乎占到西北准省经济的一半。麦肯齐天然气项目估计产值将超过 160 多亿美元，该项目通过原住民参与的新开发模式使原住民社团直接受益。原住民管道集团，特别是通过其在项目中的业主地位，将提供原住民参与发展经济的渠道。除了沿岸勘探和开发之外，在离岸海域存在新的获取利益的机会，包括在波弗特海较深水域勘探石油和天然气。加拿大将继续支持这些天赐战略资源的可持续开发利用。

虽然已启动了大型项目来开发北方地区地表储量巨大的矿物、石油、水力和海洋资源，但北极地区自然资源的潜力仍是未知数。加拿大政府宣布了一项新的重要地理测绘工作：能源和矿产地理测绘（Geo-Mapping for Energy and Minerals），该计划将结合最新技术和地球科学的分析方法建立我们对加拿大北方地区（包括加拿大北极群岛）地质的认识。这项工作的结果将查明矿产和石油的潜在分布区域，引导更有效率的私营企业勘探投资，创造北方地区的就业机会。

北方地区也是可再生资源和文化资源的宝库，对经济和社会有重要贡献。政府正在为促进旅游业和当地社团文化遗产机构提供更多的资金。例如在努纳武特地区克莱德河，政府正在帮助建立文化设施，在那里，学生可以参与因纽特文化项目，研究许多基于土地的传统知识。

### 8. 需要解决的关键基础设施

现代公共基础设施将有助于北方地区建立一个更强健的经济、一个更清洁的环境、一个更安全和更繁荣的社区。北方居民需要关键基础设施，以便运送货物到加拿大南部和世界其他地区的市场。

育空、西北、努纳武特这三个地区有非常不同的经济，因而对基础设施的需求也非常不同，这就是为什么加拿大正在与各领地政府密切合作，开发适合当地特点和需求的措施。考虑到现实情况，根据加拿大渔业和海洋部和努纳武特政府递交的联合报告，在庞纳唐兴建一个商业渔业港口，以帮助该领地的渔业发展。领地政府和北方社区正在从一大批基础设施建设项目投资中获得很大受益，包括宽带、再生和绿色能源基础设施，为未来北方地区的发展奠定了必要的基础。总之，这些投资有助于建设更强健的经济、更清洁的环境和更繁荣的社区。

### 9. 支持增进北方居民福祉

为了支持健康和充满活力的社区，今天的加拿大政府通过领地财政准则（Territorial Formula Financing），每年向领地无条件提供近25亿加元的资金，使领地政府可以为医院、学校、基础设施和社会服务等计划提供基金。我们也通过有针对性的投资，满足住房、医疗、技能培训和其他服务的需求。与领地协同工作，已经做出重大投资用以改善住房质量和提高可居住性，特别是在努纳武特地区房屋需求是最大的，这些投资有助于解决拥挤和低于标准的住房问题，有益于增进北方居民的健康和福祉。

为使北方居民掌握适应快速变化的经济所需要的技能、知识和证书，我们已经投资了一系列计划。例如原住民技能和就业伙伴关系计划获得成功，它是一个涉及联邦政府、原住民团体和企业三方的倡议，创造了加拿大各地原住民在采矿、石油和天然气、水电等主要企业中的可持续就业。

加拿大通过社会转移支付向各领地提供了大量持续的和不断增长的社会项目资金支持，包括儿童教育和高中后教育计划。这些领地也得到了联邦针对性的支持以应对北方地区的特别挑战，解决诸如劳动力市场培训、基础设施和社区发展以及空气清洁和气候变化等方面的问题。

2008年8月18日，印第安和北方地区发展事务部部长Chuck Strahl说："作为政府，我们为最近和正在进行的努力感到自豪，这些努力致力于支持北方地区领地政府、原住民社区和企业界领袖，他们是整个北方地区经济和社会发展的真正驱动力。而且我可以向北方地区的每一个人保证，我们将会继续与他们见面，听取他们的意见，并与他们合作，以实现使这一加拿大地区变得富饶而又美丽的诺言。”

同领地政府一起，我们正在取得进展，以确保领地的卫生系统更加符合北方居民的需要，病人候诊时间缩短，社区服务获得改善。通过领地卫生系统可持续发展计划，我们正与该地区协同工作，以减少对外部卫生保健系统和医疗旅行的依赖。通过加拿大医疗转移支付，各领地接收到联邦政府长期的和不断增长的卫生保健和减少候诊时间的基金支持。我们将继续与北方居民在促进健康和预防疾病方面开展合作，如加强对北方健康问题的基础支持，以改善卫生条件，减少不平等，促进个体自力更生、健康而又充满活力的社区生活。我们还必须继续确保居住在遥远和偏僻社区的北方居民以负担得起的价格获得优质、富有营养的食物。

2009 年 7 月 12 日，负责北方地区的卫生和区域部部长和努纳武特议会议员 Leona Aglukkak 说：“我们的政府认识到北方地区的重要性，通过加拿大经济行动计划和我们的北方地区战略，我们已经迈出了帮助这个关键地区蓬勃发展的重要步骤。”

我们已加强了对加拿大大学助学基金会的支持力度，以支持北方地区产业创新、健康、社会和经济发展领域的研究，并正在建立关于加拿大在环北极世界中的作用的研究生奖学金。提高对于北极人类健康问题的认识和重视程度仍然是一个需要环北极国家关注的优先领域。加拿大一直走在这些问题研究的前列，并将继续支持北极人类健康问题的国内和国际研究。

### 10. 北极海冰变化

2007 年是非常有意义的一年。那年夏天，海冰最小面积比气候模式最大胆的预期还要少。

加拿大北方地区壮观的景色、独特的鱼类和野生动物以及无与伦比的探索北极荒野的机会吸引着来自世界各个角落的游客。但是，北部地区脆弱而又独特的生态系统正在受到气候变化的负面影响。加拿大致力于为子孙后代确保这些生态系统受到保护。

## 11. 成为全球北极科学领先者

科学和技术构成了加拿大北方地区发展战略的重要基础，知识为良好的政策和决策提供了所需要的保障。国际极地年（IPY）2007—2008 是迄今为止全球性极地研究计划中最大的一个，加拿大是所有国家中对此计划做出最大贡献的一个国家。IPY 科学研究主要关注两个重点领域：气候变化影响及其适应；北方居民和社区的健康和福祉。原住民和北方居民在 IPY 规划、协调和实施过程中发挥了重要作用，并积极开展了科研活动。加拿大 IPY 投资有助于调动数百个新研究人员的参与，其中包括来自加拿大北方地区的 90 位研究者。培养下一代专家是 IPY 的一个关键遗产，这样我们不仅能够保证今天的世界水平的北极科学研究，同时还能够保证获得明天的北极科学知识。

通过与联合国、世界气象组织、国际海事组织和北极理事会等国际组织的合作，加拿大正在构建北极环境的知识基础，形成世界上重要的北极伙伴关系。

为了确保加拿大在北极科学的全球领先者地位，加拿大政府致力于在高北极地区（High Arctic）建立一个新的世界级研究站。目前正在就这一研究站的功能设置和可行性与国内外进行广泛协商。我们的愿景是，新的北极研究站将建设成为这片广袤而又多样化的北极地区的科学活动中心。为此，我们已经建立了一个北极研究基础设施基金，以提高北方地区主要研究机构的能力。

### 12. 保护北方地区土地和水域

针对北方地区环境敏感的土地和水域，加拿大正在采取全面的保护方法，确保养护措施与社会发展步伐一致。在西北准省，加拿大通过退耕保护了大片土地，并正在开展像大奴湖东支新国家公园和 Sahtú 安置区建设等一系列的保护措施。加拿大还致力于对世界上第一个联合国教科文组织世界遗产——纳汉尼国家公园保护区的扩建。

与努纳武特地区 Tunngavik 公司一起，加拿大宣布在巴芬岛及其周围地区建立 3 个新的国家野生动物区域，以保护当地的物种和栖息地，其中包括北极露脊鲸。与拉布拉多因纽特人签定了土地协定，奠定了加拿大托恩盖特山保护区国家公园的法律地位，创建一个新的拉布拉多北极荒野国家公园。

北方地区也从加拿大海洋保护措施中获益，这些措施加强了北方地区社区对于污染事件的反应能力，促进与国内和全球伙伴在基于生态系统的综合性海洋管理方面的合作。我们正在加强保护海洋环境，包括鱼类及其生存环境。海洋保护措施的一个重点是建立兰开斯特海峡海洋保护区，这是环北极地区中具有最重要生态意义的海洋区域。加拿大运输部继续评估加拿大应对北极海洋污染的能力，确保加拿大海岸警卫队和社区在发生紧急情况时拥有必要的设备和反应系统。

同样重要的是，在整个北方地区制订清理计划来修复或补救废弃矿山和其他污染场址所造成的环境破坏。我们已经从过去的错误中学到很多东西。在北方地区开展工业活动的所有公司必须进行严格的环境评估，建立环境修复或补救计划，符合业务运行和环境安全标准，满足包括渔业法在内的各种法律的要求。

## 13. 改进和下放北方地区管辖权

在过去几十年里，北方地区政府对地区事务的很多方面获得了较大的权利。唯一的例外是对土地和资源的管理权，这归联邦政府控制。2003 年 4 月，育空地区成为第一个接管这些职责的领地，直接将当地自然资源的决策权交到育空地区公民的手中。西北准省也正在制订相似的管辖权原则下放。在努纳武特地区，我们一直与努纳武特领地政府和 Tunngavik 公司密切合作，研究管辖权下放的有关问题，并制定了今后的谈判协议。

## 14. 北方地区政策和战略创新

加拿大北方是加拿大政府和世界上一些最具政策创新与协商方法的源地。通过土地权利和自治政府协议，原住民社区正在进行北方地区政策和战略创新，以满足其独特的经济和社会挑战与机遇。如今，育空地区 14 个原住民社区有 11 个签署了自治协议。“全面土地要求协定”覆盖了西北准省绝大多数土地，给予了土著人民管理自己的土地和资源的权力。努纳武特土地要求协议（Land Claims Agreement）直接导致了这个加拿大最新领地在 1999 年建立，为加拿大东部北极因纽特人提供了约 35 万平方公里的土地，这是加拿大历史上最大的原住民土地要求协议。

我们已经看到与生活在拉布拉多和魁北克省北部努纳维克地区因纽特人的协议取得了类似的进展。拉布拉多因纽特人土地要求协议是加拿大第一个这种类型的现代条约，它规定了因纽特人在拉布拉多地区的权利，确定了因纽特人在拉布拉多北部地区的领地范围。努纳维克因纽特人原则协议于 2007 年 8 月签署，创立了地区政府适应努纳维克人民需要的新形式。

### 15. 提供正确的政策工具

要在此基础上取得进展，加拿大和领地正在与第一民族（First Nations）、梅蒂斯人和因纽特人一起密切合作，以解决紧迫的问题，实施过去已经制订的协议，更快地签订新的协议，其中包括土地要求和自治协议。

我们亦透过领地财政支持计划（Territorial Formula Financing）向领地政府提供大量的金融资源，北方地区政府面临着处理北方独特问题时的巨大挑战，包括如何向相距遥远的、人口稀少的社区提供有效服务。

认识到北方所有地区处于政治发展的不同阶段，加拿大致力于继续与所有伙伴共同努力，推动务实、创新、高效的政府管理模式。

## 三、我国北方战略的国际因素

加拿大具有强烈的与北方邻国一起合作在国际上增进加拿大利益的历史传统，以加强我们作为一个负责任北极国家的角色。通过北极外交政策，加拿大支持加强构成北方战略四大支柱的国际因素，参与国际合作、加强加拿大优先领域的双边、多边合作和以北极理事会为外交平台。

### 1. 我们的北极地区的合作伙伴

北冰洋以新的方式将我们与北极地区邻国联系起来。合作、外交和国际法一直是加拿大处理北极事务的主要考虑因素。由于对该区域国际兴趣的增加，有效维护加拿大主权领土和积极促进加拿大的北极国际利益比以往任何时候都更重要。我们将继续与北极地区伙伴紧密合作，在我们推进国内工作的同时，实现该地区各国的共同目标。

美国仍然是我们在北极地区极为宝贵的合作伙伴。加拿大和美国在北极环境管理、资源可持续开发利用、安全和防卫、高效搜救服务等领域有着大量的共同利益。我们与美国有着长期的有效合作历史，针对新出现的北极问题，将通过双边、北极理事会和其他多边机构继续加深合作。

加拿大印第安人事务和北方发展部与俄罗斯地区发展部签署了关于评估原住民合作项目的谅解备忘录，这是加拿大与俄罗斯开展双边合作的一个最新例子。该备忘录中包括了新的贸易关系和运输航道、环境保护和原住民问题。

我们与其他北极邻国——挪威、丹麦、瑞典、芬兰和冰岛也有共同利益，也有很多需要相互学习的地方。例如，我们每年与挪威的北方对话（Northern Dialogue），涉及了诸如气候变化适应、石油和天然气开发、海洋管理和科学合作等问题。我们也与非北极国家就北极问题开展合作。例如，加拿大和英国签署了极地研究合作谅解备忘录。

### 2. 北极理事会

北极理事会是深化全球北极认识的重要场所，它在发展北极国家共同议程方面发挥了关键作用。加拿大是北极理事会的第一任主席，并一直活跃在其工作组的所有活动中。加拿大与其他伙伴国家一起，在北极理事会《北极人类发展报告》、《北极石油和天然气评估》和《北极海洋运输评估》等计划中发挥了主导作用。加拿大将在2013年再度出任理事会主席。在此之前，我们致力于确保北极理事会有足够的能力、资源和影响力，有效应对影响北极和北极居民的新挑战。

还有其他一些北极问题论坛提供的机会，其中包括致力于建立IPY遗产的科学团体、联合国气候变化框架公约的讨论和谈判以及目前正在制订北冰洋船舶航行指南的国际海事组织。

加拿大将继续加强国内外合作伙伴关系，以确保我们能够抓住北极地区面临的机遇，并应对挑战。

### 3. 伊卢利萨特宣言

2008年5月，部长们代表5个北冰洋沿海国家——加拿大、丹麦、挪威、俄罗斯和美国发表了伊卢利萨特宣言。该宣言确认了北冰洋独特的生态系统，回顾了现有广泛适用于北冰洋的法律框架。值得注意的是，《海洋法》提供了处理广泛问题的重要权利和义务。这个法律框架为确认5个北冰洋沿海国家和其他北冰洋用户的管理责任奠定了坚实的基础。5个沿海国将继续致力于这一法律框架，有序解决任何可能的重叠权利主张。

2009年3月11日，加拿大外交部长劳伦斯—加农说："加拿大政府致力于确保国际关注的焦点保持在如何面对北极的挑战和机遇。在考虑北方地区战略中的国际因素时，我们致力于代表所有加拿大人的利益。建立一个强大的加拿大北方地区对于建设我们国家是至关重要的，它也表达了我们全体国民最深切的愿望。”

## 四、我们的北方，我们的未来

加拿大北方地区是加拿大国家认同的核心。加拿大的未来是与北方地区的未来紧密联系在一起的。加拿大政府认识到在面对新的挑战和机遇面前有责任维护、保护和丰富北方遗产。我们正在同北方居民合作，并向国内外表明我们高度重视北方地区的发展。

加拿大的北方地区战略明确了行动计划，它将留下永久的遗产，并保障未来数代加拿大人的生活幸福。

# 参考文献

## 一、中文资料

1. 阿诺德·约瑟夫·汤因比：《历史研究》，上海人民出版社，2001 年版；

2. 艾尔弗雷德·W. 克罗斯比：《生态扩张主义——公园 900—1900 的生态扩张》，辽宁教育出版社，2001 年中译本；

3. 埃米尔·迪尔凯姆著，冯韵译：《自杀论》，商务印书馆，2001 年版；

4. 蔡志伟：《加拿大法制中的原住民族土地权格》，《台湾原住民族研究季刊》，第 1 卷第 2 期；

5. 蔡思庆：《环境社会学视角下的北极原住民环境运动——以因纽特人居住区为例》，同济大学 2010 年社会学学士论文；

6. 常晶、郭培清：《有主有次，双管齐下：加拿大北极环境政策》，《海洋世界》，2009 年第 11 期；

7. 畅言：《北极烽火：俄美加等国北极争夺战及我国的对策》，《舰载武器》，2007 年第 10 期；

8. 陈·巴特尔、赵苏东：《中国加拿大原住民研究综述——兼论 ACSC 加拿大原住民研究分中心建设构想》，《上饶师范学院学报》，2010 年第 2 期；

9. 陈华：《因纽特人对北极环境的人类学适应》，《黑龙江民族丛刊》，2007 年第 3 期；

10. 陈苇：《中国婚姻家庭立法研究》，群众出版社，2010 年；

11. 程秋棠：《北欧萨阿米人及其历史变迁》，华中师范大学硕士研究生论文，2009 年；

12. 丁见民：《二战后加拿大的土著民族自治政策及存在问题》，《山东师范大学学报（人文社会科学版）》，2007 第 6 期；

13. 高峰、王金平、汤天波.：《世界主要海洋国家海洋发展战略分析》，《世界科技研究与发展》，2009 第 10 期；

14. 高鉴国：《加拿大多元文化政策评析》，《世界民族》，1999 年第 4 期；

15. 胡超：《高语境与低语境交际的文化渊源》，《宁波大学学报（人文科学版）》，2009 年第 4 期；

16. 关凯：《族群政治》，中央民族大学出版社，2007 年版；

17. 国际极地年中国行动委员会：《国际极地年（IPY）中国行动计划简介》，《极地研究》，2007 年第 1 期；

18. 郭培清：《北极航道的国际问题研究》，海洋出版社，2009 年 1 月版；

19. 韩历丽：《妇女健康与妇女权益研究结果分析》，《北京妇幼保健》，2005 年第 21 期；

20. 郝时远、张世和、纳日碧力戈：《瑞典萨米人及其驯鹿业考察报告》，《世界民族》，1996 年第 4 期；

21. 胡超：《高语境与低语境交际的文化渊源》，《宁波大学学报（人文科学版）》，2009 年第 4 期；

22. 胡德坤、邓肖婷：《20 世纪初期北极领土争端及其解决》，《武汉大学学报（人文科学版）》，2011年第1期；

23. 张侠译：《加拿大北方地区战略》，《国外极地考察信息汇编》，2009年第16期；

24. 姜芃：《加拿大文明》，中国社会科学出版社，2001年版；

25. 李鹏飞：《现代文明撞击下的加拿大因纽特人》，《北京理工大学学报（社会科学版）》，2005年第5期；

26. 李志军、魏莉、刘艺工：《北极气候变化对加拿大和中国社会与经济的影响》，《内蒙古大学学报（哲学社会科学版）》，2010年01期；

27. 梁茂春：《加拿大土著人口的特点及生存状态》，《世界民族》，2005年第1期；

28. 林琳：《因纽特人的历史与文化》，《世界民族》，1997年第2期；

29. 李培基：《北极海冰与全球气候变化》，《冰川冻土》，1996年第1期；

30. 李鹏飞：《现代文明撞击下的加拿大因纽特人》，《北极理工大学学报（社会科学版）》，2000年第2期；

31. 陆俊元：《北极地缘政治与中国应对》，北京：时事出版社，2010年；

32. 卢晓辉：《应对气候变化的全球治理模式研究—以 < 联合国气候变化框架公约 > 及其后续谈判的发展为例》，暨南大学2009年硕士学位论文；

33. ［美］爱德华·霍尔：《超越文化》，北京大学出版社，2010年11月中译本；

34. ［美］奥兰·扬著，陈玉刚、薄燕译：《世界事务中的治理》，上海人民出版社，2007年版；

35. ［美］丹尼尔·贝尔：《环境社会学的邀请》，北京大学出版社，2010 年中译本；

36. ［美］Deborah B. Robinson：《北欧的萨米人》，中国水利水电出版社，2004 年版；

37. ［美］贾雷德·戴蒙德著，江莹、叶臻译：《崩溃：社会如何选择成败兴亡》，上海译文出版社，2008 年 4 月版；

38. ［美］斯坦利·梅斯勒著，郝时远译：《变迁中的爱斯基摩人陷人困境—实行家园统治的格陵兰人仍依赖丹麦人》，《世界民族》，1985 年第 6 期；

39. ［美］约瑟夫·S. 奈、约翰·D. 唐纳胡主编，王勇等译：《全球化世界的治理》，北京：世界知识出版社，2003 年版；

40. ［美］詹姆斯·N·罗西瑙主编，张胜军、刘小林等译：《没有政府的治理：世界政治中的秩序与变革》，江西人民出版社，2001 年版；

41. 《挪威王国萨米人的身份认同问题》，《今日民族》，2001 年第 9 期；

42. 潘敏等：《论北极原住民的人口结构与社会问题——以加拿大为例》，《世界地理研究》，2009 年第 3 期；

43. 潘敏、夏文佳：《北极原住民自治研究—以加拿大因纽特人为例》，《中国海洋大学学报（社会科学版）》，2010 年第 6 期；

44. 潘敏、夏文佳：《近年来的加拿大北极政策—兼论中国在努纳武特地区合作的可能性》，《国际观察》，2011 年第 4 期；

45. 阮西湖：《加拿大民族志》，民族出版社，2004 年版；

46. 阮西湖：《加拿大因纽特人》，《云南社会科学》，1985 年第 2 期；

47. 阮西湖、刘晓丹：《加拿大的土著民族》，《世界民族》，2006年第1期；

48. 沈娟：《女性社会地位的提高与家庭关系的稳定的哲学思考》，《昌吉学院学报》，2005年第4期；

49. 斯坦·奥著，吴金光译：《挪威萨米人问题工作现状——挪威萨米人权利委员会》，《世界民族》，1988年第6期；

50. 塔西佗著，马雍译：《阿古利可拉传日尔曼尼亚志》，商务印书馆，1985年版；

51.（台）陈士章：《原住民族法与国家权力之划分——以加拿大努纳武特法案为例》，载施正锋等编：《加拿大原住民族的土地权实践》，台湾东华大学原住民民族学院2008年版；

52.（台）官大伟：《加拿大原住民族的土地权》，《台湾国际研究季刊》，第7卷第1期（2011年春季号）；

53.（台）李承杰：《加拿大原住民教育之研究》，国立台东大学师范学院教育研究所2004年硕士论文；

54.（台）颜国梁：《原住民教育政策的发展、理念基础及实践》，《原住民研究季刊》，1997年11月第8期；

55.（台）李承杰：《加拿大原住民教育之研究》，国立台东大学师范学院教育研究所2004年硕士论文；

56.（台）邹岱妮：《加拿大原住民自治体制与教育政策研究》，（台）国立政治大学民族研究所2005年硕士论文；

57.（台）蔡志伟：《加拿大原住民族自治权的法制架构与发展》，《台湾国际研究季刊》，2011年第1期；

58.（台）施正锋：《加拿大 Inuit 原住民族的自治政府》，《台湾原住民论丛》，2011年12月第10期；

59.（台）施正锋等编：《加拿大原住民族的土地权实践》，台湾东华大学原住民民族学院，2008年版；

60. （台）施正锋：《原住民族自治的探讨》，发表于台湾大学政治学系举办“议题与视野公共事务论坛”；

61. 王红艳：《加拿大的多元文化政策》，《异域风情》，2010 年第 6 期；

62. 王曦：《北极原住民的女性社会地位——以加拿大因纽特人为例》，同济大学 2010 年社会学学士论文；

63. 位梦华：《北极的土著——爱斯基摩人》，《知识就是力量》，2004 年第 12 期；

64. 武炳义、卞林根、张人禾：《冬季北极涛动和北极海冰变化对东亚气候变化的影响》，《极地研究》，2004 年第 3 期；

65. 吴江梅、朱毓朝：《加拿大原住民自治政府：联邦主义下制度构建与政治文化相背离的困境》，《民族研究》，2003 年 04 期；

66. 吴金光、翟冰译：《加拿大的因纽特人（上、下）》，《世界民族》，1993 年第 2、3 期；

67. 《中国大陆关于台湾原住民研究的历史与现状》，中国社会科学院院报 2006 年 9 月 28 日；

68. 夏立平：《北极环境变化对中国国家安全的影响》，《世界经济与政治》，2011 年第 1 期；

69. 夏文佳：《原住民自决与价值困境——以加拿大努纳武特行省为例》，同济大学 2010 年社会学学士论文；

70. 徐军、尚伟：《各国争夺北极地区的战略意图和表现》，《外国军事学术》，2008 年第 9 期；

71. 许鑫：《北极·因纽特人——加拿大努纳武特地区纪行》，《中国民族》，2009 年第 8 期；

72. 杨立文：《加拿大印第安人走上民族自强之路——论创建加拿大第一民族大学的意义》，中国加拿大研究网：http：//

www. canadastudies. com. cn/cs/64216. html;

73. 杨令侠:《加拿大魁北克省分离运动的历史渊源》,《历史研究》, 1997 年第 2 期;

74. 余建华:《论加拿大魁北克问题的历史演进》,《史林》, 2000 年第 1 期;

75. 詹姆士·芬·加纳著, 蔡佩宜译:《政治正确童话: 不具歧视和偏见的童话故事》, 晨星出版社., 1996 年 6 月;

76. 张保明:《加拿大抢夺“北极主权争夺战”制高点》,《环球财经》, 2009 年第 11;

77. 张海滨:《气候变化与中国国家安全》, 时事出版社, 2010 年版;

78. 张其帅:《地缘政治视角下的加拿大北极政策研究》, 同济大学 2012 年硕士论文;

79. 张友伦等编著:《加拿大通史简编》, 南开大学出版社, 1994 年版;

80. 郑杭生主编:《社会学概论新修(第三版)》, 中国人民大学出版社, 2003 年版;

81. 郑天星:《国外萨满教研究概况》,《世界宗教资料》, 1983 年第 3 期;

82. 中国大百科全书总编辑委员会:《中国大百科全书(法学)》, 中国大百科全书出版社, 1984 年, P468;

## 二、英文资料

Abele, F. *Traditional ecological knowledge in practice*, *Arctic* 1997, 50v: 4;

ACIA, *Chater3*, *The Changing Arctic: Indigenous Perspectives*, http: //www. acia. uaf. edu/PDFs/ACIA_ Science_ Chapters_ Final/ACIA_ Ch03_ Final. pdf;

Annis May Timpson, *Public Administration: The Challenges of Staff Management in the Public Service*, p6 http: //iog. ca/;

Andre Legare, *An Assessment of Recent Political Development In Nunavut: The Challenges and Dilemmas of Inuit Self-government*, http: //www2. brandonu. ca/library/cjns/16. 1/l% C3% A9gar% C3% A9. pdf;

Alaska Native Science Commission, *What is Traditional Knowledge?*, http: //www. nativescience. org/issues/tk. htm;

"*AMAP Assessment* 2009: *Human Health in the Arctic*", http: //www. amap. no/, 2009. 7. 6;

"*An apology for the Inuit five decades in the making*", http: //m. theglobeandmail. com/news/politics/an-apology-for-the-inuit-five-decades-in-the-making/article1677179/? service = mobile;

*Anthony Speca*, *Nunavut*, *Greenland and the politics of Resource Revenues*, http: //www. arcticgovernance. org/nunavut-greenland-and-the-politics-of-resource-revenues. 4981411. html;

Archibald, L., M. Crnkovich. *If Gender Mattered: A Case Study of Inuit Women*, *Land Claims and the Voisey's Bay Nickel Project*, *Status of Women Canada*, 1999;

*Arctic Climate Impact Assessment*, http: //www. acia. uaf. edu/;

*Arctic Governance in an Era of Transformative Change: Critical Questions*, *Governance Principles*, *Ways Forward*. http: //www. arcticgovernance. org/;

*Arctic Human Development Report* (2003) http: //www. svs. is/ahdr/ahdr%20chapters/english%20version/chapters%20pdf. htm;

Berkes, F. , 1998, *Indigenous knowledge and resource management systems in the Canadian subarctic*, In: F. Berkes and C. Folke (eds. ), Linking Social and Ecological Systems, pp. 98 – 128, Cambridge University Press;

Berkes, F. , *Sacred Ecology: Traditional Ecological Knowledge and Resource Management.* Taylor & Francis, 1999;

Billson, Janet Mancini and Kyra Mancini. *Inuit Women: Their Powerful Spirit in a Century of Change.* Maryland: Rowman & Littlefield Publishers, Inc. 2007;

Birger Poppel et al. *SLiCA* (*Survey of Living Conditions in the Arctic*) *Results*, Institute of Social and Economic Research, University of Alaska Anchorage, Anchorage, 2007;

Boisvert, David A. 1985. *Forms of Aboriginal Self-Government.* Background Paper, No. 2. Kingston: Institute of Intergovernmental Relations, Queen's University;

Brubacher & Associates. *The Nanisivik Legacy in Arctic Bay: A Socio-economic Impact Study.* Brubacher & Associates. 2002;

Boldt, Menno, *Federal Government Policy and the 'National Interest'*, pp. 276 – 285, in Ron F. Laliberte et al (eds) in Ron F Liberte et al. . *Expressions in Canadian Native Studies*, University of Saskatchewan Extension Press, 2000;

Burch, E. S. Jr. The Caribou Inuit. *In Native Peoples: the Canadian Experience*, Edited by R. B. Morrison and C. Roderick. McLelland &Stewart, Toroto, 1986;

Canada Department of External Affairs, 'Letter', from Len Legault, Legal Advisor and Director General, Bureau of Legal Affairs, to Mr Ivan Head, President, IDRC, 19 January 1980;

*Canada lags on Arctic infrastructure, report says "Partnership has to be the policy here"* [OL] . http://www.nunatsiaqonline.ca/stories/article/310810_canada_lags_on_arctic_infrastructure_report_says/, 2010/9/4;

Cassidy, Frank. 1990. *Aboriginal Governments in Canada: An Emerging Field Study.* Canadian Journal of Political Science, Vol. 23, No. 1, pp. 73-99;

Caulfield, R. *Aboriginal Subsistence Whaling in Greenland: the Case of Qeqertarsuaq Municipality in West Greenland.* Arctic. 1993. vol. 46 (2): 144-155;

Chad Bragg, "*Communicating the Gospel to the Inuit of Nunavut, Canada*", A Research Paper Presented to The Southern Baptist Theological Seminary, http://northamericanmissions.org/files/Inuit-Nunavut-Intercultural-Comm-Bragg.pdf;

Charles Emmerson and Glada Lahn, *Arctic Opening: Opportunity and Risk in the High North.* http://www.chathamhouse.org/publications/papers/view/182839;

Christensen, *The Navy in Canada's Northern Archipelago*, p. 85. Chapter 6 in Defence Requirements for Canada's Arctic. Edited by Brian MacDonald. CDAI Vimy Paper, 2007. pp. 79-95. http://www.cdacdai.ca/Vimy_Papers/Defence%20Requirements%20for%20Canada's%20Arctic%20online%20ve.pdf;

Christian Jakob Burmeister Hicks, "*Historical Synopsis of the Sami/United Nations Relationship*", http://www.thearctic.is/PDF/Synopsis%20of%20Sami-UN%20Relations%20PDF.pdf;

Collings, P., G. Wenzel, and R. Condon. *Modern food sharing networks and community integration in the central Canadian Arctic.*

Arctic. 1998. Vol. 51 (4): 301 -314;

Lea-Marie Bowes-Lyon, *Comparison of the Socio-economic Impacts of the Nanisivik and Polaris Mines: A Sustainable Development Case Study*. Thesis (M. Sc.) University of Alberta, 2006;

Condon, R., P. Collings, and G. Wenzel. *The Best Part of Life: Subsistence Hunting, Ethnicity, and Economic Adaptation among Young Adult Inuit Males*. Arctic. 1995. vol. 48 (1): 31 -46;

Conference Board of Canada. *Nunavut economic outlook: an examination of the Nunavut economy*. Ottawa: Conference Board of Canada. 2001;

*Constitution Act*, 1982. http://www. solon. org/Constitutions/Canada/English/ca_ 1982. html;

Crowson, p. *Sustainability and the Economics of Mining-What Future?*. Minerals & Energy, 2002 (2): p15 -19;

Damas, David (2004). *Arctic Migrants/Arctic Villagers: The Transformation of Inuit Settlement in the Central Arctic*. McGill-Queen's Press. pp. 52 -57;

David C. Hawkes. *Indigenous peoples: self-government and intergovernmental relations*. International Social Science Journal. 2002.;

David Thomas, ed. *Canada and United States: Differences that Count. Peterborough*: Broadview Press. 1993;

Davies, Hilary. *Inuit observations of environmental change and effects of change in Anaktalak Bay, Labrador*. Queen's University (Canada). M. E. S. 2007;

Department of Indian Affairs and Northern Development (DIAND). *Aboriginal Self-Government: The Government of Canada's Approach to Implementation of the Inherent Right and the Negotiation of*

*Aboriginal Self-Government*. 1995. (http://www.inac.gc.ca/pubs/selfgov/policy.html);

Department of National Defence, *Defence Policy Statement* (Ottawa: Department of National Defence, 2005), p. 8. http://www.forces.gc.ca/site/reports/dps/pdf/dps_e.pdf;

Diubaldo, Richard, *The Government of Canada and the Inuit*, 1900 – 67. Ottawa: Indian and Northern Affairs Canada, 1985;

"*Documentation concerning Canadian legislation on Arctic pollution and territorial sea and fishing zones*", in International Legal Materials, 1970: 9;

Duhaime, G., M. Chabot, and P. Fr'echette. *Portrait economique des me'nages inuit du Nunavik en* 1995. In: Duhaime, G. (editor). Les impacts socio-economiques de la contamination de la chaine almentaire au Nunavik. Qu'ebec: GETIC, 1998. Universite Laval: 17 – 156;

Duhaime, G., P. Fr'echette, and V. Robichaud. 1999. *The economic structure of the Nunavik region (Canada): changes and stability*. Quebec: GETIC. Universite Laval, 1999;

Duhaime, G.. *Revenu personnel, destin collectif: la structure du revenu des Inuit de l'Arctique du Quebec*, 1953 – 1983. Canadian Ethnic Studies. 1991 vol. 23 (1): 21 – 39;

Duerden, F., *Translating Climate Change Impacts at the Community Level*. Arctic. 2004 (2);

Ellen Bielawski, *Inuit Indigenous Knowledge and Science in the Arctic*, http://www.carc.org/pubs/v20no1/inuit.htm;

Fenge, T. "*Ecological Change in the Hudson Bay Bioregion: A Traditional Ecological Knowledge Perspective.*" Northern Perspectives

Online March 29, 2012, http://www.carc.org/pubs/v25no1/change.htm;

Fishery and 0ceas Canada. *Canada's Oceans Action Plan.* 2010/9/3, http://www.omrn-rrgo.ca/docs/main/Oceans% 20Action% 20Plan% 20for% 20Present% 20&% 20Future% 20Generations% 20-% 20English.pdf;

Ford, J. D., B. Smit, J. Wandel and J. MacDonald. *Vulnerability to Climate Change in Igloolik, Nunavut: What We Can Learn from the Past and Present.* Polar Record 2006, vol. 42 (02);

Fossett, R.. *In Order to Live Untroubled: Inuit of the Central Artic*, 1550 *to* 1940. The University of Manitoba Press, Winnipeg. 2001;

Fox, S. "*These are things that are really happening*": *Inuit perspectives on the evidence and impacts of climate change in Nunavut.* In The Earth is Faster Now: Indigenous Observations of Arctic Environmental Change, eds. I. Krupnik and D. Jolly, 12–53. Fairbanks, Alaska: Arctic Research Consortium of the United States, 2002;

Frances Widdowson. *The Political Economy of Nunavut: Internal Colony or Rentier Territory?* http://www.cpsa-acsp.ca/papers-2005/Widdowson.pdf;

Francis. R. Douglas, Richard Jones, *Donald B. Smith. Destinies Canadian History since Confederation.* Harcourt Brace and Company. 1992;

Franks, C. E. S. "*Rights and Self-Government for Canada's Aboriginal Peoples*," in Curtis Cook, and Juan D. Lindau, eds. *Aboriginal Rights and Self-Government*, Montreal: McGill-Queen's University Press. 2000;

Frank J. Tester, Peter Keith Kulchyski, *Tammarniit (mistakes): Inuit Relocation in the Eastern Arctic*, 1939 - 63, UBC Press, 1994;

Franks, C. E. S.. "*Rights and Self-Government for Canada's Aboriginal Peoples*," in Curtis Cook, and Juan D. Lindau, eds. *Aboriginal Rights and Self-Government*, pp. 102 - 34. McGill-Queen's University Press, 2000;

Frances Widdowson. *The Political Economy of Nunavut: Internal Colony or Rentier Territory*? http://www. cpsa-acsp. ca/papers-2005/ Widdowson. pdf;

Freeman, M. M. R. and L. N. Carbyn (eds.) *Traditional Knowledge and Renewable Resource Management in Northern Regions.* Boreal Institute for Northern Studies, 1988. p. 124;

Frideres. J. S. and Gadacz. R. R. *Aboriginal People in Canada: Contemporary Conflicts.* Prentice Hall, 2001;

Furgal, C., D. Martin, P. Gosselin, J. Rowell, M. Grey, J. Pouliot and P. Marchand. *Identifying, Selecting and Monitoring Indicators of Climate Change in Nunavik and Labrador.* Quebec City, Laval University. 2003;

Gail Fondahl & Stephanie IrlbacherFox, *Indigenous Governance in the Arctic*, http://www. arcticgovernance. org/indigenous-governance-in-the-arctic. 4667323 - 142902. html;

George Kupfer, Charles W. Hobart. *Impact of Oil Exploration Work on an Inuit Community.* Arctic Anthropology. 1978. Vol. 15 (1);

Gita J. Laidler. etc. *Travelling and hunting in a changing Arctic: assessing Inuit vulnerability to sea ice change in Igloolik, Nunavut.* http: //www. springerlink. com/content/yww8268wn5783307/;

Goldney, Robert W. , 2003: *A novel integrated knowledge explanation of factors leading to suicide.* In New Ideas in Psychology 21, pp. 141 –6;

Grenier, L. . *Working with Indigenous Knowledge: A Guide for Researchers*, International Development Research Centre. 1998;

Gwen K. Healey, Lynn M. Meadows. *Inuit women's health in Nunavut, Canada: a review of the literature.* International Journal of Circumpolar Health, 2007 (3);

Hawkes, David C, and Allan M. Moslove. "*Fiscal Arrangements for Aboriginal Self-Government*," in David C. Hawkes, ed. *Aboriginal Peoples and Government Responsibility: Exploring Federal and Provincial Roles*, pp. 93 – 137. Ottawa: Carleton University Press. 1989;

Healey SM, Plaza D, Osborne G. . *A ten year profile of cancer in Nunavut*: 1992 – 2001. Nunavut Department of Health and Social Services, 2003;

Hesselbrock, VM, Hesselbrock MN, Segal B. *Alcohol dependence among Alaska Natives and their health care utilization.* Alcohol Clin Exp Res 2003. 27 (8): 1353 –55;

Hornagold, Louise. *Sustainability, authenticity and tourism development in Nunavut.* M. A. Trent University (Canada) . 2004;

House of Commons of Canada, "*Debates*", Vo. 1 5, Septem ber 19, 1985;

Humm, Maggie (ed. ) . *The Dictionary of Feminist Theory.* New York, Prentice Hall/Harvester Wheat sheat. 1995;

Huntington, H. P. *Observations on the utility of the semi-directive interview for documenting traditional ecological knowledge.* Arctic, 1998 (3): 237 – 242. ;

Huntington, H. P. . *Using Traditional Ecological Knowledge in Science: Methods and Applications.* Ecological Applications. 2000 (5);

Ian Townsend, *Gault the International Legal Context of Petroleum Operation in Canadian Arctic Waters.* Univ of Calgary Faculty of Law, 1983;

*Inuit Annual Report* 2008 – 2009, http: //www. itk. ca/publication/2008 – 2009-annual-report;

*Inuit Approaches to Suicide Prevention*, World Suicide Prevention Day 2007, https: //www. itk. ca/system/files _ force/20080903-World-Suicide-Prevention-Day-Backgrounder. pdf? download = 1;

*Inuit get federal apology for forced relocation*, http: //www. cbc. ca/news/canada/north/story/2010/08/18/apology-inuit-relocation. html;

Inuit Tapiriit Kanatami, *Inuit History and Heritage*, http: //www. itk. ca/system/files/5000YearHeritage. pdf;

*Inuit in Canada: Inuit Statistical Profile*, 2006, https: //www. itk. ca/system/files _ force/Inuit-Statistical-Profile. pdf? download = 1;

Hilary Davies, *Inuit observations of environmental change and effects of change in Anaktalak Bay*, *Labrador.* Thesis (M. A.) — Queen's University, 2007;

*Inuit Observations on Climate Change*, Trip Report 1, http: //www. iisd. org/casl/projects/inuitobs. htm;

Inuit Tapiriit Kanatami, *Inuit Statistical Profile*, Ottawa, August

2007, http://www.itk.ca/sites/default/files/InuitStatisticalProfile2008.pdf;

*Impact of Oil Exploration Work on an Inuit Community*: pP. 58 – 62;

J Bruce McKinnon, "*Arctic baselines: a litre usque ad litus*", Canadian Bar Review, Vol. 66, December 1987;

Jack Hicks and Graham White, *Nunavut: Inuit Self-determination Through a Land Claim and Public Government*, http://www.anu.edu.au/caepr/system/files/Seminars/.../HicksJ_WhiteG_2000.pdf;

Jack Hicks, *The Social Determinants Of Elevated Rates Of Suicide Among Inuit Youth*, Indigenous Affairs, 2007 (4), p. 35;

Jack Hicks, Peter Bjerregaard. *The transition from the historical Inuit suicide pattern to the present Inuit suicide pattern*, http://www.inchr.com/Doc/April2006/Hicks-suicide.pdf;

James Eetoolook. *Mining and the Nunavut Land Claims Agreement.* Nunavut Mining Symposium, Nov. 13, 2000. pp. 1 – 2, http://www.tunngavik.com/files/2011/03/mining_ and_ nlca.pdf;

James, Matt. "*Wrestling with the Past: Apologies, Quasi-Apologies and Non-Apologies in Canada*". In Mark Gibney, Rhoda E. Howard-Hassmann, *The Age of Apology.* University of Pennsylvania Press, 2008. pp. 142 – 144;

James N. Rosenau, *Governance, Order, and Change in World Polities.* in James N. Rosenau and Ernst Otto CzernPiel (eds.), Governance without Government, New York: Cambridge University Press, 1992. pp. 4 – 5;

Jenny Higgins. *Impact of Non-Aboriginal Activities on the Inuit.* Newfound land and Labrador Heritage Web Site. 4/5/2012, http://

www. heritage. nf. ca/aboriginal/inuit_ impacts. html;

Joanne Barnaby, *Indigenous decision making processes: what can we learn from traditional governance?* http: //iog. ca/;

James Eetoolook, *Mining and the Nunavut Land Claims Agreement*, http: //www. tunngavik. com/files/2011/03/mining_ and_ nlca. pdf;

John Graham and Jake Wilson, *Aboriginal Governance in the Decade Ahead: Towards a New Agenda for Change*, A Framework Paper for the TANAGA Series, 2004, http: //iog. ca/;

Keal, Paul. *European Conquest and the Rights of Indigenous Peoples: The Moral Backwardness of International Society.* Cambridge: Cambridge University Press, 2003;

Knapp, G., and T. Morehouse. *Alaska's North Slope Borough Revisited.* Polar Record. 1991. vol. 27 (163): pp. 303 - 312;

Krauss, Robert F, *Changing patterns of suicidul behaviour in North Alaska Eskimo.* Transcultural Psychiatric Research Review, 1971 (9), pp. 69 - 71;

Krupnik, I. and N. Vakhtin, *Indigenous knowledge in modern culture: Siberian Yupik ecological legacy in transition.* Arctic Anthropology, 1997 (1): pp. 236 - 252;

Krupnik, I., D. Jolly. Introduction. *The Earth Is Faster Now: Indigenous Observations of Arctic Environmental Change.* Fairbanks, Alaska, Arctic Research Consortium of the United States. 2002;

Kurt M. Campbell, Jay Gulledge, al. *The Age of Consequences: The Foreign Policy and National Security Implications of Global Climate*, http: //www. cnas. org/files/documents/publications/CSIS - CNAS_ AgeofConsequences_ November07. pdf;

Langoise S, Nowdlak M. *Selected statistics related to the social determinants of health (presentation)*. Nunavut Bureau of Statistics, Government of Nunavut. 2005;

Lavallee C, Bourgault C. *The health of Cree, Inuit and southern Quebec women: similarities and differences.* Can J Public Health 2000 (3): 212 -6;

L. B. Pearson, *Canada Looks "Down North"*, Foreign Affairs, 1946 (4), pp. 638 -639;

Lea-Marie, Bowes-Lyon. *Comparison of the Socio-economic Impacts of the Nanisivik and Polaris Mines: A Sustainable Development Case Study.* University of Alberta, 2006;

Lefebvre, D. *Jobs in Nunavik in* 1998, Kuujjuaq: ARK, 1999;

Légaré, André, "Canada's Experiment with Aboriginal Self-determination in Nunavut: from Vision toIllusion", *International Journal of Minority and Group Rights*, 2008 (2 -3);

LeMoine, Genevieve, *Woman of the House: Gender, Architecture, and Ideology in Dorset Prehistory.* Arctic Anthropology 2003 (1), pp. 121 -138;

L. J. Kirmayer, M. Malus, L. J. *Boothroyd. Suicide attempts among Inuit youth: a community survey of prevalence and risk Factors.* Acru Psychiutr Scand 1996 (1), pp. 8 -17;

Mackey, A., and R. Orr. *An Evaluation of Household Country Food Use in Makkovik, Labrador, July* 1980 - *June* 1981. Arctic, 1987. vol. 40 (1): 60 -65;

Mailhot, J., *Traditional Ecological Knowledge: The Diversity of Knowledge Systems and Their Study.* Great Whale Public Review Support Office, Montreal, 1993, p. 48;

"Makivik Corporation-*High Arctic Relocatees And Government Of Canada Seek Reconciliation*", Canada NewsWire, 28 March 1996;

Manon Tremblay, Jackie F. Steele. *Paradise Lost? Gender parity and the Nunavut experience*, *in Representing Women in Parliament: A comparative study*, eds. M. Sawer, M. Tremblay, and L. Trimble, Routledge, New York, 2006, pp. 221 – 235;

Marcelle Chabot. *Economic changes, household strategies, and social relations of contemporary Nunavik Inuit*, http: //www. chaire-conditionautochtone. fss. ulaval. ca/documents/PDF/97. pdf;

Matthew D. Walls. *Caribou Inuit Traders of the Kivalliq*, University of Calgary. 2008;

McElroy, Ann. *Canadian Arctic Modernization and Change in Female Inuit Role Identification.* American Ethnologist, 1975 (4), pp. 662 – 686;

Mcghee R. *Ancient people of the Arctic.* Vancouver: University of British Columbia Press. In: Agnar Helgason, 1996;

Mcghee R, *Radiocarbon dating and the timing of the Thule migration.* In: Applet M, Berglund J, Gullov HC, editors. *Identities and cultural contacts in the Arctic.* Copenhagen: Danish Polar Center, 2000, pp. 181 – 191;

McGrath, Melanie. *The Long Exile: A Tale of Inuit Betrayal and Survival in the High Arctic.* Alfred A. Knopf, 2006;

Mélanie Anctil, Louis Rochette. *Nunavik Inuit health survey* 2004, http: //www. inspq. qc. ca. ;

Melissa A. Verhaag, *It is not too late: the need for a comprehensive international treaty to protect the Arctic environment*, Georgetown International Environmental Law Review, 2003 (22);

Mendelson, Michae, landKen Battle, *Aboriginal People in Canada's Labor Market*, Ottawa: The Caledon Institute of Social Policy, 1999, www. caledoninst org;

Morris Zaslow, *The Northwest Territories*, 1905 - 1980, Canadian Historical Association Historical Booklet, No. 38, 1984,;

Morrison, David. Inuit Culture. *In The Oxford Companion to Canadian History*. Oxford University Press, 2004;

Morrison, William R. *True North*: *The Yukon and Northwest Territories*. Don Mills, Ontario: Oxford University Press Canada, 1998;

Muggah E, Way D, Muirhead M, Baskerville B. *Preterm delivery among Inuit women in the Baffin region of the Canadian Arctic*. Int J Circumpolar Health 2003 (Suppl 2): pp. 242 -7;

Myers, H., S. Forrest. *Making Change*: *Economic Development in Pond Inlet*, 1987 - 1997. Arctic. 2000. (2), pp. 134 - 145;

Marcel Fortier and Francine G. Jones, *Engineering Public Service Excellence for Nunavut*: *The Nunavut Human Resources Development Strategy*, Arctic 51, 2 (1998), 191 -4;

Nickels, S., Furgal, C., Buell, M., Moquin, H., *Unikkaaqatigiit-Putting the Human Face on Climate Change*: *Perspectives from Inuit in Canada*, Ottawa: Joint publication of Inuit Tapiriit Kanatami, Nasivvik Centre or Inuit Health and Changing Environments at Université Laval and the Ajunnginiq Centre at the National Aboriginal Health Organization. 2005. pp. 63 - 78;

Norwegian Polar Institute, "*Outlook of Ice on Sea*", September 9, 2009, http: //npweb. nplar. no/english/subjects/1250776798. 55;

*Nunavut Act* (1993, c), http: //www. tunngavik. com/documents/publications/2001-04-30-Nunavut-Act. pdf;

Nunavut Tunngavik, Government of Nunavut, Indian and Northern Affairs Canada *Annual Report for* 2004 – 2006, *The Implementation of the Nunavut Land Claims Agreement*, http: //www. tunngavik. com/files/2011/03/ar0406 – eng. pdf;

*Nunavut Economic Development Strategy*, 2003, http: //www. lookupnunavut. ca/NUNAVUTE. pdf;

*Nunavut*: *Inuit Sekf-determination Throngh a Land Claim and Public Government*, http: //www. anu. edu. au/caepr/system/files/Seminars/presentations/HicksJ_ WhiteG_ 2000. pdf;

Office of the Prime Minister of Canada, "*Backgrounder-Expanding Canadian Forces Operations in the Arctic*", http: //www. pm. gc. ca/eng/media. asp? id = 1785; accessed 5 September 2007;

Patric. C. Fafard, Douglas. M. Brown. *The State of the Federation. Kingston*, *Ant*: Queens University Press. 1997;

Patterson Jr, E P. *The indigenous and the social policy.* Welfield Laurier University Press, 1987;

Pauktuutit Inuit Women of Canada, "*National Strategy to Prevent Abuse in Inuit Communities and Sharing Knowledge*, *Sharing Wisdom*: *A Guide to the National Strategy*", http: //nnapf. com/wp-content/uploads/2012/02/2006-national-strategy-prevent-abuse-inuit-communities. pdf;

Price water house Coopers, *The Cost of Not Successfully Implementing Article* 23: *Representative Employment for Inuit within the Government*, 17 February 2003, 15, http: //www. tunngavik. com/documents/publications/2003-02-17-PricewaterhouseCoopers-The-Cost-of-Not-Successfully-Implementing-Article-23. pdf;

Paul Dittmann, *In Defence of Dedence*: *Canadian Arctic Sovereignty and Security*, Journal of Military and Strategic Studies, Spring 2009 (3);

Paul S. Maxmi, Jerry P. W hite, Dan Beavon, Paul C. Whithead, *Dispersion and Polarization of In one among Aboriginal and NoAboriginal Canadians*? In CRSA /RCSA, 2001 (4), pp. 470 – 472;

Paul Robert Magocsi (ed.), *Aboriginal Peoples of Canada: A Short Introduction*, University of Toronto Press, 2002;

Peter Clancy, "Caribou, Fur and the Resource Frontier: a political economy of theNorthwest Territories to 1967", Ph. D. diss., Queen's University, 1985;

Porteous, John Douglas; Smith, Sandra Eileen. *Domicide: The Global Destruction of Home*. McGill-Queen's Press. 2001 pp. 102 – 103, http://books.google.ca/books? id = 6t_ KSirfEnsC&pg = PA103&dq = High + Arctic + relocation&lr = &client = firefox-a&sig = ACfU3U1uYljO3npFHZB_ oRhBrDOCNWN17Q#PPA102, M1;

Purich, Donald. *The Inuit and Their Land: The Story of Nunavut*. Toronto: James Lorimer & Co. 1992;

Quigley, N., and J. McBride. The structure of an Arctic Microeconomy: the Traditional Sector in Community Economic Development. Arctic. 1987 (3): 204 – 210;

Randy Boswell, "*Melting Arctic Poses Security Risk: A Report for U. S. Congress*", Canwest News Service, April 7, 2010, http://www.globalsaskatoon.com/world/Melting + Arctic + poses + security + risk + Congress + report/2774860/story.html;

*Relocation of Aboriginal Communities*, http://caid.ca/RRCAP1.11.pdf;

*Report of the Royal Commission on Aboriginal Peoples*, 1996, http: //www. collectionscanada. gc. ca/;

Riedlinger, D. *Responding to Climate Change in Northern Communities: Impacts and Adaptations.* Arctic, 2001 (1);

Roberts A, Gerber L. *Report on Nursing Perspectives on Public Health Programming in Nunavut.* Department of Health and Social Services, Government of Nunavut. 2003;

Rob Huebert, "*Polar vision or tunnel vision the making of Canadian Arctic waters policy: The making of Canadian Arctic waters policy*", Marine Policy, 1995 (4): pp. 343 – 363;

Roger Gibbins, *Canadian Indian Policy: A Constitutional Trap.* Toronto. University of Toronto Press. 1984;

Ross, W. G. *Whaling and Eskimos: Hudson Bay* 1860 – 1915. Mrcury Series 10. National Museum of Man, Ottawa, 1975;

Sami Information Center, *The Sami in figures*, http: //www. eng. samer. se/servlet/GetDoc? meta _ id – 1536, accessed March 1, 2007;

Sarah Bonesteel, *Canada's Relationship With Inuit——A History of Policy and Program Development*, Public History Inc, 2006;

Shelagh D. Gran, *A Case of Compounded Error: The Inuit Resettlement Project*, 1953, and the Government Response, http: //carc. org/pubs/v19no1/2. htm;

S. L. Pobihushechy. *A Perspective on the Indian Nations in Canada. Canadian Journal of Native Studies.* 1986;

Simard, J. -J. T*endances nordiques: les changements sociaux* 1970 – 1990 *chez les Cris et les Inuit du Quebec.* Quebec: G'ETIC, 1996;

Smith, T. G., and H. Wright. *Economic Status and Role of*

*Hunters in a Modern Inuit Village*. Polar Record. 1989 (153), pp. 93 -98;

Statistics Canada, *Aboriginal Peoples in Canada in* 2006: *Inuit, Métis and First Nations*, 2006 *Census*, Ottawa, 15 January 2008, Cat. No. 97 -558 - XIE, http: //www12. statcan. ca/census-recensement/2006/as-sa/97 -558/pdf/97 -558 - XIE2006001. pdf;

Statistics Canada, *Aboriginal People of Canada*: *A Demographical Profile*, p. 18 Catalogue 96f0030x 2001007. http: //www. statcan. ca/;

Statistics Canada, *Canada's Aboriginal population in* 2017, June 28, 2005, http: //www. statcan. gc. ca/daily-quotidien/050628/dq050628d-eng. htm;

Statistics Canada-Catalogue No. 89 -589, *Aboriginal People Survey*2001-*InitialFindings*: *Well-being of the Non-Reserve Aboriginal Population*, p. 18, http: //www. statcan. Ca;

Steve Sailer. *The Name Game-Inuit or Eskimo*? UPI (United Press International). 2002;

Hornagold, Louise, *Sustainability*, *authenticity and tourism development in Nunavut*, 2004, http: //www. trentu. ca/anthropology-ma/students_ alumni. php#four;

Terry Fenge and Bernard W. Funston, *Arctic Governance*: *Traditional Knowledge of Arctic Indigenous Peoples from an International Policy Perspective*, December 2009, http: // www. arcticgovernance. org/;

Tester, Frank J.. Kulchyski *Tammarniit* (*Mistakes*): *Inuit relocation in the eastern arctic* 1939 -63. Peter. Vancouver, BC: UBC Press. 1994. pp. 113 - 118. ISBN 9780774804523, http: //books. google. ca/books? id

= HVf9N3jdsp4C&pg = PA401&dq = high + arctic + relocation&as_ brr = 3&client = firefox-a&sig = ACfU3U3nPPvRMCsN3 _ S7Nsd49GJv2x5XeQ# PPA102, M1;

*The Arctic*: *Gender Issues*, http: //www. parl. gc. ca/Content/LOP/ResearchPublications/prb0809 – e. htm;

*The Changing Arctic*: *Indigenous Perspectives*, http: //www. acia. uaf. edu/PDFs/ACIA_ Science_ Chapters_ Final/ACIA_ Ch03_ Final. pdf;

*The Arctic in Play*: *Governance in a Time of Rapid Change*, The International Journal of Marine and Coastal Law, 24: 1 –20;

*The Disaster Of Nunavut*, http: //www. irpp. org/po/archive/jul99/howard. pdf;

*The new Arctic policy*: *Canada chooses a buddy United States* "*our premier partner* ", http: //www. nunatsiaqonline. ca/stories/article/2408103_ The_ new_ Arctic policy_ Canada_ chooses_ a_ buddy _ /, 2010/9/4;

André Légaré, *The process leading to a land claims agreement and its implementation*: *the case of the Nunavut land claims settlement.* The Canadian Journal of Native Studies, 1996, pp. 139 – 163, http: //www2. brandonu. ca/library/cjns/16. 1/l% C3% A9gar% C3% A9. pdf;

*The Road to Nunavut*: *A Chronological History*, http: //www. gov. nu. ca/english/about/road. shtml;

Thomas Isaac. *The Concept of the Crown and Aboriginal Self-Government.* Canadian Journal of Native Studies. 1986;

Tim Plumptre & John Graham, *Governance and Good Governance*: *International and Aboriginal Perspectives*, http: //iog. ca/;

Turner, N. J. , M. B. Ignace and R. Ignace. *Traditional Ecological*

*Knowledge and Wisdom of Aboriginal Peoples in British Columbia*, Ecological Applications, 2000 (5);

Vail, S., and Clinton, G.. *Nunavut economic outlook: An examination of the Nunavut economy.* Ottawa: The Conference Board of Canada. 2001, http://www.nu.e-association.ca/cim/dbf/Nunavut_ Economic_ Outlook.pdf? im_ id=3&si_ id=305;

Violet Ford LL. B. (Vice President, Inuit Circumpolar Conference). *Global Environmental Change: An Inuit reality.* 2003, pp. 2-4, http://www.mcgill.ca/files/cine/Ford.pdf;

*Wall, D.* "*Aboriginal Self-government in Canada-The Cases of Nunavut and the Alberta Métis Settlements*", in Visions of the Heart. Second Edition. By D. Long and O. P. Dickason (eds.). Toronto: Harcourt Canada. 2000. pp. 143-166;

W. C. E. Rasing, *Too Many people: Order and Nonconformity in Iglulingmiu Social Process*, Nijmegan Netherland: Recht and Samenlevving, 1994;

Wenzel, G. Animal Rights, *Human Rights: Ecology, Economy and Ideology in the Canadian Arctic.* Toronto: University of Toronto Press. 1991;

Wenzel, G., 1999. *Traditional Ecological Knowledge and Inuit: Reflections on TEK Research and ethics.* Arctic, 52 (2), pp. 113-124;

Williamson, T. From Sina to Sikujaluk, *Our Footprint: Mapping Inuit Environmental Knowledge in the Nain District of Northern Labrador*, Labrador Inuit Association, 1997;

Wolfe, R., and R. Walker. *Subsistence Economies in Alaska: Productivity, Geography, and Development Impacts*, Arctic Anthropology. 1987 (2):, pp. 56-81;

*Yukon Bureau of Statistics*, http://www.eco.gov.yk.ca/pdf/population_ projections_ 2018.pdf;

YWCA Yellowknife. *Being homeless is getting to be normal: a study of women's homeless in the Northwest territories.* March 2007.

## 三、网站

因纽特团结社 Inuit Tapiriit Kanatami（ITK）网：https://www.itk.ca/

加拿大原住民和北方发展事务局网：http://www.aadnc-aandc.gc.ca/

因纽特环北极委员会（ICC）网：http://www.inuit.org/

因纽特环北极委员会加拿大网：http://www.inuitcircumpolar.com/index.php? Lang = En&ID = 1

努纳武特准省官网：http://www.gov.nu.ca/en/

努纳维克官网 http://www.makivik.org/building-nunavik/nunavik-government/

努纳茨伊武特（拉布拉多地区）官网：http://www.nunatsiavut.com/index.php/en/our-government

努纳武特旅游网：http://www.nunavuttourism.com/

加拿大财政部网：http://www.fin.gc.ca/

加拿大资源网：http://atlas.nrcan.gc.ca/

美国国家基金会网站：http://www.nsf.gov/

北极监测网：http://www.arcticmonitor.net/

北极理事会网：http://www.arctic-council.org/

美国北极研究委员会：http://www.arctic.gov/

联合国中文网页：http://www.un.org/chinese/

# 后　记

2006 年我去温哥华 UBC 大学访学，旁听了一门民族志研究的课程，主讲老师是研究因纽特人的专家，给我们讲述他在因纽特人生活区域的田野调查以及他的研究成果，我对此产生了极大的兴趣，而且 UBC 大学图书馆里大量的关于因纽特人的藏书，也让人叹为观止。以后的几年我一直在关注因纽特人的研究动态，但因为其他研究任务缠身，也没有做更深入的研究。2007 年，俄罗斯北极“插旗”事件以来，国际社会将目光聚焦到北极，北极事务风云突变，一时间，“全球气候变暖、北极油气资源、北极航线、国际极地年、《联合国海洋法公约》、北极争端将引发第三次世界大战”等等在媒体的报道中频频出现，北极地区又一次走上了政治“前台”，相关研究成果自然也层出不穷。

关注北极，当然也会关注到祖祖辈辈生活在这块土地上的原住民，2009 年 3 月，中国极地研究中心战略研究室的张侠主任和信息中心的凌晓良研究员问我有没有兴趣研究北极原住民问题，我欣然接受，在国家海洋局国际合作司和中国极地研究中心联合资助下，我花了整整一年时间、认真地完成了我的第一个研究报告，《北极原住民自治运动研究——以加拿大因纽特人为中心》，也就是这本书稿的第四章，在这段时间里，我阅读了大量的有关因纽特人的研究成果，收集了相当多的有关因纽特民族的统计数据，为进一步的研究打下基础。更为重要的是，跟张侠主任的合作是愉快的，他开阔的思维、敏锐的眼光和勤奋认真的态度深深感染了我，并为我的研究指明方向。

2010年底，同济大学文科卓越青年学者计划资助我继续研究北极原住民问题，这次研究计划中开始包括北欧的萨米人，但在写作过程中发现很难将二者融合到一起来，我的同窗好友、南京大学的姜良芹师姐提醒我，与其混在一起语焉不详，不如分成两本书来写。摆在大家眼前的书以研究加拿大的因纽特人为中心，其他地区的因纽特人以及萨米人只在第二章北极原住民概况和第七章北极原住民与北极治理中有所涉及。

从2009年计划研究因纽特民族以来，已经走过三四个年头，在书稿杀青之时，自然要感谢一些人。

首先要感谢的是国家海洋局国际合作司和中国极地研究中心以及同济大学的资助，没有这笔经费，这个研究是不可能的，我可能要将大量的时间用在上课挣钱养家糊口上；

感谢课题组成员的朱伟珏老师、栗晓红老师和王甫勤老师，在论文框架设计过程中，得到他们很好的建议和意见；

感谢我的几个聪明、勤奋又能力超常的学生，他们是：夏文佳、金英、王薇、周燚栋、王曦、蔡思庆，没有他们无私和大力的帮助，这个书稿的完成可能还要等上一年半载；

感谢同济大学极地问题研究所的同事们，他们是夏立平老师、王传兴老师、苏平老师、宋黎磊老师，在这个小团队里，我们相互问难、互相切磋，有时甚至为某个问题争得面红耳赤，每一次的讨论争辩都让我获益匪浅；非常感谢夏老师在百忙之中还给本书写了序言，并为我联系出版社；

感谢时事出版社的苏绣芳老师，本书能顺利出版也凝结了她的心血，小到错别字的修改，大至书名的斟酌，都是在苏老师的建议下完成的。

最后要感谢我的家人，我的父母和弟弟一直关注着我的研究成果，我的每一个小小的成就都会得到他们慷慨的赞扬和鼓励，还有我的丈夫李升贵（中国极地研究中心研究员），我的每一个看法首先说给他听，不过他这一关，我不敢继续往下写；他分享我做研究时的喜悦，每写完一章就带我到餐馆大吃一顿，也能容忍我卡壳时的乱发脾气；而且如果不是嫁给他，我可能永远也不会想到研究极地问题。

正是他们的引导、帮助和支持，我的研究才能顺利完成，再一次衷心地感谢。

2012 年秋于高行馨苑